de Gruyter Studienbuch
Peter von Polenz
Deutsche Satzsemantik

Peter von Polenz

Deutsche Satzsemantik
Grundbegriffe des Zwischen-den-Zeilen-Lesens

3., unveränderte Auflage

Mit einem Vorwort von Werner Holly

W
DE
G

Walter de Gruyter · Berlin · New York

∞ *Gedruckt auf säurefreiem Papier,*
das die US-ANSI-Norm über Haltbarkeit erfüllt.

ISBN 978-3-11-020366-0

Bibliografische Information der Deutschen Nationalbibliothek

Die Deutsche Nationalbibliothek verzeichnet diese Publikation in der
Deutschen Nationalbibliografie; detaillierte bibliografische Daten sind
im Internet über http://dnb.d-nb.de abrufbar.

Printed in Germany

Satz: Wagner GmbH, Nördlingen.
Druck und buchbinderische Verarbeitung: AZ Druck und Datentechnik GmbH,
Kempten.

Inhalt

Vorwort zur 3. Auflage

von Werner Holly

Es gibt Bücher mit einer stillen Karriere. Ein solches ist das vorliegende. Wer es sorgfältig durchgearbeitet oder einmal als Lehrwerk verwendet hat, wird verstehen, dass man es zur sprachwissenschaftlichen Standardliteratur zählen muss. Ein flüchtiger Blick ins Internet zeigt, wie zahlreich es nach wie vor in der Lehre benutzt und gebraucht wird. Dass es nun seit einiger Zeit vergriffen war, hat eine Neuauflage dringend wünschenswert gemacht, und dass der Verlag den zahlreichen Wünschen jetzt nachkommt, ist deshalb besonders zu begrüßen.

Wenn ein Buch, zumal ein Lehrbuch, dessen erstes Erscheinen mehr als 20 Jahre zurückliegt, weiterhin derart nachgefragt wird, ist das in einer Zeit, in der „permanente" Innovation als eines der großen Zauberwörter gehandelt wird, alles andere als selbstverständlich. Die Erklärung ist allerdings sehr einfach: Die „Deutsche Satzsemantik" ist ein Solitär, keinem vorher oder nachher vergleichbar. Sie schließt nämlich gleich mehrere schwierige Lücken, die niemand sonst anzugehen den Mut hatte, und ist deshalb − nicht permanent, aber nachhaltig − innovativ. Wie in der danach verfassten dreibändigen „Deutschen Sprachgeschichte", einem Jahrhundertwerk, hat Peter von Polenz auch hier, vielleicht diesmal mehr der Pflicht als der Neigung folgend, der Lehre in der germanistischen Sprachwissenschaft einen wirklichen Dienst erwiesen, indem er Grammatik und Pragmatik, Satzanalyse und Textanalyse auf verständliche Weise verknüpft hat, ohne sich viel darum zu scheren, ob man ihn deshalb vielleicht der theoretischen Ketzerei oder − schlimmer noch − des Eklektizismus verdächtigen könnte. Herausgekommen ist ein Buch, dem Ladislav

Zgusta in seiner Rezension in Language (1986) trotz der ausschließlich deutschen Beispiele „general validity and usefulness" bescheinigt hat und dessen Unübersetzbarkeit (wegen der ausschließlich deutschen Beispiele) er beklagte, denn: „it would make a superb textbook".

Natürlich ist „funktionale Grammatik" schon längst keine ungewöhnliche Sache mehr, die ganze Komplexität und Asymmetrie sprachlicher Ausdrucks- und Inhaltsstrukturen, die den Ausgangspunkt und Kern der Polenzschen Denkweise darstellt, ist in vielen Details weiter erforscht und auch zusammenhängend dargestellt worden, man denke nur an die Eisenbergsche Grammatik oder die des Instituts für deutsche Sprache. Dennoch findet sich dort nirgends eine gleichermaßen konzise und übersichtliche „Satzinhaltslehre", von der man eben auch nicht einfach ausgehen kann, denn sie ist ein „Ritt über den Bodensee", ein reines Theoriekonstrukt, allerdings eines mit ehrwürdigen Traditionen in Grammatik, Logik und Sprachphilosophie.

Die „Deutsche Satzsemantik" bringt diese Satzinhaltslehre auf den denkbar einfachsten Nenner: einfache, komplexe, hintergründige Satzinhalte. Und geht dann aufs Genaueste ins Einzelne, mit vielen nützlichen Kategorienrastern. Sie versucht damit die Parallele von Ausdrucks- und Inhaltsseite so weit wie möglich zu treiben, ohne die zentrale These von der − auch sprachgeschichtlich − zunehmenden Undurchsichtigkeit des Verhältnisses von Ausdrucks- und Inhaltsstrukturen aus dem Auge zu verlieren. Gehört die „Satzsemantik" damit zu der Art von Sprachwissenschaft, die „Sprache hinter dem Sprechen" vermutet (wie Sybille Krämer bei der kognitiven Linguistik), indem sie vor lauter Regelhaftigkeiten übersieht, dass es eigentlich nur „parole", Sprachgebrauch, Performanz gibt? − Nein. Es geht eben nicht um die Fixierung einer kognitiven semantischen

Struktur, die eine reduktionistische Linguistik unter Verleugnung aller kulturellen, situativen und medialen Einbettung betreibt, sondern um „Grundbegriffe des Zwischen-den-Zeilen-Lesens", so der sprechende Untertitel, also um Verstehen. Was wir erhalten, ist nicht mehr und nicht weniger als ein gut sortierter Handwerkskasten, der uns in den Stand setzt, unsere Verstehensbemühungen, die immer „Sprache und mehr" umfassen müssen, etwas zu schärfen, so wie es jedem professionellen oder sonstwie kritischen Sprachteilhaber nur hilfreich sein kann. Die Polenzsche Satzsemantik will uns nicht auf die „eigentliche Sprache" führen, die irgendwo in der Tiefe oder im Hintergrund sitzt, auch wenn die Metaphorik manchmal so klingt; sie führt uns immer wieder hin und her, von der Ausdrucksseite zur Inhaltsseite — und wieder zurück. Es geht also immer um das oszillierende Wechselspiel von Ausdruck und Inhalt (im Kontext), ohne das keine Semiose möglich ist.

Hier ist der noch deutlichere Unterschied zu allen anderen auf grammatisch-semantische Strukturen hin angelegten Lehrwerken. Es werden durchweg nicht nur isolierte, selbstgemachte Beispielsätze, wie weithin üblich, sondern Texte mit Kontexten interpretiert. Während man sonstwo Referenzprobleme bei Kühen und Stuten analysiert („Die Kühe und die Stuten lecken die Kälber und die Fohlen"), geht von Polenz von 10 interessanten, z.T. hochbrisanten Texten aus, unter ihnen die 10 Gebote, ein Grundgesetzartikel, verschiedene Zeitungstextsorten — auch ein akademisches Vorwort (von Jürgen Habermas) ist darunter und offenbart verblüffende Leerstellen.

Erst im Detail zeigt sich dann endgültig, was die satzsemantisch-pragmatische Textanalyse zu leisten vermag. Das zentrale methodische Instrument der von Polenzschen Analyse ist getreu seiner kommunikativen und sprachkritischen

Motivation ein alltagssprachliches: die Paraphrase. Sie entspricht damit genau einem Verfahren, das Ludwig Jäger in verschiedenen Arbeiten (2002, 2004) als das eigentlich bedeutungsgenerierende beschrieben hat und das er metaphorisch „Transkription" nennt, das „Anders-lesbar-Machen", das wir immer schon brauchen, wenn Texte „unlesbar" oder nicht (mehr) ausreichend lesbar sind. In den Entsprechungen und Differenzen der Paraphrasen liegt dann auch die ganze Weisheit der Satzsemantik, nicht in den abstrakten prädikatenlogischen oder sprechakttheoretischen Strukturen, die natürlich nicht bedeutungsäquivalent sein können: Ohne die sprachlichen Ausdrücke, die sie „transkribieren" und von denen sie wiederum „transkribiert" werden, sind sie ohnehin völlig bedeutungslos.

Dass es der „Satzsemantik" auf die Nutzer in Studium und Beruf ankommt, nicht auf die „zünftige" Diskussion, dass es um praktische Textanalyse geht und nicht um Theorie, heißt nicht, dass es theorielos zugeht. Aber der Autor hat alles getan, was er konnte, um dem Leser Anschluss an traditionelle Grammatik zu verschaffen, um Prädikatenlogik einfach verständlich und Sprechakttheorie und Gricesche Konversationsmaximen handhabbar zu machen. Dazu dient ihm vor allem der sehr reflektierte und immer um den Leser bemühte Umgang mit Termini, wobei er eine eigenständige und didaktisch vorbildliche Methode, nämlich „Doppelterminologien" entwickelt, auch hier — auf der begrifflichen Ebene — immer wieder Bedeutungen durch Transkription besser lesbar machend.

Zweifellos ist in den letzten zwanzig Jahren vieles Neue hinzugekommen; man wird aber auch feststellen, dass vieles Angefangene nicht fortgesetzt worden ist und deshalb vorerst gültig bleibt. Nach wie vor unverzichtbar sind diese Grundbegriffe auf jeden Fall; danach mag man sich anderes hinzulesen. Wohltuend ist vor allem die verantwortungsbewusste Haltung des Autors, der mit jeder Zeile zeigt, dass er sich nicht im Elfenbeinturm isoliert. Am kürzesten ausgedrückt im ersten Satz seiner Sprachgeschichte: „Sprache existiert konkret im gesellschaftlichen Umgang zwischen Menschen". Wer sich dafür interessiert, wird hier viel lernen.

Vorwort

Im deutschen Satzbau nimmt seit Mitte des 19. Jahrhunderts der verkürzende, komprimierende Ausdrucksstil immer mehr zu. Die Schwerverständlichkeit und Vagheit von Fachtexten und öffentlichen Texten beruht – neben den Schwierigkeiten mit Wörtern – vielfach darauf, daß die Satzinhaltsstrukturen an der Oberfläche des Satzausdrucks kaum noch erkennbar sind. Gegen diese Entwicklungstendenz der deutschen Sprache brauchen wir als Ergänzung der grammatikalischen Syntax/Satzlehre eine neue Satzsemantik/Satzinhaltslehre, die Grundbegriffe und Methoden des Umformulierens und des Zwischen-den-Zeilen-Lesens bereitstellt.

Früheste Anregungen zur Beschäftigung mit diesem neuen Gebiet verdanke ich den zum Weiterdenken herausfordernden sprachtheoretischen Neuansätzen von Lucien Tesnière (Éléments de syntaxe structurale, 1959), Franz Schmidt (Logik der Syntax, 1957) und John L. Austin (How to do things with Words, 1962). Satzsemantik hat sich dann auch bei Problemen wie Funktionsverbgefüge, Wortbildungstypen, Subjektschübe als notwendig erwiesen. Den Weg zu einer weitgehend normalsprachlich formulierbaren pragmatischen Satzsemantik habe ich gesucht, um die Enttäuschungen über die Schwierigkeiten zu überwinden, in die man in der Germanistik der 60er Jahre bei der Auseinandersetzung mit der publizistischen Sprachkritik, mit der Inhaltbezogenen Grammatik und mit der Generativen Transformationsgrammatik geriet. Der Plan zu diesem Buch ist im Zusammenhang mit Lehrveranstaltungen an den Universitäten Heidelberg und Trier entstanden, in denen ich mich bemühte, viele Anregungen aus neuen linguistischen Theorien und Methoden zu verwerten, aber die Frustrationen zu vermeiden, die zunehmend mit der Lektüre eines nicht mehr zu bewältigenden Massenangebots an schwerverständlicher Expertenliteratur verbunden waren und noch sind. In dieser pluralistischen Forschungsliteratur setzen sich Linguisten oft ohne hinreichende Beziehungen zur traditionellen Sprachwissenschaft mit vielen neuen und alten Aspekten von Sprache auseinander, mit manchmal abstrakt erzeugten Problemen, mit meist selbsterfundenen kontextlosen Beispielsätzen, mit immer neuen Terminologien und Formalisierungen, immer weiter weg von den normalsprachlichen Möglichkeiten und Gewohnheiten der Beschäftigung mit deutscher Sprache. So soll der Zusatz „Deutsche" im Titel verstanden werden als Hinweis darauf, daß das Beispielmaterial dieser Satzsemantik ausschließlich der deutschen Sprache entnommen ist, zum anderen, daß Probleme bevorzugt wurden, die für die heutige deutsche Sprache besonders dringend sind, und nicht zuletzt, daß Rücksicht genommen wird auf die Beziehungen zwischen internationaler Fachterminologie und nichtfachlichen deutschen Ausdrucksmitteln des Redens über Sprache und Sprachinhalte. Das Ergebnis ist demnach eine vereinfachende Kombination verschiedener theoretischer Ansätze, die nicht säuberlich auseinandergehalten und nicht auf gelehrte Weise diskutiert werden. Das Buch ist weniger für zünftige Linguisten geschrieben als vielmehr für alle, die sich in Studium und Beruf für das kontextbezogene Durchleuchten und Durchschauen von Satzinhalten in unserer schwierig gewordenen Sprachkultur interessieren.

Für hilfreiche Hinweise und Kritik danke ich Werner Holly, Ingrid Guentherodt, Peter Kühn, Ulrich Püschel und Gisela Schneider, für mühevolle Schreib- und Korrekturarbeiten Elsbeth Schirra und Ilse Winkler, für viel Geduld und Nachsicht meiner Frau.

Für Hinweise zu Korrekturen in der 2. Auflage danke ich Werner Holly, Ulrich Püschel, Birgit Stolt und Gerda Rösler.

P. v. P.

Beispieltexte

Die Beispieltexte gehören an den Anfang dieses Buches; seine Leser und Benutzer sollten sich mit dem Inhalt und dem Situationskontext der Texte vertraut machen, bevor sie mit der Lektüre dieser Einführung in die Satzsemantik beginnen. Die in diesem Buch herangezogenen und erklärten Beispielsätze sind meist nur mit dieser Kontextkenntnis richtig zu verstehen. Der Inhalt fast aller Kapitel beruht nämlich zum großen Teil auf der systematischen Durchsicht der Beispieltexte; ihre satzsemantischen Besonderheiten und Probleme stehen im Mittelpunkt der Darstellung. Nur wenn sich für eine satzsemantische Kategorie kein Beispiel aus den Texten fand, habe ich von der (aus Logik und Generativer Sprachtheorie herkommenden) Linguisten-Gewohnheit Gebrauch gemacht, kontextlose Beispielsätze zu erfinden.

Die Auswahl der Texte richtete sich nach ihrer in Lehrveranstaltungen und Prüfungen erprobten Ergiebigkeit für satzsemantische Probleme wie z. B. unklare Referenz, implizierte Bezugsstellen von Nominalisierungen, Aussagen-Verknüpfungen, Modaladverbien und Partikeln, uneigentliche Ausdrucksweisen, durchsichtige Handlungsstrukturen, Anspielungen, Mitgemeintes und Mitzuverstehendes. So hat sich ein buntes Bündel von Texten aus verschiedenen in öffentlicher Kommunikation wichtigen Textsorten ergeben. Der Versuchung, aktuelle und brisante politische Texte zu nehmen, mußte ich widerstehen, um die methodischen Absichten dieses Buches nicht durch politische Emotionen verfälschen oder in den Hintergrund drängen zu lassen. Der Anteil an akademischem und intellektuellem Stil mag vielleicht als zu hoch erscheinen. Aber auf diesem Gebiet liegen die dringendsten sprachkritischen und sprachpädagogischen Probleme, infolge der hauptsächlichen Entwicklungstendenzen des öffentlichen Deutsch seit der Aufklärungszeit. – Die Zahlen in eckigen Klammern sind (außer bei T1, T2 und T6) in die Texte eingefügt, um deren Sätze zitierbar zu machen.

Beispieltext T1

Die zehn Gebote (2. Mose 20, 1–17)
(aus: Die Bibel, nach der deutschen Übersetzung D. Martin Luthers, Stuttgart 1953)

1. *Und Gott redete alle diese Worte:*
2. *Ich bin der Herr, dein Gott, der ich dich aus Ägyptenland, aus dem Diensthause, geführt habe.*
3. *Du sollst keine anderen Götter neben mir haben.*
4. *Du sollst dir kein Bildnis noch irgend ein Gleichnis machen, weder des, das oben im Himmel, noch des, das unten auf Erden, oder des, das im Wasser unter der Erde ist.*
5. *Bete sie nicht an und diene ihnen nicht. Denn ich, der Herr, dein Gott, bin ein eifriger Gott, der da heimsucht der Väter Missetat an den Kindern bis in das dritte und vierte Glied, die mich hassen;*
6. *und tue Barmherzigkeit an vielen Tausenden, die mich liebhaben und meine Gebote halten.*
7. *Du sollst den Namen des Herrn, deines Gottes nicht mißbrauchen; denn der Herr wird den nicht ungestraft lassen, der seinen Namen mißbraucht.*
8. *Gedenke des Sabbattags, daß du ihn heiligest.*
9. *Sechs Tage sollst du arbeiten und alle deine Dinge beschikken;*
10. *aber am siebenten Tag ist der Sabbat des Herrn, deines Gottes; da sollst du kein Werk tun noch dein Sohn noch deine Tochter noch dein Knecht noch deine Magd noch dein Vieh noch dein Fremdling, der in deinen Toren ist.*
11. *Denn in sechs Tagen hat der Herr Himmel und Erde gemacht und das Meer und alles, was darinnen ist, und ruhete am siebenten Tage. Darum segnete der Herr den Sabbattag und heiligte ihn.*
12. *Du sollst deinen Vater und deine Mutter ehren, auf daß du lange lebest in dem Lande, das dir der Herr, dein Gott, gibt.*
13. *Du sollst nicht töten.*
14. *Du sollst nicht ehebrechen.*
15. *Du sollst nicht stehlen.*
16. *Du sollst kein falsch Zeugnis reden wider deinen Nächsten.*

17. Laß dich nicht gelüsten deines Nächsten Hauses. Laß dich nicht gelüsten deines Nächsten Weibes, noch seines Knechtes noch seiner Magd, noch seines Ochsen, noch seines Esels, noch alles, was dein Nächster hat.

Dieser altehrwürdige, aber noch heute gültige Text ist vor allem wegen des sprachgeschichtlichen Kontrasts mit den Grundrechten (T2) in Kapitel 1.1 als Beispiel für eine urtümliche, einfache und explizite Formulierungsweise hier aufgenommen worden, ist aber in den anderen Kapiteln ebenfalls ausgewertet worden, vor allem für Verknüpfungsarten (s. Kap. 3.3) und Sprecherhandlungen (s. Kap. 2.21).

Beispieltext T2

Die Grundrechte: Artikel 1–5
(aus: Grundgesetz für die Bundesrepublik Deutschland vom 23. 5. 1949)

Artikel 1
(1) Die Würde des Menschen ist unantastbar. Sie zu achten und zu schützen ist Verpflichtung aller staatlichen Gewalt.

(2) Das Deutsche Volk bekennt sich darum zu unverletzlichen und unveräußerlichen Menschenrechten als Grundlage jeder menschlichen Gemeinschaft, des Friedens und der Gerechtigkeit in der Welt.

(3) Die nachfolgenden Grundrechte binden Gesetzgebung, vollziehende Gewalt und Rechtsprechung als unmittelbar geltendes Recht.

Artikel 2
(1) Jeder hat das Recht auf die freie Entfaltung seiner Persönlichkeit, soweit er nicht die Rechte anderer verletzt und nicht gegen die verfassungsmäßige Ordnung oder das Sittengesetz verstößt.

(2) Jeder hat das Recht auf Leben und körperliche Unversehrtheit. Die Freiheit der Person ist unverletzlich. In diese Rechte darf nur auf Grund eines Gesetzes eingegriffen werden.

Artikel 3

(1) Alle Menschen sind vor dem Gesetz gleich.

(2) Männer und Frauen sind gleichberechtigt.

(3) Niemand darf wegen seines Geschlechtes, seiner Abstammung, seiner Rasse, seiner Sprache, seiner Heimat und Herkunft, seines Glaubens, seiner religiösen oder politischen Anschauungen benachteiligt oder bevorzugt werden.

Artikel 4

(1) Die Freiheit des Glaubens, des Gewissens und die Freiheit des religiösen und weltanschaulichen Bekenntnisses sind unverletzlich.

(2) Die ungestörte Religionsausübung wird gewährleistet.

(3) Niemand darf gegen sein Gewissen zum Kriegsdienst mit der Waffe gezwungen werden. Das Nähere regelt ein Bundesgesetz.

Artikel 5

(1) Jeder hat das Recht, seine Meinung in Wort, Schrift und Bild frei zu äußern und zu verbreiten und sich aus allgemein zugänglichen Quellen ungehindert zu unterrichten. Die Pressefreiheit und die Freiheit der Berichterstattung durch Rundfunk und Film werden gewährleistet. Eine Zensur findet nicht statt.

(2) Diese Rechte finden ihre Schranken in den Vorschriften der allgemeinen Gesetze, den gesetzlichen Bestimmungen zum Schutze der Jugend und in dem Recht der persönlichen Ehre.

(3) Kunst und Wissenschaft, Forschung und Lehre sind frei. Die Freiheit der Lehre entbindet nicht von der Treue zur Verfassung.

Dieser sehr komprimiert und vage formulierte Gesetzestext gibt – außer dem sprachgeschichtlichen Kontrast mit T1 (s. 1.1) – viel her für Prädikation (s. 2.11), Referenz (s. 2.12), Quantifizierung (s. 2.13), Übertragungen und Verschiebungen (s. 2.15), Sprecherhandlungen (2.21), Einbettungen durch Nominalisierungen (s. 3.1) und Mitzuverstehendes (s. 4). Ergänzend kann meine exemplarische Textanalyse der Grundgesetz-Präambel in ZGL 8, 1980 herangezogen werden (v. Polenz 1980b).

Beispieltext T3

Behördenbrief
Mahnschreiben eines Finanzamts, hier ohne Briefkopf, Adresse, nebenstehende Zahlenspalten und rückseitige Hinweise abgedruckt

[1] Mahnung

[2] Sehr geehrter Steuerzahler!

[3] Sie haben leider versäumt, den nebenstehenden Betrag fristgerecht zu entrichten. [4] Sie werden daher gebeten, diesen Betrag – und ggf. die weiter verwirkten Säumniszuschläge – zur Vermeidung von Zwangsmaßnahmen und Kosten binnen einer Woche nach Zugang der Mahnung auf eines der angegebenen Konten des Finanzamts zu überweisen.

[5] Falls Sie inzwischen den angeforderten Betrag entrichtet haben sollten, betrachten Sie bitte diese Mahnung als gegenstandslos.

[6] Bitte beachten Sie die Hinweise auf der Rückseite!

[7] Hochachtungsvoll
Ihr Finanzamt

An diesem behördlichen Routineschreiben ist satzsemantisch interessant, daß trotz der auf den ersten Blick recht einfachen und klaren Formulierung (keine Satzgefüge mit mehr als einem Nebensatz, keine schwerverständlichen Fachwörter) vieles ,zwischen den Zeilen‘ zu lesen ist: Die behördliche Macht-Beziehung zwischen Amt und Steuerzahler wird durch höfliche Imagepflege-Zusätze in den Hintergrund gedrängt (s. 2.24). Das zentrale Wort „*Schuldbetrag*" (so in der nebenstehenden, hier nicht abgedruckten Berechnung) wird im Brieftext als „*Betrag*" entkriminalisiert. Die kurzbefristete Zahlungsaufforderung wird mit einer Strafandrohung verbunden, die aber sehr geschickt in den konditionalen bzw. finalen Nominalisierungen Image-schonend verpackt ist (s. 3.32.11), während der (weniger Imageschädigende) erste Teil der wesentlichen Textfunktion mit „*Mahnung*" und „*werden gebeten*" mehrfach explizit ausgedrückt ist (s. 2.21).

Beispieltext T4

Zeitungskommentar
(aus: Frankfurter Allgemeine Zeitung, 28. 7. 1979, S. 19) Die Überschrift ist im Original größer und fett gedruckt

[1] Der gekündigte Kompromiß
*[2] Es gibt Nachrichten, die sensationell klingen, aber keineswegs
sensationell sind. [3] Dazu gehört die Ankündigung, die Spitzenorganisation der Filmwirtschaft (Spio) wolle die Verfassungswidrigkeit des Filmförderungsgesetzes gerichtlich feststellen lassen.
[4] Auf den ersten Blick wird jeder Filmfreund hier zusammenzukken, denn haben wir nicht allen Grund, stolz zu sein auf unsere
Filmförderung, die uns nach langer Durststrecke schließlich ja
doch einige „junge" deutsche Filme beschert hat, die sich sehen
lassen können? [5] Gewiß findet sich in der Ausbeute auch manches schlechte Werk, aber hätten wir einen Faßbinder, einen
Schlöndorff, einen Kluge, wenn wir die Filmförderung – und zwar
genau diese Förderung – nicht hätten? [6] Denn unser Gesetz, und
das werfen seine Gegner ihm gerade vor, betreibt de facto Kunstförderung, was ein Bundesgesetz nicht tun dürfte, da die Kultur
unter den Hoheitsanspruch der Länder fällt. [7] Ein Bundesfilmförderungsgesetz, sagen seine Gegner, dürfe deshalb nur ein Wirtschaftsförderungsgesetz sein. [8] Haben sie recht? [9] Sie haben.
[10] Nur ist diese mit Pathos vorgetragene Mißfallenskundgebung
insofern geheuchelt, als alle Betroffenen das längst wußten.
[11] Das besondere unseres Filmförderungsgesetzes besteht eben
darin, daß es einen Kompromiß bietet: [12] daß es de jure
Wirtschaftsförderung, de facto aber (auch) Kunstförderung meint.
[...]*

Dieser im „Feuilleton" stehende Kurzkommentar hat, wie die meisten
Kommentare, neben den Lesern bzw. den „*Filmfreunden*" noch sekundäre
Adressaten: die „*Gegner*" der Praxis des „*Filmförderungsgesetzes*", gegen
die sich die Polemik richtet, und Kulturpolitiker, die durch diesen Text
beeinflußt werden sollen. Eine Nachricht über das diesem Artikel zugrun-
deliegende Ereignis war in der gleichen Ausgabe auf der gleichen Seite unter
der Überschrift „*Filmförderungsgesetz verfassungswidrig?*" veröffentlicht,
so daß die Leser über das Ereignis bereits genügend informiert waren, der
Nachrichtengehalt dieses Textes also gegenüber dem kommentierenden
und Hintergrundinformation gebenden Teil sehr gering ist. Deshalb ist der
Text sehr ergiebig für den relativ deutlichen Ausdruck von argumentativ
vorgebrachten Sprecherhandlungen (s. 2.21) und Sprechereinstellungen,
vor allem Bewertungen (s. 2.23.3), für Solidarisierungs-Zusätze (s. 2.24)
sowie für verschiedene Arten von Aussageverknüpfungen (s. 3.3).

Beispieltext T5

Feuilletonistische Glosse
(aus: Die Zeit, 18. 7. 1982, S. 1)
Die Überschrift ist im Original größer und fett, das Zitat kursiv gedruckt (s.
5.1)

[1] *Fensterln*
[2] *„Were diu werlt alle min / von deme mere unze an den rin / des
wolt ih mih darben / daz diu chuenegin von engellant / lege an
minen armen".* [3] *Wann hat man schon Gelegenheit, auf Seite 1
der ZEIT unser mittelhochdeutsches Lyrikgut, die Carmina burana zu zitieren.* [4] *Nur unser englischer Vetter Michael Fagan
macht's möglich.* [5] *Er nahm die Regenrinne, umging die Taubengitter – andere Abschreckung war nicht gegeben –, stieg in den
ersten Stock ein, ging den Flur entlang und setzte sich ans Bett
Ihrer Majestät wie der Märchenfrosch zu Füßen der Prinzessin.*
[6] *Das heimlose, unbeschäftigte „Sozialprodukt" verwirklichte
einen heimlichen, unerfüllten Traum vieler befragter Landsleute.*
[7] *Man möchte der Krone, insonderheit ihrer Trägerin nahe sein.*
[8] *Man sollte neidisch sein statt zu lachen:* [9] *Welche 31jährige
Deutsche kreist schon in ihren nächtlichen Phantasien ums Haus
des Bundespräsidenten?* [10] *Und Mike Fagan mißbrauchte die
Situation nicht einmal im Sinne des altfränkischen Dichters.* [11]
Er wollte plaudern und rauchen. [12] *Solche Gefährdungen kann
sich jede Staatsform nur wünschen.*
[13] *K. H. W.*

Von diesem Kabinettstückchen intellektueller journalistischer Unterhal-
tungskunst, das mit vielen Anspielungen, uneigentlichen Ausdrucksweisen
und hintergründig Mitzuverstehendem arbeitet, wird in 5.1 eine exemplarische systematische Textanalyse versucht.

Beispieltext T6

Werbeanzeige
(aus: Frankfurter Allgemeine Zeitung, 29. 12. 1978)
Die erste Zeile ist im Original größer und fett gedruckt

Erfolgreiche Roulettefreunde
beziehen ihre gewinnbringenden
Informationen durch
,,Casino-Journal'',
das internationale Roulette-Maga-
zin in deutscher Sprache.
Kostenloses Probeexemplar durch
Herzog GmbH, Postfach 7686
2000 Hamburg 19

Dieser Kleintext ist ein Beispiel dafür, daß eine äußerst sparsame, stark komprimierte Formulierung eine klar erkennbare, aber nur implizite Sprachhandlungsstruktur hat (s. 2.21.2), mit vielen Einbettungen (s. 3.1) und Zusätzen (s. 3.2).

Beispieltext T7

Akademisches Vorwort
(aus: Jürgen Habermas, Erkenntnis und Interesse. Frankfurt 1968, Taschenbuchausgabe 1973)

[1] Ich unternehme den historisch gerichteten Versuch einer Rekonstruktion der Vorgeschichte des neueren Positivismus in der systematischen Absicht einer Analyse des Zusammenhangs von Erkenntnis und Interesse. [2] Wer dem Auflösungsprozeß der Erkenntnistheorie, der an ihrer Stelle Wissenschaftstheorie zurückläßt, nachgeht, steigt über verlassene Stufen der Reflexion. [3] Diesen Weg aus einer auf den Ausgangspunkt zurückgewendeten Perspektive wieder zu beschreiten, mag helfen, die vergessene Erfahrung der Reflexion zurückzubringen. [4] Daß wir Reflexion verleugnen, i s t der Positivismus.
[5] Die Analyse des Zusammenhanges von Erkenntnis und Interesse soll die Behauptung stützen, daß radikale Erkenntniskritik nur als Gesellschaftstheorie möglich ist. [6] Diese Idee ist in Marxens Theorie der Gesellschaft impliziert, auch wenn sie dem Marxschen wie dem marxistischen Selbstverständnis nicht zu entnehmen ist. [7] Gleichwohl habe ich selbst den objektiven Zusammenhang, in dem die philosophische Entwicklung von Hegel zu Nietzsche sich vollzieht, nicht untersucht und mich darauf beschränkt, der Bewe-

gung des Gedankens immanent zu folgen. [8] Diese Konsequenz
ergibt sich: ich könnte nur um den Preis des Dilettantismus auf
eine Gesellschaftstheorie vorgreifen, zu der ich Zugang durch eine
Selbstreflexion der Wissenschaft erst g e w i n n e n möchte.
[9] Dazu ist der erste Schritt getan. [10] Mehr als den Stellenwert
eines Prolegomenon kann die Untersuchung deshalb nicht bean-
spruchen. [...]

Das Buch, dem dieses Vorwort voransteht, stand einflußreich am Beginn
der Reform- und Unruhephase der westdeutschen Universitäten ab 1968.
Es hat die Wissenschaftstheorie und die Kritik am traditionellen positivistischen Stil der Geistes- und Sozialwissenschaften in Deutschland sehr gefördert und darf vielleicht auch sprachlich als repräsentativ gelten für die
abstrakte, komprimierte Ausdrucksweise der Theoriediskussionen, die in
vielfacher Weise (von avantgardistisch-liberalen Doktorandenkolloquien
bis zu neomarxistischen Studentenaktionen) den Rede- und Formulierungsstil junger Intellektueller sehr geprägt hat. Dies gilt weniger für den (rasch
vergänglichen) Wortschatz als vielmehr für den Satzbau, der in hohem
Maße mit inhaltsträchtigen Nominalisierungen, Abstraktverben, adverbiel-
len und attributiven Zusätzen und Wortbildungen gesättigt ist (s. 2.15.2,
3.1, 3.2, 3.4). Ein Vorwort zeigt diesen Stil natürlich in textsortenspezifisch
extremer Weise, da auf engem Raum vieles nur angedeutet werden kann.
Der Argumentationsgang ist meist nicht sehr deutlich, da nur an wenigen
Stellen Aussagen-Verknüpfungen sprachlich bezeichnet sind (stark asynde-
tischer Stil); der pronominale Bezug bleibt meist offen bzw. vage (s. 2.12).
Als Beispiel für den modernen nominalisierenden deutschen Wissenschaftsstil wurde dieses Vorwort mit entsprechenden Vorworten von Hegel,
Christian Wolff und Luther sprachgeschichtlich kontrastiert in v. Polenz
1984.

Beispieltext T8

P a r l a m e n t s d e b a t t e
(aus: Deutscher Bundestag. 6. Wahlperiode, 171. Sitzung, Bonn 23. Fe-
bruar 1972)

[1] Dr. Barzel (CDU/CSU): [2] Meine Damen und Herren, der
Kollege Scheel hat einige Punkte genannt, die gleich berichtigt
werden müssen.
[3] (Lachen bei Abgeordneten der SPD. – [4] Zuruf von der SPD:
Schulmeister!)

[5] Zunächst sprach er davon, daß die Opposition nicht mit nach Moskau gefahren sei, obwohl er sie eingeladen habe. [6] Sie wissen selbst, Herr Kollege Scheel – und dies hat in einer früheren Debatte, auf die ich Bezug nehme, eine Rolle gespielt –, daß der Brief, mit dem Sie uns einluden,
[7] (Abg. Dr. Marx [Kaiserslautern]: Eine Ausladung war!)
[8] einer Ausladung näherkam als einer Einladung,
[9] (Sehr wahr! bei der CDU/CSU – Lachen bei der SPD)
[10] weil es darum ging, auf der Basis des Bahr-Papiers – das war doch der fertige Vertrag, und die Existenz dieses Papiers hatte man doch geleugnet – uns mitzunehmen, aber nicht einmal als Angehörige der Delegation.
[11] (Hört! Hört! bei der CDU/CSU.)
[12] Das, meine Damen und Herren, ist wohl nicht zumutbar.
[. . .]

Dieser Redetext ist (wie die folgenden) zwar gesprochene Sprache, aber durchaus nicht typische Sprechsprache (ausgenommen die Zurufe von Abgeordneten). Rainer Barzel formuliert fast druckreif, und gerade bei ihm darf man sicher sein, daß sein sehr expliziter Ausdruck nicht erst bei der Überarbeitung des Stenogramms zum Abdruck präzisiert worden ist. Es handelt sich um stark hypotaktischen Stil aus der akademisch-rhetorischen Tradition, mit viel parlamentarischer Image-Arbeit (s. 2.24), redesprachlich modernisiert durch mehrere Parenthesen (Einschubsätze), mit deutlich erkennbar impliziter Sprachhandlungsstruktur (s. 2.21.2). Barzel war damals Oppositionsführer; die problematisierte Reise nach Moskau und das „Bahr-Papier" sind als Einleitung der Entspannungspolitik der sozialliberalen Koalition Brandt-Scheel bekannt.

Beispieltext T9a

Politiker-Interview
(aus: Gefährdete Freiheit. Gespräch mit dem Politologen Professor Dr. Alfred Grosser [am 18. 11. 1978]. In: Evangelische Kommentare 12, 1979, H. 1, S. 29–32)

Evangelische Kommentare: [1] Herr Prof. Grosser, die deutsche Vergangenheit holt uns immer wieder ein. [2] Wo sehen Sie als Franzose die Ursachen für diese erneuten Anwürfe?

Grosser: *[3] Das Thema hat zwei Seiten, die man scharf trennen muß. [4] Die von außen ist teilweise echt empfunden von
Familien und Menschen und Nachkommen dieser Menschen, die
unter dem Nazismus gelitten haben. [5] Für sie ist es zwar nicht
ganz berechtigt, aber doch ganz normal, daß man immer wieder
erinnert. [6] Allerdings gehört dazu eine gewisse Dosis Heuchelei
insofern als man sich an seine eigenen Sünden nicht gern erinnert
oder sie gar nicht als solche begreift. [7] Es ist dies für mich ein
Grund, warum ich beispielsweise nur sehr zögernd zur Frage der
Verjährung Stellung nehme.*

Kommentare: *[8] Weshalb Ihr Zögern in Sachen Verjährung?*

Grosser: *[9] Ich zögere einmal, weil ich mich nie sehr für
Rache, wohl aber für Erinnerungen interessiert habe. [10] Ich
zögere zum anderen, weil von polnischer Seite aus politischen
Gründen Prozeßmaterial bewußt zurückgehalten wird, das jetzt
herausgegeben werden müßte, und weil die wirklich Schuldigen,
die noch nicht zur Rechenschaft gezogen sind, 1945 mindestens
dreißig Jahre alt waren, 1980 demnach also keine Jünglinge mehr
sein werden. [11] Schließlich zögere ich auch, weil ich Franzose
bin und weil in Frankreich für Verbrechen, die im Namen Frankreichs begangen worden sind, sei es in Indochina, in Madagaskar,
in Algerien, es nicht nur Verjährung, sondern Amnestie gab. [...]*

Grosser: *[12] So entschieden ich mich gegen das Vergessen oder
das Verschönern wehre, so entschieden bin ich gegen ein Übertreiben der Anklage [...]*

Ein Medien-Interview hat vier primäre Handlungsbeteiligte: Interviewer,
Interviewter, Publikationsorgan (Auftraggeber) und Publikum (als eigentliche Adressaten, in diesem Falle die Leser der „Evangelischen Kommentare"). Der Redewechsel zwischen Interviewer und Interviewtem ist kein
echter Dialog, mehr ein formaler Rahmen für den Monolog des Interviewten gegenüber dem Publikum. Alfred Grosser ist als „kritischer und liberaler Publizist" (Randbemerkung der „Evangelischen Kommentare"), als
Politikwissenschaftler und als Franzose deutscher Herkunft bekannt. In der
Bundesrepublik Deutschland waren in den Monaten vor diesem Interview
häufig und heftig thematisiert worden: der „Fall Filbinger" (Beschuldigun-
gen gegen den damaligen Baden-Württembergischen Ministerpräsidenten

wegen dessen Tätigkeit als Marinerichter 1945), die Wirkung der Fernseh-
serie „Holocaust" in den USA, die für 1979 bevorstehende Entscheidung
über eine Verlängerung der Verjährungsfrist für NS-Verbrechen und die
sog. Berufsverbote für Beamtenanwärter, die sich in der Zeit der Studentenbewegung linksradikal betätigt hatten. Vieles von alledem spielte im weiteren Verlauf dieses Interviews noch eine Rolle. Der Interviewtext (hier nur
der Anfang) ist sehr explizit in stark hypotaktischem Satzbau formuliert,
deutlich gegliedert, mit vielen aussagenverknüpfenden Konjunktionen (s.
3.3) und Sprachhandlungsausdrücken (s. 2.21.1); und trotzdem enthält er
noch manches Mitgemeinte und Mitzuverstehende (s. 4.2), weil das Thema
sehr komplex und brisant, die Tendenz der Stellungnahme sehr politisch
war.

Beispieltext T9b

Zeitungsnachricht über das Interview T9a
(aus: Frankfurter Allgemeine Zeitung 29. 12. 1978, S. 2)
Die Überschrift war fett und größer gedruckt.

[1] Bedenken gegen Verlängerung der Verjährungsfrist
[2] STUTTGART, 28. Dezember (epd). [3] Bedenken gegen eine
nochmalige Verlängerung der Ende 1979 ablaufenden Verjäh-
rungsfrist für NS-Gewaltverbrechen haben die Professoren Alfred
Grosser (Paris) und [...] geäußert. [4] In einem Interview mit der
in Stuttgart erscheinenden Monatszeitschrift „Evangelische Kom-
mentare" weist Grosser auf das hohe Alter der „wirklich Schuldi-
gen" hin, die noch nicht zur Rechenschaft gezogen wurden, sowie
auf die Tatsache, daß es in Frankreich für Verbrechen, die im
Namen des Landes begangen wurden – etwa in Indochina und
Algerien –, nicht nur Verjährung, sondern sogar Amnestie gegeben
habe. [5] Der Politologe, der in der Zeit des Nationalsozialismus
mit seiner jüdischen Familie nach Frankreich floh, sagt, daß er sich
„nie sehr für Rache, wohl aber für Erinnerung interessiert" habe.
[...]

Dieser Nachrichtenartikel faßte das Grosser-Interview (T9a) mit einem
Interview des Tübinger Juristen Ludwig Raiser zusammen. Hier wird nur
der Anfang des Grosser betreffenden Teils abgedruckt und ausgewertet.
Auf den ersten Blick erscheint die zusammenfassende Wiedergabe des
Interviews sehr sachlich und objektiv. Die positive Stellungnahme für
Grosser wird aber in den Zusätzen über die fachliche und politisch-

biographische Integrität und Kompetenz Grossers in bezug auf das Thema in Satz 5 deutlich, ferner durch Voranstellung des rhematischen Informationskerns (*„Bedenken gegen …"*) in der Überschrift und am Textanfang (s. 3.4). Satzsemantisch interessant ist auch der Wegfall der expliziten Argumentationsstruktur des Grosser-Interviews: Anstelle ausdrücklicher Begründungen ist hier nur noch von *„hinweisen"* die Rede, wobei zwei der Begründungen (*„Heuchelei"* und *„Prozeßmaterial … zurückgehalten"*) ganz unter den Tisch fallen (s. 3.32.13). Der Zwang zur Kürze in Nachrichtentexten macht die scheinbare Objektivität wörtlicher Zitate illusorisch.

Beispieltext T10

A k a d e m i s c h e F e s t r e d e des Schriftstellers Uwe Johnson
(aus: Vorstellung neuer Mitglieder, in: Deutsche Akademie für Sprache und Dichtung Darmstadt. Jahrbuch 1977. Heidelberg 1978. S. 154)

[1] Herr Präsident, meine Damen und Herren: [2] Wer in eine Akademie gewählt wird, soll Pflichten erwarten. [3] Dennoch, wenn man in Darmstadt als erste von ihm eine „Selbstdarstellung" verlangt, kann er überrascht sein von der Härte, ja, Grausamkeit der Aufgabe und, in meiner Angelegenheit, versucht sein, ihr auf einem Umweg zu genügen, nämlich einer Vorstellung der Ansichten, die ihn bisher beschreiben sollten.
[4] Zum ersten, Ihr neues Mitglied wird des öfteren, grundsätzlich, ein „Pommer" genannt, als sei das eine erschöpfende Auskunft. [5] Daran ist richtig, daß er eine Bauerntochter aus Pommern zur Mutter hatte, jedoch nicht aus jenem hinteren Landesteil, von dem es lateinisch heißt, er singe nicht, sondern aus dem Gebiet westlich der Oder, 1648 schwedisch und 1720 preußisch geworden, was einem 1934 Geborenen als Obrigkeit den Preußischen Ministerpräsidenten Hermann Göring einträgt. [6] Für die ersten zehn Jahre aufgewachsen im Vorpommern eines Reichskanzlers Hitler, bin ich zu wenig ausgewiesen als ein Pommer, wie er in den Büchern steht.
[7] Zum anderen […]
Die Deutsche Akademie für Sprache und Dichtung, von den deutschen Schriftstellerverbänden 1949 gegründet, „soll die deutsche Literatur vor

dem In- und Ausland repräsentativ vertreten" (Großer Brockhaus). Trotzdem hat sie den bereits seit 1959 bekannten und für die deutsch-deutsche
Kultur und Sprache durchaus repräsentativen Schriftsteller Uwe Johnson
erst so spät zum Mitglied gewählt. Dies und das hohe Alter der meisten
Akademiemitglieder bilden den Situationshintergrund für die vielen entper-
sönlichenden, uneigentlichen, stark implikativen Ausdrucksweisen im Rahmen der Imagearbeit-Komponente (s. 2.24) dieses akademisch-literarischen
Einführungsrituals auf der Frühjahrstagung in München vom 5. bis 8. Mai
1977. Von dem (in diesem Situationstyp zu erwartenden) Dank für die
ehrenvolle Aufnahme in die Akademie ist im Text wenig zu finden.
Unterhalb dieser offiziellen situationsbezogenen Sprachhandlungsebene ist
das Hauptthema, die Selbstbiographie, auf sehr indirekte Weise verbunden
mit Andeutungen über Johnsons Haltung als Schriftsteller zu seiner Einbin-
dung in die deutsche Geschichte (s. 4.4). Von der sehr steifen, traditionellen
Anredeformel her arbeitet er sich nur langsam und mühsam zum sprachlich
Eigenen durch („Ansichten", „Auskunft", „was einem ... einträgt"). Um
die kunstvolle Dreischichtigkeit dieses Redeanfangs zu verdeutlichen, versuchen wir einmal, die Image-Arbeit und die politisch-historischen Andeutungen wegzulassen und den ganzen Abschnitt in sachlichen, auf wesentliche Informationen beschränkten Stil umzuformulieren:

Die Akademie hat mich zum Mitglied gewählt und von mir eine
„Selbstdarstellung" verlangt. Diese fällt mir schwer. Deshalb
wähle ich einen Umweg, indem ich über die bisherigen Ansichten
anderer über mich spreche. Ich werde öfters als „Pommer" be-
zeichnet. Dies ist nicht ganz richtig, denn meine Mutter stammte
zwar aus Pommern, aber nicht aus Hinter-, sondern aus Vorpom-
mern. Ich bin 1934 geboren und die ersten 10 Jahre in Vorpom-
mern aufgewachsen. Also bin ich kein echter Pommer.

1. Zur Einführung

„Mit dem Verstehen verhält es sich nicht anders. Es kann in der Seele nichts, als durch eigene Thätigkeit vorhanden seyn, und Verstehen und Sprechen sind nur verschiedenartige Wirkungen der nemlichen Sprachkraft. Die gemeinsame Rede ist nie mit dem Uebergeben eines Stoffes vergleichbar. In dem Verstehenden, wie im Sprechenden, muss derselbe aus der eignen, innren Kraft entwikkelt werden; und was der erstere empfängt, ist nur die harmonisch stimmende Anregung."
(Wilhelm v. Humboldt, Schriften zur Sprachphilosophie, Nachdr. Darmstadt 1963, 430)

Von den Ansichten über die Bedeutungen von Wörtern oder Sätzen ist am weitesten verbreitet der naiv-wörtliche Inhaltsbegriff: Bedeutung als real existierender Teil eines sprachlichen Zeichens; man glaubt, daß der ‚Inhalt' in den Wörtern und Sätzen einfach ‚drinsteckt' und durch Sprechen oder Schreiben an die ‚Empfänger' einfach ‚übertragen' werden kann. Man nennt diese uralte Semantikauffassung auch „Tennisball-" oder „Transport-Modell". Daß dies nicht stimmt, merkt man leider allzu selten: beim Aneinander-Vorbei-Reden, beim Verständnis- oder Formulierungsstreit, wenn man verwundert feststellen muß, daß der Sinn des Gesprochenen oder Geschriebenen manchmal nicht genau aus dem besteht, was man selbst mit den Wörtern zu ‚verbinden' gewohnt ist, und man versucht ist, das, was andere damit ‚verbinden', als ‚falschen' Gebrauch oder ‚Mißbrauch' der Sprache abzutun.

Das Infragestellen jener beliebten Semantikideologie haben wir heute besonders nötig, weil sie einerseits durch eine das Verstehen erschwerende Entwicklungstendenz unserer Sprache ad absurdum geführt wird, andererseits durch manche Sprachtheorien und sprachwissenschaftliche Methoden – alte und ‚moderne' – gefördert worden ist. Deshalb soll dieses Buch mit etwas Sprachgeschichte und etwas Wissenschaftsgeschichte eingeleitet werden.

1.1. Entwicklungstendenzen des deutschen Satzbaus

1.11. Von der expliziten zur komprimierten Sprache

Sprache haben die Menschen als Werkzeug entwickelt, um sich miteinander (oder gegeneinander) über sich und die Welt verständigen zu können. Wie bei allen Werkzeugen zeigt sich auch bei der Sprache eine allgemeine Entwicklungstendenz von einfachen Formen zu k o m p l e x e n, d. h. aus vielen Teilen zusammengesetzten Formen. Der historische Weg von einfachen Haken, Hämmern und Hebeln bis zu komplexen modernen Maschinen und Apparaten ist weit; aber wir verwenden noch heute beide Arten von Werkzeugen nebeneinander. Viele der modernen Werkzeuge sind so undurchschaubar zusammengesetzt, daß sie Nichtfachleuten als k o m p l iz i e r t erscheinen. Auch in der Sprache gibt es einfache, komplexe und komplizierte Bauformen, von einfachen Sätzen wie *Am Anfang war das Wort* über komplexe Sätze wie die bisherigen Sätze dieses Abschnittes (die alle mindestens eine Erweiterung, nämlich Nebensätze, Infinitivsätze, Attribute, erweiterte Attributgruppen, Koordinationen usw. haben) bis zu komplizierten Satzgefügen mit mehreren, z. T. hypotaktisch/unterordnend zueinandergefügten Erweiterungen (wie gerade dieser Satz hier).

Nun gibt es auch eine sehr moderne Form komplizierter Werkzeuge, deren Komplexität/Zusammengesetztheit auf so engen Raum zusammengedrängt ist, daß man sie k o m p a k t nennt (nach lat. *compactus* ‚gedrungen, dicht gefügt, fest, in sich geschlossen'). In einem *Kompaktmotor* sind alle Teile auf engstem Raum zusammengedrängt; entsprechend verhält es sich bei *Kompaktbauweise, Kompaktseminar* usw. Kompaktformen sind Sparformen. Der Vorteil der Raumersparnis ist bei kompakter Struktur mit dem Nachteil verbunden, daß die Teile so k o m p r i m i e r t angeordnet sind, daß sie unüberschaubar und schwer zugänglich sind. Man vergleiche beispielsweise eine Dampfmaschine mit einem Elektromotor oder gar mit einem Taschenrechner. Auch liegen die Beziehungen zwischen den Teilen und ihren Funktionen nicht mehr so offen wie bei nichtkompakten komplexen Werkzeugen.

In der Sprache entsprechen den Teilen der Werkzeuge die Ausdruckselemente (Morpheme/Wortteile, Lexeme/Wörter, Satzkonstituenten/Satzglieder und Sätze); den Funktionen entsprechen die Inhalte der Ausdruckselemente bzw. das, was der Sprecher bzw. Verfasser mit ihnen meint und der Hörer bzw. Leser aus ihnen versteht. Bei s p r a c h l i c h e r K o m p l e x i t ä t ist deshalb zwischen Ausdrucks- und Inhaltsseite der Sprache zu unterscheiden. Auf der A u s d r u c k s s e i t e gibt es einfache Wörter (z. B. *es, Wort*) und zusammengesetzte Wörter (z. B. *ein-fach, zusammen-ge-setzt-t*), elementare/einfache Sätze und komplexe/zusammengesetzte Sätze (wie oben angedeutet), einfache Texte (z. B. der Schildtext *Kein Zutritt!*) und zusammengesetzte Texte (von Schildtexten wie „*Privatweg. Begehen auf eigene Gefahr*" bis zu dicken Büchern). Auf der I n h a l t s s e i t e rechnet man zu den komplexen/zusammengesetzten Strukturen schon die bloße Verbindung zweier Satzinhalte, z. B. den Inhalt des letztgenannten Schildtextes, der mindestens aus den beiden Satzinhalten ‚Dies ist ein Privatweg' und ‚Wer diesen Weg begeht, tut dies auf eigene Gefahr' besteht.

Da die meisten Texte einen relativ komplexen Inhalt haben, geht es in der Methodik der Textanalyse vor allem um die Frage, auf welche verschiedenen Weisen komplexer Inhalt sprachlich ausgedrückt ist. Wenn komplexer Inhalt weitgehend durch komplexe sprachliche Ausdrucksmittel dargestellt wird (z. B. durch hypotaktische Satzgefüge, mit Nebensätzen), liegt ein relativ hoher Grad von Entsprechung zwischen Inhalts- und Ausdrucksstruktur vor: Allen (oder wenigstens den meisten) Inhaltskomponenten/-teilen entsprechen jeweils bestimmte Ausdruckseinheiten. Dies ist die e x p l i z i t e /ausdrückliche Weise des Ausdrucks komplexer Inhalte. In unserer heutigen öffentlichen Sprachkultur werden komplexe Inhalte jedoch meist verkürzt und ungenau ausgedrückt, um Zeit und Raum zu sparen oder um die Hörer/Leser nicht zu langweilen oder sie zu provozieren oder um etwas zu verschleiern. Solchen sprachökonomischen bzw. sprachmanipulativen Ausdruck gibt es in mindestens drei Arten:

– elliptisch/auslassend/lückenhaft
– komprimiert/kompakt/kondensiert/verdichtet
– implikativ/einbegreifend/mitenthaltend/mitmeinend

Wenn man in Wörtern oder Sätzen ohne viel Überlegen und ohne
Zweifel einzelne Buchstaben, Wortteile oder Wörter ergänzen, also
den Wortlaut vervollständigen kann, um ihn besser zu verstehen,
handelt es sich um Ellipsen/Auslassungen.

Im Bereich der Lexik (des Wortschatzes) sind dies die Abkürzungen (z. B.
Dr. für *Doktor, GmbH* für *Gesellschaft mit beschränkter Haftung*) und
Kurzwörter (z. B. *Schirm* für *Regenschirm, Uni* für *Universität, Krad* für
Kraftrad). Im Satzbau ist elliptisch z. B. der Telegrammstil, der in der
Schule wohl nie gelehrt wurde, aber von jedem erwachsenen Sprachbenutzer
beherrscht wird und jedem verständlich ist; z. B. „*Ankomme Dienstag
11,30.*" Hier kann man ohne weiteres das Weggelassene ergänzen: *Ich, in
x, am nächsten, Uhr, Minuten.* Während es bei den lexikalischen Kurzformen
Verständnisprobleme gibt, wenn man die betreffende Kurzform nicht
wie eine Vokabel beherrscht, gibt es bei elliptischem Satzbau in der Regel
keine Verständnisschwierigkeiten. So ist es beim Titelblatt dieses Buches
selbstverständlich, daß elliptische Komponenten wie die folgenden ohne
weiteres ergänzbar und mitgemeint sind: *Dies ist ein Buch über* ... (beim
Titel), *Dieses Buch ist verfaßt „von"* ... (bei der Verfasserangabe), *Dieses
Buch ist verlegt bei* ... (bei der Verlagsangabe).

Anders ist es, wenn das nicht explizit Ausgedrückte nicht neben
dem Ausgedrückten weggelassen, also einfach ergänzbar ist, sondern
im Ausgedrückten selbst hintergründig mitenthalten ist,
also wenn manche Ausdruckseinheiten zugleich mehrere Inhaltsteile
auszudrücken haben, sodaß Inhaltsstruktur und Ausdrucksstruktur
in der Gliederung stärker voneinander abweichen. Dann
kann man von komprimierter/kompakter/kondensierter Ausdrucksweise
sprechen.

Auf lexikalische Weise (im Wortgebrauch) zeigt sich komprimierte Ausdrucksweise
in Wortbildungen: in Komposita/Zusammensetzungen und
Derivationen/Ableitungen. So besteht z. B. die Zusammensetzung *Satzsemantik*
aus drei Ausdruckseinheiten: *Satz, semant* und *ik*. Eine eins-zu-eins-
Entsprechung zwischen Ausdruck und Inhalt wäre es, wenn man sich damit
begnügen könnte, diesen drei Ausdruckseinheiten nur die drei Inhalte
‚Satz', ‚Inhalt' und ‚Lehre' zuzuordnen. Diese Zusammensetzung enthält
aber noch mehr Inhalt, nämlich die semantischen Relationen/Beziehungen,
die zwischen diesen drei Inhalten bestehen und mitverstanden werden
sollen. Der gesamte Inhalt ist so komplex, daß er beispielsweise in einer
Paraphrase/Umformulierung ausgedrückt werden kann, die aus einer Substantivgruppe
mit Nebensätzen und einigen sonstigen Erweiterungen besteht:
Die Lehre bzw. das System, in der/dem man beschreibt und erklärt,

wie sich der Inhalt von Sätzen bzw. seine Teile zum Satzausdruck bzw. seinen Teilen verhalten. Da die Zahl der gemeinten und zu verstehenden Inhaltsteile hier wesentlich größer ist als die Zahl der Ausdruckseinheiten, ist die Zusammensetzung *Satzsemantik* eine komprimierte Ausdrucksform, wobei jeder der drei Ausdruckseinheiten mehr als ein Inhaltsteil zugeordnet ist. Für wieviele Inhaltseinheiten hier allein das Suffix *-ik* steht (Wortbildungssuffixe sind meist extrem komprimierte Sprachmittel), kann an dem (noch sehr groben) Schema Fig. 1 abgelesen werden

Fig. 1:

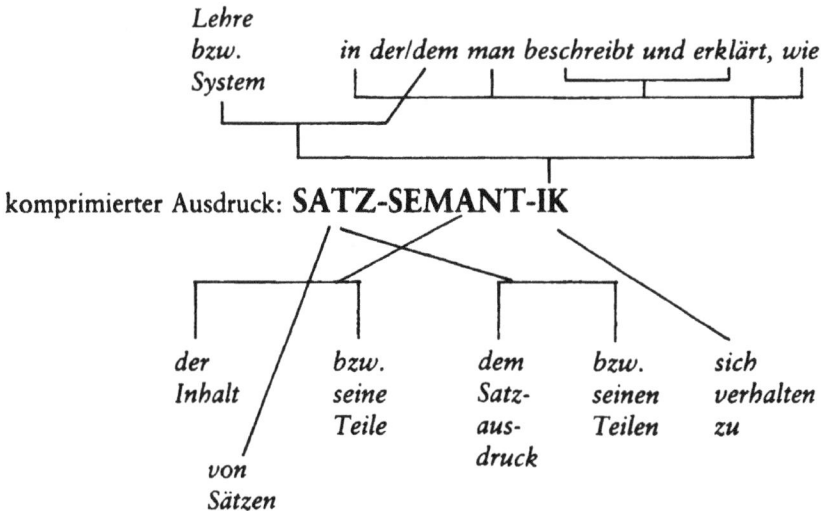

Wie für alle stark komprimierenden Wortbildungen gibt es auch für die Zusammensetzung *Satzsemantik* noch andere mögliche Paraphrasen, für die man entsprechende Schemas zeichnen könnte: z. B. ,Buch, aus dem man lernen kann, welche Bedeutungen Sätze haben können', oder: ,Theorie über die Regeln und Operationen, die aus semantischen Konfigurationen syntaktische Oberflächenstrukturen generieren'.

Unter i m p l i k a t i v e m Ausdruck versteht man eine Formulierungsweise, bei der außer den (explizit oder komprimiert ausgedrückten) Satzinhalten noch weitere Satzinhalte – als eigene Sätze ausdrückbar – impliziert/einbegriffen sind, d. h. vom Sprecher/Verfasser mitgemeint, vom Hörer/Leser mitzuverstehen sind.

So sind im Titelblatt dieses Buches z. B. folgende Satzinhalte impliziert: ,Dieses Buch ist in deutscher Sprache geschrieben', ,Dieses Buch behandelt die über „*Grundbegriffe*" hinausgehenden Spezialbegriffe nicht oder nur am Rande', ‚Dieses Buch ist ein einführendes wissenschaftliches Fachbuch', ‚Der Verfasser hat dieses Buch selbst geschrieben', ‚Der genannte Verlag hat an diesem Buch bestimmte kommerzielle Rechte'.

Das Verhältnis zwischen explizitem und komprimiertem bzw. implikativem Ausdruck kann man sich als eine breite Skala relativer Möglichkeiten vorstellen. Die Umformulierung des Titel-Wortes „*Satzsemantik*" stellt einen hohen Grad expliziten Ausdrucks dar. Sie wirkt so übertrieben genau, weil hier mehr als nötig alle gemeinten und mitgemeinten Inhaltsteile durch je eigene Sprachelemente ausgedrückt sind, gewissermaßen wie in einer idealisierten Eins-zu-eins-Entsprechung oder Kongruenz zwischen Inhalt und Ausdruck. Die Formulierung unseres Buchtitels (mit Untertitel) wäre auf der Skala etwa in der Mitte anzusetzen als nur mäßig komprimiert und implikativ. Eine extrem komprimierte Ausdrucksweise wäre es dagegen, wenn man das Ganze – Titel und Untertitel zusammengenommen – in einem einzigen Wort ausdrücken würde: *Satzsemantikgrundbegriffe.*

Auch in der gesprochenen Alltagssprache gibt es in vielen Fällen die Möglichkeit der Ausdrucksvariation von extrem explizit (a) bis extrem komprimiert (e):

a: *Ich frage dich hiermit, ob du mit dem, was ich dir vorgeschlagen habe, einverstanden bist.*
b: *Bist du damit einverstanden?*
c: *Einverstanden?*
d: *o. k.?*
e: *hm?*

Glücklicherweise haben wir es, dank unserer Kommunikationsroutine, nicht nötig, uns immer so explizit wie möglich auszudrücken. So unbequem und aufwendig braucht natürliche Sprache meist nicht zu sein. Aber ist unsere heutige öffentliche Sprachkultur noch im vollen Sinne ‚natürliche' Sprache? In der Schreibsprache (zu der man auch große Teile der Hörfunk-, Fernseh- und Vortragssprache rechnen muß) fehlt die zusätzliche Determination/Festlegung der Bedeutung durch Situation, Gestik, Mimik, Intonation und Rhythmus des Sprechers. Wir sind also noch stärker auf Sprache (im engeren Sinne) allein angewiesen; und dies hat für das Verhältnis zwischen Inhalt und Ausdruck eine unausweichliche Konsequenz:

„Je mehr die Determination von Meinen und Verstehen durch die sprachliche Äußerung allein erfolgen soll, desto mehr Determinanten müssen in die sprachliche Äußerung gepackt werden" (Hörmann 422). Es ist also ein Vorteil, daß wir nicht nur auf die unterdeterminierten (komprimierten und/oder implikativen) Ausdrucksweisen der ökonomischen Routinesprache angewiesen sind, sondern bei Bedarf auf explizitere Formulierungsweisen zurückgreifen können, z. B. zur Klärung sprachlicher Mißverständnisse oder Unklarheiten, zur Aufdeckung sprachlicher Verschleierungen. Die expliziteren Umformulierungstechniken verdienen es – heute mehr denn je – gelehrt, beherrscht und angewandt zu werden.

1.12. Ein historischer Textvergleich: Die „Zehn Gebote" (T1) und die „Grundrechte" (T2)

Die Entwicklung von einfacher und expliziter zu komprimierter Sprache läßt sich an zwei Texten veranschaulichen, die historisch weit auseinanderliegen, aber einen textpragmatisch vergleichbaren Inhalt haben: den Mosaischen „Zehn Geboten" (unser Beispieltext T1) und den „Grundrechten" (unser Beispieltext T2). Beide Texte schreiben Grundprinzipien gesellschaftlichen Verhaltens vor: Was Menschen tun oder unterlassen sollen bzw. dürfen, um als Mitglieder einer gesellschaftlichen Großgruppe anerkannt zu sein. Daß in den „Zehn Geboten" mehr von Pflichten (‚Was man tun soll‘), in den „Grundrechten" mehr von Rechten (‚Was man tun darf‘) die Rede ist, beruht zwar auf einem grundsätzlichen Unterschied zwischen der religiösen und zugleich politischen Gesellschaftsauffassung archaischer Völker und der eines modernen säkularisierten Staates liberaler Prägung. Aber in der inhaltlichen Textstruktur ist dieser Unterschied nicht allzu erheblich, denn auch die „Grundrechte" sind nicht nur Regeln für das ‚Tun-Dürfen‘ des Einzelnen, wie es auf den ersten Blick erscheint, sondern zugleich Regeln für das ‚Tun-Sollen‘ bzw. ‚Unterlassen-Sollen‘, das von der Gesamtheit aller Staatsbürger und ihren Institutionen zur Gewährleistung des ‚Tun-Dürfens‘ der Einzelnen verlangt wird. – Beide Texte werden hier ohne theologische bzw. juristische Spezialkenntnisse interpretiert aus der Perspektive laienhafter Textbenutzer (die ja doch wohl die hauptsächlichen Adressaten dieser Texte sind).

Um diesen nur als Demonstrationsbeispiel gewagten Textvergleich nicht in eine philologisch-historische Spezialuntersuchung ausufern zu lassen, begnügen wir uns hier bei den „Zehn Geboten" mit der noch nicht zu stark modernisierten Luther-Bibel von 1953. Sie repräsentiert den oft noch konservativen, manchmal archaischen/altertümlichen Sprachgebrauch des kirchlichen Lebens. Sie zeigt noch viel vom frühneuhochdeutschen Satzbaustil, allerdings am wenigsten in der Zeichensetzung, die im wesentlichen den modernen Regeln entspricht. Es geht uns hier nicht um eine genaue Darstellung der sprachgeschichtlichen Entwicklung, vielmehr um den Kontrast eines noch heute vorkommenden altertümlichen deutschen Satzbaustils mit dem komprimierten Ausdruck eines modernen Gesetzestextes. Der diachrone/entwicklungsmäßige Unterschied ist hier zugleich ein synchroner/gleichzeitiger Stilunterschied. Die beiden Vergleichstexte sind nahezu gleich lang: T1 hat 299 Wörter in 22 Sätzen, T2 hat 276 Wörter in 21 Sätzen. Das in der syntaxgeschichtlichen Forschung (s. 1.13) oft angewandte quantitative Kriterium der Satzlänge nach der durchschnittlichen Zahl der Wörter pro Satz ergibt hier fast keinen Unterschied: 13,5 in T1, 13,1 in T2. Der längste Satz von T1 hat 31, der längste von T2 hat 27 Wörter, der kürzeste Satz von T1 hat 4, der kürzeste von T2 hat 5 Wörter.

Die sprachgeschichtlich bedingten Unterschiede liegen vielmehr im qualitativen Bereich des Satzbaus, zum Beispiel beim Verhältnis zwischen h y p o t a k t i s c h e m/überordnendem und p a r a t a k t i - s c h e m/nebenordnendem Satzbau. Zur Hypotaxe rechnet man Satzgefüge mit Nebensätzen und Infinitivsätzen (satzwertigen Infinitivgruppen).
Die „10 Gebote" haben weitaus mehr hypotaktischen Satzbau; in den „Grundrechten" herrscht der einfache, parataktische Satzbau vor. Der moderne Gesetzestext ist aber keineswegs leichter verständlich, sondern enthält noch weitaus mehr an komplexen Inhaltsstrukturen, die aber nicht explizit sprachlich ausgedrückt sind.

Dies zeigt sich auch am Verhältnis zwischen s e m a n t i s c h e r V e r k n ü p f u n g von Sätzen durch Konjunktionen und Konjunktionaladverbien einerseits (s. 3.3) und semantisch nicht gekennzeichneter Aneinanderreihung von Sätzen andererseits. Die „10 Gebote"' haben 10 semantische Satzverknüpfungen: *und* (1,5,6), *denn* (5,7,11), *daß* (8), *aber* (10), *darum* (11), *auf daß* (12), die „Grundrechte" dagegen nur 2 solche Verknüpfungen: *darum* (1,2), *soweit* (2,1). Die semantischen Beziehungen zwischen den

	„10 Gebote" (T1):		„Grundrechte" (T2):
Relativ-/ Attribut- sätze:	2: *der ich*... 4: *das oben*... *das unten*... *das im*... 5: *der da*... *die mich*... 6: *die mich*...	7: *der sei-* *nen*... 10: *der in*... 11: *was darin-* *nen*... 12: *das dir*... 17: *was* *dein*...	
Adverbial-/ Angabe- sätze:	8: *daß du*... 12: *auf daß du*...		2,1: *soweit er*...
Infinitiv- sätze:			1,1: *Sie zu* ...*schützen* 5,1: *seine Mei-* *nung*...*zu* *unterrich-* *ten*

Sätzen sind im modernen Verfassungstext viel häufiger nur implizit mitgegeben oder bleiben offen. Die Inhalts-Komplexität wird heute weniger durch Nebensätze, Infinitivsätze und Konjunktionen aus-gedrückt als vielmehr in komprimierter Weise auf tieferen Ebenen der Satzgliederstruktur.

Als Ersatz für die ältere Nebensatz-Hypotaxe dienen heute vor allem die N o m i n a l i s i e r u n g e n (Substantivierungen und Ad-jektivierungen), wobei die semantischen Verknüpfungen (anstelle der Konjunktionen und Konjunktionaladverbien, z. B. *weil, damit, denn, darum*) durch Präpositionen (z. B. *aus, zu, mit, bei*) oder durch Genitivfügungen ausgedrückt werden, die semantisch oft viel ungenauer oder polysem/mehrdeutig sind. In bezug auf Nomi-nalisierungen ist der Unterschied zwischen T1 und T2 sehr groß.

Wir zählen alle Fälle, in denen Substantive bzw. Adjektive aus anderen Wortarten abgeleitet sind, aber nur solche, die nach dem Kontext noch

	„10 Gebote" (T1):	„Grundrechte" (T2):	
Substanti- vierungen aus Verben:	5: *Missetat* L 6: *Gebote* L 16: *Zeugnis*	1,1: *Verpflichtung* S 1,3: *Gesetzgebung* L *Rechtsprechung* L 2,1: *Entfaltung* S *Ordnung* L 2,2: *Leben* L 3,2: *Abstammung* *Sprache* L *Herkunft* L *Glaubens* L *Anschauungen* L 4,1: *Glaubens* L *Bekenntnisses* L 4,2: *Religionsaus- übung* S	4,3: *Kriegsdienst* L 5,1: *Meinung* *Schrift* L *Berichterstattung* *Zensur* L 5,2: *Vorschriften* L *Bestimmungen* L *Schutze* 5,3: *Wissenschaft* L *Forschung* *Lehre* *Verfassung* L
Substanti- vierungen aus Adjek- tiven:	4: *Gleichnis* L 6: *Barmherzig- keit* L	1,2: *Gemeinschaft* L *Gerechtigkeit* 2,1: *Persönlichkeit* L 2,2: *Unversehrtheit* S *Freiheit*	4,1: *Freiheit* 5,1: *Pressefreiheit* L *Freiheit* S 5,3: *Freiheit* S *Treue* S
Adjektivie- rungen aus Verben:		1,1: *unantastbar* S 1,2: *unverletzlichen* S *unveräußerlichen* S 1,3: *nachfolgenden* S *vollziehende* *geltendes*	2,2: *unverletzlich* S 3,2: *gleichberechtigt* 4,1: *unverletzlich* S 4,2: *ungestörte* S 5,1: *zugänglichen*
Adjektivie- rungen aus Substanti- ven:	5: *eifriger*	1,1: *staatlichen* 1,2: *menschlichen* S 2,1: *verfassungs- mäßige* S 2,2: *körperliche* S 3,3: *religiösen* *politischen*	4,1: *religiösen* S *weltanschauli- chen* S 5,2: *gesetzlichen* S *persönlichen*

einigermaßen sinnvoll in semantischer Beziehung zum Ausgangswort stehen (also nicht z. B. *Kunst,* da es kaum noch als Substantivierung aus *können* empfunden wird).

Den 6 Substantivierungen und Adjektivierungen in T1 stehen also 57 in T2 gegenüber. Dabei muß unterschieden werden, ob die Nominalisierungen mehr im Wortschatz (lexikalisch) oder mehr im Satzbau (syntaktisch) ihre semantische Funktion haben. Die mit L gekennzeichneten Fälle rechnen wir als l e x i k a l i s i e r t e Nominalisierungen, d. h. als solche, die so sehr zum festen, üblichen Wortschatz gehören, daß man sie in diesen Kontexten nicht mehr durch Paraphrasen/Umformulierungen ersetzen sollte. Mit S sind die s y n t a k t i s c h e n Nominalisierungen gekennzeichnet, d. h. solche, die beim Verfassen des Textes als sprachökonomische Mittel des komprimierten Ausdrucks entstanden sein können, feststellbar durch im Kontext einsetzbare Paraphrasen (1a, 2a), z. B.

1:   „... ist *Verpflichtung aller staatlichen Gewalt"* (T2, Art. 1,1)
1a: ..., ist alle staatliche Gewalt verpflichtet.
2:   „*Jeder hat das Recht auf ... körperliche Unversehrtheit."* (T2, Art. 2,2)
2a: *Jeder hat das Recht darauf, daß sein Körper unversehrt bleibt.*

Die weder mit L noch mit S versehenen Fälle können zwar als lexikalisiert im Sinne üblichen Wortgebrauchs gelten, sind aber als Wortbildungen noch so stark motiviert/durchsichtig, daß man sie in Paraphrasen auf verbalen bzw. adjektivischen Ausdruck zurückführen kann, können jedoch in diesen Kontexten nicht gut als syntaktische Mittel des komprimierten Ausdrucks eingestuft werden.

Beim Textvergleich ergibt sich, daß die „Grundrechte" nicht nur weitaus mehr Nominalisierungen überhaupt enthalten, sondern auch eine große Zahl (20) syntaktischer Nominalisierungen, für die sich in den „10 Geboten" noch kein Beispiel findet. Nominalisierende Wortbildung ist erst im Laufe der Entwicklung der deutschen Sprache, vor allem im Wissenschaftsstil seit der Aufklärungszeit, zunehmend in den Dienst des komprimierten Satzbaus genommen worden. – Die Komprimierungstendenz zeigt sich auch im Aufbau von Nominalgruppen/Substantivgruppen (s. 1.4) in der Zahl und Art der A t t r i b u t e/Beifügungen.

In den „10 Geboten" finden sich nur e i n s t u f i g e Attributionen: zum Substantiv jeweils nur ein einziges Attribut: *„eifriger Gott"* (5), *„falsch Zeugnis"* (16), *„der Väter Missetat"* (5), *„deines Nächsten Hauses, deines*

Nächsten Weibes" (17), allenfalls appositiv nebengeordnet erweitert: *„den Namen des Herrn, deines Gottes"* (7), *„der Sabbat des Herrn, deines Gottes"* (10). Diesen 7 Fällen einfacher Attribution stehen in den „Grundrechten" 16 gleichartige gegenüber: *„Würde des Menschen"* (1,1), *„unverletzlichen und unveräußerlichen Menschenrechten"* (2) usw. Darüber hinaus hat aber der moderne Verfassungstext 10 z w e i s t u f i g e Attributionen, d. h. Attribute, denen wiederum Attribute untergeordnet sind: *„Verpflichtung aller staatlichen Gewalt"* (1,1), *„Grundlage jeder menschlichen Gemeinschaft"* (1,2), *„Grundlage ... der Gerechtigkeit in der Welt"* (1,2), *„unmittelbar geltendes Recht"* (1,3), *„Freiheit des religiösen und weltanschaulichen Bekenntnisses"* (4,1), *„allgemein zugänglichen Quellen"* (5,1), *„Freiheit der Berichterstattung durch Rundfunk und Film"* (5,1), *„Vorschriften der allgemeinen Gesetze"* (5,2), *„Recht der persönlichen Ehre"* (5,2), *„gesetzlichen Bestimmungen zum Schutze der Jugend"* (5,2).

Was dem modernen Verfassungstext gegenüber dem Lutherschen Bibeltext an Nebensatz-Hypotaxe fehlt, wird in ihm auf tieferen Ebenen des Satzbaus ersetzt durch rigorose Ausnutzung von Unterordnungsmöglichkeiten innerhalb von Nominalgruppen. Der Attribuierungs-Satzbau ist also eigentlich noch viel ‚hypotaktischer' als die alten Satzgefüge mit Nebensätzen. Aber diese Art Hypotaxe ist satzsemantisch nicht mehr explizit, sondern in hohem Maße komprimiert, da bei attributiver Unterordnung eines Prädikats oft Inhaltsteile nicht mehr ausdrücklich bezeichnet werden, sondern allenfalls implizit mitgemeint sind.

So enthält die sehr komplexe Attributgruppe 3 weitaus weniger an ausgedrückten Inhaltsteilen als die in Nebensatzstil umformulierte explizite Paraphrase:

3:   *„gesetzlichen Bestimmungen zum Schutze der Jugend"* (T2 Art. 5,2)
3a: *Bestimmungen, die als Gesetze gelten und die jemand₁ zu dem Zweck erlassen hat, daß jemand₂ die Jugend vor etwas₃ schützt*

Inhaltsteile, die bei der komprimierenden Attribuierung nicht ausgedrückt waren, sind hier die drei Referenz-/Bezugsobjekte (s. 2.12) ‚jemand₁' (ein Gesetzgeber), ‚jemand₂' (Vollzugsorgane), ‚etwas₃' (Gefahren), ferner die Nebenprädikate ‚gelten als' und ‚erlassen' und der in *erlassen hat* ausgedrückte Tempus-Bezug ‚vergangen' (s. 3.23.2).

Das Nichtausdrücken persönlicher Bezugsobjekte (‚jemand') in Attribuierungen zu Nominalgruppen hängt zusammen mit einer Entwicklungstendenz, die man E n t p e r s ö n l i c h u n g des Ausdrucks nennen kann. Dies zeigt sich auch in einer der wichtigsten textsemantischen Komponenten, der Handlungs-Beziehung zwischen Text-Autor und Text-Adressaten (Wesentliche Texthandlung, s. 5.13). In den „10 Geboten" wird der T e x t - A u t o r explizit als solcher eingeführt: „*Und Gott redete alle diese Worte*" (T1,1), „*Ich bin der Herr, dein Gott, der ich dich ...*" (T1,2). Auch weiterhin wird die persönliche Kommunikationsbeziehung zwischen ‚ich' und ‚du' öfters ganz konkret in 1. und 2. Person Singular des Personalpronomens *(ich, du, dir)* und Possessivpronomens *(dein)* ausgedrückt. Nichts dergleichen in den „Grundrechten", obwohl es auch hier einen konkreten Text-Autor (Parlamentarischer Rat) und konkrete Text-Adressaten (Institutionen, Juristen, Staatsbürger) gibt.

In der Verfassung eines demokratischen Staates handelt es sich natürlich nicht mehr um die persönliche Beziehung zwischen einem allmächtigen Souverän und einem abhängigen „*Volk*" wie in einer monotheistischen Religion oder einer Monarchie. Souverän soll hier das „*Volk*" selbst sein; aber es ist es nur durch seine indirekt gewählten Repräsentanten. Dies wird in der GG-Präambel verschleiernd ausgedrückt: „*Im Bewußtsein seiner Verantwortung ... hat das deutsche Volk in den Ländern ... kraft seiner verfassungsgebenden Gewalt dieses Grundgesetz der Bundesrepublik Deutschland beschlossen. Es hat auch für jene Deutschen gehandelt, denen mitzuwirken versagt war.*" Hierbei ist mitzuverstehen: ‚Die von der Bevölkerung der meisten westdeutschen Länder gewählten Landtagsabgeordneten haben den Parlamentarischen Rat gewählt, der das GG ausgearbeitet und den Länderparlamenten zugeleitet hat, deren Mehrheit es beschlossen hat, wodurch sie alle auch für jene ... gehandelt zu haben glaubten, denen ...'

Für das „Grundgesetz" wird also „*das deutsche Volk*" als abstrakter kollektiver Verantwortungsträger hingestellt. Die konkreten Textverfasser, der Parlamentarische Rat, sind auch in der Präambel nicht genannt. Sie existieren aber textsemantisch dennoch als konkrete Text-Autoren, da beim Sprechen und Schreiben über das „Grundgesetz" ständig (in patriarchalisch klingender Weise) von den „*Vätern des Grundgesetzes*" die Rede ist, die dies und das so und so „*gemeint*" bzw. „*beschlossen*" hätten oder die Institutionen und Bürger der BRD zu diesem und jenem „*verpflichtet*" hätten. Sehr wesentliche Inhaltsteile stehen also im Text gar nicht drin, müssen ‚zwischen den Zeilen gelesen' werden.

Ebenso verabstrahiert und verfremdet ist der Begriff der T e x t -
A d r e s s a t e n in den „Grundrechten". Eine persönliche pronominale Anrede (wie die des Volkes Israel in den „10 Geboten") kam
natürlich nicht in Betracht; so etwas gibt es wohl nur noch in
Diktaturen oder in Hymnen, Kirchen- und Schulordnungen. Aber
auch im indirekten Ausdruck bleiben die Adressaten des „Grundgesetzes" ziemlich vage/unbestimmt. Es gibt zwar die Redensart
„Das Deutsche Volk hat sich eine Verfassung gegeben", in der das
„Volk" zugleich Text-Autor und Text-Adressat *(„sich")* in abstraktem Sinne ist. Aber in der „Präambel" heißt es nur *„... hat
beschlossen"*. Nur im letzten Satz der Präambel" ist das *„Volk"* als
Adressat genannt:

*„Das gesamte deutsche Volk bleibt aufgefordert, in freier Selbstbestim-
mung die Einheit und Freiheit Deutschlands zu vollenden."* Abgesehen von
der in *„bleibt aufgefordert"* implizierten Voraussetzung: ‚ist schon früher
aufgefordert worden und gewesen', und abgesehen von der Frage, wer denn
der ‚Auffordernde' (gewesen) ist, erscheint es textanalytisch fragwürdig,
warum ausgerechnet bei der (historisch und faktisch nicht in der Hand des
„deutschen Volkes" liegenden) Frage der *„Wiedervereinigung Deutschlands"* das *„Volk"* als Adressat der wesentlichen Texthandlung ‚Verpflichtung' so explizit genannt ist, während sonst die Adressaten-Frage bewußt in
der Schwebe gelassen wird.

In Artikel 1 der „Grundrechte" werden nur Institutionen als Adressaten der
‚Verpflichtung' genannt: *„Die Würde des Menschen ... zu achten und zu
schützen ist Verpflichtung aller staatlichen Gewalt ... Die nachfolgenden
Grundrechte binden Gesetzgebung, vollziehende Gewalt und Rechtsprechung als unmittelbar geltendes Recht."* (T2 Art. 1,1 1,3). Ob die Staatsbürger ebenfalls zur Einhaltung der „Grundrechte" ‚verpflichtet' werden,
ist daraus nicht zu ersehen, zumal auch in den anderen Artikeln der
„Grundrechte" bei *„jeder"* und „niemand" nur die Inhaber von Rechten
gemeint sind, nicht die durch diesen Text ‚Verpflichteten'.

Diese Abstraktheit und Unpersönlichkeit hängt natürlich mit der
weitgehenden Indirektheit der Institutionalisierung des öffentlichen Handelns in unserer modernen arbeitsteiligen Massengesellschaft zusammen, ist aber genau in diesem Zusammenhang auch
zugleich eine Erscheinung des sprachlichen Ausdrucksstils. Auch
da, wo die Adressaten der ‚Verpflichtung' genannt werden, stehen
keine Personenbezeichnungen, sondern metonymisch übertragene

(s. 2.15) ‚Handlungs‘-, ‚Vorgangs‘- oder ‚Zustands‘-Bezeichnungen, also Abstraktwörter:

„staatlichen Gewalt" statt ‚Inhaber/Vollzieher der st.G.‘, *„Gesetzgebung"* statt ‚Gesetzgeber‘, *„vollziehende Gewalt"* statt ‚Amtsinhaber der Regierung und Verwaltung‘, *„Rechtsprechung"* statt ‚Richter‘ (T2 Art. 1,1 1,3). Damit wird verschleiert, daß die *Gewalt* von Mehrheiten bzw. den hinter ihnen stehenden, sie beeinflussenden oder für sie handelnden Einzelpersonen ausgeübt wird.

Ebenso wie die handelnden Personen wird im modernen Satzbaustil die wesentliche T e x t h a n d l u n g (vgl. 2.21, 5.13) meist sprachlich in den Hintergrund gedrängt. In den „10 Geboten" wurde die bindende ‚Verpflichtung‘ mehrmals im Imperativ oder mit dem Modalverb *sollen* explizit ausgedrückt: *„Du sollst ...,* *bete ..., diene ..., tue ..., gedenke ..., laß ..."* (T1 3–10, 12–17). In den „Grundrechten" dagegen wird die ’Verpflichtung‘ und ‚Berechtigung‘ auf mehr oder weniger abstrakte, unpersönliche Weise sprachlich realisiert:

– mit substantivischem Prädikatsausdruck in 3. Person: *„... ist Verpflichtung, ... hat das Recht"* (T2 Art. 1,1 2,1 2,2 5,1),
– in unpersönlichen Passivsätzen mit Modalverb: *„darf ... eingegriffen werden, ... darf ... benachteiligt oder bevorzugt werden, ... wird gewährleistet, ... darf gezwungen werden"* (T2 Art. 2,2 3,3 4,2 4,3 5,1), dazu *„bleibt aufgefordert"* in der „Präambel",
– mit unpersönlich-passivischen Adjektiven: *„... ist unantastbar, ... ist unverletzlich, ... sind gleichberechtigt"* (T2 Art. 1,1 2,2 3,2 4,1),
– mit abstrakten Verben, deren grammatikalische Subjekte ebenfalls Abstraktwörter sind (Subjektschub, s. 2.15.2): *„Grundrechte binden ..., ... regelt ein Bundesgesetz, ... Zensur findet nicht statt, ... Rechte finden ihre Schranken in ..., Die Freiheit ... entbindet nicht von ..."* (T2 Art. 1,3 4,3 5,2 5,3).

Es entspricht einem allgemeinen Stilprinzip der modernen liberalen Sprachkultur des öffentlichen Lebens, daß man persönliche Beziehungen möglichst indirekt, uneigentlich, unverbindlich oder gar nicht ausdrückt. Man ist gewohnt, solche Texte primär als ‚objektiv‘, ‚sachbezogen‘ aufzufassen, nicht als Handlungen zwischen Menschen und Menschen. In den meisten offiziellen Texten wird der Handlungsgehalt weitgehend verschleiert; sie sind unpragmatisch formuliert. Dies ist vor allem ein sprachliches Ausdrucksprinzip, nicht in jedem Falle auch eine inhaltliche Entpragmatisierung, denn persönliche ‚Verpflichtung' und ‚Berechtigung' als wesentliche Texthandlungen des „Grundgesetzes" sind trotz der Zurückdrängung ihres Ausdrucks doch immer mitgemeint; sie werden konkretisiert immer dann, wenn es in politischen und juristischen Diskussionen oder Konflikten darum geht, die Rechte bestimmter Staatsbürger, Gruppen oder Institutionen dadurch durchzusetzen, daß die Pflicht anderer Staatsbürger, Gruppen oder Institutionen zur Rücksichtnahme auf diese Rechte geltend gemacht wird. Auf jeden Fall gehören diese nur impliziten wichtigen Inhaltskomponenten zu den notwendigen Schritten einer systematischen Analyse komprimierter Texte im Sinne des ‚Zwischen-den-Zeilen-Lesens'.

Wenn wir die „Grundgesetz"-Kommentare heranziehen, finden wir in einigen Fällen die Bestätigung für unsere Rekonstruktion impliziter Inhaltsteile komprimierter Sätze: Auch in den Kommentaren werden, mehr als im endgültigen „Grundgesetz"-Text, die Menschen genannt, denen ein bestimmtes Recht zugesprochen wird, teils in der verallgemeinernden pronominalen Form *man*, teils genauer als *jedermann* oder *die Deutschen*:

„Glaube ... eine feste Zuversicht dessen, das man hofft, und ein Nichtzweifeln an dem, was man nicht sieht ... Art. 4 GG gewährt in vollem Umfange ein jedermann zukommendes Menschenrecht, nicht nur ein den Deutschen zukommendes Bürgerrecht" (GG-Kommentare Art. 4, S. 16, 24)

Sprachgeschichtlich interessant ist, daß in dem aufklärerischen preußischen „Allgemeinen Landrecht" von 1794 die für Religionsfreiheit zu berechtigenden Personen noch viel konkreter als im „Grundgesetz" genannt worden sind:

„Die Begriffe der Einwohner des Staats von Gott und göttlichen Dingen ... können kein Gegenstand von Zwangsgesetzen sein. ... Jedem Einwohner im Staat muß eine vollkommene Glaubens- und Gewissensfreiheit gestattet werden. ... Niemand ist schuldig, über seine Privatmeinungen in Religionssachen Vorschriften vom Staat anzunehmen." (zit. nach GG-Kommentare Art. 4, S. 11).

Daß in den „Grundrechten" die wesentliche Texthandlung mehr aus ‚Berechtigen', weniger aus ‚Verpflichten' besteht, findet sich im Kommentar von K. G. Wernicke zu Artikel 5 (S. 8) bestätigt und noch schärfer

formuliert: Der Artikel 5, Abs. 3 enthalte „für die Freiheit der Lehre eine –
allerdings nur indirekt bestimmte – Pflicht zur Treue gegenüber der Verfassung" und stehe damit „im Widerspruch zu dem für den „Grundrechte"-
Katalog aufgestellten Grundsatz der Nichterwähnung von Pflichten". Die
Auseinandersetzung um die Aufnahme dieser Bestimmung sei im Parlamentarischen Rat langwierig und hart gewesen, sie sei erst ganz am Ende der
Beratungen mit knapper Mehrheit gebilligt worden.

Der Kommentator hält also (mit der „knappen Mehrheit" des
Parlamentarischen Rates) die „Erwähnung" der wesentlichen
Texthandlung ‚Verpflichtung' für in diesem Text „systemwidrig".
Aber nur die „Erwähnung", also der sprachliche Ausdruck von
‚Verpflichtung' erscheint hier systemwidrig, da offenbar der soziale
Beziehungsaspekt von Sprache, genauer: die liberale gesetzgeberische Imagepflege (s. 2.24), für wichtiger genommen wird als ihr
Inhaltsaspekt. In der Inhaltsstruktur des GG-Textes ist die wesentliche Texthandlung ‚Verpflichtung' dagegen immer mindestens
implizit enthalten.

Der Kommentator selbst sieht in der Formulierung „entbindet nicht von
der Treue zur Verfassung" mit Recht einen „nur indirekten" Ausdruck von
‚Pflichten': Der Ausdruck „entbindet nicht" impliziert wortsemantisch,
daß etwas ‚nicht aufgehoben wird', was als ‚Bindung' bereits besteht (s.
3.17 Nr. 24). Semantisch ist die Texthandlung ‚Verpflichtung' in den
„Grundrechten" keineswegs „systemwidrig", denn auch an anderen Stellen
finden sich indirekte Ausdrücke für ‚Verpflichtung'. Die oben erklärten
passivischen Formulierungen *Niemand darf ge-x-t werden* und *etwas ist
un-x-bar/un-x-lich* sind elliptische bzw. komprimierte Ausdrucksformen
für entsprechende ‚Verbots'-Aussagen: ‚Niemand darf jemanden/etwas x-
en'; und solche ‚Verbote' sind satzsemantisch immer zugleich mitgemeinte
‚Verpflichtungen': ‚Jeder hat die Pflicht, x zu unterlassen'.

Daß zum „System" eines solchen Textes nur ‚Berechtigen' gehöre,
ist also die Folge einer oberflächlichen Berücksichtigung nur der
Image-relevanten Ausdrucksform des Gesetzestextes, ist nur Ideologie-Stilistik: Man wahrt ‚Würde' („mit der Würde des Gesetzes
unvereinbar" GG-Kommentar a. a. O.) statt den pragmatischen
Geltungswert zu explizieren. Zu einer in die Tiefe gehenden inhaltlichen Textanalyse gehört es jedoch auch dazu, daß man die
regelhaft mitgemeinten bzw. mitzuverstehenden Inhaltsteile herausarbeitet. Dies ist es, was den Umgang mit solchen extrem
verdichteten Texten so schwierig macht. Es wäre naiver Sprach-

Realismus zu glauben, man hätte mit der bloßen Ausdrucksform
(dem „Buchstaben des Gesetzes") schon eine Garantie für das
Verständnis seines Inhalts („Geist des Gesetzes") in der Hand.

1.13. Sprachgeschichtliche Befunde und Hintergründe

In der neueren Geschichte der deutschen Sprache können zwei
Entwicklungsphasen des deutschen Satzbaus, vor allem in der
Literatur-, Wissenschafts- und Öffentlichkeitssprache, als nachge-
wiesen gelten:

- Vom Humanismus bis zur Aufklärung: Ausbildung des Systems
  von Satzgefügen mit relativ deutlichen semantischen Fügemit-
  teln (Konjunktionen, Konjunktionaladverbien), also der explizite hypotaktische Satzbaustil, der in seinen extremen Auswüch-
  sen als deutscher „Schachtelsatzstil" berüchtigt war.
- Von der Aufklärung bis zur Gegenwart: Stärkere Ausnutzung
  der komprimierenden Satzbauweise durch Nominalisierungen,
  Attribuierungen und Zusammensetzungen, als Entwicklungstendenz vor allem seit etwa Mitte des 19. Jahrhunderts bis heute
  vorherrschend.

Statistische Untersuchungen dazu sind zunächst mit nur groben,
quantitativen Kriterien unternommen worden, mit denen diese
Entwicklung nur indirekt nachgewiesen werden konnte. Untersuchungen von Hans Eggers über die Satzlänge (nach der Zahl
der Wörter) aus wissenschaftlichen, populärwissenschaftlichen
und journalistischen Texten seit Mitte des 18. Jahrhunderts haben
ergeben:

„Die heutige Schriftsprache verwendet selbst in Textsorten, in denen
schwierige Gedankengänge abzuhandeln sind, kürzere Sätze als dies vor
150 bis 200 Jahren der Fall war [...]. Besonders eindeutig ist das Überge-
wicht verhältnismäßig kurzer Sätze bei den modernen Journalisten" (Eggers 1973, 36 f.).

Unabhängig von Eggers hat Kurt Möslein für die Entwicklung deutscher
wissenschaftlich-technischer Fachsprache ähnliche Ergebnisse erzielt; Satzlänge nach Wörtern pro Satz:

1770	1800	1850	1900	1940	1960
24,5	25,5	32,0	23,6	19,6	19,9

Die Satzlänge steigt also in der 1. Hälfte des 19. Jahrhunderts deutlich an und geht seit 1850 noch stärker zurück. Heute sind nach Angaben von Peter Braun (37 ff.) in der Trivialliteratur die Sätze kürzer als in der Bildungsliteratur, in Boulevardzeitungen und Regionalzeitungen kürzer als in überregionalen.

Die nur quantitative Statistik bedurfte der Ergänzung nach qualitativen Kriterien. Nach Untersuchungen von Eggers nimmt bei modernen populärwissenschaftlichen Autoren und Journalisten der Gebrauch hypotaktischer Sätze („Satzgefüge") ab. Der Gebrauch von „Einfachsätzen" (Hauptsätze ohne Nebensätze und ohne Infinitivsätze) und von parataktischen „Reihen" (Hauptsätze mit „nicht schweren" Satzzeichen, d. h. alle außer Punkt, aneinandergereiht) nimmt entsprechend zu. Ähnlich sind wieder die Ergebnisse von Kurt Möslein anhand wissenschaftlich-technischer Fachliteratur. In der 2. Hälfte des 19. Jahrhunderts, also parallel mit dem von Möslein festgestellten Höhepunkt der Entwicklung der Satzlänge, zeigt sich eine deutliche Tendenzwende vom h y p o - t a k t i s c h e n zum p a r a t a k t i s c h e n Satzbau; Anteil in 100 Sätzen (nach Möslein 187):

	1800	1850	1900	1920	1940	1960
Hypotaxe:	75	76	57	54	38	36
Parataxe:	24	24	42	45	61	64

Diese Tendenz ist noch stärker in Boulevardzeitungen und Kurznachrichten im Rundfunk (Braun 49 ff.). Über den Gegensatz Hypotaxe-Parataxe hinaus müßten sich hier künftige statistische Untersuchungen der Entwicklung zum komprimierenden Satzbaustil ergänzend anschließen, mit Untersuchungskriterien wie: Zahl der Nominalisierungen, der Attribuierungen, vor allem der zwei- oder mehrstufigen Attribute, Zahl der textkonstitutiven Augenblicks-Zusammensetzungen, d. h. solcher Zusammensetzungen, die als Wortbildungen des Textverfassers beim Formulieren zustandegekommen sind (so wie in diesem Satz die Wörter *textkonstitutiv*, *Augenblicks-Zusammensetzungen* und *Textverfasser*).

Eine sprachgeschichtliche Untersuchung der A t t r i b u t e r w e i - t e r u n g verdanken wir Heinrich Weber: Erweiterte Adjektiv- und Partizipialattribute gibt es im Deutschen im Wesentlichen erst seit dem 16. Jahrhundert. Im mittelalterlichen Deutsch waren Adjektivattribute nur eingliedrig erweitert (allenfalls mit Gradpartikeln

wie *vil, also, so, wol* usw.). Mehrgliedrige Erweiterungen, z. B.
„aus einer auf den Ausgangspunkt zurückgewendeten Perspektive" (T7,3), nahmen vom 16. Jahrhundert bis zur Gegenwart
allmählich zu; Zahl der Attribute mit mehrgliedrigen Erweiterungen (nach Weber 1971, 216 f.):

16. Jh.	17. Jh.	18. Jh.	19. Jh.	20. Jh.
20	157	126	233	322

Der durchschnittliche Umfang der Attributerweiterungen und ihre relative
Häufigkeit waren jedoch seit dem 19. Jahrhundert leicht abnehmend. Die
Attributerweiterung ist noch nicht eine komprimierte Ausdrucksform im
vollen Sinne, sondern eine Zwischenstufe zwischen explizitem und komprimiertem Ausdruck, vor allem, wenn es sich bei der Erweiterung um
valenznotwendige Satzglieder des zugrundeliegenden Nebensatzes handelt:
aus einer Perspektive, die auf den Ausgangspunkt zurückgewendet (worden) ist. Von der Explizitheit des Nebensatzes sind in der Attributformulierung T7,3 nur Tempus und Modus des finiten Verbs verlorengegangen.
Komprimierter Ausdruck wäre erst die nichterweiterte Attribution *(aus
einer zurückgewendeten Perspektive)* oder eine Zusammensetzung *(aus
einer Ausgangspunkt-Perspektive)*. Die Abnahme von Umfang und relativer Häufigkeit der Attributerweiterungen geht also parallel mit der Abnahme des hypotaktischen Stils.

Das satzsemantisch Wesentliche an der neueren deutschen Satzbauentwicklung ist weniger die Kürze und die Parataxe als vielmehr die damit Hand in Hand gehende Komprimierung durch
Nominalisierung und nichterweiterte Attribuierung. Kritik am nominalisierenden Sprachstil ist nichts Neues. Mindestens seit der
Mitte des 19. Jahrhunderts haben Deutschlehrer und Sprachkritiker vor dem deutschen ,,S u b s t a n t i v s t i l'' gewarnt und haben
ihn vergeblich bekämpft, meist mit nur pauschalen Begründungen:
Zu viele Substantive seien ,unschönes', ,papierenes' Deutsch,
,Amtsdeutsch' usw. Es geht aber bei diesem Satzbauproblem nicht
um Geschmacks-Stilistik, sondern mehr um Inhaltliches, nicht nur
um Substantive als Wortart überhaupt, sondern um eine bestimmte
satzsemantische Verwendung von Substantiven. Der sog. „Substantivstil'' ist eigentlich ein N o m i n a l i s i e r u n g s s t i l oder Nominalgruppenstil als hauptsächliche Ausprägung des komprimierten/verdichteten/kondensierten Ausdrucks. Die Begründung für
seine negative Bewertung sollte satzsemantisch und sprachpragma-

tisch sein. Es geht hier um den praktischen Umgang mit Satzinhalten. Es genügt nicht, den komprimierten Stil nur abzulehnen und zu vermeiden. Man sollte ihn im Verhältnis zu den anderen Arten des syntaktischen Ausdrucks komplexer Inhalte verstehen und analysieren, um die expliziten Alternativformulierungen bei Bedarf zur Verfügung zu haben. Zu den Bedarfsfällen, wo dies hilfreich oder unerläßlich sein kann, gehören Mißverständnisse, argumentative, kooperative, lehrhafte, werbende, politische Sprachsituationen, vor allem wenn man als Vermittler (z. B. Diskussionsleiter) eine metakommunikative/sprachreflektierende Rolle auszuüben hat.

Über die satzsemantischen Eigenschaften des Nominalgruppenstils durch Nominalisierung schrieb Wladimir Admoni, neben Hans Eggers der beste Kenner der neueren deutschen Satzbauentwicklung: „Semantisch ist die Substantivgruppe außerordentlich aufnahmefähig. Beliebige semantisch-syntaktische Beziehungen, die den Bedeutungsinhalt sogar eines komplizierten Ganzsatzes ausmachen, können in der Form einer Substantivgruppe wiedergegeben werden [...]. Auf diese Weise kann der Gehalt eines ganzen Redeabschnittes in einem Substantivblock zusammengerafft werden, um als ein Glied in einem Elementarsatz aufzutreten." (Admoni 1973, 36). Diese Satzbautendenz hat aber semantische Folgen, die Johannes Erben (1984, 104) „z w e c k m ä ß i g e U n g e - n a u i g k e i t" nennt. Sprachpragmatisch muß man weiterfragen: zweckmäßig für w e n? Über die Folgen für Sprecher und Hörer schreibt Peter Braun (56): „Auf der einen Seite steht die Beobachtung, daß die Sätze kürzer und weniger hypotaktisch ausfallen. Aber diese kürzeren Sätze enthalten nicht weniger, sondern durchweg mehr Informationen. Dadurch kommt es nicht selten zu einem Mißverhältnis zwischen Darbietungsformen und Inhalten: Die Zeichenmengen werden kleiner, die Informationsmengen größer. [...] Man produziert zwar weniger Sprache, kürzere Sätze, muß aber dafür größere Anstrengungen (des Sprechens und Verstehens) auf sich nehmen." Dies entspricht unserer Definition von komprimierter Ausdrucksweise: Komplexe Inhaltsstrukturen werden mit einer geringeren Zahl von Ausdruckseinheiten ausgedrückt (geringer im Verhältnis zur Zahl der durch explizite Umformulierung zu erschließenden Zahl von Inhaltseinheiten). In der neuesten Zusammenfassung seiner syntaxgeschichtlichen Forschungen schreibt Hans Eggers über die Folgen des nominalisierenden Verdichtungsstils für die Textverständlichkeit:

„Man behauptet – und nennt es oft einen Vorzug –, daß unsere heutige Sprache durch rasche Wortbildung und die Bildung umfangreicher nominaler Blöcke viele Kleinwörter erspare; das liege im Sinne der Sprachökonomie. Man sollte aber andererseits die Mängel nicht verkennen, die in solcher Kürze liegen. Die Mitteilung wird dadurch auf das sachlich Notwendigste eingeschränkt. Oft werden dabei syntaktische Bezüge im unklaren gelassen; man muß sie „zwischen den Zeilen lesen". Insbesondere bleibt darin für persönliche Bezüge ... kaum noch Raum. Auch ist nicht zu verkennen, daß es für den Leser (und erst recht für den Hörer) nicht leicht ist, den durch Verzicht auf Kleinwörter zusammengeballten Inhalt im kurzen Augenblick des Durchlesens oder des Hörens voll aufzunehmen." (Eggers 1983, 137). „Die Konzentration von möglichst vielem Inhalt auf möglichst wenige Wörter bezeichnet man als „Verdichtung", und dies ist ein auffallendes Merkmal des heutigen Zeitstils. Die nominalen Blöcke, die dabei entstehen, bleiben so lange durchsichtig, als sie nicht ... durch undeutliche Abhängigkeitsverhältnisse unklar werden. ... Die Unterscheidung zwischen Tatsache und subjektiver Meinung ist in der nominalen Fügung nicht mehr ausdrückbar" (Eggers 1983, 138). Mit dem „Verzicht auf Kleinwörter" meint Eggers das Fehlen der Konjunktionen und Konjunktionaladverbien des expliziten hypotaktischen Stils (s. 3.3) und die Vermeidung der Modalpartikeln, mit denen man besonders in der Umgangssprache den Handlungsgehalt ausdrückt (s. 2.2, 3.2).

Über mögliche außersprachliche Ursachen für diese syntaktische Verdichtungstendenz schreibt Eggers: „Allzu leicht begnügen wir uns in unserer schnell und viel schreibenden Zeit mit einem syntaktischen (auch wohl semantischen) Ungefähr. [...] Wer sich die Muße nehmen kann, seine geschriebenen Texte bewußt zu gestalten, zu tilgen und zu bessern, der ist gut daran. Aber viele zwingt die tägliche Hast an die Schreibmaschine (oder an das Aufnahmegerät mit seinem Magnetband). Da wird es dann schwierig, zu ändern und zu feilen, und man läßt schon einmal fünf gerade sein. Damit unterliegt die Abfassung unserer Texte technischen Bedingungen, die frühere Zeiten nicht gekannt haben." (Eggers 1983, 140). „Man darf diese wortkarge Dichte als die Antwort auf die besondere Situation unserer Zeit deuten. Wir werden auf politischem, sozialem, kulturellem und auf wissenschaftlich-technischem Gebiet tagtäglich überschüttet mit zu vielen neuen Erkenntnissen, schwerwiegenden Problemen und auch mit allzu vielen früher nicht gekannten Ängsten und Gefahren. ... Knappheit der

Sprache als Notwehr gegen die ungeheure Überflutung mit immer neuen Reizen, wie Anthropologen es auszudrücken pflegen." (Eggers 1983, 141).

Daß die Tendenzwende vom explizit-hypotaktischen Stil zum komprimierenden Nominalisierungsstil ungefähr in der Mitte des 19. Jahrhunderts liegt, läßt sich aus der politischen und wirtschaftlichen Geschichte erklären. Die Jahrhundertmitte, besonders die 70er Jahre des 19. Jahrhunderts, waren in Deutschland die Zeit der verstärkten Industrialisierung und Verstädterung, des Aufkommens der Massenpresse und des Parlamentarismus. Mit ‚biedermeierlichen' Kommunikationsverhältnissen war es nun endgültig vorbei; öffentliche Kommunikation wurde durch verstärkte Arbeitsteilung immer indirekter, bis hin zur totalen Schriftsprachlichkeit in manchen Lebensbereichen, inhaltlich immer spezieller und komplexer. Aber sie mußte immer rascher, immer oberflächlicher vollzogen werden. Der Redaktionsschluß und andere unerbittliche öffentliche Textproduktionstermine erforderten immer neue Arten sprachökonomischer Verdichtung, bis hin zu den um 1900 aufkommenden Abkürzungen und Kurzwörtern.

Als sprachstilistische Vorbilder traten an die Stelle von Schriftstellern, Gelehrten, Predigern und Lehrern seit etwa der Jahrhundertmitte zunehmend Berufsgruppen mit einer ‚moderneren' Art von Sprachroutine: Journalisten, Politiker, Funktionäre. In der Massengesellschaft wird auch die Tendenz zur nur noch plakativen, nicht mehr aufklärerisch-argumentativen Legitimierung von Macht und zur Ritualisierung der politischen Sprache stärker. Manchen Zeitgenossen der zweiten Jahrhunderthälfte wurde es bewußt, daß die Geltung des großbürgerlichen Bildungsdeutsch, das besonders im 19. Jahrhundert im deutschen Gymnasium nach Vorbild der „Klassiker" gepflegt wurde, jetzt gefährdet war (s. v. Polenz 1983a b). Mit dem Stilideal, das noch in den Reden der Paulskirche 1848 vorherrschte, konnte man die sprachlichen Anforderungen der modernen Industrie- und Großstadtgesellschaft nicht mehr bewältigen. Es blieb den Sprachkritikern nicht verborgen, daß die deutsche Öffentlichkeitssprache sich zusehends wandelte.

In der zweiten Hälfte des 19. Jahrhunderts wurde immer wieder Kritik am Journalistendeutsch laut, verstärkten sich sprachkritische und sprachpfle-

gerische Aktivitäten im Allgemeinen deutschen Sprachverein und in zahlreichen Büchern über „gutes" und „schlechtes" Deutsch, über „Sprachsün-
den" und „Sprachverfall" (s. Cherubim 178 ff.). Um die Jahrhundertwende
gerieten einige die „Moderne" einleitende Schriftsteller wie Hofmannsthal
in eine literarische „Sprachkrise", die im Grunde bis heute andauert. In der
damit zusammenhängenden „Kritik der Sprache" von Fritz Mauthner
(1901/2) wird Sprachkritik als semantische Sprachgebrauchskritik zur
umfassenden Kritik deutscher Wissenschafts- und Öffentlichkeitssprache.
Mauthners „Wortfetischismus" und Ernst Topitschs späterer „Leerformel"-Begriff (s. 4.46) hängen mit der Nominalisierungs- und Komprimierungstendenz der deutschen Sprache zusammen (s. v. Polenz 1983b).
Der Begriff L e e r f o r m e l, zunächst sozialphilosophisch verstanden als „sprachliche Formeln, deren Aussage empirisch nicht nach-
prüfbar oder nicht klar interpretierbar ist", wird heute „daneben
in z. T. polemischer Absicht auch allgemeinsprachlich verwendet"
(Großer Brockhaus). Das Wort ist mit Ableitungen wie *leerformelhaft, Leerformelhaftigkeit* (DGW 4, 1651) heute auch im Sprachgebrauch der Massenmedien geläufig. Dies kann, zusammen mit
der politischen Redensart *Das ist doch alles nur Semantik*, als
Symptom dafür genommen werden, daß es heute bei vielen ein
sprachkritisches Bewußtsein gibt. Entgegen der traditionellen Semantik-Ideologie von den in den Wörtern ‚enthaltenen' festen
Bedeutungen ist heute die Einsicht weitverbreitet, daß in den Wort-
Ritualen der Politiker und Kulturfunktionäre mit dem Gesagten
oder Geschriebenen das Gemeinte oder zu Verstehende keineswegs
einfach ‚mittransportiert' oder in ihm ‚widergespiegelt' wird, sondern durch ‚Hinterfragen' und ‚Zwischen-den-Zeilen-Lesen' erschlossen oder in Frage gestellt werden muß. Wenn heute eine neue
politische Leerformel in Umlauf gebracht wird, z. B. im Herbst
1983 das Wort *Sicherheitspartnerschaft* (als Kontrast-Ausdruck
zur *Nachrüstungs*-Ideologie), kann man als sprachkritische Reaktion darauf neben der traditionellen pauschal-emotionalen Wort-
Kritik *(Was für ein häßliches, verlogenes neues Wort)* heute auch
satzsemantisch orientierte 'Hinterfragungen' zu hören bekommen:
Wer tut was mit wessen Sicherheit? Sicherheit wovor und wofür?
Partner bei welcher Aufgabe zu welchem Zweck? usw. – Eine
exemplarische Analyse einer nominalisierenden politischen Leerformel wird in Kap. 3.17 (Nr. 24) mit zwei sehr abstrakten Sätzen
aus den „Grundrechten" (T2 Art. 5,3) versucht.

Die notwendige Erweiterung der S p r a c h k r i t i k von der Wort-
kritik zur S a t z k r i t i k – und zwar schon ganz im Sinne einer
kontextbezogenen pragmatischen Satzsemantik – erscheint ver-
blüffend deutlich formuliert in aphoristischen Notizen Bertolt
Brechts, der ja auch in seinen eigenen Werken durch systematische
Ausnutzung sprachkritischer Wort- und Satz-Verfremdung viel zur
Verbreitung praktischen sprachkritischen Bewußtseins im opposi-
tionellen politischen Handeln beigetragen hat:

„Über eingreifende Sätze

1. Die auftretenden oder zu konstruierenden (zusammenfassenden) Sätze
   müssen da gefaßt werden, wo sie als ein Verhalten wirken, also nicht nur
   einseitig als Spiegelungen, Ausdrücke, Reflexe.
2. Die Sätze müssen aus den Köpfen auf die Tafeln.
3. Auf den Tafeln müssen sie ergänzt werden durch andere Sätze, die sie
   benötigen, mit denen vereint sie auftreten. Es müssen die Tangenten zu
   politischen Sätzen gezogen werden. Dies nennt man „das B zum A
   suchen". Aufzusuchen sind also die Strukturen von Satzkonglomeraten,
   Ganzheiten. Dies nennt man „das Konstruieren eines axiomatischen
   Feldes".
4. Zu lernen ist: Wann greift ein Satz ein?

Darstellung von Sätzen in einer neuen Enzyklopädie

1. Wem nützt der Satz?
2. Wem zu nützen gibt er vor?
3. Zu was fordert er auf?
4. Welche Praxis entspricht ihm?
5. Was für Sätze hat er zur Folge? Was für Sätze stützen ihn?
6. In welcher Lage wird er gesprochen? Von wem?"
(Bertolt Brecht, Gesammelte Werke Bd. 20, S. 172 ff.)

Abschließend können wir zu unserem eingangs gewagten Vergleich
der Sprache mit anderen Werkzeugen zurückkehren: Ohne komplizierte Werkzeuge können wir heute offenbar nicht mehr gesell-
schaftlich leben. Aber wer den Maschinen und Apparaten nicht
willenlos ausgeliefert sein will, wer sie nutzbringend verwenden,
kontrollieren und nicht ihrer Eigendynamik überlassen will, tut gut
daran, den handwerklichen Umgang mit den einfachen Werkzeugen und Prüfgeräten nicht zu verlernen. So ist es auch im Bereich
unserer kompliziert gewordenen Sprachkultur: Komplexer Inhalt
ist ebenso unumgänglich wie komprimierende Sprachökonomie.

Aber Sprachökonomie ist ein relativer Begriff: Was für Verfasser eines Textes ein Vorteil durch Zeit- und Raumersparnis sein kann (weniger Wörter, kürzere Wörter, weniger Nebensätze, weniger Einklammerungen), kann für Leser komprimierter Texte oft eine Verständniserschwerung, also das Gegenteil von Zeitersparnis bedeuten, vor allem wenn sie auf dem betreffenden Sachgebiet weniger Experten sind als die Verfasser. Bei aller Anerkennung der funktionalen Notwendigkeit komprimierter Sprache ist doch anzustreben, daß in der Sprachfähigkeit öffentlich redender und schreibender Menschen neben der Beherrschung sprachlicher Komprimierungsmittel auch die Möglichkeit und vor allem Bereitschaft ausgebildet ist, komprimierte Texte – eigene und fremde – bei Bedarf satzsemantisch-analytisch in die entsprechenden expliziten Grundformen umzuformulieren (einschließlich der mitgemeinten und mitzuverstehenden Inhaltsteile), auch wenn dies mehr Zeit kostet. Wenn unsere Welt mit Hilfe von Wörtern statt Sätzen immer dichter und undurchschaubarer gemacht wird, hilft – besser als der Kampf mit Wörtern gegen Wörter – das Zurückgreifen auf durchschaubare Sätze zum Offenlegen unserer Gedanken und der Gedanken der anderen. Das ‚gute Deutsch‘ sollte heute weniger als schöne, perfekte, einmalige Formulierungsweise gelehrt werden, vielmehr als reflektierende Fähigkeit, Sprache für Verständlichkeit und Ehrlichkeit offen und variabel zu gebrauchen.

1.2. Zur Wissenschaftsgeschichte

1.21. Die Umkehrung der Syntax zur Satzsemantik

Das grundsätzlich Neue an der Benennung eines Teilbereichs der Sprache als Semantosyntax/Inhaltssyntax/Satzsemantik ist die Erweiterung der Syntax/Satzlehre in die Semantik/Bedeutungslehre hinein und die Ausdehnung der Semantik auf ein Gebiet der Grammatik. Unter S e m a n t i k verstand man in der Sprachwissenschaft bis vor kurzem nur die Lehre von den Bedeutungen der Wörter und ihren Beziehungen im Wortschatz (Lexikalsemantik/Wortsemantik). Die Bedeutung von S ä t z e n versuchte man in der traditionellen Grammatik von den Teilbedeutungen der Satzbauformen (Flexionsendungen, Funktionswörter, Wortfügungen) her zu erschließen. So findet man in den großen Darstellungen der historischen deutschen Syntax, von Hermann Paul (1919) und Otto Behaghel (1923), beispielsweise sehr differenzierte Angaben über die semantischen Funktionen des Genitivs (genitivus objectivus, genitivus partitivus, prädikativer Genitiv usw.) oder der Nebensatzkonjunktionen (temporal, konzessiv, konditional, kausal usw.). Die Blick- und Fragerichtung ging – wie bis heute in den meisten Grammatiken – von den Ausdrucksformen nach den Inhalten hin, entsprechend den Erfordernissen der großen Tradition der textkritischen Philologie. Satzinhalte wurden nur sekundär behandelt, als Beigaben zur Satzlehre.

In der traditionellen Syntax stieg man gewissermaßen ‚von unten her aufwärts‘: von den isolierten Flexionsendungen, Wörtern und Wortfügungen zu den Satzteilen, kam aber auf diesem Wege meist kaum bis zur Einheit des ganzen Satzes. Dieser aszendenten/aufwärtssteigenden Syntax wurde seit Ende der 50er Jahre in den syntaxtheoretischen Neuansätzen von Lucien Tesnière (Valenztheorie) und Noam Chomsky (Generative Transformationsgrammatik) die deszendente/abwärtssteigende Syntax entgegengesetzt, bei der man umgekehrt ‚von oben her‘ kommt, von der Ganzheit des Satzes, und von daher durch systematische Teilungen zu dessen Konstituenten/Bestandteilen gelangt.

Die zweite grundsätzliche Neuerung, die dann allmählich von der Syntax zur Satzsemantik führte, war die Umkehrung der traditionell-philologischen Richtung vom Ausdruck zum Inhalt, also der Neuansatz vom Inhalt zum Ausdruck. Eine solche Umkehrung der Semantik-Perspektive war schon in den 20er Jahren in der Wortsemantik und in den 50er Jahren in der Wortbildungslehre eingeführt worden.

Bis dahin fragte man – wie in den traditionellen Wörterbüchern – fast ausschließlich von einzelnen Wörtern bzw. Suffixen und Präfixen her nach deren Bedeutungen, z. B.

Gesicht	bedeutet ‚vorderer Teil des Kopfes' oder ‚Vision'
-bar	bedeutet ‚geeignet für etwas, was man mit einem Objekt tun kann'.

Diese Bedeutungslehre (Semasiologie) wurde durch eine Umorientierung, zuerst in der Romanistik, in umgekehrter Richtung ergänzt durch die Bezeichnungslehre (Onomasiologie), die von Sachverhalten oder Begriffen her zu den Ausdrücken gelangt, mit dem Ergebnis, daß von daher „Wortfelder" (Jost Trier) als Teilsysteme des Wortschatzes einer Sprache erschlossen werden können, z. B.

,vorderer Teil des Kopfes' → *Gesicht, Angesicht, Antlitz, Physiognomie, Visage, Fratze,* usw.

Beide Forschungsrichtungen der Semantik sind notwendig und verhalten sich komplementär/ergänzend zueinander: Die Bedeutungslehre entspricht der Hörer/Leser-Perspektive (Was bedeutet dieses Wort?), die Bezeichnungslehre der Sprecher/Verfasser-Perspektive (Wie kann ich meine Gedanken ausdrücken?). Die gleiche methodische Umkehrung führte in der Wortbildungslehre zum Begriff des „Wortstandes" (Leo Weisgerber), d. h. zu semantischen Wortbildungstypen, z. B.:

,Objekteignung für ein Tun' → *-bar, -lich, -fähig, -abel, -ibel, ...*

In der Syntax und Satzsemantik ist man also seit den 60er Jahren dabei, zwei wissenschaftsgeschichtlich folgerichtige Perspektiven-Umkehrungen nachzuholen:

– in der Syntax: vom ganzen Satz zu dessen Bestandteilen
– in der Satzsemantik: vom ganzen Satzinhalt zu dessen Bestandteilen und erst von da aus zu deren syntaktischen (und sonstigen) Ausdrucksformen.

Auch in der Grammatik rechnet man heute mit der „Priorität der Semantik gegenüber allen morphosyntaktischen Formvarianten" (Erben 1984, 30): „Wenn man den Satzaufbau vom kreativen Sprecher her sieht, der eine Situation sprachlich zu bewältigen hat, erscheint es angemessener, nicht generell mit einer nachträglichen semantischen Interpretation vorher erzeugter syntaktischer Formationen zu rechnen, sondern der satzsemantischen Entscheidung des Sprechers Vorrang zuzuerkennen bzw. die syntaktische Basiskette von vornherein als gewählte semantische Trägerstruktur anzusehen, die freilich dann noch eine sprechsituationelle Aktualisierung und referenzsemantische Präzisierung erfährt." (Erben a. a. O.)

Man fragt also in der Satzsemantik – entsprechend der Bezeichnungslehre in der Wortforschung – nicht mehr nur danach, was z. B. der Genitiv alles bedeuten kann, sondern umgekehrt z. B. auf welche verschiedenen Weisen ein ‚possessiv'-Verhältnis ausgedrückt werden kann; dabei kommt man weit über den Genitiv hinaus zu einer Vielfalt syntaktischer Ausdrucksmöglichkeiten für ‚possessive' Beziehungen. Man fragt in der Satzsemantik nicht mehr nur nach den Bedeutungen z. B. der Nebensatzkonjunktion *da*, sondern umgekehrt nach den verschiedenen syntaktischen Ausdrucksmöglichkeiten für eine ‚kausale' Beziehung; dabei kommt man über den kausalen Nebensatz weit hinaus: von kleinen Partikeln wie *ja, eben, doch* und Präpositionen wie *wegen, aus, infolge* bis zu nichtsprachlichen Ausdrucksweisen wie Klammern, Pfeil, Handbewegung, Schulterbewegung.

Die so zu gewinnenden breiten Skalen syntaktischer Variationsmöglichkeiten für eine bestimmte satzsemantische Kategorie entsprechen den Wortfeldern der Lexikologie und den Wortständen der Wortbildungslehre und können ebenso wie diese in Sprachunterricht, Sprachkritik und Stillehre fruchtbar gemacht werden. Satzsemantik ist keineswegs ein Ersatz für Syntax; vielmehr sind beide Methoden notwendig, weil sie sich gegenseitig ergänzen, genauso wie in der Wortlehre Bedeutungslehre und Bezeichnungslehre erst zusammen zu einer hinreichenden Semantik führen. Diese Ergänzung ist auch deshalb unerläßlich, weil „das Verstehen der Satzbedeutung etwas anderes ist als das Verstehen aller Bedeutungen der einzelnen im Satz enthaltenen Wörter" (Hörmann 185); der Satzinhalt umfaßt wesentlich mehr als die Summe aller Satzteilbedeutungen.

1.22. Alte und neue Zweiteilungen

Zur Syntax ‚von oben' gab es in der traditionellen Grammatik nur
einen groben Ansatz in der Lehre von der Zweiteilung des Satzes in
S u b j e k t und P r ä d i k a t. Sie läßt sich bis auf die altgriechische
Philosophie zurückführen, hat aber eine schwierige Geschichte
hinter sich, weil dabei von jeher Satz und Satzinhalt, Grammatik
und Logik meist nicht klar auseinandergehalten worden sind. Am
Anfang der begriffsgeschichtlichen Entwicklung standen Dichoto-
mien/Zweiteilungen der Logik von Plato und Aristoteles, die,
durch den spätrömischen Grammatiker Boethius grammatikalisch
uminterpretiert, zum Grundbestand der traditionellen Grammatik
wurden:

Plato:	*ónoma* ‚der Gegenstand'	*rhèma* ‚die Aussage'
Aristoteles:	*hypokeímenon* ‚das Zugrundeliegende, Vorhandene'	*kategorúmenon* ‚das Ausgesagte'
Boethius:	*subjectum* ‚das Zugrundeliegende, der Gegenstand'	*praedicatum* ‚das Ausgesagte, die Aussage'

Diese ursprünglich logische Zweiteilung der Prädikation/Aussage
ist in der Grammatik auf den Satz angewandt worden, ist dabei
aber teils logisch, teils semantisch, teils syntaktisch oder ganz
ungenau aufgefaßt worden. Heute wird zwischen Syntax, Logik
und Satzsemantik unterschieden (s. Schema S. 53).
Leider ist es damit noch nicht ganz zuende mit den vermischten
Zweiteilungen: In den alten Zweiteilungen wurde manchmal auch
etwas mitverstanden, was Hermann Paul (1880, 87 ff.) „psycholo-
gisches Subjekt" nannte und was man heute in der Kontextsemantik und Textlinguistik auf einer besonderen Ebene des Satzinhalts
als „Thema-Rhema-Gliederung" oder „*topic*" und „*comment*"
behandelt und von den syntaktischen und satzsemantischen Teilungen klar unterscheidet (s. 3.4). Jedenfalls ist es heute unbestritten, daß man nicht mehr eine Identität oder Kongruenz zwischen
den verschiedenen Zweiteilungen von Syntax, Logik, Satzsemantik

	Satz		
traditionelle Grammatik:	*Subjekt*	*(Objekt[e])*	*Prädikat (bzw. Kopula + Prädikativ)*
Valenzgrammatik: (s. 1.4)	*Aktant(en)/Ergänzung(en)/ Komplement(e)*		*Prädikat/Prädikatsausdruck*
Generative Transformationsgrammatik:	*NP/Nominalphrase*	*VP/Verbalphrase*	
Prädikatenlogik (s. 1.26, 2.11)	*Prädikation/Aussage bzw. Relation*		
	Argument(e)/Leerstelle(n)		*Prädikat(or) Relator*
Satzsemantik: (s. 1.5, 2.11, 2.12)	*Prädikation/Aussage*		
	*Argumentstelle(n)/*Referenzstelle(n)/*Bezugsstelle(n)*		*Prädikat/ *Aussagekern*

(Mit * sind die in diesem Buch neueingeführten Termini gekennzeichnet, / bedeutet ‚synonym‘).
Man beachte in diesem Schema die Übereinstimmung der Teilungsart bei Valenzgrammatik, Logik und Satzsemantik.

und Kontextsemantik annehmen darf. Es gibt zwar Idealfälle elementarer Sätze, wo es genaue Entsprechungen zwischen den Strukturen des Satzes und den satzsemantischen bzw. kontextsemantischen bzw. logischen Strukturen gibt, besonders bei selbsterfundenen Beispielsätzen. Die sprachliche Wirklichkeit bietet jedoch eine große Vielfalt von Inkongruenzen zwischen den verschiedenen Ebenen.

1.23. Valenztheorie und Dependenzgrammatik

Nach Hans Glinz (1947) wurde im 19. Jahrhundert die Zweiteilung des Satzes in „Subjekt“ und „Prädikat“ zum festen Dogma durch die (Logik und Grammatik vermischende) „Sprachdenklehre“ von Karl Ferdinand B e c k e r („Organism der Sprache als Einleitung zur deutschen Grammatik“, 1827). Becker hatte eine große Wirkung auf Schulgrammatiken, vor allem, weil sich die akademische Germanistik des 19. Jahrhunderts seit Jacob Grimm für Syntax nicht sehr interessierte und dieses Feld Schulpraktikern und Außenseitern überließ. Die Zweiteilung in Subjekt und Prädikat wäre im Grunde schon damals überholt gewesen seit der Entdeckung der zentralen Rolle des V e r b s im Satz durch den deutschen Grammatiker Johann Werner M e i n e r („Versuch einer an der menschlichen Sprache abgebildeten Vernunftlehre", 1781). Damit war die traditionelle Überbewertung des Subjekts überwunden. Aber Meiner hatte keine Wirkung. Das Dogma der Zweiteilung war stärker. Meiner war nur ein Vorläufer der Valenztheorie.

Dabei war die Vorstellung vom Verb als semantischem Zentrum des Satzes etwas Naheliegendes vom praktischen Umgang mit Sprache her: Nicht vom Subjekt sind Zahl und Art der anderen Satzglieder abhängig, sondern vom Verb (nicht vom finiten Verb, wenn dieses ein Hilfsverb ist). Das wußte man im Grunde schon aus dem traditionellen L a t e i n u n t e r r i c h t, wo man (noch zu grob) zwischen „transitiven" und „intransitiven" Verben unterschied, wo man (schon sehr differenziert) beim Vokabelnlernen die „R e k t i o n'' der Verben mitaufsagen ließ (z. B. *accusare aliquem de aliqua re* ,jemanden einer Sache beschuldigen') und wo man beim Übersetzen komplizierter lateinischer Satzgefüge (sog. „Perioden") zuerst das „Prädikat" zu suchen empfahl, um die syntaktisch-semantischen Rollen der anderen Satzglieder zu erkennen. – Daß „das als Prädikat fungierende Verbum die Schlüsselposition bei der Wahrnehmung eines Satzes einnimmt", wird auch durch eine s p r a c h p s y c h o l o g i s c h e Untersuchung von Hörmann und Lazarus (1975) bestätigt, nach der bei (durch Rauschen schwerverständlich gemachten) Tonbändern zwar „das Verb die am schwersten wahrnehmbare grammatikalische Klasse" sei, aber: „Ist das Verbum richtig wahrgenommen, so ist die Wahrscheinlichkeit, daß auch Subjekt und Objekt wahrgenommen werden, signifikant höher als umgekehrt die Wahrnehmung des Verbums bei richtiger Erfassung des Subjekts oder Objekts". (Hörmann 229).

Auch die L o g i k e r beschränkten sich langezeit auf die Zweiteilung der Prädikation, da Philosophen seit der Antike sich besonders für bestimmte Prädikationstypen interessierten (Urteilssatz, Gattungs-Aussage), die nur eine einzige Stelle x, also die Struktur $P(x)$ haben, z. B.:

> *Sokrates$_x$ ist weise$_P$.*
> *Sokrates$_x$ ist ein Philosoph$_P$.*

Erst seit Gottlob F r e g e („Begriffsschrift", 1879) rechnet man in
der Prädikatenlogik auch mit z w e i - oder m e h r s t e l l i g e n Prädikationen: P(x,y) oder P(x,y,z), die man auch „Relationen"
nennt: R(x,y), R(x,y,z), z. B.:

Plato$_x$ war Schüler$_R$ von Sokrates$_y$.
Plato$_x$ erklärt$_R$ uns$_y$ den Logos$_z$.

Etwa zur gleichen Zeit, als die Zweiteilung in der Generativen
Transformationsgrammatik mit dem Schema „NP + VP" ihren letzten Triumph erlebte (auch durch automatentechnische binäre Teilungen gefördert), wurde Lucien T e s n i è r e s Valenztheorie durch
seine (1959 durch Jean Fourquet posthum veröffentlichten) „Eléments de syntaxe structurale" bekannt. Sie führte besonders in der
germanistischen Sprachwissenschaft im In- und Ausland, in West
und Ost, zur Begründung und Anwendung verschiedener Arten
von Dependenz-/Abhängigkeitsgrammatik (Hennig Brinkmann,
Paul Grebe, Johannes Erben, Gerhard Helbig, Hans Jürgen Heringer, Ulrich Engel, Helmut Schumacher u. a.).

Daß diese vor allem in Leipzig (Helbig), Heidelberg (Heringer) und Mannheim (Engel) geförderte Syntaxtheorie die gleichzeitige mächtige Welle des
amerikanisch orientierten generativen Linguistik-Booms nicht nur überle-
ben, sondern sich zunehmend in der sprachdidaktischen Praxis bewähren
konnte, hängt vielleicht mit sprachstrukturellen Eigenheiten der deutschen
Sprache (gegenüber dem Englischen) zusammen: mit den noch stark flexi-
visch gekennzeichneten valenzabhängigen Satzgliedern und mit der Gleich-
rangigkeit aller Satzglieder bei der Besetzung der ersten Satzgliedstelle vor
dem finiten Verb im Hauptsatz (vgl. 3.4).

Es gab anfangs unnötige Schwierigkeiten mit der Einbeziehung der
a d j e k t i v i s c h e n und s u b s t a n t i v i s c h e n Prädikatsausdrücke in die Valenztheorie. Obwohl bereits bei Tesnière auch die
prädikativen Adjektive und Substantive als Valenzträger berücksichtigt waren, haben viele germanistische Dependenzgrammatiker
sich zunächst auf die Valenz/Wertigkeit der Verben beschränkt
und die prädikativen Adjektive als „Artergänzungen", die prädikativen Substantive als „Gleichsetzungs-Ergänzungen" o. ä. zu erklären versucht. Heute ist man sich darüber einig, daß Valenz nicht
nur Verben, sondern auch prädikativen Adjektiven und Substanti-

ven zukommt, ja daß die Valenz auch in nichtprädikativen syntaktischen Positionen bei Adjektiven und Substantiven eine Rolle spielt. Bei unseren Beispielen ist es von der Valenz des einwertigen Adjektivs *weise* abhängig, daß in Sätzen, die diesen Prädikatsausdruck (zusammen mit einem Kopula-Verb wie *sein, bleiben, werden, scheinen*) enthalten, das Subjekt *(Sokrates)* die einzige Ergänzung ist, während es von der Valenz des zweiwertigen Substantivs *Schüler* abhängt, daß in Sätzen mit diesem Prädikatsausdruck neben dem Subjekt eine zweite Ergänzung *(von Sokrates)* steht (falls es sich nicht um die einwertige soziale Statusbezeichnung *Schüler* handelt), ebenso wie von der Valenz des dreiwertigen Verbs *erklären* drei Ergänzungen (Subjekt, Dativ-Objekt, Akkusativ-Objekt) abhängen. Damit erweist sich die Valenztheorie als konsequente grammatikalische Entsprechung der mehrstelligen Prädikatenlogik. Sie ist ein nützliches Modell auf der Grundlage der elementaren/einfachen Satzinhalts-Struktur (s. Kap. 2.1), das natürlich im Hinblick auf komplexe und komprimierte Satzinhalte (s. Kap. 3 und 4) erweitert und modifiziert werden muß.

Die metaphorische Bezeichnung „actant" von Tesnière ist zunächst als „Aktant" oder „Mitspieler" übersetzt worden; durchgesetzt hat sich vor allem die neutrale Bezeichnung „Ergänzung" (engl. „complement"). Die nicht von der Valenz des Prädikatsausdrucks abhängigen Satzglieder (die traditionellen „Adverbiale") nannte Tesnière „circonstants", was als „Umstandsangaben" oder einfach „(freie) Angaben" verdeutscht worden ist. Der Tesnièresche Begriff „translation" mußte für Einbettungen von Attributen und Nebensätzen ersetzt werden durch ein Satzkonstituenten/Satzglieder-Schema nach Vorbild der Phrasenstruktur-Regeln und -Bäume der frühen Generativen Transformationsgrammatik (z. B. Heringer 1970, 1970/72). Über die Kriterien des Unterschieds zwischen „Ergänzung" und „Angabe" hat man lange viel und ergebnislos gestritten. Man muß mit fakultativen/weglaßbaren Ergänzungen (Helbig) oder mit mehreren Valenzen eines Lexems rechnen (s. 2.12.6, 2.14.1, 3.17). Diese Fragen können nicht allein im Rahmen der Grammatik gelöst werden, weil genau hier die problematische Anschlußstelle zwischen Grammatik und Semantik liegt, für die man neben der Syntax eine eigenständige Satzsemantik braucht.

1.24. Inhaltbezogene Grammatik

Während es im Bereich der Wörter neben der Beschreibung der Ausdrucksseite (Morphologie, Wortbildung) schon seit Ende des

19. Jahrhunderts eine davon deutlich unterschiedene Beschreibung
des Wortinhalts gab (lexikalische Semantik), hat man im Bereich
der Sätze an eine eigenständige (d. h. nicht mit der Syntax ver-
mischte) Satzsemantik bis in die 60er Jahre noch nicht gedacht.
Man wollte immer mit den Strukturen des Satzausdrucks zugleich
die des Satzinhalts beschreiben. Dies gilt teilweise auch noch für
die in Westdeutschland von Leo W e i s g e r b e r und seinem Kreis
(Jost Trier, Hennig Brinkmann, Hans Glinz, Paul Grebe, Helmut
Gipper u. a.) begründete Inhaltbezogene Grammatik. Man versuchte beispielsweise grammatikalischen Kasus bestimmte Inhalts-
kategorien zuzuweisen (z. B. „Zuwendgröße" für den Dativ, „Ziel-
größe" für den Akkusativ bei Glinz 1952) oder bestimmten Va-
lenz-Konstellationen, die man „Satzbaupläne" nannte, inhaltliche
Strukturen als „muttersprachliche Zugriffe" zuzuordnen (Weisgerber), also auf halbem Wege zur Unterscheidung in „Oberflächen-"
und „Tiefenkasus" (s. 2.14.3) stehenbleibend.

Oft wurden verheißungsvolle Ansätze zu satzsemantischen Unterscheidun-
gen durch Vermischung von Ausdrucks- mit Inhaltkategorien getrübt. So
teilte Brinkmann (517 ff.) die inhaltlichen Satztypen: „Vorgangssatz",
„Handlungssatz", „Adjektivsatz" und „Substantivsatz", wobei er semantische Prädikatsklassen wie ‚Vorgang', ‚Handlung' auf die gleiche Ebene
stellte mit Wortarten der Grammatik wie Adjektiv und Substantiv. Heute
muß man hier schärfer trennen: In die Syntax gehören nur „Prädikatsausdrücke" (Verb, Verbgefüge, Adjektivprädikat, Substantivprädikat, s. 1.4,
2.11), in der Satzsemantik dagegen gibt es als (nicht immer kongruente)
Entsprechungen dazu nur Inhaltkategorien wie ‚Handlungs'-, ‚Vorgangs'-,
‚Zustands'-, ‚Eigenschafts'-, ‚Gattungs'-Prädikat (s. 2.14.2). Weiteres zu
dieser Richtung s. in 2.14.4 („Satzbauplan", „Akkusativierung") und
2.15.2 („wirkende Kraft").

Der inhaltbezogenen Grammatik, vor allem Hennig Brinkmann
und Hans Glinz, verdanken wir viele wertvolle satzsemantische
Beobachtungen zum heutigen Deutsch. Was Weisgerber in seiner
„vierstufigen" Sprachlehre über die „inhaltbezogene" Stufe hinaus
als „leistungbezogene" (d. h. rein semantische) Sprachbetrachtung
theoretisch gefordert und was bereits zu den fruchtbaren Begriffen
„Wortfeld" und „Wortstand" geführt hatte, ist im Grundsätzlichen das, was heute in der eigenständigen Satzsemantik versucht
wird. Dazu bedurfte es aber noch einiger (das Methodenbewußt-

sein schärfender) weiterer Wege bzw. Umwege: Generative Transformationsgrammatik, logikfundierte Satzsemantik und Sprachpragmatik.

1.25. Generative Transformationsgrammatik

Fast zur gleichen Zeit wie Tesnières Valenztheorie, aber aus wis-
senschaftspolitischen Gründen mit weitaus stärkerer internationaler Wirkung, wurde die Generative Transformationsgrammatik
(GTG) Noam C h o m s k y s und seiner Nachfolger bekannt. Sie
hat als erste automatentechnisch formalisierende Sprachtheorie
seit Mitte der 60er Jahre den sog. Linguistik-Boom ausgelöst, der
mit dem Beginn der Computer-Epoche zusammenhängt. Ihre germanistischen Anfänge kamen – trotz amerikanischer Herkunft – in
der DDR etwas früher (Bierwisch, Hartung, Steinitz u. a.) als in der
BRD (Wunderlich 1971, Thümmel, Clément, Bechert u. a.).Ein
wesentlicher Fortschritt in Richtung auf eine von der Syntax
unabhängige Satzsemantik war dabei die Unterscheidung zwischen
Oberflächenstruktur und T i e f e n s t r u k t u r . Er wurde exemplifiziert an ambigen/zweideutigen Sätzen, bei denen einer Oberflächenstruktur zwei verschiedene Tiefenstrukturen entsprechen. Beispiele dafür brauchen wir heute glücklicherweise nicht mehr selbst
zu erfinden oder von anderen Linguisten zu übernehmen, da
zweideutige Sätze inzwischen auch im öffentlichen Sprachverkehr
Mode geworden sind:

Eine werbepsychologisch beratene Verkehrsbehörde läßt seit einigen Jahren an unseren Autobahnen Mahnschilder mit zweideutig-sprachspieleri-
schen Sätzen aufstellen. Da steht beispielsweise:

1:      *„Sie fahren mit Abstand am besten"*

Die zwei Tiefenstrukturen/Lesarten dieser syntaktisch zweideutigen Oberflächenstruktur können normalsprachlich disambiguiert/vereindeutigt werden dadurch, daß man für jede von ihnen nahezu äquivalente/gleichwertige
und explizitere Paraphrasen/Umformulierungen nachweist. Für die erste (in
der konkreten Kommunikationssituation primär gemeinte) Lesart 2 gibt es
mindestens folgende (zunehmend eindeutige) Paraphrasen:

2a: *Mit Abstand fahren Sie am besten.* (vielleicht auch zweideutig wie 1)
2b: *Sie fahren am besten mit Abstand.*
2c: *Am besten fahren Sie mit Abstand.*

2d: *daß Sie am besten mit Abstand fahren.*
2e: *Abstand haltend fahren Sie am besten.*
2f: *Wenn Sie Abstand halten, fahren Sie am besten.*

Hier haben wir die lexikalische Zweideutigkeit von *fahren* noch nicht berücksichtigt (1. ‚autofahren‘, 2. ‚Erfolg, Glück haben‘). Für die zweite, die hintergründige Lesart 3, die sprachspielerisch mitgemeint ist, finden sich mindestens folgende eindeutige Paraphrasen:

3a: *Mit Abstand am besten fahren Sie.*
3b: *Sie fahren weitaus am besten.*
3c: *Die Art, wie Sie fahren, ist, mit Abstand von den anderen, die beste.*

Eine formale Darstellung der beiden Tiefenstrukturen nach den Methoden der GTG wollen wir uns hier ersparen, da sie sehr raum- und zeitaufwendig wäre und da wir möglichst bald zur satzsemantischen Lösung dieses exemplarischen Disambiguierungs-Problems kommen sollten. Nach der frühen GTG würde man für alle diese Paraphrasen Phrasenstruktur-/Satzglieder-Bäume aufstellen und diese mittels Transformationen (Tilgungen/Weglassungen, Permutationen/Umstellungen, Insertionen/Einsetzungen usw.) zur Gewinnung je einer der beiden Tiefenstrukturen zueinander in eine abstrakte Beziehung setzen. Dabei hat man Satzausdrucksformen und Satzinhaltskomponenten in einem einzigen Regelwerk miteinander kombiniert, indem man in den Phrasenstrukturbäumen grammatische Kategorien wie Nominalphrase/NP, Verbalphrase/ VP, Artikel, Subjekt mit semantischen Kategorien wie Tempus, Numerus, Eigenname zusammenstellte und grammatischen Kategorien semantische Merkmale wie ‚lebend‘, ‚menschlich‘, ‚abstrakt‘ zuordnete („Interpretative Semantik“, s. z. B. Hundsnurscher 1970). Entsprechend der amerikanisch-deskriptivistischen Tradition ignorierte, leugnete oder verkannte man dabei den grundsätzlichen Unterschied zwischen Ausdrucksseite und Inhaltsseite der Sprache, der in der europäischen Sprachwissenschaft nicht erst seit der Genfer (Ferdinand de Saussure) und Kopenhagener Linguistenschule (Louis Hjelmslev) zu den wichtigsten sprachwissenschaftlichen Axiomen gehört. Man wollte beide Seiten der Sprache zugleich in einem einzigen konsistenten, möglichst computergerechten Regelsystem darstellen und nannte dies alles, auch die semantischen Kategorien und Merkmale, pauschal „Grammatik“.

Semantik war dabei nur eine „arme Verwandte", die die Syntax
„mit sich herumschleppt" (Hörmann 12).
Diese viel zu direkte Verbindung von Grammatik und Semantik
hat auf der einen Seite sehr abstrakte, mühsame Beschreibungsme-
thoden erforderlich gemacht und auf der anderen Seite nicht zur
praktischen Anwendbarkeit geführt. Bald erkannten viele, daß die
so erzeugten Tiefenstrukturen für eine Erklärung des sehr vielfälti-
gen, flexiblen Verhältnisses zwischen Satzausdruck und Satzinhalt
„nicht tief genug" waren. Im Rahmen der GTG gab es dann immer
wieder systemimmanente Theorie-Revisionen („Standardtheorie",
„Erweiterte Standardtheorie", „Revidierte Erweiterte Standardtheorie", „Relationale Grammatik"). Die umfangreiche Syntaxlite-
ratur in dieser Richtung ist nur noch hochspezialisierten Experten
verständlich, und eine für Nichtexperten anwendbare umfassende
deutsche Grammatik ist daraus noch nicht hervorgegangen. Blei-
bender Gewinn aus der GTG ist jedoch die weitgehende Entwicklung von Methoden für die tiefergehende Analyse komprimierter
Ausdrucksformen, vor allem in den Bereichen der Nominalisierung, der Attribuierung, der Verbgefüge, der Nebensatzeinbettun-
gen und der Wortbildung.

1.26. Logikfundierte Satzsemantiken

In der Opposition gegen den Versuch der GTG, die Satzsemantik
von der Syntax her (und mit ihr vermischt) zu erschließen, forder-
ten seit Ende der 60er Jahre einige „Post-Chomskyaner" unter dem
Titel „Generative Semantik" eine „autonome" Satzsemantik, d. h. eine Semantik als „Basiskomponente" der Sprachtheorie auf der Grundlage der Formalen Logik (Prädikaten- und
Aussagenlogik), autonom in dem Sinne, daß in der Beschreibung
des Satzinhalts syntaktische Kategorien wie NP und VP nicht mehr
vorkommen dürfen. Der Kern des Satzinhalts (Proposition/Prädi-
kation) besteht nun nach Vorbild der Prädikatenlogik bzw. Rela-
tionenlogik aus einem Prädikator bzw. Relator und mindestens
einem Argument (s. 1.22), und komplexe/zusammengesetzte Prädikate wie ‚setzen' werden auf Grundstrukturen mit „atomaren
Prädikaten" zurückgeführt: ‚machen, daß es dazu kommt, daß
jemand/etwas sitzt' (vgl. 3.13). In der Verknüpfung elementarer

Prädikate miteinander (vgl. 3.3) schloß man sich an die Aussagenlogik an.

Der Neuansatz mit der Prädikat-Argument-Struktur ist in der
europäischen Sprachwissenschaft übrigens ganz unabhängig, aber
kaum beachtet, zuerst von Franz S c h m i d t in seiner „Logik der
Syntax" (1957) versucht worden. Diese neue Gliederung des Satzinhalts ermöglicht eine satzsemantische Beschreibung, die von
syntaktischen Kategorien entlastet ist und sich zu einer von semantischen Kategorien befreiten Syntax in Beziehung setzen läßt.
So enthalten z. B. die grammatikalischen Kasus noch keinerlei
Vorgriff auf semantische Rollen; und die unabhängig davon in der
Satzsemantik aufzustellenden semantischen Rollen von Argumentstellen (Tiefenkasus, s. 2.14.3) werden erst in einem dritten Schritt
in vielfältiger Weise zu den grammatikalischen Kasus in Beziehung
gesetzt (s. 2.14.4). Für diese zweischichtige Sprachbeschreibung
eignet sich am besten eine Valenzgrammatik, eben weil das Valenz-
prinzip als grammatikalische Entsprechung zur Struktur der elementaren Prädikation entstanden ist. So ist es kein Zufall, daß die
semantische Spezifizierung der Argumentstellen in Charles F i l l -
m o r e ' s Theorie der Tiefenkasus/Kasusrollen (s. 2.14.3) der Valenztheorie Tesnières (die F. in einer Fußnote zitierte) ebenso
verpflichtet ist wie der Generativen Semantik.

Die gegenüberstellende Kombination einer einfachen Valenzgrammatik mit
einer einfachen logikfundierten Satzsemantik können wir an unserem
zweideutigen Beispielsatz 1 veranschaulichen: „Sie fahren mit Abstand am
besten." Die s y n t a k t i s c h e Struktur von 1 ist für die beiden Lesarten 2
und 3 (s. 1.25) valenzgrammatisch nicht die gleiche. Obwohl wir in 1 eine
einzige Oberflächenstruktur vor uns haben, entspricht den beiden Lesarten/
Tiefenstrukturen 2 und 3 je eine eigene syntaktische Satzgliederstruktur,
die nur eine schwache Widerspiegelung der satzsemantischen Tiefenstruktur ist, noch nicht diese selbst. Die beiden Satzgliederstrukturen sind
verschieden, weil sich in den Paraphrasen 2abcd und 3a (s. 1.25) die
Permutationen/Umstellungen der Satzglieder als verschieden erwiesen haben. Die Nominalgruppe „mit Abstand" ist in 2 als valenzgrammatische
Ergänzung (nicht als freie Angabe oder Attribut) zu behandeln, nämlich als
‚Art und Weise'-Ergänzung (analog zu mit überhöhter Geschwindigkeit
fahren, mit Verspätung ankommen, etwas mit Vergnügen tun), da sie sich
nicht auf „am besten", sondern direkt (und nicht weglaßbar) auf „fahren"
bezieht und sich nicht sinnvoll mit „und zwar" nachtragen ließe. Für Lesart

2 zeichnen wir nun einen S a t z g l i e d e r b a u m (Fig. 2), wobei wir einen
Prädikatsausdruck *gut fahren* ansetzen, also *am besten* nicht als Adverb,
sondern als prädikatives Adjektiv (Heidolph u. a. 617) oder „Satzadjektiv"
(Duden-Gr. 265, 581 f.) auffassen, ähnlich wie bei *sich gut betragen, sich
ruhig verhalten* usw., also nach unserem in 1.4. dargestellten Syntaxmodell
als Teil eines Nominalprädikats.

Fig. 2:

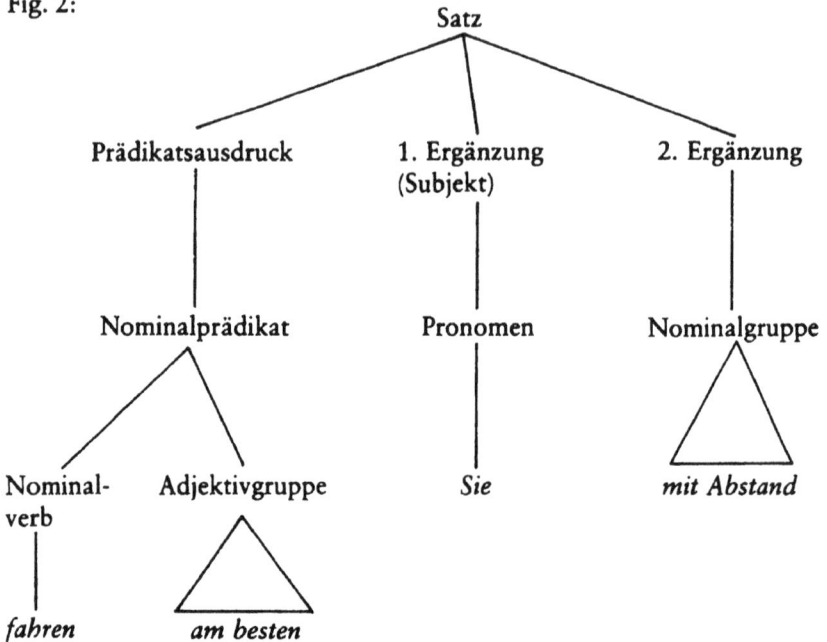

Für die Lesart 3 dagegen (s. 1.25) ist die Nominalgruppe „*mit Abstand"*
wegen der starken Verschiebungsbeschränkung (vgl. 3a) und der Funk-
tionsgleichheit mit dem Gradadverb *weitaus* (vgl. 3b) ein Attribut zu dem
superlativischen Prädikatsadjektiv „*am besten"*, also Teil des Prädikatsausdrucks, kein eigenes Satzglied (Fig. 3).

Mit dieser s y n t a k t i s c h e n Analyse haben wir bisher nur für die
Unterscheidung verschiedener Satzglied-Verschiebungsverhältnisse
bei den Lesarten 2 und 3 etwas erreicht. Satzsemantisch ist nur der
Hinweis gewonnen, daß „*mit Abstand"* sich in Lesart 2 auf
„*fahren"*, in Lesart 3 auf „*am besten"* bezieht. Die satzsemantischen Strukturen bleiben im Ganzen noch unklar. Es handelt sich

Fig. 3:

Satz

Prädikatsausdruck

1. Ergänzung
(Subjekt)

Nominalprädikat

Pronomen

Nominal-
verb

Adjektivgruppe

Sie

fahren

Adjektiv

Attribut

am besten

Nominalgruppe

mit Abstand

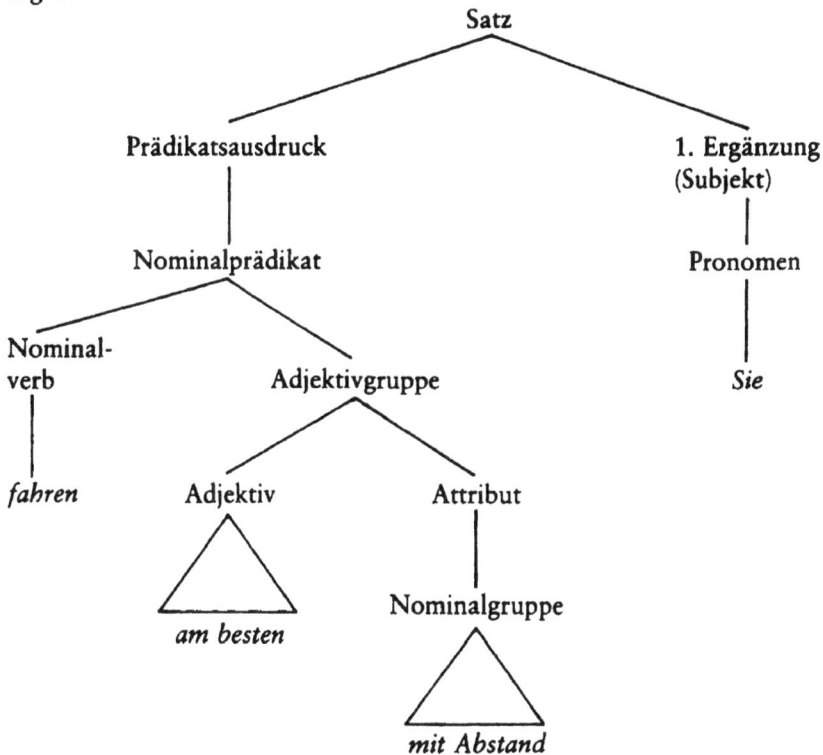

nämlich hier um einen komprimierten Ausdruck eines Prädika-
tionsgefüges, der sich mit syntaktischen Methoden allein nicht
auflösen läßt. Dazu brauchen wir eine S a t z s e m a n t i k, mit der
wir die (durch die Ausdruckskomprimierung verdeckten) Beziehungen zwischen den zugrundeliegenden elementaren Prädikationen unabhängig von der Satzgliederstruktur des komprimierten
Ausdrucks feststellen und darstellen können. Eine solche logikfundierte satzsemantische Analyse sieht nun in einfachster, noch weitgehend normalsprachlicher Darstellung für die Lesart 2 so aus:

Zwei elementare Prädikationen P1 und P2 liegen hier vor, deren implizit
mitgemeinte Argumentstellen y und z wir ergänzen:

P1: ‚x fährt y'. (wobei x: ‚Agens/Handelnder', y: ‚Kraftfahrzeug' als
     ‚affiziertes Objekt', vgl. 2.14.3)

P2:   ‚x hält den Sicherheitsabstand von z ein'. (wobei z: ‚vorausfahrendes
       Fahrzeug')

Weiterhin haben wir eine dritte elementare Prädikation P3 zu berücksichtigen, die eine Einbettungsstruktur darstellt (vgl. 3.1), da in ihre erste
Argumentstelle P1 eingebettet ist:

P3:   ‚P1 ist am besten gemäß w'. (wobei w: ‚verkehrsrechtliche Sicher-
       heits-Norm' für P1)

Was haben nun aber ‚ein Fahrzeug fahren' (P1), ‚Abstand halten' (P2) und
‚am besten gemäß w fahren' (P3) satzsemantisch miteinander zu tun? Hier
liegen noch zwei aussagenverknüpfende Beziehungen (vgl. 3.3) vor: eine
modale Relation R1 und eine konditionale Relation R2 (vgl. die Paraphrasen 2ef in 1.25):

R1 = ‚P1 so, daß P2'.
R2 = ‚Wenn R1, dann P3'.

Dieses schon recht komplexe Prädikationsgefüge läßt sich zusammenhängend als s a t z s e m a n t i s c h e Baumfigur (Fig. 4) darstellen:

Fig. 4:

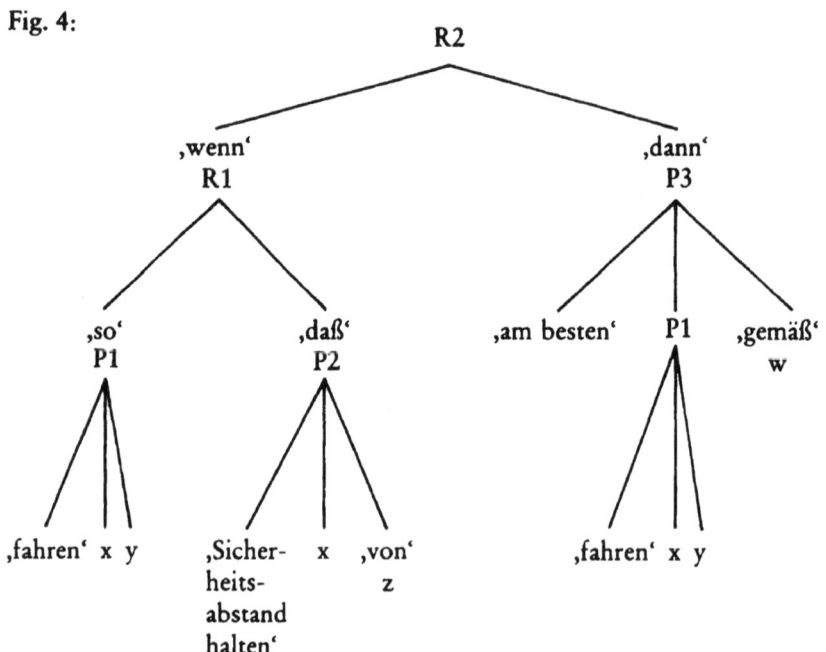

Daß diese noch recht simple prädikatenlogische Satzsemantik kein expertenhafter Hokuspokus, sondern noch eine der Normalsprache nahe Methode darstellt, beweist folgende dazugehörige maximal explizite normalsprachliche Paraphrase, wobei wir die Verweise auf die entsprechenden satzsemantischen Komponenten als tiefgestellte Buchstaben angeben:

2g: *Wenn$_{R2}$ Sie$_x$ Ihr$_x$ Fahrzeug$_y$ so$_{R1}$ fahren$_{P1}$, daß$_{R1}$ Sie$_x$ von dem Ihnen$_x$ vorausfahrenden Fahrzeug$_z$ den Sicherheitsabstand einhalten$_{P2}$, dann$_{R2}$ fahren$_{P1}$ Sie$_x$ Ihr$_x$ Fahrzeug$_y$ verkehrsrechtlich$_w$ am besten$_{P3}$.*

Nun die entsprechende Analyse für die Lesart 3 (vgl. die Paraphrasen 3a–c in 1.25). Bei der Redensart *etwas mit Abstand am besten tun* kommt in diesem Situationskontext (Fahrer-‚Lob‘, s. 1.27, 2.24) die modale Komponente ‚Art des Tuns‘ hinzu; und der Superlativ „*am besten*" ist hier nicht auf eine ‚Norm‘ bezogen (wie bei der Lesart 2), sondern impliziert einen Vergleich der Fahrweise des mit „*Sie*" angesprochenen Fahrers (x1) mit der aller anderen Fahrer (x2–∞):

P1: ‚x fährt y in der Art z1‘.
P2: ‚alle anderen x fahren ihr y in der Art z2–∞‘.
P3: ‚z1 ist die beste von allen z‘.
P4: ‚zwischen z1 und allen anderen z besteht ein großer Abstand‘.

Als aussagenverknüpfende Relation (s. 3.3) besteht hier nur eine abstrakte Modifikations-Beziehung:

R1: ‚P4 verstärkt die Geltung von P3‘.

Eine maximal explizite Paraphrase dazu wäre etwa:

3d: *Die Art$_{z1}$, wie Sie$_{x1}$ Ihr$_{x1}$ Fahrzeug$_{y1}$ fahren$_{P1}$, ist die beste$_{P3}$ von den Arten$_z$, wie alle x ihr Fahrzeug$_y$ fahren$_{P2}$, und zwar$_{R1}$ gilt dies mit großem Abstand$_{P4}$ von allen anderen z.*

Das Wesentliche an einer solchen von der Syntax unabhängigen Satzsemantik ist: Man ist nicht mehr (wie in der frühen GTG) gezwungen, zur Beschreibung der Tiefenstrukturen je eine der Paraphrasen willkürlich zu wählen und daraus eine Formalisierung mit vielen künstlichen syntaktischen Zwischenkategorien und Transformationen zusammenzubasteln, sondern kann unabhängig von den möglichen syntaktischen Realisierungen eine für alle Paraphrasen gültige Satzinhaltsstruktur als Einbettungs- und Verknüpfungsstruktur mit elementaren Prädikationen und Relationen ansetzen, die sich gerade noch – wenn auch mit notwendig übertrieben expliziten Formulierungen – in normalsprachlicher Beschreibungssprache ausdrücken läßt. Ein erster schwacher Ansatz zur Formalisierung sind dabei die in Sätze eingesetzten Buchstaben und Zahlen für Referenzstellen (s. 2.12).

Die Weiterentwicklung logikfundierter Satzsemantik führt jedoch weit über solche noch normalsprachlichen Beschreibungsmöglichkeiten hinaus zu wesentlich differenzierteren, aber sehr abstrakt dargestellten neuen Ansätzen. Die Basis der Formalen Logik wurde erweitert durch Epistemische Logik (für Sprechereinstellungen zum Wahrheitswert), Deontische Logik, Normen- und Modallogik (für die Erklärung von Modalitäten). Heute wird nun eine große Vielfalt neuer Theorien zur Satzsemantik angeboten, unter Kennmarken wie „Kategoriale Grammatik", „Natürliche Generative Grammatik", „Universale Grammatik", „Intensionale Semantik", „Modelltheoretische Semantik", „Montague-Grammatik". Mit sehr speziellen Terminologien und Formalisierungen („Semantiksprachen") werden so die schon durch Strukturale und Generative Linguistik fast unpassierbar gewordenen Verständnis-Brücken abgebrochen, die zwischen Sprachwissenschaftlern einerseits und Literaturwissenschaftlern, Mittelalterphilologen, Auslandsgermanisten und Deutschlehrern und sonstigen an deutscher Sprache Interessierten andererseits doch bestehen sollten. Es besteht die Gefahr, daß „Semantik" für viele, die so etwas gut gebrauchen könnten, zu einem ebenso negativen Reizwort wird wie es „Linguistik" heute ist und „Grammatik" schon immer war.

Ohne Zweifel sind diese formalisierenden Ansätze für Zwecke wie Allgemeine Sprachtheorie oder Linguistische Datenverarbeitung unerläßlich. Auch für eine auf praktische Textanalyse anwendbare Satzsemantik werden aus diesen Richtungen noch manche Präzisierungen, Differenzierungen und Korrekturen zu gewinnen sein. Die hier entworfene Einführung in die deutsche Satzsemantik soll jedoch zugunsten des Ziels, so weit wie möglich mit normalsprachlicher Beschreibungsweise auszukommen, mit den Methoden dieser theoretischen Forschungen möglichst wenig belastet werden.

1.27. Sprachpragmatik / Praktische Semantik

Die meisten bisher genannten Richtungen linguistischer Theoriebildung haben mehr oder weniger vom wirklichen Leben der
Sprache in konkreten Kommunikationsakten abstrahiert und Sprache auf ein in sich selbst funktionierendes „System" reduziert. So
konnten sie für die Frage nach dem Verhältnis zwischen Meinen
und Verstehen von Sprache keine Antwort geben (s. Hörmann
10 f.). Darum sind gegenläufige (oder besser: komplementäre/
ergänzende) Ansätze zur Erklärung von Sprache als H a n d e l n
von Menschen in sozialen Situationen entwickelt worden. Sie sind
aber erst in den 70er Jahren allmählich neben den verschiedenen
Schulen der „Systemlinguistik" ernstgenommen worden. Schon
1934 hatte der Wiener Sprachpsychologe Karl B ü h l e r in seiner
„Sprachtheorie" ein „Organon-Modell" der Sprache (Sprache als
„Werkzeug") aufgestellt, in dem er neben der auf „Gegenstände
und Sachverhalte" bezogenen „Darstellungsfunktion" von Sprache
(Sprache als „Symbol") auch die auf den „Sender" (Sprecher/
Verfasser) bezogene ,,A u s d r u c k s f u n k t i o n'' (Sprache als
„Symptom" für Absichten, Gefühle, Stimmungen usw. des „Sen-
ders") und die auf den „Empfänger" (Hörer/Leser) bezogene
,,A p p e l l f u n k t i o n'' (Sprache als „Signal") berücksichtigte.
Da Bühler 1938 nach den USA auswandern mußte, blieb er
langezeit unbeachtet. Ein anderer ‚Urvater' der Sprachpragmatik
war der amerikanische Kommunikationsforscher Charles
W. M o r r i s, der 1938 in seinem „semiotischen Modell" neben
der „Semantik" (Verhältnis zwischen Zeichen und Dingen der
Wirklichkeit) und „Syntaktik" (Verhältnis zwischen Zeichen und
Zeichen, also Lexik+Grammatik) auch eine ,,P r a g m a t i k''
(Verhältnis zwischen Zeichen und Zeichenbenutzern) forderte.
Wegen des Vorherrschens strukturalistischer und behavioristischer
Theorien konnte sich aber in den USA eine Sprachpragmatik
zunächst kaum entwickeln.

Auch bei der satzsemantischen Analyse unseres Beispielsatzes 1 haben wir
bisher Bühlers Appell- und Ausdrucksfunktion und Morris' Pragmatik
noch nicht berücksichtigt. Eine solche Inschrift auf einem Schild an der
Autobahn dient in einem wichtigen Teil ihres Inhalts der pragmatischsten
aller Sprachfunktionen, dem Appell. Die grammatikalische Form der
2. Person Singular (,,*Sie fahren* …") ist nur ein ungenauer Hinweis darauf.

Der implizite Appell besteht hier in einer bestimmten Sprachhandlung, einer Interaktion zwischen der Verkehrsbehörde (als Verfasser des Schild-textes) und dem vorbeifahrenden und das Schild lesenden Autofahrer (als seinem Adressaten). Diese mitgemeinte Sprachhandlung ist aber in beiden Lesarten dieser zweideutigen Satzform verschieden. In Lesart 2 (s. 1.25) ist es eine ,Ermahnung' an den Autofahrer, in Lesart 3 dagegen ein Fahrer--,Lob', eine ,Bestätigung' des Selbstwertgefühls des Adressaten. Wir haben also die wichtigste satzsemantische Komponente des Unterschiedes zwi-schen beiden Lesarten bisher noch gar nicht berücksichtigt. Semantik muß durch Pragmatik erweitert und neukonzipiert werden. Es ist also die Reihe der Umformulierungen noch um je eine pragmatische zu ergänzen (natür-lich rein hypothetisch, denn solche Schild-Texte wären heute textsortensti-listisch absurd):

2h: *Wir ermahnen/erinnern Sie daran, daß, wenn Sie Ihr Fahrzeug so fahren, daß . . .* (weiter wie in 2g, s. 1.26)

3e: *Wir bestätigen Ihnen, daß die Art, wie Sie Ihr Fahrzeug fahren, die beste ist von . . .* (weiter wie in 3d, s. 1.26)

Die Sprachhandlung können wir in den satzsemantischen Strukturbaum (s. 1.26, Fig. 4) einbauen in Form einer übergeordneten pragmatischen In-haltskomponente, in der die Sprachhandlung (SH) anstelle eines Oberprä-dikats, der Sprecher/Verfasser (S) und Hörer/Leser (H) in dessen Argument-stellen stehen und der Rest des Satzinhalts, sein Aussagegehalt, die dritte Argumentstelle bildet, also nach dem Schema SH (S, H, P). Den satzseman-tischen Strukturbaum für Lesart 2 ergänzen wir also in Fig. 5 (vgl. 2.14.4).

Nun stehen aber die beiden Satzinhalte 2 und 3 nicht beziehungslos nebeneinander. Die zweideutige Autobahn-Inschrift ist nicht nur ein satzspielerischer Kalauer (sinn- und geistloser Sprachwitz) um seiner selbst willen. Nach der Methode ,Zuckerbrot und Peitsche' haben die psychologisch geschickten Kommunikationsexperten der Verkehrsbehörde die ,Mahnung' mit dem ,Fahrer-,Lob' zu einem bestimmen Zweck verknüpft. Statt einer bloßen ,Mahnung' oder einer traditionell-autoritären Verknüpfung von ,Mahnung' mit ,Strafandrohung' (vgl. T1 5, 7; T3, 4) hat man die für die Verkehrssicherheit notwendige ,Mahnung' auf witzige Art in der Doppelsinnigkeit des Satzspiels mit dem Fahrer-,Lob' kombiniert. Die beiden Lesarten sollen sich nicht gegeneinander ausschließen im Sinne abstrakter Ambiguität, sondern beide sollen zugleich gelten, so daß man für beide zusammen, also für den zweideutigen

Fig. 5:

```
                        Satzinhalt
              ┌──────────┼──────────┐
        Sprach-         S    H    Aussage-
        handlung        │    │    gehalt
           │            │    │       │
       ‚Mahnung'    Verkehrs- Auto-    R2
                    behörde   fahrer   ╱╲
                            (=x)      ╱  ╲
                                   ‚wenn'  ‚dann'
                              (usw. wie in 1.26, Fig. 4)
```

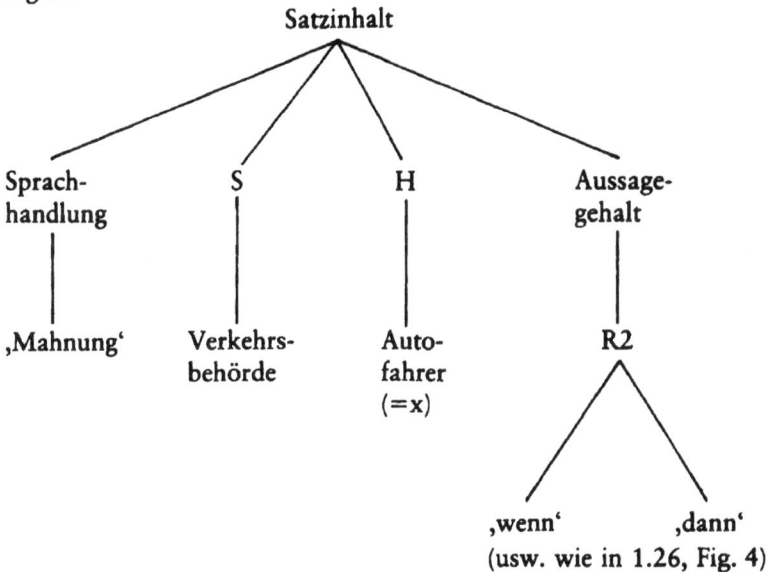

(für Lesart 3 entsprechend).

Satz 1, eine (die Zweideutigkeit aufhebende) Ober-Paraphrase bilden kann:

1a: *Wenn Sie unsere Mahnung, den Sicherheitsabstand einzuhalten, befolgen, können wir Ihnen bestätigen, daß die Art, wie Sie . . .* (weiter wie in 3d)

Bei dieser Verbindung von ‚Mahnung' und Fahrer-‚Lob' kommt eine weitere pragmatische Komponente des Satzinhalts zum Vorschein: die soziale Beziehung zwischen Kommunikator und Adressaten, die noch kaum erkennbar in Bühlers „Ausdrucks-/Symptom-Funktion" angelegt ist. Sie ist durch die Unterscheidung von „Inhaltsaspekt" und „B e z i e h u n g s a s p e k t" und den Begriff „Image" aus amerikanischer Kommunikationsforschung (Watzlawick et al., Goffman) in den Blick gekommen (s. 2.24). In unserem Beispielfall besteht der Beziehungsaspekt in dem Versuch der Verkehrsbehörde, durch Kombination einer für die Adressaten unangenehmen (weil an sie appellierenden) Sprachhandlung mit einer für sie angenehmen das ‚Selbst-Image' der Autofahrer positiv zu beeinflussen. Außerdem versucht man durch Verpackung eines dienstlich-autoritären Kommunikationsaktes in einer erheiternden sprachspielerischen Form das ‚Image' der Behörde in ähnlicher Weise positiv zu beeinflussen, wie es das Finanzamt gegenüber den Steuerzahlern im Beispieltext T3 durch ‚Zweck'-Angabe statt ‚Drohung' (s. 3.32.11) getan hat.

Sprachpragmatik ist in der germanistischen Sprachwissenschaft seit etwa 1970 zunächst etwas einseitig, aber dafür sehr systematisch und eifrig, auf der Basis der „Speech act theory" von John L. A u s t i n und John R. S e a r l e (1969) betrieben worden. Dieser sprachphilosophische Ansatz ist aus der sprachanalytischen Philosophie der „Oxforder Schule" entstanden, die man auch ,, O r - d i n a r y   L a n g u a g e   P h i l o s o p h y '' (Philosophie der Normalsprache) nannte, weil sie eine Abkehr von der Beschäftigung mit künstlicher Sprache (in der Art der Logik des Wiener Neopositivismus) und eine Hinwendung zu den in der Normalsprache enthaltenen expliziten und impliziten Inhaltsstrukturen darstellte. Das Ernstnehmen der Normalsprache hat eine Parallele in der Richtung „Soziologie des Alltagswissens", bei der man sich über die empirischen Soziologen-Erkenntnisse hinaus auch für das interessiert, was den Menschen über die Konventionen ihres gruppenbezogenen Handelns selbst mehr oder weniger bewußt ist. Von daher kommt die Zurückhaltung der meisten sprachpragmatisch orientierten Linguisten in bezug auf Formalisierungen und ihr Bemühen, in ihrer Beschreibungssprache der Normalsprache möglichst nahezubleiben, eine methodologische Schwäche und Stärke zugleich. Die große Wende vom streng formalen und systemimmanenten zum naiv-expliziten, normalsprachlich orientierten Beschreibungsstil ist in den Schriften des Sprachphilosophen Ludwig W i t t g e n - s t e i n deutlich zu beobachten, dessen „Gebrauchstheorie der Bedeutung" („Die Bedeutung eines Wortes ist sein Gebrauch in der Sprache") und dessen „Sprachspiel"-Begriff (komplexe Kommunikationsakte als Einheit aus sprachlichen und nichtsprachlichen Handlungen) die Entstehung der Speech act theory sehr beeinflußt hat.

In die germanistische Sprachwissenschaft ist die S p r e c h a k t t h e o r i e vor allem von Dieter Wunderlich (1972, 1972/74, 1976) als Basiskomponente einer Sprachpragmatik eingeführt und weiterentwickelt worden, außerdem von Siegfried J. S c h m i d t als neue Grundlage der „Texttheorie" gegen die

strukturalistische frühe Textlinguistik. Der Sozialphilosoph Jürgen H a -
b e r m a s hat daraus für die linksliberale Hochschulreformbewegung und
Wissenschaftskritik einen Begriff „Kommunikative Kompetenz" entwik-
kelt, der mit der Utopie von „symmetrischem" und „herrschaftsfreiem"
Diskurs zwar den argumentativen Stil von Philosophen und Linguisten
erneuern, aber die bildungspolitischen Probleme nicht lösen helfen konnte.
Sogar bis in die muttersprachliche Deutsch-Didaktik hat diese Art von
Sprachpragmatik als Forderung nach „Kommunikativem Unterricht" und
„Kommunikativer Aufsatzlehre" gewirkt.

Für die Satzsemantik bot die Sprechakttheorie einen großen Gewinn: Die aus der Formalen Logik übernommenen Kategorien
Prädikat, Argumentstelle, Quantifizierung (s. 2.1) und Verknüpfungsrelation (s. 3.3) konnten nun ergänzt werden durch die
sprachpragmatischen Kategorien Referenz/Bezug, Illokution/Spre-
cherhandlung, Perlokution/Bewirkungsversuch, Propositionale
Einstellung/Sprechereinstellung (s. 2.21–2.23). In bezug auf konkrete Bereiche und Schichten der Sprache ist durch die Sprechakttheorie besonders die Erforschung der performativen Verben
(Sprachhandlungsverben), der Modalverben, Modaladverbien,
Abtönungspartikel, Interjektionen, Konjunktionen, der Anführungsstriche, der Textgliederungsmittel wie überhaupt die Textlinguistik und die Konversations-/Gesprächsanalyse in den 70er Jahren sehr gefördert worden. Zur Analyse der impliziten/hintergrün-
digen/mitgemeinten Inhaltskomponenten und der Ironie hat man
aus der sprachanalytischen Philosophie (Bertrand Russel, Peter
F. Strawson, Paul H. Grice) den Begriff der P r ä s u p p o s i t i o n /
Voraussetzung, der K o n v e r s a t i o n s m a x i m e n /Kommunika-
tionsprinzipien und der konversationellen Implikatur (stillen Folgerung) für die kontextbezogene Erklärung von Satzinhalten übernommen und weiterentwickelt (s. Kap. 4). Hier schließt sich auch
die A r g u m e n t a t i o n s t h e o r i e an, die auf teils philosophisch-
logischen teils praktisch-juristischen Ansätzen beruht und zu einer
Art neuer Rhetorik weiterentwickelt werden kann, die im Unterschied zur alten Rhetoriktradition weniger ästhetische und literarische als vielmehr intellektuell-moralische Ziele verfolgt (z. B. Josef
Kopperschmidt).

Neben der Entwicklung verschiedener Sprachhandlungstheorien
(s. Gisela Harras) führte die Beschäftigung mit Sprachpragmatik

zur Neubegründung einer Satz- und Textsemantik, in der Erkennt-
nisse der Generativen Semantik und anderer logikfundierter Se-
mantiken mit den pragmatischen Ansätzen sprachanalytischer Philosophie für Zwecke konkreter Textanalyse verbunden werden, so
die ,,Praktische Semantik'' von Hans Jürgen Heringer
(1974, 1977) und die ,,Funktionale Grammatik'' von
Simon C. Dik. Eine ähnliche Verbindung von Valenztheorie, Fillmores Kasusrollen und prädikatenlogischer Semantik mit einer
von Bühler und Wittgenstein herkommenden pragmatischen
Sprachpsychologie stellt die ,,Psychologische Semantik''
des Meinens und Verstehens von Hans Hörmann dar. Irgendwo in
der Nähe dieser drei theoretischen Ansätze steht die hier vorgelegte
methodisch vereinfachende Deutsche Satzsemantik.
All diesen von sprachbezogener Philosophie her angeregten Versuchen zur sprachpragmatischen Satzsemantik kann man vorwerfen,
daß Sprache hier zu akademisch in spätaufklärerischem Sinne auf
intellektuelles, vernunftgeleitetes Handeln freier Individuen reduziert ist (,,Adam und Eva-Modell''). Die soziale Wirklichkeit der
alltäglichen Sprachkommunikation geht zum großen Teil nach
ganz anderen Konventionen. Sprachpragmatische Semantik muß
deshalb ergänzt werden durch Kategorien einer Sozialprag-
matik, die mehr von der Soziologie und Ethnologie herkommt.
Hier kann man an den psychotherapeutischen ,,Beziehungsaspekt''
von Watzlawick et al. anknüpfen (s. 2.24) oder an den Begriff
,,Kommunikative Kompetenz'', den Dell Hymes gegen
die zu enge ,,Sprachkompetenz'' (linguistic competence) von
Chomsky postuliert hat, die nur den abstrakten Umgang mit
kontextlosen Sätzen zum Gegenstand hatte (s. Lyons 1983,
190 ff.).
Im Unterschied zu Jürgen Habermas' ,,Kommunikativer Kompetenz'', bei
der Chancengleichheit in der Anwendung aller Sprechakttypen im argumentativen ,,Diskurs'' und die metakommunikative Problematisierung naiv
vorausgesetzter Sinngeltungen eine wesentliche Rolle spielten, besteht bei
Hymes die Fähigkeit, erfolgreich zu kommunizieren, vor allem darin, sich
entsprechend den Normen von Situationstypen und von Gruppen auszudrücken, die Erwartungs- und Bewertungshaltungen und Sanktionsabsich-
ten der Kommunikationspartner im voraus zu berücksichtigen, um als
Mitglied einer Gruppe nach Konventionen der betreffenden sozialen Kultur
oder Subkultur anerkannt zu werden.

Viel Wertvolles in dieser Hinsicht haben zur Sprachpragmatik die mehr empirisch arbeitenden Richtungen der postbehavioristischen amerikanischen Sozialforschung beigetragen, die unter verschiedenen Namen bekanntgeworden sind: Ethnographie der Kommunikation (Hymes, Gumperz), Ethnomethodologie (Garfinkel, Sacks), Soziologie des Alltagswissens (Alfred Schütz), Wissenssoziologie (Cicourel), Sprachritual-Forschung (Goffman), Konversationsanalyse/Diskursanalyse (Grice, Cicourel, s. Henne/Rehbock, Hannappel/Melenk). Pragmatisch-semantische Textanalyse wäre zu abstrakt und alltagsfern ohne sozialpragmatische Begriffe wie Kontakt, Selbsteinschätzung, Partnereinschätzung, Image, Vermeidungsritual, Routineformel, Sanktionen, Solidarisierung, Gruppensymptom, Status, Rolle, Stereotyp, Leerformel, Vagheit usw. (s. Kap. 2.24 und 4).

1.3. Zur Darstellungsweise

Dieses Buch führt in ein neues Gebiet der Sprachwissenschaft ein, in einen Bereich der Sprache, der für den Umgang mit Texten unseres heutigen öffentlichen Lebens auch über die Sprachwissenschaft hinaus wichtig geworden ist. Was in diesem Buch dargestellt wird, ist darum nicht eine Auseinandersetzung mit Ergebnissen und Ansichten der vielen Linguisten, die mit theoretischen Forschungen und methodischen Versuchen diesen Bereich der Sprache in den letzten 20 Jahren neu erschlossen haben. Die Vielfalt und Widersprüchlichkeit dieser sehr verschiedenen Ansätze wird hier propädeutisch/einführend vereinfacht zu einem möglichst konsistenten/zusammenstimmenden System.

Da dieses System aus Vorlesungen und Seminaren während eines Jahrzehnts hervorgegangen ist, kann meist nicht mehr genau angegeben werden, von welchem der vielen verdienstvollen Anreger die einzelnen Teile der Darstellung wissenschaftsgeschichtlich abhängig sind. In einer strengwissenschaftlichen Darstellung müßten wiederholt Arbeiten zitiert werden von Werner Abraham, John Austin, Renate Bartsch, Charles Fillmore, Gerhard Helbig, Hans-Jürgen Heringer, John Lyons, Marga Reis, John Searle, Heinz Vater, Dieter Wunderlich, oder die zusammenfassenden Darstellungen von Erben, Baumgärtner/Steger u. a., Althaus/Henne/Wiegand, Heidolph/Flämig/Motsch u. a., Lewandowski, Bußmann, denen wir viele Einsichten und Literaturhinweise verdanken.

Die nach Kapiteln und Unterabschnitten gegliederten Literaturhinweise sind nicht etwa in dem Sinne zu verstehen, daß der Inhalt des betreffenden Abschnitts eine Summierung oder einen Extrakt aus dieser Literatur darstellt. Sie sind meist nur Hinweise zur weiteren vertiefenden Beschäftigung mit dem Themenbereich anhand von Büchern, in denen dieser oft ganz anders, wesentlich problematisierter oder abstrakter dargestellt ist. Aus der unermeßlichen Fülle der Literatur werden – bis auf sehr wenige Ausnahmen – hier nur Buchveröffentlichungen genannt.

Die grundsätzliche Einbeziehung von Aufsätzen aus Zeitschriften und Sammelbänden hätte die Listen in ihrer Länge mindestens verdreifacht. Über diese für ein spezielleres Verständnis unentbehrliche Aufsatzliteratur kann man sich am besten in der bibliographischen Zeitschrift „Germanistik" und in den „Abstracts" der ZGL orientieren. Aufsätze zur Satzsemantik vor allem des Deutschen erscheinen laufend in den jährlichen Publikationen der „Linguistischen Kolloquien" und besonders in folgenden Zeitschriften:

DaF	=	Deutsch als Fremdsprache
DS	=	Deutsche Sprache
DU	=	Der Deutschunterricht
LB	=	Linguistische Berichte
LuD	=	Linguistik und Didaktik
Mu	=	Muttersprache
SL	=	Studium Linguistik
SLWU	=	Sprache und Literatur in Wissenschaft und Unterricht (früher LuD)
SpW	=	Sprachwissenschaft
WW	=	Wirkendes Wort
ZGL	=	Zeitschrift für germanistische Linguistik
ZSpW	=	Zeitschrift für Sprachwissenschaft

Die „Literaturhinweise" sind nach Themenbereichen chronologisch angeordnet, wobei einführende Literatur vorangestellt wird. Die Verfassernamen und Titel sind durch das „Literaturregister" am Ende des Buches alphabetisch zugänglich. Schriftenreihen sind nur bei einführender Literatur genannt, soweit es sich um bekannte Taschenbuchreihen oder die „Germanistischen Arbeitshefte" handelt.

Die Gliederung der Satzsemantik geht hier den Weg von den kleinsten, elementaren Bestandteilen des Aussagegehalts (Kap. 2.1) über pragmatische Komponenten des elementaren Satzinhalts (Kap. 2.2), eingebettete (Kap. 3.1), hinzugesetzte (Kap. 3.2) und verknüpfte Strukturen (Kap. 3.3) bis zu kontextbedingten Reihenfolgebeziehungen (Kap. 3.4) und zu mitgemeinten und mitzuverstehenden, also hintergründigen Inhaltsteilen (Kap. 4) und endet schließlich in Vorschlägen zur Anwendung. Dieser Weg von den Teilen zum Ganzen entspricht grundsätzlich dem Ablauf der Textrezeption und Textanalyse durch Hörer/Leser: Man hört/liest einzelne Wörter in Lautketten bzw. Schriftzeilen und dringt dann durch Zusammenfügen der Einzelwahrnehmungen und durch weitere Annahmen bis zum Ganzen eines Satzinhalts bzw. Textinhalts vor.

Für Zwecke der Textproduktion müßte man die Satzsemantik umgekehrt aufbauen: in der Hierarchie der Inhaltsteile ,von oben nach unten', also von den komplexen Intentionen/Absichten, die der Sprecher/Verfasser mit seinem Text realisieren will, zu einzelnen Satzinhalten und schließlich zu denjenigen Inhaltsteilen, die sprachlich ausgedrückt sind, also wie in einer generativen Textgrammatik, die viele Linguisten als letztes, aber wohl utopisches Ziel der Linguistik angestrebt haben. Dieser Weg vom vollständigen Textinhalt zu den durch Weglassen und Komprimieren reduzierten Ausdrucksstrukturen verdient es aber kaum, wissenschaftlich und didaktisch gefördert zu werden; dafür gibt es genug Könner und Virtuosen in der heutigen öffentlichen Sprachkultur. Wir gehen hier den umgekehrten Weg, um hinter den reduzierenden Formulierungspraktiken den Satz- und Textinhalt möglichst tiefgehend und umfassend wiederentdecken zu helfen.

Am Formulierungsstil dieses Buches ist die häufige Doppelterminologie oder Mehrfachterminologie mit Schrägstrichen auffällig und ungewöhnlich. Ähnlich wie in der Zeit der Entstehung deutscher Wissenschaftssprache (z. B. bei Martin Opitz, der im „Buch von der Deutschen Poeterey" (1624) lateinisch-deutsche „*oder*"-Termini-Paare benutzte), verstoßen wir damit bewußt gegen das puristische wissenschaftssprachliche Prinzip der Eineindeutigkeit, nach dem es in einer wissenschaftlichen Darstellung für einen terminologischen Ausdruck nur einen einzigen Inhalt (also keine Polysemie/Mehrdeutigkeit) und für einen Inhalt nur einen einzigen Ausdruck (also keine Synonymie/Bedeutungsgleichheit) geben darf. Dieses Prinzip läßt sich in der ‚hermetischen' Darstellungsweise einer für Experten geschriebenen theoretischen Abhandlung vielleicht befolgen, indem man jeden Terminus innerhalb des eigenen Systems eigens definiert und für eigene neue Begriffe völlig neue Termini einführt. Im Reden und Schreiben über Sprache, vor allem über die Primärsprache/Muttersprache gibt es aber schon viele n o r m a l s p r a c h l i c h e Ausdrücke, die sich in beruflicher Metakommunikation/Sprachreflexion durchaus bewährt haben, z. B. in den sprachreflektierenden Tätigkeiten von Lehrern, Juristen, Diskussionsleitern, Terminologienormern, Journalisten, Schriftstellern, Übersetzern, Dolmetschern usw. Wir bemühen uns, solche Ausdrücke möglichst überall zu verwenden, allerdings nicht immer in öffentlichkeitssprachlichen Bedeutungen, z. B. *Aussage* nicht im juristischen, *Bezug* nicht im verwaltungstechnischen Sinne. Wie bei der wissenschaftlichen Verwendung normalsprachlicher Wörter wie *Satz, Wort* und *Text* längst üblich, haben die hier verwendeten normalsprachlichen Wörter eine bestimmte Bedeutung als Fachwörter innerhalb unseres Systems der Satzsemantik, in enger Beziehung zu äquivalenten internationalen Fachtermini.

Dem normalsprachlichen Fachwortschatz, der in diesem Buch maßvoll aktiviert werden soll, steht leider keine homogene/einheitliche sprachwissenschaftliche Terminologie gegenüber, sondern eine große Vielfalt. Dies kommt von den sehr heterogenen/ungleichartigen theoretischen Ansätzen verschiedener Schulen der Linguistik/Sprachwissenschaft, hängt aber auch mit der grundsätzlich zweifachen Orientierung der deutschen Wissenschaftssprache zusammen, die im internationalen und fachlichen Austausch auf den internationalen Wissenschaftswortschatz aus griechischem, lateinischem, französischem oder englischem Material angewiesen ist, aber für die Vermittlung in die Praxis auf der deutschen Sprachtradition der Wissenschafts- und Fachsprachen aufbauen muß. Wir wissen, daß es in anderen Wissensbereichen ohne Störung der Fachkommunikation ein Nebeneinander von Wörtern beispielsweise mit den Bestandteilen *-atom-, -nukl-,* und *-kern-* oder mit *-soz-* und *-gesellschaft-* oder mit *-jur-* und *-recht-* gibt, ohne daß die Benutzer solcher Doppel- oder Mehrfachterminologie davon überfordert sind oder schizophren werden. Also sollten wir

auch im Bereich von Sprachwissenschaft, Sprachlehre und Sprachkritik zugeben, daß wir uns entsprechend der geschichtlich bedingten sprachpolitischen Situation der deutschen Wissenschaft zweifach orientieren müssen. Unsere Schrägstrich-Terminologie richtet
sich in gleicher Weise gegen traditionelle Sprachpuristen, die aus
anderen Sprachen entlehnte Fachtermini vermeiden oder bekämp-
fen, wie gegen moderne Linguistik-Puristen, die zugunsten der
internationalen, vor allem amerikanischen Terminologie die normalsprachlichen Fachwörter des Redens über Sprache ignorieren.

In vielen Fällen ist das Nebeneinander zweier S y n o n y m e (gleichbedeu-
tender Fachausdrücke) auch in der Fachliteratur längst üblich, z. B. bei
*Prädikation/Aussage, referieren/sich beziehen, Illokution/Sprachhandlung,
propositionale Einstellung/Sprechereinstellung, Korrelat/Platzhalter, Va-
lenz/Wertigkeit, komplex/zusammengesetzt, Skopus/Bereich, Konversa-
tionsmaximen/Gesprächsprinzipien, Argument/Leerstelle.*

In folgenden Fällen werden in diesem Buch – vor allem für den Gebrauch
im Deutschunterricht und gegenüber Nichtexperten – neben den üblichen
internationalen Fachtermini n e u e, der Normalsprache nahe deutsche
Fachausdrücke eingeführt (hier mit * versehen): *kondensiert/kompakt/
*komprimiert, propositionaler Gehalt/*Aussagegehalt, Prädikat/*Aussagekern, (syntaktisches) Prädikat/*Prädikatsausdruck, Argumentstelle/*Re-
ferenzstelle/*Bezugsstelle, Referent/*Bezugsobjekt, Textreferenz/Korefe-
renz/*Wiederbezug, Quantifizierung/*Größenbestimmung, Illokution/
*Sprecherhandlung, performatives Verb/*Vollzugsverb, Perlokution/*Bewirkungsversuch, Hypersatz/*Obersatz, restriktives Attribut/*kennzeichnender Zusatz, Fokussierung/*Gewichtung.* Im Bereich des Aussagegehalts
(2.1) sind neu: **prädizierendes Bezugnehmen, *Bezugsrahmen, *Referenz-
wissen, *sprachimplizite Referenz, *kontextimplizite Referenz, *interpretative Referenz, *Aussagerahmen.* Für *Präsupposition, Implikation* und
Entailment (4.2) wird eine neue Unterscheidung in **Mitbedeutetes, *Mitgemeintes, *Mitzuverstehendes* eingeführt.

Der Schrägstrich bei Doppel- oder Mehrfachterminologie sollte
nicht zu streng genommen werden; er bedeutet ‚synonym/gleichbe-
deutend‘ mit der gleichen Ungenauigkeit wie in allen natürlichen
Sprachen: Es gibt keine totale Synonymie. Fachtermini sind einein-
deutig nur innerhalb bestimmter Theorien bestimmter Autoren in
bestimmten Texten. Das Verhältnis zwischen internationalen
Fremdworttermini und normalsprachnahen deutschen Fachwör-

tern ist keineswegs mit systematisch entsprechenden Gebrauchs-
wert-Unterschieden verbunden:

Manchmal ist für den Gebrauch gegenüber und unter Nichtexperten der
internationale Terminus weniger geeignet, z. B. bei *Referenz, referieren,
Referent*, da diese Wörter in der deutschen Normalsprache mit anderen
Bedeutungen geläufig sind. Hier sind die längst üblichen Entsprechungen
Bezug(nahme), sich beziehen, Bezugsobjekt zu empfehlen. Ähnliches gilt
für *Konversations-/Gesprächs-, Skopus/Bereich, Argumentstelle/Bezugs-
stelle, Proposition/Aussagegehalt*. Wegen lexikalischer bzw. etymologi-
scher Isoliertheit im deutschen Fach- und Bildungswortschatz ist von den
Fremdworttermini abzuraten bei *Illokution/Sprecherhandlung, Perloku-
tion/Bewirkungsversuch, performative Verben/Vollzugsverben, Präsuppo-
sition/Voraussetzung*. Bei *Valenz/Wertigkeit* hat das deutschgebildete Fachwort ein deutliches Plus im Gebrauchswert, weil als dazugehörige Adjektive nur *einwertig, zweiwertig* usw. (statt *monovalent, bivalent* usw.) üblich
sind. Ein Gleichgewicht im Gebrauchswert besteht z. B. bei *Prädikation/
Aussage, pragmatischer Gehalt/Handlungsgehalt, elementar/einfach, kom-
plex/zusammengesetzt, explizit/ausdrücklich, semantisch/inhaltlich.*

Schließlich gibt es Fälle, wo neben dem Fremdwortterminus eine deutschgebildete Entsprechung überflüssig ist, da er oder sein Wortstamm im deutschen Lehnwortschatz in anderen Sachbereichen in gleicher oder ähnlicher
Bedeutung längst fest etabliert ist, z. B. bei *Prädikat/Aussagekern, Quanti-
fizierung/Größenbestimmung.* Dies gilt auch für die meisten traditionellen
Benennungen der Verknüpfungsarten (s. 3.3): Wenn wir in diesem Bereich
neben die lateingebildeten Termini deutschgebildete Handlungsbezeich-
nungen stellen (z. B. *kausal:* BEGRÜNDEN), so ist dies nicht im Sinne der
Doppel- oder Mehrfachterminologie synonymisch zu verstehen, sondern
als Hinweis darauf, daß man solche aussagenverknüpfenden Beziehungen
nicht nur als abstrakte Relationen, sondern als bestimmte textformende
Sprecherhandlungen verstehen sollte (Pragmatisierung der Semantik), s.
3.33.

O b j e k t s p r a c h l i c h e Einheiten, d. h. zitierte und besprochene
Wörter, Wortgruppen, Sätze und Texte, werden, wie üblich, in
Kursivschrift gesetzt. Zitate aus den Beispieltexten oder anderswo-
her erhalten dabei doppelte Anführungsstriche, um darauf hinzu-
weisen, daß man für ihr Verständnis möglichst den weiteren
Kontext heranziehen sollte. S e m a n t i s c h e Angaben werden,
wenn sie Bedeutungsangaben zu bestimmten objektsprachlichen
Ausdrücken sind, nach der philologisch-sprachwissenschaftlichen
Tradition in einfache Anführungsstriche gesetzt. Diejenigen In-

haltsangaben, die den generalisierenden Status häufiger Inhaltstypen erhalten sollen, werden nach moderner Linguistenmanier in
Versalien/Großbuchstaben geschrieben, um anzudeuten, daß es
sich weder um die entsprechenden Wörter der deutschen Sprache
noch um Bedeutungen bestimmter Wörter handelt, sondern um
Inhaltstypen, die sich in mehrfacher Weise sprachlich ausdrücken
lassen.

Dazu gehören sog. Prädikatskonstanten wie WAHR, GLEICH, VERGAN-
GEN, CAUSATIV und Sprecherhandlungstypen wie BEGRÜNDEN, AUF-
FORDERN, VERMUTEN, KORREKTUR. Die Grenze zwischen Schrei-
bung mit einfachen Anführungsstrichen und Versalienschreibung ist allerdings in manchen Fällen problematisch; sie ist grundsätzlich nicht so klar
und allgemein anerkannt wie die zwischen objektsprachlichen und semantischen Einheiten.

Wenn zu Beispielsätzen P a r a p h r a s e n/Umformulierungen gegeben werden, sind sie mit hinzugesetzten Buchstaben a, b, c usw.
gekennzeichnet, so daß beispielsweise 4a, 4b zwei Paraphrasen
zum Beispielsatz 4 darstellen. Paraphrasen sind bei Sätzen dasselbe
wie Synonyme bei Wörtern: Ihre Äquivalenz/Gleichwertigkeit gilt
mit der Einschränkung, daß es stets irgendwelche kontextsemantische (früher meist stilistisch genannte) Unterschiede gibt, sodaß
mit der Aufstellung von Paraphrasen niemals behauptet werden
kann, daß die Paraphrase genau in dem konkreten Kontext des
Beispielsatzes völlig gleichwertig sei.

Wenn etwa in einem Gesetzestext ein unpersönlicher Passivsatz steht und
wir eine Paraphrase mit Ergänzung der Person oder den entsprechenden
Aktivsatz danebenstellen, so setzen wir uns damit über die kontextsemantischen Bedingungen des Textsortenstils von Gesetzestexten hinweg, um
durch die Paraphrase die nur impliziten, also mitzuverstehenden Inhaltsteile deutlich zu machen. Die vollständigen Satzinhaltsstrukturen können
nur mittels der Arbeitshypothese erschlossen werden, daß es für einen und
denselben Satzinhalt mehrere Satzausdrucksstrukturen gibt, die mehr oder
weniger explizit oder komprimiert sind (vgl. 1.11) und die nur im abstrakten satzsemantischen Sinne miteinander äquivalent sind, nicht aber konkret
kontextsemantisch. Sobald ein Sprecher/Verfasser aus einer Anzahl satzsemantischer Äquivalente in einem bestimmten Kontext nach kontextsemantischen Bedingungen eine bestimmte Variante gewählt hat, ist – genauso
wie bei der Wahl von sog. Synonymen – die satzsemantische Äquivalenz
zugunsten der kontextsemantischen Einmaligkeit aufgehoben, außer im
Falle unangemessenen oder irrtümlichen Formulierens.

Aufgrund von maximal expliziten Paraphrasen geben wir an vielen Stellen eine grobe satzsemantische F o r m a l i s i e r u n g an, die an einer noch sehr einfachen Stufe prädikatenlogischer Notierung orientiert ist (vgl 2.11). Dabei werden Referenzstellen/Bezugsstellen mit Kleinbuchstaben und Kommas als x,y,z,w angegeben, Prädikate mit dem Großbuchstaben P, der immer vor den eingeklammerten Referenzstellen steht:

P(x,y,z), zu lesen als: Über x,y und z wird das Prädikat P ausgesagt. Bei eingebetteten Prädikationen gilt die Klammerschreibung und Kommasetzung entsprechend, z. B.: P1(x1,P2(x2,y2)) zu lesen als: ‚Ein Prädikat P2 über x2 und y2 ist in die zweite Referenzstelle der Prädikation P1 eingebettet' (vgl. 3.1).

Ebenso bei Prädikationen, die durch eine Relation R miteinander verknüpft sind, z. B. R(P1(x1),P2(x2,y2)), zu lesen als: ‚Eine Prädikation P1 über x1 ist durch die Relation R mit einer Prädikation P2 über x2 und y2 verknüpft'.

Zur besseren Veranschaulichung schreiben wir solche Formeln gelegentlich auch als satzsemantischen S t r u k t u r b a u m , bei dem die tieferstehenden Positionen als Referenzstellen der darüberstehenden (durch Äste mit ihnen verbundenen) Prädikate bzw. Relationen zu verstehen sind. Also eine Schreibweise wie P(x,y) ist äquivalent mit dem Strukturbaum

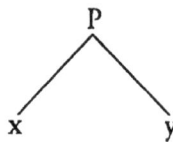

$$
\begin{array}{ccc}
 & P & \\
 & \diagup\diagdown & \\
x & & y
\end{array}
$$

Diese den Satzgliederbäumen der Syntax (s. 1.4) analogen Satzinhaltsbäume sind Nichtexperten meist leichter verständlich als die abstrakteren (aber raumsparenden) Klammerschreibungen der Prädikatenlogik, eignen sich also für eine allgemeinverständliche Satzinhaltsanalyse z. B. im Sprach- und Literaturunterricht oder bei anderen nichtakademischen Anlässen der Textanalyse.

Die getrennt beschriebenen Satzausdrucksstrukturen und Satzinhaltsstrukturen müssen miteinander in Beziehung gesetzt werden. Für umfassende Zwecke wie die Programmierung in Linguistischer Datenverarbeitung wäre diese schwierige Aufgabe wahrscheinlich nur durch ein sehr kompliziertes, abstraktes Regelwerk, etwa in der Art einer Generativen Grammatik zu lösen. Für unsere begrenzten Zwecke, die vor allem auf die sprachkritischen Fähigkeiten von Textbenutzern und Textverfassern hin orientiert sind, genügt es jedoch, gelegentlich Elemente unserer einfachen satzsemantischen Formalisierung den betreffenden Wörtern eines Beispielsatzes oder seiner Paraphrase als tiefgestellte Buchstaben (Subskripte) beizugeben, z. B.:

„Männer$_x$ und Frauen$_y$ sind gleich$_R$berechtigt$_P$" (zu etwas$_z$).

(T2 Art 3,2); als Formel: $R(P(x,z), P(y,z))$, zu lesen als: ‚Durch die Relation R sind die Prädikationen $P(x,z)$ und $P(y,z)$ miteinander verknüpft.'

Wenn in Beispielsätzen oder ihren Paraphrasen Teile in Klammern eingefügt sind, so bedeutet dies, daß das Eingeklammerte zum Zweck der Analyse ergänzt worden ist bzw. (hinsichtlich der Sprachproduktion) nichtobligatorisch/fakultativ ist. Hochgestelltes Sternchen vor Beispielsatz-Paraphrasen bedeutet: ‚ungrammatisch, nur zum kontrastiven Nachweis einer Regularität konstruiert'.

1.4. Woraus bestehen Sätze?

Infolge der grundsätzlichen Unterscheidung zwischen Syntax und Satzsemantik können wir mit einem sehr einfachen Satzbau-Modell arbeiten. Wir verwenden in diesem Buch ein nicht formalisiertes Satzgliedersystem auf der Grundlage von Hans Jürgen Heringers Syntaxtheorie. Heringers Syntax ist eine Kombination aus Tesnières Valenztheorie (s. 1.23) und Formalisierungsmethoden des Phrasenstrukturteils der frühen Generativen Transformationsgrammatik (1.25) mit Bezügen zu traditionellen Satzgliedbegriffen.

Für Zwecke der syntaktischen Textanalyse hat sich das Syntaxmodell von Heringer (1970, 1970/72) in vereinfachter Form in Lehrveranstaltungen und Prüfungen bewährt. Ohne Vereinfachung war diese Syntax in der praktischen Anwendung leider sehr beeinträchtigt dadurch, daß Heringer in der 2. Auflage seines Göschenbandes (1972) einen so übermäßigen Beitrag zur Formalisierungswelle der Linguistik geleistet hat, daß sein Regelsystem der Satzkonstituenten durch eine zu große Zahl neuer, eigenwilliger Abkürzungen und Buchstabensymbole schwer lesbar geworden ist. Indem wir – nach Vorarbeiten von Werner Holly (z. B. Holly 1980) – die

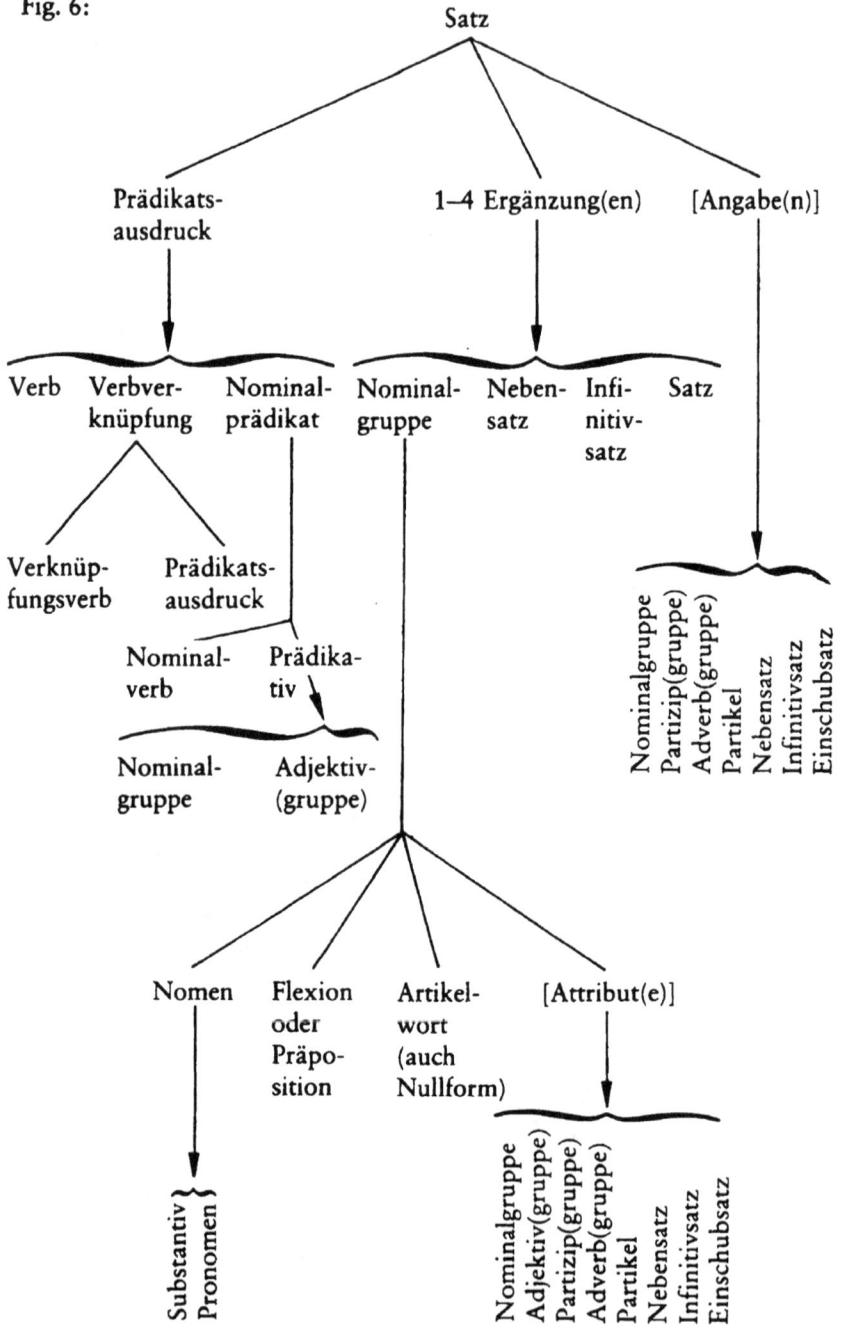

Fig. 6:

```
                              Satz
            ┌──────────────────┼──────────────────┐
      Prädikats-          1–4 Ergänzung(en)    [Angabe(n)]
      ausdruck
          │                     │                  │
    ──────┴──────         ──────┴──────            │
   Verb  Verbver-  Nominal-  Nominal-  Neben-  Infi-   Satz
         knüpfung  prädikat  gruppe    satz    nitiv-
            │         │         │               satz
          ──┴──       │         │                          ──┴──
   Verknüp-  Prädikats-         │                     Nominalgruppe
   fungsverb ausdruck           │                     Partizip(gruppe)
               │                │                     Adverb(gruppe)
          ──┬──┴──              │                     Partikel
       Nominal-  Prädika-       │                     Nebensatz
       verb      tiv            │                     Infinitivsatz
                  │             │                     Einschubsatz
              ────┴────         │
          Nominal-  Adjektiv-   │
          gruppe    (gruppe)    │
                                │
                    ┌─────┬─────┼─────────┐
                 Nomen  Flexion  Artikel-  [Attribut(e)]
                   │    oder     wort            │
                   │    Präpo-   (auch       ────┴────
                   │    sition   Nullform)   Nominalgruppe
                   │                         Adjektiv(gruppe)
              ─────┴─────                     Partizip(gruppe)
              Substantiv                      Adverb(gruppe)
              Pronomen                        Partikel
                                              Nebensatz
                                              Infinitivsatz
                                              Einschubsatz
```

Heringer-Syntax in einer kleinen Gebrauchs-Version verständlicher und handhabbarer machen, verzichten wir natürlich auf manche feinen Differenzierungen. Aber unser Ziel ist nicht totale Formalisierung, sondern eine für Textanalyse anwendbare Satzsemantik.

Die für die Satzsemantik wichtigsten Satzglieder-Möglichkeiten sind – noch ohne Rücksicht auf die Wortstellung im Satz (vgl. 3.4) – in der Satzbauübersicht Fig. 6 zusammengestellt. Darin bedeuten alle unbepfeilten Linien: ‚Was oben steht, besteht aus dem, was darunter steht.‘ Die eckigen Klammern bedeuten: ‚nicht obligatorisch‘. Demnach ist die erste Teilung an der Spitze der Übersicht zu lesen als: ‚Ein S a t z besteht aus einem Prädikatsausdruck und mindestens einer, höchstens 4 Ergänzungen/Komplementen, ferner (nichtobligatorisch) einer oder mehreren Angaben/Supplementen.‘

Die zweite Art von Teilung (mit Pfeilen und geschweiften Klammern gekennzeichnet) bedeutet: ‚Was oben steht, wird jeweils mit einer der darunter stehenden syntaktischen Möglichkeiten realisiert‘; dies sind also ‚entweder-oder‘-Teilungen. So ist die Teilung unterhalb von „P r ä d i k a t s a u s d r u c k‘‘ zu lesen als: ‚Ein Prädikatsausdruck wird realisiert entweder als Verb oder als Verbverknüpfung oder als Nominalprädikat.‘

Statt Heringers „Prädikatsteil‘‘ sagen wir „Prädikatsausdruck‘‘, da wir den Terminus „Prädikat‘‘ in der Satzsemantik für den Kern einer Prädikation/Aussage brauchen und nicht mit syntaktischen Kategorien vermischen dürfen (s. 1.22, 2.11). Unter „Verb‘‘ ist hier ein (das Haupt-Prädikat des Satzinhalts ausdrückendes) Vollverb gemeint, z. B. „redete‘‘ (T1,1).

Mit V e r b v e r k n ü p f u n g e n sind alle Verbgefüge im weiteren Sinne gemeint, d. h. nicht nur die klassischen Hilfsverb-Gefüge wie „geführt habe‘‘ (T1,2), „sollst ... haben‘‘ (T1,3), sondern auch Partizip- und Infinitivgefüge wie „ungestraft lassen‘‘ (T1,7), „zu entnehmen ist‘‘ (T7,6). Deshalb hat Heringer die Kategorie „Verknüpfungsverb‘‘ eingeführt, in der neben den klassischen Hilfsverben auch Infinitiv-mit-zu-Verben wie vorhaben, pflegen, versuchen, und verbverknüpfende Kausativ- und Wahrnehmungs-Verben (lassen, sehen, hören, ...) berücksichtigt sind.

Die Valenz/Wertigkeit des Prädikatsausdrucks richtet sich bei Verbverknüpfungen in der Regel nach der Valenz des verknüpften Vollverbs. Es gibt aber einige Verknüpfungsverben, die Einfluß auf die Valenz haben

(z. B. *werden* als Passiv-Hilfsverb, Kausativ- und Wahrnehmungsverben).
Verknüpfungsverben drücken, satzsemantisch gesehen, modifizierende
Oberprädikate von Aussagen-Einbettungen (s. 3.1) oder Zusätze zu Aussagen (3.23) aus.

Der zweite, satzsemantisch wichtigste Bestandteil von Verbverknüpfungen durfte in Fig. 6 nicht einfach mit „Verb" angegeben
werden, sondern muß wiederum „Prädikatsausdruck" lauten, da
es neben Vollverben in dieser Position auch die anderen Arten von
„Prädikatsausdruck" gibt: also auch „Verbverknüpfungen" oder
„Nominalprädikate" innerhalb von „Verbverknüpfungen". Es
wird hier also die Position „Prädikatsausdruck" noch einmal mit
allen ihren Realisierungsmöglichkeiten durchlaufen, z. B.: „*darf
gezwungen werden*" (T2 Art. 4,3), s. Fig. 7.

Fig. 7:

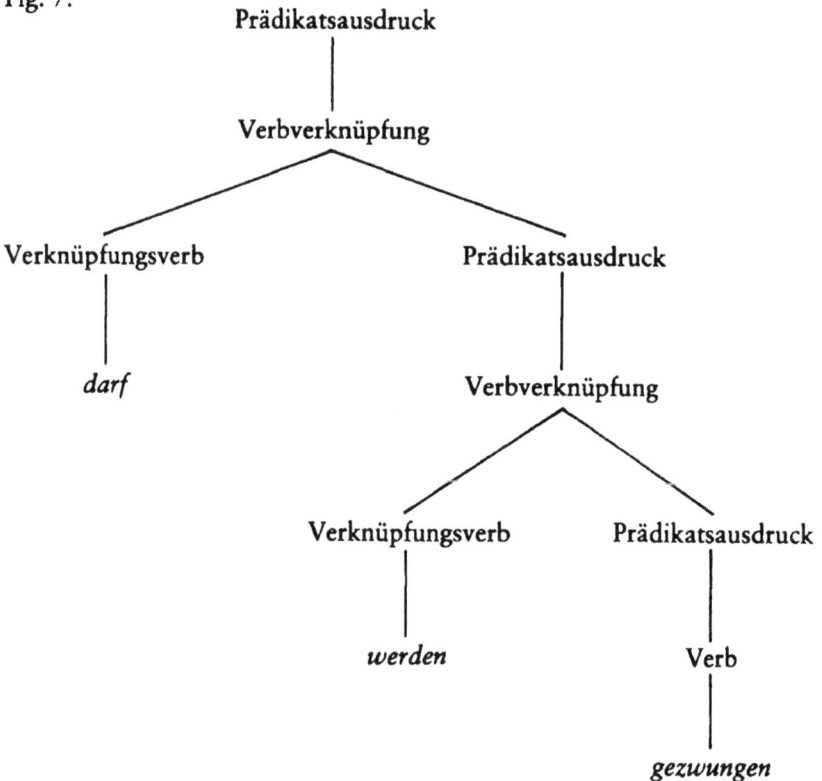

Die dritte Realisierungsmöglichkeit von „Prädikatsausdruck" ist „Nominalprädikat". Sie ist über Heringers „Adjektivprädikat" hinaus eine (dem „Prädikativ" bei Heidolph u. a. § 66 entsprechende) Neuerung, die eigentlich schon von Tesnière her in der Valenztheorie als Adjektivvalenz und Substantivvalenz enthalten war und der prädikatenlogischen Satzsemantik entspricht (s. 1.23).

Es wäre inkonsequent, wenn man in *Das ist uns nicht zuzumuten* einen verbalen Prädikatsausdruck (Verbverknüpfung), in *„Das ... ist wohl nicht zumutbar"* (T8,12) einen adjektivischen Prädikatsausdruck ansetzen, aber in *Das ist eine Zumutung* das Substantiv *Zumutung* als Ergänzung zu einem Vollverb *ist* erklären würde. Solche Substantive sind als Valenzträger Teile des Prädikatsausdrucks, nicht anders als das entsprechende Verb oder Adjektiv. In allen drei Fällen liegt ein dreiwertiger Prädikatsausdruck vor, der einer dreistelligen Prädikation entspricht: ‚x mutet y z zu'. Auch mit *Zumutung* wird, satzsemantisch gesehen, nicht auf etwas referiert/bezuggenommen (s. 2.12), sondern etwas prädiziert/ausgesagt (s. 2.11).

Zu den „Nominalverben" gehören außer den klassischen Kopula-Verben *sein, werden, bleiben, scheinen* (die es bei Adjektivprädikaten genauso gibt wie bei Substantivprädikaten) viele weitere Verben bis hin zu Funktionsverben (z. B. *geraten* in *in Bewegung geraten*) und Verben fester Verb+Substantiv-Verbindungen (z. B. *spielen* in *„eine Rolle gespielt"*, T8,6). Die verschiedenen Arten von Nominalprädikaten werden in 2.11 ausführlich behandelt. Als nominale Komponente von Nominalprädikaten genügte in der Übersicht Fig. 6 nicht einfach „Substantiv" oder „Adjektiv", da die prädikativen Substantive und Adjektive oft weitere Zusätze bei sich haben, im Rahmen von „Nominalgruppen" oder „Adjektivgruppen", z. B. 1 und 2:

1: *... sei das eine erschöpfende Auskunft"* (T10,4)
2: *„... mindestens 30 Jahre alt waren"* (T9a,10)

Dazu die Satzgliederbäume in Fig. 8 (mit den Abkürzungen Ad = Adjektiv, AG = Adjektivgruppe, Ar = Artikel, At = Attribut, NG = Nominalgruppe, N = Nomen, Sb = Substantiv).

Bei den Realisierungsmöglichkeiten für „Ergänzung(en)" sind neben den Wortgruppen die syntaktischen Entsprechungen für die in Kap. 3.1 zu behandelnden Aussagen-Einbettungen zu berücksichtigen, nämlich „Nebensatz" als Ergänzungssatz (Sub-

Fig. 8:

```
   Prädikatsausdruck 1                    Prädikatsausdruck 2
          |                                      |
   Nominalprädikat                        Nominalprädikat
        /\                                     /   \
  Nominalverb  Nominalgruppe         Nominalverb   Adjektivgruppe
     |           /|\                    |            /    \
    sei    N   Ar   At                waren      Ad        NG
           |    |    |                           /        /   \
          Sb  eine   Ad                        alt      N      At
           |         |                          |      /        |
       Auskunft   erschöpfende                 Sb    Sb         AG
                                                      |          /  \
                                                              Ad    Adverb
                                                               |      |
                                               Jahre    30    mindestens
```

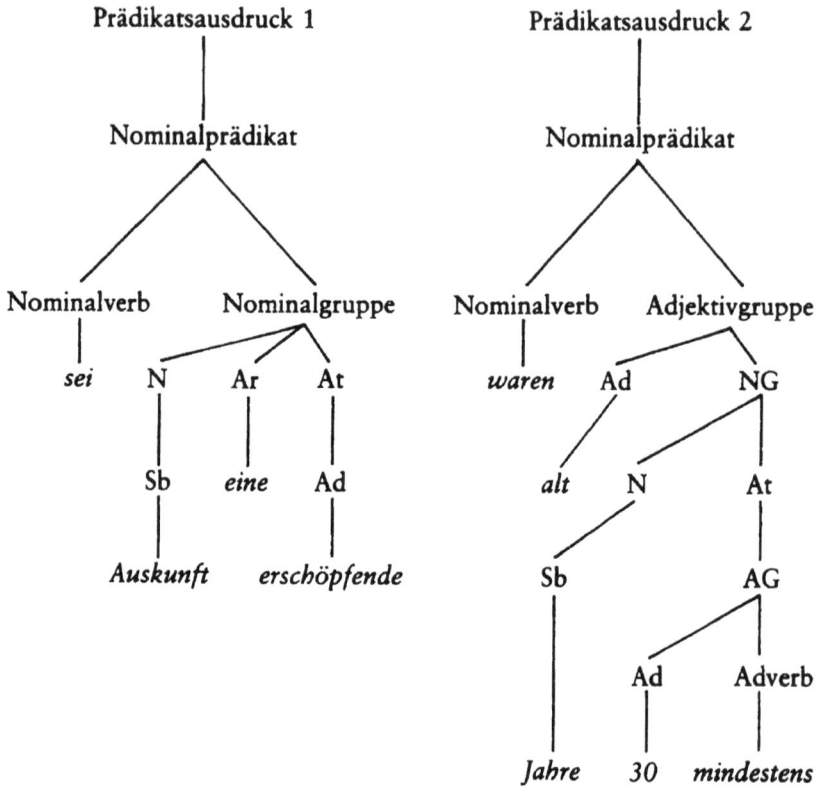

jektsatz, Objektsatz) und in gleicher Einbettungsstruktur „Infinitivsatz", auch satzwertiger Infinitiv/Infinitivgruppe/Infinitivkon-
struktion genannt (Satz ohne Subjekt und ohne finites Verb), ferner
normaler „Satz", der als sog. Inhaltssatz in der Objektstelle bei
Verben des Kommunizierens und Wahrnehmens anstelle eines *daß*-
Nebensatzes stehen kann (vgl. 3.11). Ist ein Nebensatz im Hauptsatz durch ein Korrelat (Platzhalter) vertreten, so ist er als Attribut-
Nebensatz zu einer Nominalgruppe zu erklären, deren Nomen das
(pronominale) Korrelat darstellt (s. 3.14).

Bei der Unterteilung der ,,Nominalgruppe'' (in amerikanischer Terminologie „Nominalphrase" genannt) ist der sinnwich-
tigste Teil die abstrakte Kategorie ,,Nomen'', die als „Substan-

tiv" oder als „Pronomen" realisierbar ist und in der Regel der Bezeichnung des den semantischen Kern (engl. head) der Nominalgruppe darstellenden Bezugsobjekts dient (s. 2.12).

Bei pronominaler Realisierung entfällt die Kategorie „Artikelwort". Bei Nominalgruppen innerhalb von Nominalprädikaten steht als Nomen der Ausdruck des Haupt-Prädikats, außer bei idiomatischen Verbindungen (s. 2.11). Zu den ,,Pronomen'' müssen auch die unflektierten Pronomen gerechnet werden, wenn sie in der Position einer Ergänzung stehen (z. B. *Er wohnt dort, Das kommt davon*). Statt „Artikel" schreiben wir in der Übersicht allgemeiner ,,Artikelwort'', da in dieser syntaktischen Position außer den eigentlichen Artikel-Arten (bestimmter, unbestimmter Artikel, Nullform des Artikels) auch Zahlwörter und andere Kleinwörter stehen, die zum großen Teil ebenfalls der Quantifizierung dienen (s. 2.13): z. B. *dieser, jene, jeder, alle, einige, mein, unser, welche*.

Die verschiedenen Arten von ,,Attributen'' werden in 3.25.1 exemplifiziert. Ob zwei oder mehrere Attribute einer Nominalgruppe als semantisch gleichrangig oder einander untergeordnet gelten, wird mit diesem einfachen Syntaxmodell noch nicht geklärt. Syntaktisch sind sie alle gleichermaßen Attribute zu einem und demselben Nomen, z. B.: *„einige ,junge' deutsche Filme …, die sich sehen lassen können"* (T4,4), s. Fig. 9.

Fig. 9:

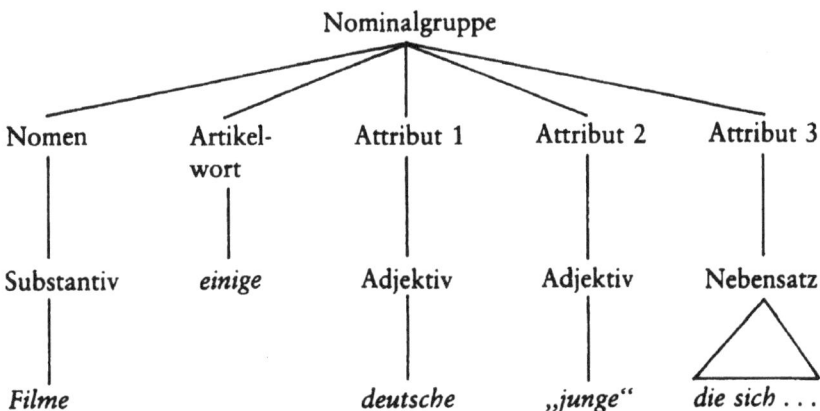

Mit der Dreiecksfigur rechts unten wird angedeutet, daß zur Raumersparnis die Position Nebensatz hier nicht weiter unterteilt wird. Die syntaktische Rangfolge der Attribute (1,2,3) die mit Regeln der Wortfolge zusammenhängt, ist satzsemantisch bedingt: Attribut 1 ist nur eine eingrenzende
KENNZEICHNUNG des Bezugsobjekts ‚Filme' (restriktives Attribut, s.
3.25.2), muß also in der Wortfolge am nächsten zum Substantiv stehen;
Attribut 2 ist eine zusätzliche, KENNZEICHNENDE und BEWERTENDE
Modifizierung des Attribut 1, dem es in der Wortfolge unmittelbar voransteht; Attribut 3 stellt eine (satzsemantisch weitaus gewichtigere) BEWER-
TENDE Zusatz-Prädikation dar (s. 3.25.3), müßte, wenn es ein Adjektiv
wäre, noch weiter voranstehen (gute „junge" deutsche Filme), hat hier aber
als Nebensatz so viel syntaktisches Schwergewicht, daß ihm die Nachstel-
lung zukommt.

Die satzsemantische Zueinanderordnung der Zusätze erscheint also wesentlich differenzierter, als es in der syntaktischen Nominalgruppenstruktur zunächst aussieht. Das gilt auch für mehrfache, einander untergeordnete Attribute:

3:    „Ich unternehme den historisch gerichteten Versuch einer Rekon-
      struktion der Vorgeschichte des neueren Positivismus in der systema-
      tischen Absicht einer Analyse des Zusammenhangs von Erkenntnis
      und Interesse." (T7,1)

Dazu der Satzgliederbaum Fig. 10 mit den Abkürzungen NG = Nominalgruppe, N = Nomen, Ar = Artikel, At = Attribut, Prp = Präposition, Adj
= Adjektiv).

Satz 3 ist einer der am stärksten komprimierten Sätze unserer Beispieltexte;
er enthält 4 syntaktische Nominalisierungen (Versuch, Rekonstruktion,
Analyse, Zusammenhang), d. h. Substantivierungen, die nicht als fertige
Wortschatzelemente gewählt, sondern vom Verfasser in komprimierendem
Satzbau als Nominalisierungen gebildet worden sind. In diesem Nominal-
stil wird die direkte Entsprechung zwischen Satzausdruck und Satzinhalt
derartig verschoben, daß die Ausdrücke für die hauptsächlichen Prädikate
(P1 und P2) in der Attribute-Hierarchie weit ‚nach unten' geraten (Rekonstruktion, Analyse), während die Ausdrücke für die nur modifizierenden
Prädikate (Versuch, Absicht) in der Nomen-Position der betreffenden
Nominalgruppen, also ‚weiter oben' stehen. Die Attribute, die in der
syntaktischen Nominalgruppenstruktur wie etwas Sekundäres, nur Hinzu-
gesetztes aussehen, sind semantisch hier umgekehrt das Wichtigere (vgl.
dazu die satzsemantische Analyse dieses Satzes in 1.5).

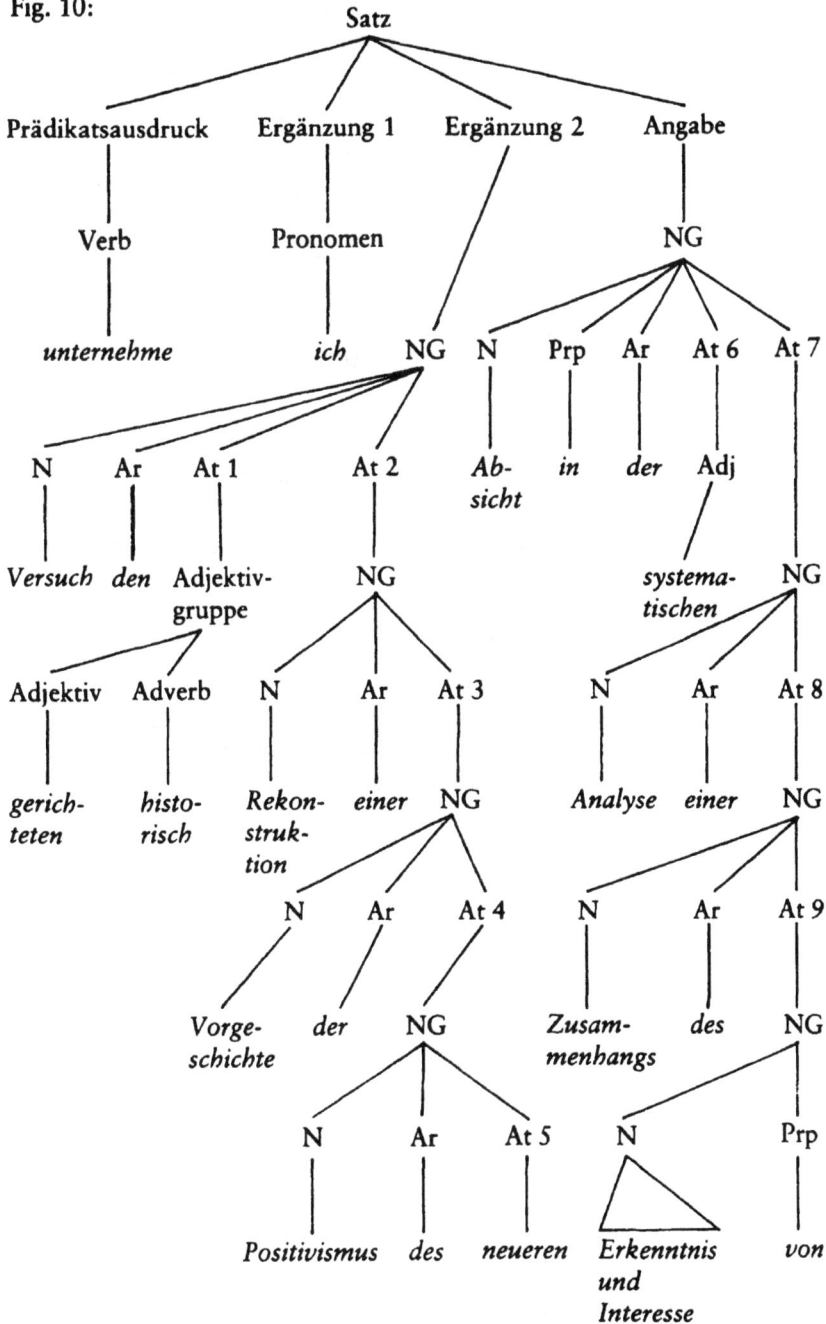

Fig. 10:

Satz

Prädikatsausdruck — Ergänzung 1 — Ergänzung 2 — Angabe

Verb — Pronomen — NG

unternehme — ich — NG — N — Prp — Ar — At 6 — At 7

N — Ar — At 1 — At 2 — Ab-sicht — in — der — Adj

Versuch — den — Adjektiv-gruppe — NG — systema-tischen — NG

Adjektiv — Adverb — N — Ar — At 3 — N — Ar — At 8

gerich-teten — histo-risch — Rekon-struk-tion — einer — NG — Analyse — einer — NG

N — Ar — At 4 — N — Ar — At 9

Vorge-schichte — der — NG — Zusam-menhangs — des — NG

N — Ar — At 5 — N — Prp

Positivismus — des — neueren — Erkenntnis und Interesse — von

Die Attribuierungsstrukturen des Nominalisierungsstils sind diejenige Satzbauform, in der die syntaktische Struktur sich am weitesten von der Satzinhaltsstruktur entfernt. Die Satzgliedkategorie „Attribut" ist oft nur rein formal, nicht inhaltlich als eine ‚Hinzufügung' zum „Nomen" zu verstehen. Dies zeigt sich auch bei den umgekehrten Attribuierungen des Typs *die Moselhauptstadt Trier* (s. 3.21). Die Unterteilungsmöglichkeiten der „Nominalgruppe", die wir in der Übersicht Fig. 6 unterhalb von „Ergänzung(en)" dargestellt haben, gelten genauso auch für die anderen Satzgliedpositionen der Nominalgruppe. Die Nominalgruppe ist die am vielseitigsten verwendbare Möglichkeit des deutschen Satzbaus (s. 1.13).

Die Realisierungsmöglichkeiten der ,,A n g a b e n'' sind etwas reicher als die der Ergänzungen, da es sich hier satzsemantisch um vielfältige Arten von Zusätzen zur elementaren Prädikation handelt. Die einzelnen syntaktischen Möglichkeiten werden in 3.23.1 exemplifiziert.

Syntaktisch ist bei der noch sehr groben Kategorie „Angabe" zu unterscheiden zwischen satzgliedfähigen Formen, d. h. solchen, die im Hauptsatz auch in der 1. Satzgliedstelle (vor dem finiten Verb) stehen können (z. B. Nominalgruppe, Adverb), und nicht satzgliedfähigen Formen, z. B. Partikeln. Semantisch sind „Angaben" nach ihrem Skopus/Geltungsbereich zu untergliedern (s. 3.21). – Die Probleme der Unterscheidung zwischen „Ergänzung" und „Angabe" werden in 2.12.6, 2.14.1 und 3.23.3 erörtert: Sie ist keineswegs immer kongruent mit der satzsemantischen Unterscheidung zwischen prädikationsnotwendigen Bezugsstellen und Zusatzprädikationen.

Die meisten Möglichkeiten der E r w e i t e r u n g des einfachen Satzes sind also in der Übersicht Fig. 6 vor allem in den Verbverknüpfungen, den Nominalprädikaten, den Attributen und den Angaben enthalten. Innerhalb dieser Erweiterungsformen sind fast alle oben behandelten Satzgliedmöglichkeiten erneut gegeben, vor allem der Einbau weiterer Nominalgruppen und Adjektivgruppen. Hinzu kommen die Erweiterungen durch K o o r d i n a t i o n (kopulative Verknüpfung, s. 3.32.1), die in allen Positionen außer Partikel und Flexion möglich ist.

In der Satzbauübersicht sind nicht berücksichtigt: der innere Aufbau von Nebensätzen, Infinitivsätzen, Parenthesen, Adjektivgruppen, Adverbgruppen, Partizipgruppen. Von den Translativen/Fügemitteln sind in Fig. 6 nur Nominalflexion und Präposition berücksichtigt, nicht Verbflexion, Infinitivtranslative, Nebensatzkonjunktionen. Außerdem gibt es noch Kurzsatzformen (Interjektionen, Nominalgruppensätze, Einwortsätze). Dies alles ist in jeder ausführlichen deutschen Grammatik beschrieben. Für die meisten und die wesentlichen satzsemantischen Erörterungen genügt das reduzierte Syntaxmodell Fig. 6.

1.5. Woraus bestehen Satzinhalte?

> *„Sprache verwenden ist immer das, was in der alten deutschen Psychologie eine Mehrfachhandlung genannt worden ist."* (Hörmann 504)

In einer von der Syntax unabhängigen Satzsemantik dürfen wir keine syntaktischen Kategorien mehr verwenden, um einer Vermischung von Satzstruktur und Satzinhaltsstruktur vorzubeugen. Wenn wir nun als die wichtigste Komponente des SATZINHALTS den Terminus PRÄDIKAT verwenden, so darf dieser nicht im Sinne der traditionellen Satzgliederung in „Subjekt und Prädikat" verstanden werden (auf dieser Ebene verwenden wir die Bezeichnung „Prädikatsausdruck"), sondern im Sinne der Prädikatenlogik, aus der er übernommen ist. Die zum PRÄDIKAT komplementäre (notwendig ergänzende) Komponente, die Argument(e)/Argumentstelle(n) nach der Prädikatenlogik, nennen wir im Anschluß an den REFERENZ-Begriff der Sprechakttheorie REFERENZ-STELLE(N)/BEZUGSSTELLE(N). Die beiden wichtigsten gegenstandsbezogenen Teilhandlungen des Satzinhalts (im Sinne von Bühlers „Darstellungsfunktion") sind also das REFERIEREN/BEZUGNEHMEN und das PRÄDIZIEREN/AUSSAGEN. Dies sind diejenigen Komponenten des Satzinhalts, die auch weitaus häufiger und genauer sprachlich ausgedrückt werden als die anderen Komponenten. Deshalb hat man sich in der Sprachwissenschaft (wie in der Logik) lange Zeit auf diesen Gegenstandsbereich beschränkt. Prädikat und Referenzstelle(n) zusammen bilden nach der Prädikatenlogik die PRÄDIKATION/AUSSAGE.

Wenn wir von daher für das PRÄDIKAT als sinngebenden Bestandteil der Prädikation/Aussage auch AUSSAGEKERN sagen, so ist dieser terminologische Vorschlag wesentlich schwächer begründet als der Vorschlag BEZUGSSTELLE, da das Wort *Prädikat* (im Unterschied zu den rein fachsprachlichen Termini „Referenz" und „Argument(stelle)") durchaus normalsprachnah ist. Das gleiche gilt für QUANTIFIZIERUNG/GRÖSSENBESTIMMUNG, ebenfalls aus der Prädikatenlogik in die Satzsemantik übernommen. Die Quantifizierung stellt eine notwendige Modifizierung der Referenz dar: Jedes Bezugsobjekt muß – mindestens implizit – quantifiziert sein. Schließlich gehören auch die RELATIONEN/AUSSAGENVERKNÜPFUNGEN in manchen Fällen zum Satzinhalt, in manchen zum Handlungsgehalt an der Grenze zur Textsemantik (s. 3.33).

Nun die sprachpragmatische Erweiterung der Satzsemantik: In der Sprechakttheorie wird nach Vorbild der sprachanalytischen Philosophie die Prädikation auch „Proposition" genannt. Eine oder mehrere Propositionen bilden den PROPOSITIONALEN GEHALT/AUSSAGEGEHALT als die eine Hälfte des Satzinhalts. Dies ist sozusagen der nichtpragmatische oder vorpragmatische Teil im Sinne von Bühlers „Darstellungsfunktion" (s. 1.27), obwohl BEZUGNEHMEN, PRÄDIZIEREN und QUANTIFIZIEREN auch als (kognitive) Sprachhandlungen aufgefaßt werden können. Der eigentliche PRAGMATISCHE GEHALT/HANDLUNGSGEHALT (im engeren Sinne von Pragmatik) bildet die andere, ebenso obligatorische Hälfte des Satzinhalts. Er besteht nicht nur aus den sprechakttheoretischen Komponenten ILLOKUTION, PERLOKUTION und PROPOSITIONALE EINSTELLUNG, die wir normalsprachnäher SPRECHERHANDLUNG, BEWIRKUNGSVERSUCH und SPRECHEREINSTELLUNG nennen (der letztgenannte Terminus ist längst üblich). Der Ausweitung der Sprachpragmatik auf Soziales hin (s. 1.27) werden wir gerecht mit der (noch sehr pauschal benannten) Komponente KONTAKT UND BEZIEHUNG. Wir arbeiten also mit dem in Fig. 11 dargestellten vorläufigen Modell des Satzinhalts.

Außerdem ist innerhalb jeder dieser Komponenten des Satzinhalts der Unterschied zwischen BEDEUTETEM UND GEMEINTEM einerseits und MITBEDEUTETEM, MITGEMEINTEM und MITZUVERSTEHENDEM andererseits zu berücksichtigen (Kap. 4).

Da die einzelnen Komponenten des Satzinhalts in den Kapiteln 2 bis 4 ausführlich erklärt werden, genügt hier zum ersten Verständ-

Fig. 11:

SATZINHALT

PROPOSITIONALER
GEHALT/AUSSAGE-
GEHALT

PRAGMATISCHER
GEHALT/HAND-
LUNGSGEHALT

PRÄDIKATION
/AUSSAGE

RELATION
/AUSSAGEN-
VERKNÜPFUNG

PRÄDIKAT
/AUSSAGE-
KERN

REFERENZ
/BEZUG

ILLOKUTION
/SPRECHER-
HANDLUNG

PROPOSITIO-
NALE EIN-
STELLUNG/
SPRECHEREIN-
STELLUNG

QUANTIFI-
ZIERUNG/GRÖS-
SENBESTIMMUNG

PERLOKUTION
/BEWIRKUNGS-
VERSUCH

KONTAKT UND
BEZIEHUNG

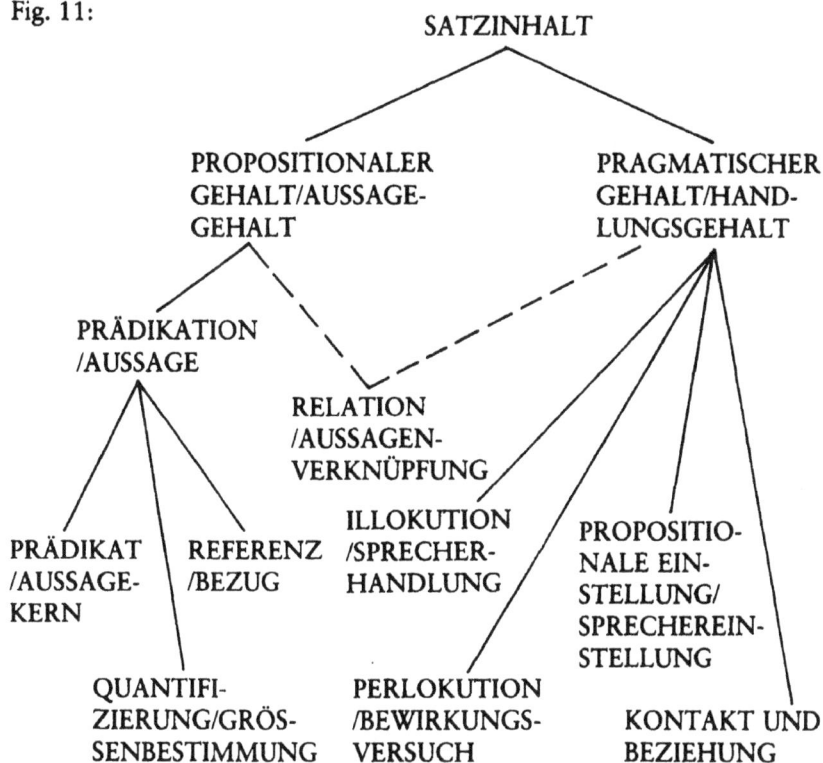

nis eine exemplarische Anwendung dieses Komponentenschemas auf den Beispielsatz 3, dessen syntaktische Struktur in 1.4 dargestellt wurde:

3: „Ich unternehme den historisch gerichteten Versuch einer Rekonstruktion der Vorgeschichte des neueren Positivismus in der systematischen Absicht einer Analyse des Zusammenhangs von Erkenntnis und Interesse." (T7,1)

Um die satzsemantische Struktur, die diesem stark komprimierten Satz zugrundeliegt, zu erkennen, müssen wir ihn zunächst in eine noch normalsprachliche explizite Form umformulieren, wobei wir die Nominalisierungen auf Prädikatsausdrücke (z. B. Verben) zurückführen und die satzsemantischen Verknüpfungen durch Konjunktionen ausdrücken:

3a: Ich versuche die Vorgeschichte des neueren Positivismus zu rekonstruieren, wobei ich mich mit einer historischen Methode (?) auf sie *richte. Diesen Versuch unternehme ich, weil ich die systematische Absicht habe, zu analysieren, auf welche Weise Erkenntnis und Interesse zusammenhängen.*

Um auch alle Aussagen-Einbettungen (s. 3.1) mitsamt ihren Referenzstellen (s. 2.12) herauszubekommen, müssen wir nun für eine strenge satzsemantische Analyse auch die übrigen Komprimierungsformen auflösen: die Infinitivsätze, die Attribute zu Substantiven (s. 3.25), die Kennzeichnungen (s. 2.12.3) und die instrumentale *mit*-Angabe (s. 3.32.10). Dadurch erhalten wir natürlich normalsprachfremde, umständliche Satzgefüge mit vielen *daß*-Nebensätzen, und *etwas, das* ...-Kennzeichnungen. Dies ist als heuristische Vorstufe (Entdeckungshilfe) zu einer Formalisierung in der Prädikatenlogik üblich und unumgänglich:

3b: *Ich versuche, daß ich etwas rekonstruiere, das die Vorgeschichte von etwas ist, das diejenige Phase, die die neuere ist, darstellt von etwas, das Positivismus heißt, wobei ich mich auf sie richte, indem ich eine Methode anwende, die historisch ist. Dies tue ich, weil ich die Absicht habe, die systematisch ist, daß ich etwas analysiere, das die Weise ist, wie etwas, das Erkenntnis heißt, und etwas, das Interesse heißt, zusammenhängen.*

In dieser schon extrem expliziten Paraphrase haben wir noch nicht berücksichtigt (und sehen hier davon ab): die wortsemantischen Strukturen der Fachtermini *Positivismus, historisch, systematisch, Erkenntnis* und *Interesse* sowie den HANDLUNGSGEHALT (s. unten). Der hier ergänzte Begriff *Methode* ist nur eine von mehreren Möglichkeiten zur Interpretation des vagen Ausdrucks „*historisch gerichtet*"; es käme auch in Betracht: *Interesse, Ziele* oder *Zusammenhänge.* Statt *Phase* könnte auch *Art, Version* o. ä. gemeint sein.

Aufgrund der heuristischen Paraphrase können wir nun − statt einer kaum mehr überschaubaren prädikatenlogischen Formel P1 (a,P2(a,b)) usw. − den AUSSAGEGEHALT der satzsemantischen Struktur von 3+3ab in Fig. 12−14 als Baumschema zu veranschaulichen versuchen. Dabei schreiben wir die Prädikate (P1−7) jeweils oberhalb der zugehörigen Referenzstellen (a−h) und verbinden sie mit ihnen durch ‚Äste', entsprechend die verknüpfenden Relationen (R1−R3) mit gestrichelten Ästen zu den verknüpften Prädikationen, schließlich die Kennzeichnungen (K1−10) mit gepunkteten Ästen zu den Referenzstellen bzw. Prädikaten, die durch sie gekennzeichnet werden.

Fig. 12:

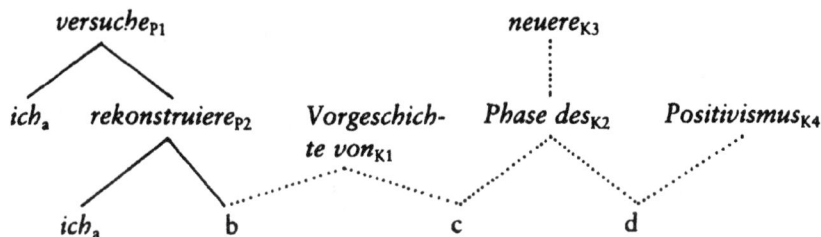

Fig. 13:

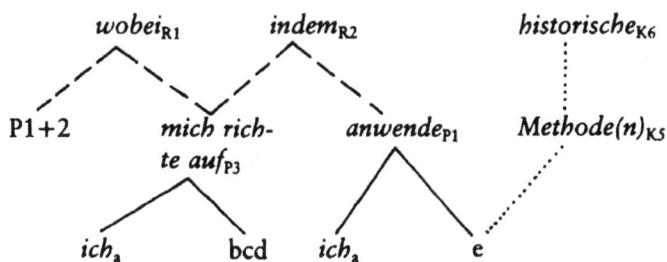

Fig. 14:

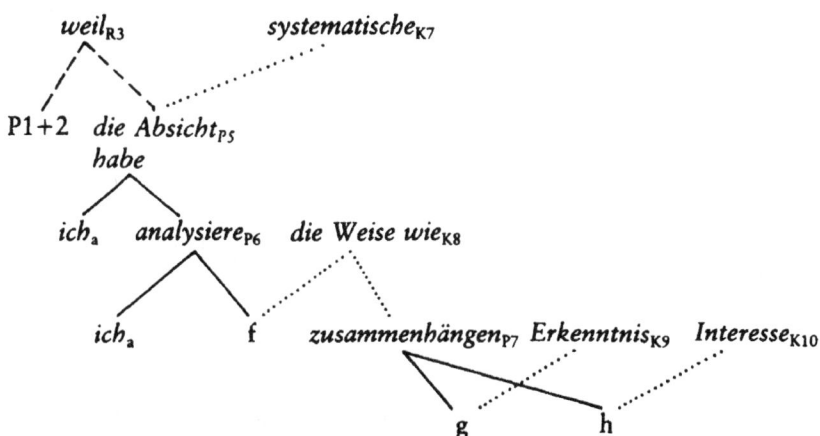

Die Satzinhalts-Komponenten PRÄDIKAT/AUSSAGEKERN (s. 2.11), REFERENZ/BEZUG (s. 2.12) und RELATION/AUSSAGE-VERKNÜPFUNG (s. 3.3) sind im Beispielsatz 3+3ab also durch folgende Einheiten vertreten:

- 3 Hauptprädikationen: P2 *(a rekonstruiert b)*, P3 *(a richtet sich auf bcd)*, P6 *(a analysiert f)*
- 2 Oberprädikationen, in deren zweite Referenzstellen Hauptprädikationen eingebettet sind (s. 3.1): P1 *(a versucht P2)*, P5 *(a hat die Absicht zu P6)*
- 1 eingebettete Nebenprädikation: P7 *(g zusammenhängt mit h)*
- 10 der Kennzeichnung von Referenzobjekten bzw. Prädikaten dienende Nebenprädikationen: K1 *(b, das die Vorgeschichte von c ist)* bis K10.
- 3 aussagenverknüpfende Relationen: R1 *(P1+2, wobei P3)*, R2 *(P3, indem P4)*, R3 *(P1+2, weil P5)*. Die Verknüpfungen R1 (komitativ, s. 3.32.9) und R2 (instrumental, s. 3.32.10) sind nur untergeordnete Zusätze zu den Prädikationen P1+2, während die Verknüpfung R3 (kausal, s. 3.32.13) einen erstrangigen Status hat: Sie verknüpft P1+2 und P5 insgesamt als deren ‚Dach‘, indem sie beide Prädikationsgefüge zu einem einzigen Satzinhalt zusammenbindet. Damit hat R3 als BE-GRÜNDUNG mit ZWECKSETZUNG auch einen Anteil am HAND-LUNGSGEHALT (s. 3.33).

Die Komponente QUANTIFIZIERUNG/GRÖSSENBESTIM-MUNG (s. 2.13) besteht darin, daß jede Referenzstelle semantisch auf ein Verhältnis zwischen Element und Menge festgelegt ist: ein ‚bestimmtes, individuelles‘ Bezugsobjekt bei a *(ich)*, eine ‚unbe-stimmte Menge‘ bei e *(Methode(n))*, auf eine ‚ganze Klasse‘ bei g und h *(Erkenntnis, Interesse)*. Problematisch ist die Quantifizie-rung bei b *(Vorgeschichte)* und d *(Positivismus)*: Während ein engagierter und selbstsicherer Textverfasser bzw. gutgläubiger Le-ser hier an ‚bestimmte, individuelle‘ Bezugsobjekte, mindestens als wissenschaftliches Postulat, glauben kann, wird ein selbstkriti-scher, skeptischer Verfasser bzw. kritischer Leser hier eher mit ‚unbestimmten Mengen‘ rechnen, von denen man durch wissen-schaftliche Tätigkeit meist nicht alle, eher jeweils nur eine der Möglichkeiten erkennt.

Vom ganzen AUSSAGEGEHALT ist in der originalen komprimier-ten Formulierung 3 vieles nicht ausgedrückt oder nur in der Reduktionsform der Substantivierungen. Das einzige Verb des

Satzes *(„unternehme")* hat dagegen nur eine rein formale, inhaltsleere Funktion als Platzhalter für das (zwecks komprimierender Erweiterung) substantivierte P1 *(„Versuch")*, sodaß dem Verb in unserem Prädikationsbaum gar keine Position zukommt; ihm entspricht kein eigenes Prädikat. Das Nichtausgedrückte konnten wir durch ‚Zwischen-den-Zeilen-Lesen' erschließen, da es durch grammatikalisch-satzsemantische Regeln und Gewohnheiten des komprimierten Stils nahegelegt wurde, z. B. daß bei Substantivierungen Referenzstellen wegfallen (z. B. ‚ich' bei *„Rekonstruktion")*, daß zwischen ‚versuchen' und ‚richten' bei Handlungs-Einheit nur die komitative ‚wobei'-Relation, zwischen ‚rekonstruieren' und ‚Absicht haben' nur eine kausal-finale Relation in Frage kommt. Da diese Ergänzungen nur aus dem Sprachwissen, noch nicht aus dem Handlungskontext, abgeleitet sind, gehören sie zum MITBEDEUTETEN und MITZUVERSTEHENDEN, aber wohl nur teilweise zum MITGEMEINTEN (vgl. Kap. 4).

Wesentlich anders steht es um das Verhältnis zwischen Ausdruck und Inhalt beim HANDLUNGSGEHALT des Beispielsatzes. Wie in einem akademisch stilisierten Text nicht anders zu erwarten, finden wir in diesem Satz nicht einen einzigen sprachlichen Indikator für den sprechakttheoretischen Teil des Handlungsgehalts: kein performatives Verb, keine Modalpartikel, nicht einmal ein Modalverb. Da auch sonst ganz allgemein der Handlungsgehalt von Sätzen nur selten, bruchstückhaft und indirekt sprachlich ausgedrückt ist, stellt es keinen untypischen Fall dar, wenn wir hier den Sprechaktgehalt allein aus unseren Annahmen bei der Textanalyse erschließen müssen. Anzunehmen, dieser Satz habe gar keinen Sprechaktgehalt, wäre nach der wichtigsten Prämisse der Sprechakttheorie eine unzulässige Ausflucht. Es handelt sich ja schließlich nicht um einen kontextlos erfundenen Beispielsatz, sondern um den ersten Satz eines Buches, mit dem ein wissenschaftspolitisch engagierter und erfolgreicher Autor persuasiv/überzeugend auf seine Leser einwirken wollte und will.

Aus der Kenntnis des Kontextes und der regelhaften Erwartungen in bezug auf kommunikative Funktion und Aufbau eines *„Vorwortes"* liegt es nahe, diesem Satz folgende ILLOKUTION/SPRECHERHANDLUNG (s. 2.21) zuzuschreiben: Der Autor Haber-

mas will mit diesem Satz den Lesern seinen lakonisch formulierten
Titel „*Erkenntnis und Interesse*" näher ERLÄUTERN,

- indem er das Thema durch weitere Einzelheiten (z. B. „*Rekonstruktion
  der Vorgeschichte des neueren Positivismus*", „*Zusammenhang von*")
  PRÄZISIERT,
- indem er die Leser über seine Methode („*historisch gerichtet*", „*systematisch*", „*Analyse*") und über seine „*Absicht*" VORINFORMIERT.

Die zweite Sprechakt-Komponente, PERLOKUTION/BEWIR-
KUNGSVERSUCH (s. 2.22), ist eng mit der Illokution verbunden:
ERLÄUTERN, PRÄZISIEREN und VORINFORMIEREN sind
repräsentative/darstellende Sprachhandlungen, mit denen regelhaft
bewirkt werden soll, daß die Leser den Satzinhalt ZUR KENNT-
NIS NEHMEN, um mit einem genaueren thematischen und methodischen VORWISSEN an die Lektüre des Buches heranzuge-
hen.

Die dritte Sprechakt-Komponente, PROPOSITIONALE EIN-
STELLUNG / SPRECHEREINSTELLUNG (2.23), betrifft vor allem den Wahrheitswert und die Bewertung von Teilen des Satzinhalts, z. B. die EXISTENZ-PRÄSUPPOSITIONEN/-VORAUS-
SETZUNGEN:

- daß es einen „*neueren Positivismus*" als wissenschaftstheoretische Richtung bzw. Epoche wirklich gegeben hat bzw. gibt
- daß dieser eine „*Vorgeschichte*" hatte (sonst hätte der Verfasser nicht
  schreiben dürfen „*Rekonstruktion der ...*")
- daß es zwischen „*Erkenntnis*" und „*Interesse*" einen „*Zusammenhang*"
  wirklich gibt (sonst hätte er statt „*Analyse*" schreiben müssen: *Frage
  nach ...*)
- daß es philosophisch längst thematisierte kognitive Tätigkeiten bzw.
  Tätigkeitsmotive gibt, die unter Fachleuten „*Erkenntnis*" und „*Interesse*" genannt werden
- daß die hier erklärte „*Absicht*" wirklich seine Absicht ist.

An BEWERTUNGEN ist aus der sprachlichen Formulierung direkt
nichts zu entnehmen. Aus dem Vorwissen über die Position des
Verfassers innerhalb der verschiedenen Richtungen von Philosophie und Wissenschaftspolitik und aus der Kenntnis früherer Äußerungen von ihm hat aber bei wohlorientierten Lesern das Wort
„*Positivismus*" hier eine negative, das Wort „*Interesse*" hier eine
positive BEWERTUNGS-Konnotation. Im Falle von „*Positivis-*

mus" wird dies 8 Zeilen weiter bestätigt durch die satzsemantische Verknüpfung von „*Reflexion verleugnen"* und „*Positivismus"* (T7,4).

Schließlich die sozialpragmatische Komponente KONTAKT UND BEZIEHUNG (s. 2.24): Hier im Beispielsatz 3 können wir aus der sprachlichen Stilisierung einiges zur SELBSTDARSTELLUNG beobachten. Der Verfasser baut vor den Lesern sein IMAGE zweiseitig auf:

Auf der einen Seite beginnt er den Text seines Buches mit einer ABSICHTSERKLÄRUNG und läßt den ersten Satz sogar mit dem Wort „*Ich"* beginnen. Für Leser, die noch etwas wissen von der traditionell-rhetorischen Scheu, einen Text mit *ich* zu beginnen, und von der positivistisch-wissenschaftssprachlichen Gewohnheit, die eigene Person, ihr Handeln und ihre Einstellungen möglichst in den Hintergrund zu drängen oder nur indirekt zu verstehen zu geben, enthält diese textstilistische Entscheidung des Verfassers Symptome für akademisches AUTONOMIEBEWUSSTSEIN und MODERNITÄTSANSPRUCH. Außerdem können die Zusätze „*historisch gerichtet"* und „*systematisch"* wie ein methodologisches SELBSTLOB des Autors wirken. Auf der anderen Seite will er der alten rhetorischen Tradition doch nicht völlig entsagen, insofern als er mit dem zusätzlichen Oberprädikat „*Versuch"* das Sprachritual des BESCHEIDENHEITS-Topos eines sich jederzeit falsifizierenlassen-wollenden Wissenschaftlers wenigstens andeutet, denn „*Versuch einer Rekonstruktion"* impliziert: 'Ich weiß noch nicht, ob sie gelingt bzw. als gelungen anerkannt wird'.

Im Bereich der anderen Seite des BEZIEHUNGS-Aspekts, dem ADRESSATEN-IMAGE, könnte man allenfalls eine stilistische Beobachtung geltend machen: Dadurch, daß der Autor sein Buch mit einem derartig inhaltsreichen, aber auf stärkste Weise komprimierten Satz beginnt, mit einer geballten Ladung von Nominalisierungen, bewirkt er sozusagen eine LESERSELEKTION: Wer aus eigener akademisch-sprachlicher Gewohnheit und Neigung diesen Stil akzeptiert und in der Lage ist, die satzsemantische Tiefe dieses syntaktischen Virtuosenstücks mit eigenen Ergänzungen und Mitverständnissen zu erschließen, wird sich von dieser Art Textanfang ANGESPROCHEN FÜHLEN, bekommt also Lust zum Weiterlesen. Wer diesen Satz dagegen eher als sprachstilistische Zumutung empfindet, wird sich mit diesem ADRESSATEN-IMAGE weniger IDENTIFIZIEREN wollen und als Leser anders reagieren.

Im Bereich KONTAKT UND BEZIEHUNG konnten wir, im Unterschied zu den anderen Komponenten des Handlungsgehalts, hier bestimmte sprachliche Ausdrucksmittel für die satzsemantische Interpretation geltend machen. Dies hängt damit zusammen, daß vor allem in diesem Bereich das, was man traditionell Stilistik nannte, im Rahmen der Sprachpragmatik auf neue Art erschlossen werden kann (s. 2.24). Mit dieser, über Literarisches weit hinausgehenden sozialpragmatischen Auffassung von Stil erhält der vielzitierte Aphorismus von Buffon eine neue, umfassendere Bedeutung: „Le style c'est l'homme même."

2. Elementare/einfache Satzinhalte

2.1. Propositionaler Gehalt / Aussagegehalt

Fast alle kommunikativ geäußerten Satzinhalte bestehen aus einem Aussagegehalt (2.1) und einem Handlungsgehalt (2.2). Im Aussagegehalt wird über Dinge in der (bzw. einer) Wirklichkeit, auf die man BEZUGNIMMT (Referenz, 2.12), etwas AUSGESAGT (Prädikation, 2.11). Ausnahmen von dieser Regel, also sprachliche Äußerungen ohne Aussagegehalt, sind sehr selten, z. B. Routineformeln in Sprachritualen wie *Guten Tag! Hallo! Prosit!* Der Aussagegehalt (in der Sprechakttheorie: propositionaler Gehalt) entspricht im wesentlichen der „Darstellungsfunktion" von Karl Bühler (s. 1.27).

2.11. Prädikationen/Aussagen und Prädikate/Aussagekerne

> *„Ein Verb, das ist so, wie wenn man im dunklen Raum das Licht anknipst. Mit einem Schlag ist eine Szene da."*
> (Heringer 1984, 49)

Innerhalb des Aussagegehalts ist das PRÄDIZIEREN/AUSSAGEN die wichtigste Komponente, da es von der Art des PRÄDIKATS abhängt, worüber es ausgesagt werden kann. Nach Vorbild der Prädikatenlogik sagt man in der Satzsemantik: Über ein oder mehrere „Argumente" x,y,z wird ein „Prädikat(or)" P ausgesagt; y,x,z sind die „Argumentstellen" von P, das zusammen mit ihnen die „Prädikation"/„Aussage" P(x,y,z) bildet. Statt „Argument(stelle)" sagen wir hier im Anschluß an die Sprechakttheorie (s. 1.27): „Referenz-/Bezugsobjekt" bzw. „-stelle".

Auf den ersten Satz unserer Beispieltexte angewendet
1: *„Und Gott$_x$ redete$_p$ alle diese Worte$_y$."* (T1,1)
können wir also sagen: Im Inhalt dieses Satzes ist über die Bezugsobjekte ‚Gott' und ‚Worte$_y$' ausgesagt, daß jener$_x$ diese$_y$ „redete"; abstrakter: ‚redete' ist hier ein zweistelliges Prädikat, zu dem die Referenzstellen ‚Gott' und ‚Worte' gehören; der Aussagegehalt dieses Satzinhalts ist eine zweistellige Prädikation P(x,y), die man (mit Einsetzung einer sog. Prädikatskonstante anstelle der Prädikatsvariablen P) auch so schreiben kann:

REDEN(x,y)   oder: REDEN
                                          $\diagup\diagdown$
                                          x   y

Wir haben hier noch nicht berücksichtigt: die mit *„alle diese ...-e"* ausgedrückte Quantifizierung (s. 2.13), das Vergangenheits-Tempus von *„redete"* (s. 3.23.2) und die *„und"*-Verknüpfung (s. 3.32.1).

2.11.1. Stellenzahl und Valenz/Wertigkeit

Von der semantischen Stellenzahl/Stelligkeit eines Prädikats bzw.
einer Prädikation muß die syntaktische V a l e n z/Wertigkeit von
Prädikats a u s d r ü c k e n unterschieden werden. Die Valenz ist
eine syntaktische Eigenschaft eines Prädikatsausdrucks (Verbs,
Adjektivs, Substantivs) in einer bestimmten Sprache, und zwar als
syntaktische Eigenschaft eines Lexems/Wortschatzelements noch
vor seiner Verwendung in Sätzen. So sind für das deutsche Verb
reden folgende Valenzen anzusetzen, wobei wir die Ergänzungen
(E) mit hochgestellten Abkürzungsbuchstaben für die Fügungs-
weise schreiben: n = Nominativ, a = Akkusativ, pr = Präpositio-
nalfügung, adv = Adverb (Die Beispiele stammen z. T. aus: DGW
= DUDEN, Großes Wörterbuch der deutschen Sprache, Mannheim 1980):

reden1   (einwertig): E^n
             z. B. *Sie redet noch, Reden Sie!*
reden2   (zweiwertig): $E^n + E^a$
             z. B. *Er redet schöne Worte / Unsinn / zu viel* (E^a: ‚Redeinhalt')
reden3   (zweiwertig): $E^n + E^{adv}$
             z. B. *Er redet laut/lange/undeutlich* (E^{adv}: ‚Redeweise')
reden4   (zweiwertig): $E^n + E^{pr}$
             z. B. *Sie redete mit Charme / mit den Händen / in Versen / in
             einer fremden Sprache* (E^{pr}: ‚Redeweise')
reden5   (zweiwertig): $E^n + E^{pr}$
             z. B. *Er redet mit allen / zum Volk* (E^{pr}: ‚Angeredeter')
reden6   (zweiwertig): $E^n + E^{pr}$
             z. B. *Sie redete über Literatur / von ihren Krankheiten* (E^{pr}:
             ‚Redethema')
reden7   (dreiwertig): $E^n + E^{pr} + E^{pr}$
             z. B. *Er redet mit jedem über Gott und die Welt* (Kombination
             aus *reden5* und *reden6*)

Alle diese verschiedenen Valenzen des deutschen Verbs *reden* (es gibt sicher noch einige mehr) sind mit feinen Bedeutungsunterschieden verbunden, sodaß man einen Wörterbuchartikel *reden* so gliedern könnte, daß die Unterbedeutungen weitgehend von Zahl und Art der Ergänzungen abhängig sind.

Die beiden Valenzen *reden3* und *reden4* sind semantisch so eng miteinander verwandt (‚Redeweise‘ in der 2. Ergänzung), daß man sie satzsemantisch als zwei syntaktische Realisierungsmöglichkeiten einer und derselben Prädikationsstruktur erklären müßte. Die Valenzen *reden5* und *reden6* könnte man syntaktisch mit dem dreiwertigen *reden7* als eine syntaktische Valenz mit Fakultativität/Weglaßbarkeit der 2. oder 3. Ergänzung zusammenfassen. Dies würde aber der satzsemantischen Struktur zu viel Gewalt antun; das ‚Reden mit jemandem‘ ist ein etwas anderer Handlungstyp (Partnerkontakt-Handlung) als das ‚Reden über etwas‘ (Darstellungs-Handlung) und als das ‚Reden mit jemandem über etwas‘ (partnerbezogene Darstellungs-Handlung). Hier ist die mit dem Begriff „fakultative Ergänzung" verbundene Arbeitshypothese der Ellipse/Weglassung einer Ergänzung ebenso unbefriedigend wie beim einwertigen *reden1*, das semantisch auch mehr ist als nur eine unvollständige Ausdrucksform von zwei- oder dreiwertigem *reden*, zumal nur das einwertige *reden1* in semantischen Oppositionen/Gegensatzbeziehungen zu *schweigen, brüllen, essen* usw. steht. Zwar gibt es in der außersprachlichen Wirklichkeit (ontologisch, wie Semantiktheoretiker philosophisch sagen) das kommunikationstheoretische Prinzip, daß zu jedem ‚reden‘ ein ‚Redender‘ gehört, ein ‚Redeinhalt‘, eine ‚Redeweise‘, ein ‚Angeredeter‘ und ein ‚Redethema‘ (Allgemeines Bezugswissen, s. 2.12.6.).

Diese Faktoren werden aber in einem bestimmten Kommunikationsakt nicht immer auch alle gemeint oder mitgemeint (kontextueller Bezugsrahmen, s. 2.12.6). Meist sind einige dieser Faktoren ausgeblendet, und zwar nicht nur im Sinne einer Weglassung im Satzausdruck, sondern im Sinne der Irrelevanz für den Sprecher/Verfasser bzw. Hörer/Leser in einer bestimmten Kommunikationssituation. Wenn man zu Beginn einer Tonbandaufnahme vom Aufnahmeleiter aufgefordert wird: *Reden Sie!*, spielt nur die Handlung ‚reden‘ eine Rolle, nicht der ‚Redeinhalt‘, die ‚Redeweise‘, der ‚Angeredete‘. Wenn ich über den Inhalt meiner Vorlesung am nächsten Mittwoch gefragt werde und antworte: *Ich rede über Valenz*, dann sind im Satzausdruck zwar nur die Faktoren ‚Redender‘ und ‚Redethema‘ explizit genannt, aber vom Kontext her sind

mitgemeint die Faktoren ‚Angeredete‘ und ‚Redezeitraum‘, ‚Redeweise‘.

So ist also zu unterscheiden zwischen:

- syntaktischer V a l e n z als abstrakte Wortgebrauchs-Regel
- syntaktischer V a l e n z - R e a l i s i e r u n g in einem bestimmten
  Text-Satz; Zahl der im expliziten Bezug (s. 2.12.6) ausgedrückten Ergänzungen
- s e m a n t i s c h e r S t e l l e n z a h l der abstrakten Prädikation als
  Satzinhaltsgerüst aus einem Prädikat und einer Anzahl von
  Bezugsstellen nach dem sprachlichen Vorwissen der Kommunikationspartner (Bezugswissen, s. 2.12.6)
- k o n t e x t s e m a n t i s c h e r S t e l l e n z a h l der im jeweiligen
  Text- und Situationszusammenhang gemeinten und mitgemein-
  ten bzw. ausgeblendeten Bezugsobjekte (s. 2.12.6, 2.14.1)

Im Beispielsatz 1 liegt danach die syntaktische Valenz *reden2* vor, allerdings in diesem alten Text in einer Verwendung, wo wir heute eher *sagen*
oder *verkünden* wählen würden. Die semantische Stellenzahl ist hier ebenfalls auf die beiden als Ergänzungen ausgedrückten Bezugsstellen „*Gott*"
und „*alle diese Worte*" beschränkt; es geht hier nur um eine Aussage
darüber, daß „*Gott*" der ‚Autor‘ der Mosaischen Gebote sei. Die k o n -
t e x t semantische Stellenzahl ist jedoch um zwei Stellen höher, da hier in
den „10 Geboten", aufgrund der Anrede mit „*du*" und mit Imperativen, als
‚Adressaten‘ das Volk Israel mitgemeint ist und, aufgrund der Bekanntheit
und Verbindlichkeit gerade dieses Teiltextes, auch das ‚Redethema‘, nämlich ‚religiöse und moralische Verpflichtungen‘ (kontextueller Bezugsrahmen, s. 2.12.6).

Die Unterscheidung zwischen syntaktischer Valenz und semantischer Stellenzahl ist vor allem auch deshalb notwendig, weil in
vielen systematischen Fällen die Zahl der syntaktischen Ergänzungen höher oder niedriger ist als die Zahl der semantischen Bezugsstellen. Solche Fälle sollen in 2.12 im Zusammenhang mit Problemen der Referenz erörtert werden.

In den meisten in unserer heutigen öffentlichen Sprachkultur vorkommenden Sätzen gibt es – da sie stark komplex oder komprimiert sind (s. 1.11) – mehrere syntaktische Positionen, in denen
etwas PRÄDIZIERT werden kann (vgl. 1.4):

- der Prädikatsausdruck von Hauptsätzen
- der Prädikatsausdruck von Nebensätzen, Infinitivsätzen, Partizipgruppen und Parenthesen (s. 3.1 und 3.3)

– Zusatz-Prädikate, die in freien Angaben oder in Attributen zu Nominal-
gruppen enthalten sind (s. 3.2)
– Bezugsprädikate, die in Substantiven oder Kennzeichnungen enthalten
sind, mit denen mittels Gattungszuordnung auf etwas BEZUGGENOM-
MEN wird (s. 2.12.3/4).
Hier bei der Erörterung elementarer Prädikationsstrukturen (2.11) beschäf-
tigen wir uns nur mit den Hauptprädikaten, d. h. mit solchen in
Haupt-, Neben- und Infinitivsätzen, in Partizipgruppen und Parenthesen.
Bei Infinitivsätzen und Partizipgruppen fehlt nur das finite Verb (als
Hilfsverb) und das Subjekt als 1. Ergänzung; beides ist in der Regel ohne
weiteres mitbedeutet und mitverstehbar.

2.11.2. Prädikatsausdruck durch Verben

Der größte Teil der Hauptprädikate wird durch Verben ausgedrückt. Deshalb hat man sich in der Valenztheorie langezeit zu
einseitig auf die Valenz der Verben konzentriert. Vorläufig genügt
uns hier eine Auswahl von Verben aus unseren Beispieltexten, bei
denen die Valenz nicht problematisch ist, d. h. Verben, die wohl
jeder Sprachbenutzer als Vokabeln mit den normalsprachlichen
Wertigkeitsangaben hersagen kann (z. B. *Jemand betet jemanden/
etwas an, Jemand beschert jemandem etwas*) und denen auf der
Ebene der Satzsemantik ein Prädikat mit der gleichen Stellenzahl
entspricht. Die vielen in dieser Hinsicht problematischen Fälle
erörtern wir in 2.12. Es ist selbstverständlich, daß trennbare
Verbzusätze zum Verb gehören (z. B. *findet ...statt, holt ... ein,
werfen ... vor*) und daß beim Infinitivsatz (z. B. „*den ... Betrag ...
zu entrichten*" T3,3, ergänze: ,Sie') und Imperativ Singular (z. B.
„*Bete sie nicht an*" T1,5, ergänze: ,du') das implizierte Subjekt als
1. Ergänzung zu zählen ist.

Einwertiges Verb für einstelliges Prädikat: P(x); z. B. „*Eine Zensur
findet nicht statt*". (T2 Art. 5,1)
Zweiwertige Verben für zweistellige Prädikate: P(x,y); z. B. „*Gott
redete alle diese Worte*" (T1,1), „*das oben im Himmel ist*" (T1,4), „*Gedenke des Sabbattags*" (T1,8), „*am siebenten Tage ist der Sabbat des
Herrn*" (T1,10), „*Das deutsche Volk bekennt sich ... zu ... Menschenrechten*" (T2 Art.1,2), „*Dazu gehört die Ankündigung ...*" (T4,3), „*... die
Kultur unter den Hoheitsanspruch der Länder fällt*" (T4,6), „*Er ... ging
den Flur entlang*" (T5,5), „*der Bewegung ... zu folgen*" (T7,7), „*sprach er
davon, daß ...*" (T8,5), „*Die deutsche Vergangenheit holt uns ... ein*"

(T9a,1), *„bin ich gegen ein Übertreiben ..."* (T9a,12), *„er in den Büchern steht"* (T10,6).

D r e i w e r t i g e Verben für d r e i s t e l l i g e Prädikate: $P(x,y,z)$; z. B. *„der ... heimsucht der Väter Missetat an den Kindern"* (T1,5), *„diesen Betrag auf eines der ... Konten zu überweisen"* (T3,4), *„die uns ... einige ... Filme beschert hat"* (T4,4), *„das werfen seine Gegner ihm ... vor"* (T4,6), *„Solche Gefährdungen kann sich jede Staatsform nur wünschen"* (T5,12), *„sie dem ... Selbstverständnis nicht zu entnehmen ist"* (T7,6).

V i e r w e r t i g e s Verb für v i e r s t e l l i g e s Prädikat: $P(x,y,z,w)$; z. B. *„Du$_x$ sollst dir$_y$ kein Bildnis$_z$ ... machen$_P$ ... des$_w$, das oben im Himmel ... ist"* (T1,4)

Ähnlich wie in unserer Auswahl von Beispielen sind die Mengenverhältnisse auch allgemein: Etwa die Hälfte aller deutschen Verben ist zweiwertig, etwa ein Drittel dreiwertig; der Rest verteilt sich auf einwertige und eine sehr kleine Zahl vierwertiger Verben (die wohl alle etwas mit ‚Ersatz'- und ‚Tausch'-Handlungen zu tun haben, so auch *tauschen, kaufen, verkaufen*). Vielleicht hat es psychologische Gründe, daß es über die (noch überschaubare) Zahl 3 kaum hinausgeht; auch bei den Verbverknüpfungen werden vierstellige Fälle als gerade noch erträglich empfunden (z.B. *x hat y bei z für w anmelden lassen wollen*).

Mit grammatikalisch i m p l i z i e r t e n Bezugsstellen ist bei reduzierten Satzformen zu rechnen: Imperativ Singular, Infinitivsatz, modaler Infinitiv, unpersönliches Passiv (implizierte AGENS-Stelle, s. 2.15.1). Das Problem der lexikalisch implizierten Bezugsstellen (z. B. in *er heiratet, sie flötet*) wird in 2.12 als Referenzproblem kontextsemantisch erörtert, ebenso das der referenzlosen *sich-* und *es*-Verben.

Eine E r h ö h u n g der Zahl der Ergänzungen bzw. Bezugsstellen um eine Stelle ist mit Verbverknüpfungen mit kausativen, permissiven oder Wahrnehmungsverben (s. 3.16) verbunden: Ein Satz mit einem zweiwertigen Prädikatsausdruck wie *Sie$_{x1}$ liest$_{P1}$ ein Buch$_{y1}$* wird dreistellig: *Er$_{x2}$ läßt/sieht$_{P2}$ sie$_{x1}$ ein Buch$_{y1}$ lesen$_{P1}$.*

Da hier eine Einbettungsstruktur $P2(x2,P1(x1,y1))$ vorliegt, gehört diese stellenerhöhende Art komplexer Prädikatsausdrücke zu den Einbettungen (s. 3.13). Umgekehrt ist eine bereits stark idiomatisch/phraseologisch gebundene *lassen*-Verbverknüpfung wie die folgende nicht mehr als Einbettung, sondern syntaktisch als Verbverknüpfung, satzsemantisch als Ausdruck eines einfachen Prädikats zu erklären: *„Filme ..., die sich sehen* *lassen können"* (T4,4). Es wäre wortsemantisch unangemessen, hier eine Einbettungs-Paraphrase anzusetzen, da die Redensart *sich sehen lassen können* als lexikalische Einheit nicht viel anderes bedeutet als ‚gut sein‘.

2.11.3. Prädikatsausdruck durch Adjektive

Daß Prädikate auch durch andere Wortarten als Verben ausgedrückt werden können, leuchtet unmittelbar ein in Fällen, wo es eine Variation/Ausdruckswahl zwischen verbalem und adjektivischem Prädikatsausdruck gibt: z. B. *ich friere / mir ist kalt, mir schwindelt / ich bin schwindlig, sie ähnelt ihm / sie ist ihm ähnlich, er einigt sich mit ihr über etwas / er wird mit ihr über etwas einig,* usw. Solche syntaktische Parallelität erfordert eine gleichartige satzsemantische Erklärung und von daher auch eine gleichartige syntaktische Satzglied-Klassifizierung: Solche Adjektive sind keine „Artergänzungen" oder „Gleichsetzungsglieder" (Duden-Gr 273.605.616), sondern nichts anderes als die entsprechenden Verben: Sie stellen (in Verbindung mit Nominalverben wie *sein, werden, bleiben, scheinen*) Prädikatsausdrücke dar (vgl. „Satzadjektive", DudenGr 581).

Schon in der traditionellen Lateingrammatik kannte man prädikative Adjektive/Prädikatsadjektive, nämlich Adjektive, die (entgegen dem Sinn ihrer Wortartbezeichnung) nicht als Attribute zu Nominalgruppen stehen, sondern zusammen mit einem Kopula-Verb/Kopulativverb einen Prädikatsausdruck bilden. Im Deutschen gehören neben *sein* unbestritten zu den Kopula-Verben: *bleiben* und *werden,* aber auch *(er)scheinen, gelten als, sich erweisen als,* denn durch diese Nominalverben (auch das inhaltsschwächste Kopula-Verb *sein*) wird nur eine Modifizierung des Prädikats ausgedrückt (nicht das Prädikat selbst).

Modifizierung ist die Aktionsart DURATIV/ANDAUERND bei *bleiben,* die Aktionsart INCHOATIV/ZUSTANDSBEGINN bei *werden* (s. 3.23.2), oder die Sprechereinstellung zum Wahrheitswert (s. 2.23.1) bei *(er)scheinen, gelten als, sich erweisen als.* Ganz in die Nähe von *(er)scheinen* gehört *klingen* in: „*Nachrichten, die sensationell klingen, aber keineswegs sensationell sind"* (T4,2), wo „*sensationell klingen*" (als BEZWEIFELTES ‚sensationell sein‘, Sprechereinstellung zum Wahrheitswert) unmodifiziertem „*sensationell sein*" GEGENÜBERGESTELLT wird. Es ist nur konsequent, auch „*sensationell klingen*" hier genauso wie „*sensationell sein*" syntak-

tisch als Adjektivprädikat zu behandeln. Hier schließen sich Fälle an wie
gut schmecken, übel riechen, attraktiv aussehen usw., bei denen ebenfalls
das Adjektiv keineswegs einen bloßen Zusatz zur Satzbedeutung, also
syntaktisch ein Adverb (als freie Angabe) darstellt, sondern den semantisch
wesentlichen Teil des Prädikatsausdrucks, während die Verben *schmecken,
riechen, aussehen* hier nur die Methode der Wahrnehmung der im Prädikat
gemeinten Eigenschaft bezeichnen.

Satzsemantisch sind also diese Verben als Nominalverben, ähnlich
wie die klassischen Kopula-Verben, nur Modifizierungen des Prädikatsbegriffs, also syntaktisch unerläßliche Teile eines Nominalprädikats (s. 1.4). Daß zu den Nominalverben von Adjektivprädikaten auch andere als die klassischen Kopulaverben gehören, zeigt
sich sprachgeschichtlich darin, daß Adjektivprädikate durch idio-
matische Bindung und Zusammenschreibung zu verbalen Prädikatsausdrücken wurden: „*liebhaben*" (T1,6), „*näherkommen*"
(T8,8), *blaumachen, großtun,* ...

Wie das Adjektiv *sensationell* ist der weit überwiegende Teil der
Adjektive e i n w e r t i g, d. h. von der Valenz des Adjektivs hängt
nur eine einzige Ergänzung, das Subjekt, ab; einwertigen Adjektiven entsprechen in der Regel auch e i n s t e l l i g e Prädikate. Daß
bei den Adjektiven im Unterschied zu den Verben die einwertigen
so zahlreich sind, hängt mit ihrer satzsemantischen Zugehörigkeit
zu den Prädikatsklassen ZUSTAND und EIGENSCHAFT zusammen (s. 2.14.2), für die es weitaus weniger Verben gibt. Unproble-
matisch z w e i w e r t i g e Adjektive als Ausdrücke für z w e i s t e l -
l i g e Prädikate liegen in folgenden Fällen vor:

„*stolz zu sein auf unsere Filmförderung*" (T4,4), „*Man möchte der Krone
nahe sein*" (T5,7), „*kann er überrascht sein von der Härte* ...*" (T10,3);
bewußt, fähig, typisch, geeignet, verwandt, verheiratet, abhängig, ... Es
gibt auch einige wenige d r e i w e r t i g e Adjektive: *x ist y in z überlegen, x
ist y in z ähnlich, x ist einig mit y über z, x ist y in z ebenbürtig.* –
Problematische Fälle in bezug auf das Verhältnis zwischen Adjektivvalenz
und satzsemantischer Stellenzahl weden in 2.12.6 erörtert.

Eine E r h ö h u n g der Stellenzahl ist grammatikalisch geregelt
beim Gebrauch des Komparativs. Aus dreistelligem *x ist y in z
ebenbürtig* wird vierstelliges *x ist dem y1 in z ebenbürtiger als dem
y2* bzw. *x ist dem y in z1 ebenbürtiger als in z2.* Hier liegt aber
satzsemantisch über die einfache Prädikation hinaus eine kompa-

rative Aussagen-Verknüpfung vor (s. 3.32.7): ,x ist dem y1 in z mehr ebenbürtig als x dem y2 in z ebenbürtig ist' bzw. ,x ist dem y in z1 mehr ebenbürtig als x dem y in z2 ebenbürtig ist'. Wie bei den Verben gibt es auch hier Erhöhung der Stellenzahl durch Einbettung in ein Oberprädikat (s. 3.13) mit der Strukur P2(x2,P1(x1)): *„unser englischer Vetter ... macht's möglich"* (T5,4), einstelliges ,x ist möglich' wird zu zweistelligem ,x2 macht, daß x1 möglich wird' erweitert (Einbettung in CAUSATIV–INCHOATIVES *machen* ,verursachen', vgl 3.13). „*der Herr wird den nicht ungestraft lassen, der ...*" (T1,7, Einbettung in PERMISSIVES *lassen* ,zulassen'). Solche stellenerhöhenden Einbettungen machen die darin enthaltenen prädikativen Adjektive zu O b - jektsprädikativen (s. Heidolph u. a. 250 ff., Helbig/Buscha 481), da sie die Prädikate zur zweiten Referenzstelle bezeichnen. Ähnliche Fälle: *blank putzen, für gut halten, schön finden, mutig nennen, schuldig sprechen.* Syntaktisch sind dies Nominalprädikate (s. 1.4) wie bei sonstigen Adjektivprädikaten, aber die satzsemantische Struktur ist hier komplex und gehört zu den unter 3.1 behandelten Einbettungen.

2.11.4. Prädikatsausdruck durch Substantive

Wie bei Adjektiven gibt es auch hier V a r i a t i o n e n zwischen verbalem und substantivischem Prädikatsausdruck, z. B. *Ich rauche nicht / Ich bin Nichtraucher, Sie ist verreist / Sie ist auf Reisen, Er antwortet ihr nicht / Er gibt ihr keine Antwort, Er volontiert bei Daimler / Er ist Volontär bei Daimler,* usw., ebenso Variationen zwischen adjektivischem und substantivischem Ausdruck: z. B. *Er ist schuld daran / Er hat Schuld daran, Er ist katholisch / Er ist Katholik, Jeder ist berechtigt / „hat das Recht"* (T2 Art. 5,1), *Sie sind miteinander einig / Es besteht Einigkeit zwischen ihnen.* Abgesehen von feinen kontextsemantischen/stilistischen Unterschieden zwischen solchen Wortartvarianten (vgl. 2.14) besteht kein Zweifel daran, daß es sich auch bei diesen substantivischen Ausdrücken satzsemantisch um Ausdrücke für Prädikate handelt, nicht für Referenzobjekte, also syntaktisch nicht um „Gleichsetzungsnominative" (Duden Gr 574), nicht um Ergänzungen im Sinne der Valenzgrammatik, sondern um Prädikatsausdrücke. Mit diesen Substantiven wird nicht etwas mit etwas GLEICHGESETZT (solche Fälle sind die Ausnahme, s. unten), sondern etwas über etwas PRÄDIZIERT. Träger der Valenz ist nicht das inhaltsschwache Nominalverb, sondern das Substantiv.

Die häufige Verwendung von Substantiven als Referenzmittel (s. 2.12.3), d. h. als „Nenn-Wort" oder „Ding-Wort" (wie es in der deutschen Schulgrammatik manchmal heißt), darf nicht darüber hinwegtäuschen, daß die gewichtigere satzsemantische Funktion von Substantiven (außer Eigennamen) nicht das REFERIEREN/ BEZUGNEHMEN ist, sondern das PRÄDIZIEREN. Nach der satzsemantischen Klassifizierung der Wortarten (s. 2.12.3. 2.14.2) gehören Substantive zusammen mit Verben und Adjektiven zu den P r ä d i k a t o r e n. Die PRÄDIZIERENDE Funktion von Substantiven (z. b. *Dies ist ein Tisch*) ist auch dann noch vorhanden, wenn Substantive als REFERENZ-Mittel benutzt werden, denn Nominalgruppen wie *der Tisch, dieser Tisch* sind satzsemantisch zu erklären als komprimierte Ausdrucksformen für ‚etwas/dies, das ein Tisch ist'; man BEZIEHT SICH dabei auf etwas, indem man über es ein GATTUNGS-PRÄDIKAT AUSSAGT (KENNZEICH-NENDE REFERENZ, s. 2.12.3). Analog zu den prädikativen Adjektiven rechnet man also (schon in der traditionellen Latein-grammatik) auch mit prädikativen Substantiven/Prädikatsnomina/ Prädikativen, nämlich Substantiven, die zusammen mit einem der Kopula-Verben *(sein, bleiben, werden, heißen, erscheinen als, gelten als)* einen Prädikatsausdruck bilden:

„Ich bin der Herr, dein Gott, …" (T1,2), *„ich bin ein eifriger Gott"* (T1,5), *„Ein Bundesfilmförderungsgesetz … dürfe … nur ein Wirtschaftsförde-rungsgesetz sein"* (T4,7), *„die … keine Jünglinge mehr sein werden"* (T9a,10), *„weil ich Franzose bin"* (T9a,11), *„als sei das eine erschöpfende Auskunft"* (T10,4).

Von diesem prädikativen Gebrauch von Substantiven sind zu unterscheiden die seltenen Fälle, in denen eine IDENTIFIZIE-RUNG/GLEICHSETZUNG vorliegt. Hierbei wird das zweite No-minativ-Substantiv im Satz nicht als Ausdruck des PRÄDIKATS, sondern einer 2. REFERENZ verwendet. Nur für solche Fälle ist der Begriff „Gleichsetzungsgröße", „Identifikationsergänzung" o. ä. berechtigt; z. B.:

1: *„des Bahr-Papiers – das war doch der fertige Vertrag"* (T8,10).

Im Unterschied zu *war ein Vertrag* (wo *Vertrag* Prädikatsausdruck wäre) kann hier für *„war"* auch eingesetzt werden: *war gleich/ identisch mit, war gleichzusetzen mit, war nichts anderes als;*

„war" ist also in 1 nicht Kopula-Verb, sondern ein Vollverb, das die satzsemantische Funktion hat, zwei vorher bekannte Referenzobjekte (das *„Bahr-Papier"* und den späteren Moskauer Vertrag) miteinander in Beziehung zu setzen, ebenso wie wenn in einem Gerichtsprozeß vorher über zwei Personen gesprochen worden ist (z. B. einen *Angeklagten Meyer* und einen *Schreiber anonymer Briefe*) und dann erstmals etwas über die Identität beider Personen ausgesagt werden kann: *Meyer ist der Schreiber der anonymen Briefe.*

Es sind also zwei Fälle grundsätzlich zu unterscheiden: Erstens die IDENTIFIKATION mit der syntaktischen Ergänzung *„Vertrag"* und *sein* als Vollverb (1a, Fig. 15).

1a: *Das Bahr-Papier$_x$ ist$_P$ der Vertrag$_y$.*

Fig. 15:

syntaktisch: Satz			satzsemantisch: P (x,y) oder:

Prädikatsausdruck   1. Ergänzung (Subjekt)   2. Ergänzung   P

Verb   Nominalgruppe   Nominalgruppe   x   y

ist$_P$ *das Bahr-Papier$_x$*   *der Vertrag$_y$*

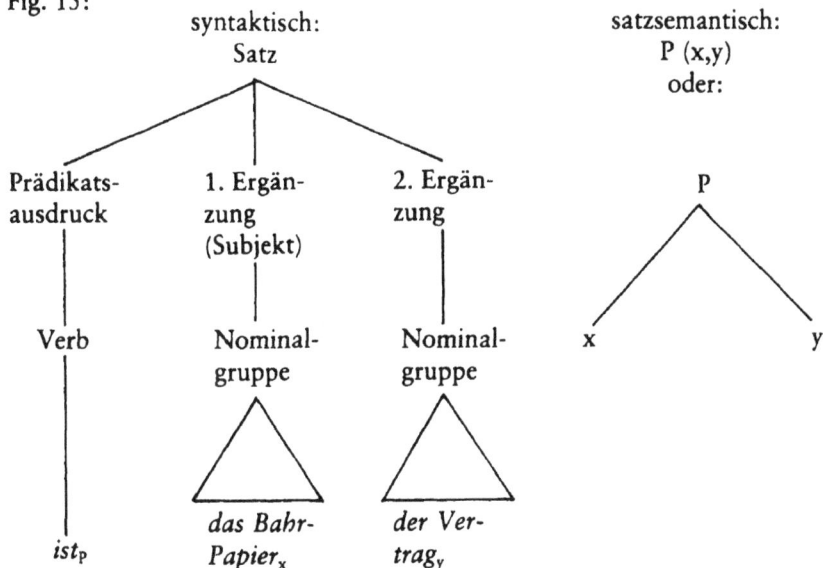

Zweitens die PRÄDIKATION mit dem Prädikatsausdruck *Vertrag* und *sein* als Nominalverb (2, Fig. 16).

2: *Das Bahr-Papier$_x$ ist ein Vertrag$_P$.*

Ebenfalls zu dieser Klasse primärer prädikativer Substantive gehören z w e i w e r t i g e Substantive, denen ein Prädikat mit zwei

Fig. 16:

syntaktisch:
Satz

satzsemantisch:
P (x)
oder:

Prädikats-
ausdruck

1. Ergän-
zung

P

Nominal-
prädikat

Nominal-
gruppe

x

Nominal-
verb

Nominal-
gruppe

*das Bahr-
Papier*ₓ

ist

*ein Ver-
trag*ₚ

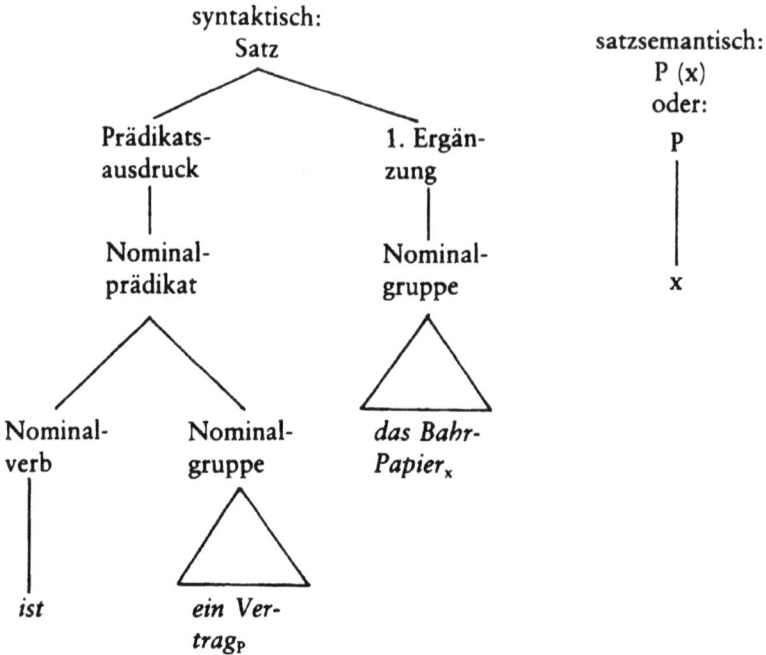

Referenzstellen entspricht. Dies sind vor allem Bezeichnungen für Verwandtschafts- und soziale Rollenbeziehungen wie *Sohn, Tochter, Eltern, Lehrer, Schüler, Chef, Mitglied, Liebhaber, ...*; ferner Wörter für eine ‚Teil von'-Beziehung (Partitiva): *Kopf, Hand, Deckel, Dach, Öffnung, Ende, Gipfel, ...* Ein *Sohn* ist immer ein *Sohn von jemandem*, ein *Gipfel* immer ein *Gipfel von etwas*. Daß die zweite Referenzstelle meist als Genitivfügung ausgedrückt ist *(des Berges)*, steht ihrer syntaktischen Einstufung als Ergänzung (statt Attribut) zwar im Wege. Es gibt aber Formulierungen, bei denen die Erklärung als eigenständiges, von der Valenz des prädikativen Substantivs abhängiges Satzglied einleuchtend ist: z. B. *Die Dufourspitze ist der Gipfel des Monte Rosa / Vom Monte Rosa ist die D. der Gipfel.* Man bezieht sich auf 2 Referenzobjekte und sagt darüber das Prädikat ‚Gipfel sein' aus. Diese Zweistelligkeit einer substantivisch ausgedrückten Prädikation wird an folgenden Varianten deutlich:

3:    „daß er$_x$ eine Bauerntochter$_y$ ... zur Mutter$_P$ hatte" (T10,5)
3a: daß eine Bauerntochter$_y$ ... seine$_x$ Mutter$_P$ war
3b: daß er$_x$ Sohn$_P$ einer Bauerntochter$_y$ ... war

Wenn ‚y ist Mutter von x‘ eine Prädikation mit zwei Referenzstellen ist, dann ist ‚x hat y zur Mutter‘ ebenfalls eine solche. Neben den klassischen Kopula-Verben treffen wir also auch hier – wie bei den Adjektiven – auf weitere Nominalverben, im Fall 3: *haben*, das auch bei anderen Verwandtschafts- und Rollenbezeichnungen als Konverse-Verb dient: *x ist Chef von y / y hat x zum/als Chef* (vgl. 2.15.1)

D r e i - und V i e r w e r t i g k e i t von Substantiven scheint es nur bei sekundären, d. h. durch Wortbildung abgeleiteten prädikativen Substantiven zu geben *(x ist Botschafter von y bei z, x ist die Antwort des y an z auf w)*. In diesem Bereich entstehen immer wieder neue Substantive als Prädikatsausdrücke mit einer großen Zahl von Nominalverben. Dies ist – nach dem Ausbau von Nominalgruppen – die zweite Erscheinungsweise der Entwicklungstendenz der deutschen Sprache zum Nominalisierungsstil (s. 1.1).

Ein großer Teil der sekundären substantivischen Prädikatsausdrücke wird in Grammatik, Stilistik und Sprachkritik unter Stichwörtern wie V e r b a u f s p a l t u n g, Streckformen, Funktionsverbgefüge behandelt (s. Heidolph u. a. 253, 433 ff., Helbig/Buscha 74 ff.). Der Terminus „Funktionsverb" (zuerst v. Polenz 1963) ist dabei unnötig ausgeweitet worden auf die vielen Fälle, in denen das Nominalverb gar keine spezielle Funktion hat, sondern nur dazu dient, einen auch verbal möglichen Prädikatsausdruck (z. B. *mitteilen*) in ein Nominalprädikat aus Nominalverb und Substantiv ‚aufzuspalten‘, zu ‚strecken‘ *(Mitteilung machen)*. In diesen Fällen besteht zwischen Verb und Nominalprädikat kein systematischer semantischer Unterschied, allenfalls ein stilistischer/ kontextsemantischer:

reisen / eine Reise machen, andeuten / eine Andeutung machen, beweisen / einen Beweis führen, erlauben / die Erlaubnis geben, fragen / eine Frage stellen, vereinbaren / eine Vereinbarung treffen, folgen / Folge leisten, sich entwickeln / eine Entwicklung nehmen, vorziehen / den Vorzug geben, ... Dazu Fälle aus unseren Beispieltexten mit satzsemantisch entsprechenden Umformulierungen in verbalen bzw. adjektivischen Ausdruck in 4a, 5a, usw.:

4:    „ich ... tue Barmherzigkeit an vielen Tausenden" (T1,6)
4a: ich ... bin barmherzig zu vielen Tausenden.

5:     *„Sie zu achten und zu schützen ist Verpflichtung aller staatlichen*
       Gewalt" (T2 Art.1,1)
5a: *Sie zu achten ... ist alle st. G. verpflichtet*
6:     *„unser Gesetz ... betreibt de facto Kunstförderung"* (T4,6)
6a: *unser Gesetz fördert de facto die Kunst*
7:     *„Ich unternehme den ... Versuch einer Rekonstruktion der Vorge-*
       schichte ..." (T7,1)
7a: *Ich versuche die Vorgeschichte ... zu rekonstruieren*
8:     *„auf die ich Bezug nehme"* (T8,6)
8a: *auf die ich mich beziehe*

In den jeweiligen Kontexten ist es natürlich nicht gleichgültig, ob
z. B. *Barmherzigkeit tun* oder *barmherzig sein, Verpflichtung sein*
oder *verpflichtet sein* steht. In der substantivischen Formulierung
erhält der Prädikatsbegriff meist eine Präzisierung innerhalb einer
Institution (z. B. Rechtspflege). Hier sind feine kontextsemantische
Unterschiede zu beachten, die in die Satzsemantik hineinreichen
über die Komponente KONTAKT UND BEZIEHUNG (s. 2.24).
Prädikationssemantisch bleibt aber dennoch das Substantiv der
wesentliche Teil des Prädikatsausdrucks, und Verben wie *machen,
geben, leisten, tun, betreiben, unternehmen* entsprechen keine eigenen Prädikate.

Hierhin gehören auch die zahlreichen Nominalprädikate, in denen
das Substantiv nicht durch Substantivierung entstanden bzw. semantisch nicht mehr als solche wirksam ist, sodaß eine Umformulierung in ein Verbprädikat aus dem gleichen Wortstamm nicht
mehr möglich ist. Dies sind die f e s t e n V e r b i n d u n g e n Verb +
Substantiv. Sie sind semantisch unauflösbare Einheiten, in denen
die Nominalverben keine eigene Bedeutung haben und in denen
dem Substantiv im Satzinhalt keine Referenzstelle entspricht. Verb
und Substantiv zusammen bilden einen Prädikatsausdruck. Die
mehr oder weniger starke idiomatische/phraseologische Bindung
ist daran zu erkennen, daß das Verb durch kein anderes Verb
ersetzt werden kann und daß beim Substantiv meist kein Artikel
steht:

Abstand nehmen, Rücksicht nehmen, Notiz nehmen, in Anspruch nehmen,
Bescheid geben, in Frage kommen, Gefahr laufen, „da sollst du kein Werk
tun" (T1,10), *„haben wir nicht allen Grund, stolz zu sein ..."* (T4,4), *„...*
hat man schon Gelegenheit, ... zu zitieren" (T5,3), *„hat in einer früheren*

Debatte ... eine Rolle gespielt" (T8,6), *"ich ... zur Frage ... Stellung nehme"* (T9a,7). – Daß solche Verb+Substantiv-Verbindungen als komprimierter Prädikatsausdruck eine unauflösliche Einheit bilden, wird im Endstadium der Entwicklung besonders deutlich in Fällen, wo die Zusammenschreibung (meist noch neben Getrenntschreibung) üblich ist, sodaß wir syntaktisch nicht mehr ein Nominalprädikat vor uns haben, sondern nur ein Verb als Prädikatsausdruck: *bezugnehmen, folgeleisten, rechthaben, infragestellen, berichterstatten, kenntnisnehmen, abschiednehmen, stellungnehmen, zugrundeliegen, gewährleisten, haltmachen, haushalten, zuwegebringen,* ...

Hier ist eine kleine kompensierende Gegentendenz zum Nominalisierungsstil zu erkennen: Substantivische Prädikatsausdrücke, die schon lange und häufig in Gebrauch sind, werden allmählich und unversehens so stark idiomatisch gebunden, daß sie zu Verben werden. Dies ist, langfristig gesehen, eine Vermehrung der Verben durch Routine im substantivischen Prädikatsausdruck.

Von diesen Nominalprädikaten, die eine nicht analysierbare wortsemantische Einheit bilden, sind zu unterscheiden die F u n k - t i o n s v e r b g e f ü g e im eigentlichen Sinne: *in Verlegenheit sein/bringen/kommen/geraten, in Beziehung stehen/bringen/setzen/kommen/treten, zur Kenntnis geben/nehmen, zur Sprache bringen/kommen, "zur Rechenschaft ziehen"* (T9a,10 T9b,4) usw. Dabei leisten die Verben – eine begrenzte Anzahl von ZUSTANDS- und BEWEGUNGS-Verben in abstrakter Funktion – als Funktionsverben einen klar erkennbaren Beitrag zur Satzbedeutung innerhalb eines in der Grammatik zu behandelnden Systems von Nominalprädikaten. Satzsemantisch wird mit ihnen als Oberprädikaten von Einbettungen (s. 3.13) oder als Aktionsart-Zusätzen (s. 3.23.2) eine Modifizierung des Hauptprädikats ausgedrückt: ZUSTAND, DAUER, VERURSACHUNG, ZUSTANDSVERÄNDERUNG usw.

Eine eigene semantische Funktion haben auch *finden* und *erfahren* als Nominalverben zum Ersatz des Passivs (9a, vgl. 2.15.1):

9:     *"Diese Rechte finden ihre Schranken in den Vorschriften ..."* (T2 Art.5,2)

9a: *Diese Rechte werden beschränkt durch die Vorschriften ...*

Ebenso: *Anwendung finden / angewendet werden, Beachtung finden / beachtet werden, Anerkennung finden / anerkannt werden.* Auch hier hat das Nominalverb anstelle seiner konkreten Vollverb-Bedeutung eine abstrakte grammatikalische Funktion wie *werden* im Passivsatz mit Verb-Prädikat, und das (artikellose) Substantiv ist Ausdruck des Hauptprädikats, nicht Ausdruck eines Bezugsobjekts.

Eine Einbettungsstruktur haben die sog. O b j e k t s p r ä d i k a t i v e (Heidolph u. a. 250, Helbig/Buscha 481) mit *nennen, halten für, erklären für, betrachten als, bezeichnen als, ansehen als, machen zu, wählen zu, . . .* (vgl. 3.13); z. B.

10: „*Ihr neues Mitglied wird . . . ein ,Pommer' genannt*" (T10,4).

Mit „*Pommer*" wird hier ein Prädikat bezeichnet, nicht ein weiteres Bezugsobjekt. Im Unterschied zu *Pommer sein* ist jedoch bei *Pommer genannt werden* eine erste implizite Bezugsstelle vorhanden (,von jemandem'), sodaß das Prädikat ,Pommer' innerhalb einer eingebetteten Prädikation zur zweiten Bezugsstelle gehört.

Der Aktivsatz 10a ist nur eine praktische komprimierte Ausdrucksweise (mit Anhebung des 2. Prädikats in den Hauptsatz hinein) für das explizitere Satzgefüge 10b mit der Einbettungsstruktur P1(x,P2(y)):
10a: *x nennt*$_{P1a}$ *y einen Pommer*$_{P2}$.
10b: *x sagt*$_{P1b}$, *daß y ein Pommer*$_{P2}$ *ist*.
Solche substantivischen Prädikatsausdrücke gehören zwar syntaktisch zu den Nominalprädikaten (s. 1.4), satzsemantisch aber über die einfachen Satzinhalte hinaus zu den Einbettungen (s. 3.1).

2.12. Referenzstellen/Bezugsstellen

2.12.1. B e z u g n e h m e n u n d B e z u g s o b j e k t e

Immer wenn man eine Prädikation/Aussage macht, muß es etwas geben, vorüber man das Prädikat aussagt. Dieses Etwas ist aber nicht von vornherein in der außersprachlichen Wirklichkeit gegeben; es muß vom Sprecher/Verfasser im Zusammenhang mit seiner Aussage satzsemantisch konstituiert werden, ist Objekt einer Teilhandlung des Satzinhalts. Es ist sehr selten, daß diese gegenstandskonstituierende Handlung metakommunikativ so ausdrücklich benannt wird wie in Rainer Barzels akademisch sorgfältiger Stilisierung:

1: „*in einer früheren Debatte, auf die ich Bezug nehme*" (T8,6)

Der Ausdruck „*Bezug nehmen*" (auch als verbaler Prädikatsausdruck zusammengeschrieben: *bezugnehmen*) ist die akademischbürokratische Variante für *sich beziehen*. Andere normalsprachliche Ausdrücke kommen in Rückfragen vor, die man stellt, wenn man von einer Prädikation P nur das Prädikat verstanden hat, aber nicht weiß, worüber es ausgesagt ist: *Worauf bezieht sich P? Was bezeichnest du mit P? Wen/was meinst du mit P? Wen/was nennst du P? Wovon redet ihr eigentlich? Worum geht's denn überhaupt? Sie sollten endlich Roß und Reiter nennen*, usw. Die hier erfragte Komponente des Satzinhalts ist also den Sprachbenutzern ohne sprachwissenschaftliche Vorkenntnisse durchaus bekannt und benennbar. Es liegt also nahe, sie auch in der Sprachwissenschaft und im Sprachunterricht mit „sich beziehen" / „Bezug(nahme)" / „bezugnehmen" zu bezeichnen, wie es in der germanistischen Sprachwissenschaft z. T. schon üblich ist.

In der international orientierten Linguistik, besonders nach Vorbild von John R. Searles Sprechakttheorie (s. 1.27), hat man dafür den Fachterminus „Referenz/referieren" eingeführt (nach engl. *reference, to refer*). Da es sich bei *to refer* um ein englisches Normalsprachwort handelt, wäre es besser gewesen, wenn man es auch in der Linguistik gleich mit „beziehen/bezugnehmen" ins Deutsche übersetzt hätte, zumal die bereits vorhandenen deutschen Wörter *Referenz, referieren* eine andere Bedeutung haben. Dies gilt besonders auch für den Ausdruck „der Referent" (nach engl. *referent*), der neben „Referenzobjekt" öfters in deutschen Linguistentexten verwendet wird für das, worüber ein Prädikat ausgesagt wird.

Eine terminologische Unklarheit bedeutet auch die Gewohnheit vieler Linguisten, das Verb „referieren" oft nicht als HANDLUNGS-Verb (s. 2.14.2), für eine HANDLUNG des Sprechers/Verfassers, zu verwenden, sondern als Aussage über sprachliche Ausdrücke, z. B. „Dieses Wort referiert auf x." Dabei bleibt offen, ob hier eine EIGENSCHAFT des Wortes oder ein kontextbedingter ZUSTAND des Ausdrucks oder ein abstrakter semantischer VORGANG gemeint ist. Es bleibt dabei auch meist unklar, ob diese Rede- und Schreibweise nur sprachökonomisch als Subjektschub (s. 2.15.2) ohne semantischen Unterschied zu einer HAND-

LUNGS-Formulierung gemeint ist oder im Sinne einer vorpragma-
tischen „Referenzsemantik", in der die Bedeutung der Wörter zu
einfach als abstrakte direkte Relation zwischen Sprache und Wirklichkeit gesehen wurde, ohne Rücksicht auf Sprachinhalts-Bewußt-
sein einer Sprachgemeinschaft und auf Sprachhandlungen der
Sprachbenutzer. Für die abstrakte lexikalsemantische Beziehung
zwischen Wort und Wirklichkeit (oder Wort und Begriff von der
Wirklichkeit) gibt es eindeutigere Fachtermini: denotieren, Denotation, Denotat.

Im Sinne einer normalsprachnahen Beschreibungsweise der pragmatischen Satzsemantik vermeiden wir also in diesem Buch die
Ausdrücke „referieren" und „Referent" und fassen REFERENZ
nur als HANDLUNG. Wir verwenden den Terminus „Referenz",
„referentiell" nur als allgemeines übliches Etikett für dieses Teilge-
biet der Satzsemantik, und den Terminus ,,R e f e r e n z s t e l l e /
B e z u g s s t e l l e'' führen wir für die abstrakte Beziehung zwischen
einem Prädikat und seinen Argumenten (nach der Prädikatenlogik)
ein. Für Aussagen zur satzsemantischen Analyse bevorzugen wir
BEZUG(NEHMEN) in Formulierungen nach folgendem Grund-
schema:

Sprecher/Verfasser NEHMEN BEZUG mit einem Bezugsausdruck (Wort,
Wortgruppe, Satzglied) auf ein Bezugsobjekt (oder mehrere), bzw. Hörer/
Leser BEZIEHEN beim Verstehen einer Äußerung die geäußerten Bezugsausdrücke auf die vom Sprecher/Verfasser gemeinten Bezugsobjekte und
erschließen gegebenenfalls die vom Sprecher/Verfasser mitgemeinten oder
außerdem noch mitzuverstehenden Bezugsobjekte. Auf unser Beispiel 1
angewandt: Barzel NIMMT BEZUG mithilfe des Bezugsausdrucks *„einer
früheren Debatte"* und des metakommunikativen Handlungsausdrucks
„Bezug nehme" auf das Bezugsobjekt ‚frühere Debatte', und seine Zuhörer
können bzw. müssen über das Geäußerte hinaus die mitgemeinten Bezugsobjekte ‚des Deutschen Bundestages', ‚über das Thema x' und ‚am soundso-
vielten' ergänzen, da die Leerstellen dafür in den Bezugsausdrücken *„Debatte"* und *„früheren"* durch sprachliche Regeln (Wortbedeutung, Valenz)
mitbedeutet sind (vgl. 4.2).

Auf was für B e z u g s o b j e k t e man BEZUGNEHMEN kann, ist
unbegrenzt. Neben konkreten Begriffen (Personen, Gegenständen,
Orten, Räumen) gibt es abstrakte Bezugsobjekte: Handlungen,
Vorgänge, Zustände in Gegenwart, Vergangenheit oder Zukunft,

oder ganze Sinnzusammenhänge des vorausgegangenen Kontextes
(vgl. 2.12.7): *„Das, meine Damen und Herren, ist wohl nicht
zumutbar."* (T8,12). – Man kann auch auf etwas BEZUGNEH-
MEN, was es gar nicht gibt, denn die Konstituierung von Bezugsobjekten ist ein elementares Sprachhandlungsrecht jedes Sprechers/
Verfassers. Man kann in Hypothesen oder Plänen, in Erzählungen
über Träume oder Visionen, in Utopien oder Romanen auf irreale
Dinge BEZUGNEHMEN, wenn man deren Existenz für eine bestimmte Phase des Kommunikationsverlaufs (für einen Satz, einen
Textabschnitt, einen ganzen Text oder Textzyklus) ANNIMMT.
Dies geschieht oft durch explizite EINFÜHRUNG von Bezugsobjekten: *Es war einmal ein . . ., Nehmen wir mal an, . . ., Gesetzt den
Fall, daß . . ., Gegeben sei . . .*, oder in Listen der Personen am
Beginn eines Dramentextes oder Drehbuchs. Von Hörern/Lesern,
die sich auf die Lektüre solcher Texte einlassen, wird erwartet, daß
sie diese Existenzannahmen für die betreffende Kommunikations-
phase als systematische Text-Bezugswelt nachvollziehen. Wegen
dieser Möglichkeit fiktiver Referenz spricht man in der Referenz-
theorie und Textlinguistik von der Existenz von Referenzobjekten
„in einer Welt", von „Referenzwelten" oder „Diskursuniversen".
Dies gilt nicht nur für die fiktionalen Bezugswelten literarischer
oder poetischer Texte. In unseren Beispieltexten haben wir mit
verschiedenen Bezugswelten bei den „10 Geboten" zu tun:

2: *„Ich bin der Herr, dein Gott, der ich dich aus Ägyptenland ... geführt
   habe"* (T1,2)
3: *„ich, der Herr, dein Gott, bin ein eifriger Gott, der da heimsucht der
   Väter Missetat an den Kindern bis in das dritte und vierte Glied"* (T1,5)
Wenn ein Geistlicher heute seiner Gemeinde die in diesem Text vorhandenen Begriffe ‚Gott' und ‚du' erläutern will, muß er erklären, daß die
Bezugsausdrücke „ich", „Gott" bzw. „dein", „dich" in 2 und 3 einer
anderen Bezugswelt angehören (das antike Volk Israel und sein vorchristlicher Gott Jahwe/Jehova) als die Bezugsausdrücke „du", „dein" in den noch
heute als VERPFLICHTUNG aufgefaßten und vorgetragenen Stellen 4 und
5 des gleichen Textes:
4: *„Du sollst deinen Vater und deine Mutter ehren"* (T1,12)
5: *„Du sollst nicht töten."* (T1,13)
So gehört auch in der Glosse T5 das mit *„diu chuenegin von engellant"*
(T5,2) Gemeinte einer anderen Bezugswelt an als das mit *„Ihrer Majestät"*
(T5,5) und *„der Krone ... ihrer Trägerin"* (T5,7) Gemeinte; und das mit

„*Märchenfrosch*" und „*Prinzessin*" (T5,5) Gemeinte gehört in eine dritte Bezugswelt, was zum poetischen Reiz dieses Textes beiträgt.

2.12.2. Wahrnehmungsabhängiges Bezugnehmen

Wie in der ganzen Satzsemantik gibt es auch im Bereich der Referenz eine Variationsbreite von elementaren/einfachen zu komplexen/zusammengesetzten Inhaltsstrukturen. Die einfachste, primitivste Art des BEZUGNEHMENS sind Fingerzeig, Kopfwendung, Blickrichtung, also Ausdrucksmittel im nonverbalen/nichtsprachlichen Bereich von Gestik und Mimik. Ihr entspricht in der deutschen Sprache etwa der absolute Gebrauch des Pronomens *da*. Wer zu seinem Gesprächspartner mit einer für ihn erkennbaren Blickrichtung nichts weiter sagt als *da*, tut nichts anderes als BEZUGNEHMEN. Solches r e i n e s BEZUGNEHMEN liegt nur beim Gebrauch von P r o n o m e n vor, so auch bei Barzels „*Das*" in T8,12 (s. oben). Häufig kommt jedoch eine weitere referenzsemantische Schicht hinzu: Wenn man sich auf eine bestimmte Person mit *er/der* bzw. *sie/die* bezieht, kommt als eine das BEZUGNEHMEN unterstützende Handlung eine KLASSIFIZIERUNG nach den Merkmalen MÄNNLICH, WEIBLICH hinzu, außer in Fällen, wo das grammatische Geschlecht nicht mit dem natürlichen übereinstimmt, z. B. *die Geisel*, oder bei angeblich geschlechtsneutralen Berufsbezeichnungen (s. 2.13.4). Bei lokalen und temporalen Pronomen wie *hier, dort, daneben, draußen, jetzt, heute, damals,* ... (in traditionellen Grammatiken zu den Adverbien gezählt) wird das Bezugsobjekt mit den allgemeinen Merkmalen ORT, RAUM bzw. ZEITPUNKT, ZEITRAUM und mit speziellen Beziehungsverhältnissen zu anderen Bezugsobjekten KLASSIFIZIERT. In erster Linie sind sie aber als Pronomen Mittel der ORTS- oder ZEITREFERENZ.

Für alle diese Pronomen gilt die Bedingung, daß sie nur s i t u a t i o n s a b h ä n g i g eine Bedeutung haben können. Zu ihrem Verständnis muß der Hörer/Leser sich in der gleichen konkreten Kommunikationssituation befinden wie der Sprecher/Verfasser bzw. sich diese vorstellen können, damit er die pronominal bezeichneten Bezugsobjekte selbst wahrnehmen bzw. die Wahrnehmungssituation des Sprechers/Verfassers nachvollziehen kann.

Pronomen sind, genauergesagt, wahrnehmungsabhängige Bezugsausdrücke. In der Sprachwissenschaft werden diese Wörter darum
auch „Deiktika/Zeigwörter" genannt, neuerdings in der logikfundierten Satzsemantik auch „Indikatoren" oder „indexikalische
Ausdrücke".

In direkter Kommunikation von Mensch zu Mensch (face to face
communication) genügt die wahrnehmungsabhängige Referenz
meist vollauf. Menschen, die vorwiegend oder ausschließlich in-
group-Kommunikation in vertrauter Umgebung gewohnt sind,
haben sprachliche Schwierigkeiten, sobald sie sich an indirekte
Kommunikationsarten gewöhnen müssen. In Polizei- oder Gerichtsprotokollen werden deshalb pronominale Ausdrücke von den
Amtspersonen oft eigenmächtig durch explizitere Bezugsausdrücke
ersetzt, und die Mühen der Muttersprachlehrer in Unter- und
Mittelstufe im Aufsatzunterricht gelten zum großen Teil dem
wahrnehmungsunabhängigen Bezugnehmen. In Briefen ist der
wahrnehmungsabhängige ‚ich-du-jetzt-hier'-Bezug der pronominalen Referenz nur dadurch möglich, daß mit Adresse, Absender,
Ortsangabe, Datumsangabe, Anrede und Unterschrift eine für den
Leser wahrnehmbare bzw. nachvollziehbare Situation geschaffen
wird, die den pronominalen Bezugsmitteln aus dem Kontext Sinn
gibt. So ist auch das „Ich" in Habermas' Vorwort (T7,1) nur aus
der Verfasserangabe im Buchtitel verständlich. Zeitliches Bezugnehmen mit *heutzutage, demnächst, vor 10 Jahren* usw. ist in
Buchtexten nur sinnvoll, wenn auf dem Titelblatt oder im Impres-
sum ein Erscheinungsjahr angegeben ist. Die für Schreibtexte
typische Art von wahrnehmungsabhängiger Referenz sind die Vor-
und Rückverweise in der Textreferenz (s. 2.12.7).

2.12.3. Wissensabhängiges Bezugnehmen

Wie zum menschlichen Handeln das Planen für die Zukunft und
das Erinnern an Vergangenes dazugehört, so ist es auch eine der
wichtigsten Möglichkeiten menschlicher Sprache, auf Vergangenes, Künftiges, Abwesendes oder Erdachtes bezugnehmen zu können. So sind in allen Sprachen neben den Mitteln für wahrnehmungsabhängige direkte Kommunikation auch Mittel für distan-
zierte Großgruppen-Kommunikation entwickelt worden, bis hin

zu Schreib- und Standardsprachen. Spätestens in der Schule werden die verschiedenen Arten von Referenzmitteln für indirekte Kommunikation erlernt, d. h. für den Sprachverkehr mit räumlich und zeitlich entfernten Textadressaten, die anstelle der (fehlenden) Situationswahrnehmung zum Referenz-Verstehen das gemeinsame Vorwissen zu Hilfe nehmen müssen (das natürlich beim Prädikationen-Verstehen auch in direkter Kommunikation unentbehrlich ist).

Die einfachste Art wissensabhängiger Referenz sind die E i g e n - n a m e n (nomina propria). Bei ihnen kommt zum BEZUGNEH-MEN als referenzunterstützende Sprachhandlung das IDENTIFI-ZIEREN hinzu, das den Mangel an gemeinsamer Wahrnehmung der Bezugsobjekte kompensiert. Eigennamen sind die sparsamste Form identifizierenden Bezugnehmens auf Individuen, nämlich auf:

- Personen: „Gott" (T1,1), „Scheel" (T8,2), „Faßbinder" (T4,5), „Mike Fagan" (T5,10), ...
- Orte: „Hamburg" (T6), „Moskau" (T8,5), „Darmstadt" (T10,3), ...
- Länder: „Ägyptenland" (T1,2), „Algerien" (T9a,11), „Pommern" (T10,5), ...
- Gruppen und Institutionen: „die Spitzenorganisation der Filmwirtschaft" (T4,3), „Herzog GmbH" (T6), „SPD" (T8,4), „des Nationalsozialismus" (T9b,5), ...
- Texte und Textserien: „Casino-Journal" (T6), „des Bahr-Papiers" (T8,10), „Evangelische Kommentare" (T9b,4), ...
- Ereignisse und Handlungszusammenhänge: der Fenstersturz zu Prag, die Kristallnacht, die Aktion Sorgenkind, ...

Das fürs Namenverständnis gemeinsame Wissen ist nicht so selbstverständlich vorauszusetzen wie bei normalen Wörtern. Bei Eigennamen ist, ähnlich wie bei Fachtermini, die Sprachgemeinschaft partikularisiert in für jeden Namen spezielle Namenkenner-Gruppen. Die Gruppe derer, die wissen, welcher Ort Korlingen heißt, deckt sich nur in sehr geringem Maße mit der Gruppe derer, die wissen, welcher Ort Oberurff heißt. Beim Gebrauch von Eigennamen muß man eine pragmatische Präsupposition/Vorannahme (s. 4.4) über das Vorwissen des Hörers/Lesers machen. Im negativen Fall ist man dabei verpflichtet, den Eigennamen mit einer zusätzlichen Kennzeichnung EINZUFÜHREN, z. B.: mein Wohnort Kor-

lingen bzw. *Oberurff, wo der bekannte Lexikologe wohnt,* oder wenigstens mit einem inhaltsleeren EINFÜHRUNGS-Signal: *der Ort x, ein Mensch namens x, ein gewisser x.* So hat der Nachrichtenredakteur im Bericht über das Grosser-Interview nicht allen seinen Lesern die erforderliche Namenkenntnis zugetraut und mit journalistischer Routine einige Eigennamen seines Textes mit Kennzeichnungen eingeführt: *„Die Professoren Alfred Grosser (Paris) und ... – ... der in Stuttgart erscheinenden Monatszeitschrift ,Evangelische Kommentare'"* (T9b,3,4)

Dies gilt nicht für allgemeiner bekannte Namen wie *„Ägyptenland"* (T1,2), *„Marx"* (T7,6) und für Namen, die man zum adressatenspezifischen Vorwissen rechnen kann wie *„Hegel", „Nietzsche"* (T7,7), *„Bahr-Papier"* (T8,10). Wenn Namen ,zu Begriffen werden' (z. B. *„einen Faßbinder, einen Schlöndorff, einen Kluge"* (T4,5), *„eines Reichskanzlers Hitler"* (T10,6)), sind sie semantisch keine Eigennamen mehr, da hierbei zum BEZUGNEHMEN und IDENTIFIZIEREN ein hintergründiges PRÄDIZIEREN hinzukommt, was mit Hilfe des abweichenden Quantifizierungsausdrucks *„ein"* (s. 2.13.2) angedeutet wird. Wenn Namen eine semantische Motiviertheit/ Durchsichtigkeit haben, sind sie als ,sprechende Namen' ebenfalls nicht mehr reine Eigennamen, so wenn z. B. ein Zahnarzt zufällig *Reißer* heißt, ein Innenminister *Schieß,* ein Ort *Elend.* Solche PRÄDIZIERENDEN Inhaltskomponenten können, weil sie dem Grundprinzip des Eigennamens widersprechen, als Störungen beim Namengebrauch Anlaß zu Umbenennung geben. Nur solche Namen sind, wenn ihre prädikative Mitbedeutung vom Autor beabsichtigt ist, in literarischen und historiographischen Texten in andere Sprachen übersetzbar (z. B. *Richard Lionhearted = Richard Löwenherz).* Daß die meisten Eigennamen semantische Merkmale wie WEIBLICH, ENGLISCH, ORT, FLUSS, PARTEI, FIRMA, TEXT enthalten, ist ein erster Ansatz zum KLASSIFIZIEREN, ähnlich wie bei vielen Pronomen (s. 2.12.2).

Substantive, die nicht Eigennamen sind, nennt man G a t t u n g s - b e z e i c h n u n g e n / nomina appellativa / Appellative / Nennwörter. Bei ihnen kommt zum BEZUGNEHMEN eine PRÄDIKATION hinzu. Da sie ohnehin auch als Prädikatsausdrücke verwendet werden können (s. 2.11.4), rechnet man Substantive nach der satzsemantischen Klassifizierung der Wortarten zu den P r ä d i k a - t o r e n (zusammen mit Verben und Adjektiven) und unterscheidet sie damit von den Quantoren (Artikelwörter, Zahlwörter), den Indikatoren/Referenzwörtern (Pronomina, Eigennamen) und den

Junktoren/Bindewörtern (Konjunktionen, Präpositionen) (s. Henne/Rehbock, in: LGL 155 f.). In der Verwendung von Substantiven als Referenzausdrücken ist diese prädikative Funktion aber reduziert auf ein KLASSIFIZIEREN, das einen Ersatz für das (von Eigennamen geleistete) IDENTIFIZIEREN darstellt. Statt auf die Frage ‚Welches x?‘ wird mit dieser Bezugsweise auf die Frage ‚Was für ein x?‘ geantwortet. Die IDENTIFIZIERUNG wird beim Gebrauch von Gattungsbezeichnungen mit Hilfe der Artikelwörter im Rahmen der Quantifizierung (s. 2.13) angedeutet oder mit Hilfe von restriktiven/kennzeichnenden Zusätzen (s. 3.25.2).

Dazu ein Beispiel: „*Er nahm die Regenrinne, umging die Taubengitter, ... ging den Flur entlang und setzte sich ans Bett Ihrer Majestät wie der Märchenfrosch zu Füßen der Prinzessin*" (T5,5)
Die mit „*Regenrinne*", „*Taubengitter*", „*Flur*", „*Märchenfrosch*", „*Prinzessin*" gemeinten Bezugsobjekte sind nur nach deren Gattung/Klasse benannt; IDENTIFIZIERT werden sie nur unvollkommen dadurch, daß mit dem bestimmten Artikel „*der*", „*die*", „*den*" darauf hingewiesen wird, daß es sich jeweils um ein bestimmtes Exemplar der genannten Gattung handelt. Welches Individuum gemeint ist, muß der Leser jedoch aus seiner Kenntnis des über diesen Text hinausgehenden Kommunikationskontextes bzw. eines Grimmschen Märchens ableiten: Zur IDENTIFIZIERUNG muß er gedanklich ergänzen: ‚des Buckingham-Palastes in London‘ bzw. ‚im Märchen „Der Froschkönig"‘.

Diese das Bezugsobjekt (aus einer Menge auf eines ihrer Elemente) restringierenden/eingrenzenden Ergänzungen nennt man K e n n - z e i c h n u n g e n . Eine sprachlich im Text voll ausgedrückte Kennzeichnung ist „*(da)s Bett Ihrer Majestät*" (T5,5). Diese Funktion als Referenzhilfe haben alle in der Grammatik „restriktiv" genannten Attribute (s. 3.25.2). Es handelt sich dabei um eine nur annähernd genaue Art von Identifizierung. Vollgültig identifizierende Kennzeichnungen im Sinne der Formalen Logik (singuläre Kennzeichnungen, engl. definite descriptions) sind Nominalgruppen, in denen das kennzeichnende Attribut genauso wie ein Eigenname den Bezug auf ein bestimmtes Individuum hinreichend ermöglicht; z. B. (stets durch *derjenige, welcher* zu präzisieren):

„*den gesetzlichen Bestimmungen zum Schutze der Jugend*" (T2 Art. 5,2), „*die Hinweise auf der Rückseite*" (T3,6), „*der Brief, mit dem Sie uns einluden*" (T8,6), „*ums Haus des Bundespräsidenten*" (T5,9). Diese explizhiteste, gegenüber den Eigennamen allgemeinverständlichste Art des wis-

sensabhängigen Bezugnehmens ist besonders in solchen Kommunikations-
situationen erforderlich, wo eine Situations- und Kontextabhängigkeit von
Satzbedeutungen so weit wie möglich vermieden werden soll, z. B. in
Polizei- und Gerichtsprotokollen, in wissenschaftlichen und technischen
Beschreibungen.

2.12.4. Prädizierendes Bezugnehmen

Die wahrnehmungs- und wissensabhängigen Arten des Bezugneh-
mens gehören zum Handwerkszeug jedes kommunizierenden
Sprachbenutzers. Nun gibt es aber in unserer übermäßig komprimierenden Sprachkultur noch eine Art von Referenz, wo in hintergründiger Weise zugleich mit dem BEZUGNEHMEN, dem IDEN-
TIFIZIEREN bzw. KLASSIFIZIEREN auch noch etwas PRÄDI-
ZIERT wird, was nicht nur als Referenzhilfe dient, sondern dem
Hörer/Leser etwas Neues über das Bezugsobjekt aussagen soll, was
nicht zum vorausgesetzten gemeinsamen Vorwissen gehört. Solche
Referenzprädikationen gehören nicht mit zum Hauptprädikat des
betreffenden Satzinhalts, werden also nicht offen BEHAUPTET,
unterliegen also auch nicht der VERNEINUNG des Hauptprädikats. Diese anläßlich eines BEZUGNEHMENS untergescho-
benen Prädikationen verdienen bei sprachkritischer Textanalyse
alle Aufmerksamkeit. Wer z. B. sagt: *Diese Opportunisten gehören
nicht in den Bundestag*, hat nicht nur auf bestimmte Personen
KLASSIFIZIEREND BEZUGGENOMMEN, sondern hat über sie
MITBEHAUPTET, sie seien „*Opportunisten*". Auch wenn das
Hauptprädikat hier nicht VERNEINT wäre, bliebe in „*Diese
Opportunisten*" das Werturteil über die Bezugspersonen unter-
schwellig MITBEHAUPTET. Solche Benennungen können zur ma-
nipulativen Wirkung von Texten und zur Bildung und Bestätigung
von Vorurteilen beitragen, da sie den Anschein von Gattungsbezeichnungen als Kennzeichnungen nach dem gemeinsamen Vorwissen erwecken, in Wirklichkeit aber versteckte Prädikate sind,
die MITBEHAUPTET werden, ohne daß der Sprecher/Verfasser so
stark zu ihrer BEGRÜNDUNG verpflichtet wäre wie bei den
Hauptprädikaten. Der semantische Streit um die Bezeichnungen
Baader-Meinhof-Gruppe und *Baader-Meinhof-Bande* in den 70er
Jahren war ein solcher Fall, wo man einsehen mußte, daß man mit
solchen Wörtern nicht nur BEZUGNIMMT, sondern auch PRÄ-

DIZIERT, BEWERTET und STELLUNGNIMMT. – Einige (allerdings sprachkritisch harmlose) Fälle prädizierender Referenz aus den Beispieltexten:

„Filmförderung, die uns nach langer Durststrecke ... einige ... Filme beschert hat" (T4,4). Hier wird mit *„Durststrecke"* über das Bezugnehmen auf einen Zeitraum hinaus etwas über dessen Bedeutung für die Qualität der *„Filmförderung"* ausgesagt: ‚in diesem Zeitraum haben die *„Filmfreunde"* gute Filme entbehren müssen'.

„Das heimlose, unbeschäftige „Sozialprodukt" verwirklichte einen ... Traum ..." (T5,6). Statt des Namens *Fagan* oder einer im Kontext sinnvollen Gattungsbezeichnung wie *der Täter* wird hier beim Bezugnehmen zugleich ausgesagt, daß Fagan als Täter nur ‚Produkt dieser Gesellschaft' sei (vgl. 4.45).

„Solche Gefährdungen kann sich jede Staatsform nur wünschen" (T5,12). Die Tat Fagans wird hier durch prädizierende Referenz als *„Gefährdung"* bezeichnet, ein durch den Kontext ironisch wirkender Seitenhieb gegen Andersdenkende (vgl. 4.45, 5.1).

„was einem 1934 Geborenen als Obrigkeit ... einträgt" (T10,5). Anstelle von schlichter pronominaler Referenz *(ich)* stellt der Verfasser hier die eigene Person zusätzlich als Angehöriger eines Jahrgangs und damit als Objekt geschichtlicher Entwicklung dar (vgl. 4.44).

In die Nähe des prädizierenden Bezugnehmens gehört die männerorientierte Vagheit bei Personenbezeichnungen (s. 2.13.4.).

2.12.5. Referenzlose Pronomen

Der grammatikalische Fachausdruck *Pronomen* muß im Hinblick auf die Satzsemantik differenziert werden. Nicht in allen Fällen nämlich steht ein sog. Pronomen ‚für ein Nomen/Substantiv'. Wenn mit dem Pronomen inhaltlich kein BEZUGNEHMEN auf ein Bezugsobjekt verbunden ist, muß es satzsemantisch als Pseudopronomen erklärt werden. Es gibt in der deutschen Sprache mehrere solche Fälle (z. B. das *Es* in diesem Satz). Drastisch deutlich wird dies in einem Fall wie *Er hat sich verschluckt,* wo dem sog. Reflexivpronomen *sich* gar kein Bezugsobjekt und auch keine reflexive/rückbezügliche Bedeutung entspricht. Dieses Verb *verschlucken1* (als Vokabel zu lernen: *sich verschlucken*) ist also ein einwertiges Verb, entsprechend einer einstelligen Prädikation P(x), während das Verb *verschlucken2* (in *Er hat einen Kirschkern verschluckt*) zweiwertig ist und einer zweistelligen Prädikation

P(x,y) entspricht. In satzsemantischer Hinsicht ist also – entgegen der Darstellung in traditionellen Grammatiken – das erstgenannte Verb *sich verschlucken* ein p s e u d o r e f l e x i v e s Verb (so auch Helbig/Buscha 6, 178; Stötzel), während die Duden-Grammatik (S. 109) umgekehrt die semantisch pseudoreflexiven Verben „echte reflexive Verben" nennt.

Der Wortbildungstyp *sich verschlucken* ist sehr produktiv: *sich verschreiben, sich verlaufen, sich verzählen, sich verkalkulieren* usw. Andere pseudoreflexive Verben: „*bekennt sich*" (T2 Art. 1,2), „*ergibt sich*" (T7,8), „*ich mich wehre*" (T9a,12), *sich schämen, sich ereignen, sich freuen* ... Das Pseudopronomen *sich* hat keine reflexive (d. h. auf das erste Bezugsobjekt WIEDERBEZIEHENDE) Bedeutung, sondern hat entweder gar keine eigene Bedeutung *(sich schämen)* oder bedeutet zusammen mit dem Präfix *ver-* die Modifizierung ‚falsch' (wie in jenem produktiven Wortbildungstyp).

Nichtpronominale *sich/mich/dich/uns* usw. sind im Hauptsatz vor dem finiten Verb nicht allein satzgliedfähig (also nicht: *Sich hat er verschluckt) und nicht allein erfragbar (also nicht: *Was hat er verschluckt? – *Sich.*). Vor allem sind diese Pseudopronomen weder durch eine Nominalgruppe noch durch irgendeine andere syntaktische Form ersetzbar. Deshalb sind sie in der syntaktischen Analyse nicht als Ergänzungen, sondern als Bestandteil des Prädikatsausdrucks (Fig. 17) zu erklären (ähnlich auch Helbig/Buscha a.a.O.).

Bei den semantisch e c h t e n Reflexivverben entspricht dagegen dem echten Reflexivpronomen *sich/mich* usw. (das durch *selbst* ergänzbar ist) im Satzinhalt eine Referenzstelle, die mit der ersten Referenzstelle der gleichen Prädikation bezugsidentisch ist, also P(x,x) neben P(x,y):

1: *Fritz$_x$ rasiert$_P$ sich$_x$ (selbst).*
1a: *Fritz$_x$ rasiert$_P$ Fritz$_x$.*
2: *Fritz$_x$ rasiert$_P$ Hans$_y$.*

Die Form 1 ist als sprachökonomische Pronominalisierung der unüblichen, aber sinnvoll verständlichen Form 1a zu erklären, während der Satz 2 die Echtheit der zweiten Referenzstelle beweist. Andere semantisch echte reflexive Verben: „*sich wünschen*" (T5,12), *sich gönnen, sich ausziehen, sich verletzen, sich ausrüsten, sich schaden, sich korrigieren* usw. Das semantisch echte Reflexivpronomen, das allein satzgliedfähig ist *(Sich (selbst) gönnt er etwas)* und allein erfragbar ist *(Wem? – Sich (selbst))*, ist syntaktisch als Ergänzung, also als eine Valenzstelle des Verbs zu erklären.

Fig. 17:

P1 (x)   Satz   P2 (x,y)   Satz

Prädikats-   1. Ergänzung   Prädikats- 1. Ergänzung 2. Ergänzung
audruck   (Subjekt)   ausdruck   (Subjekt)

Verbver-   Pronomen   Verbver-   Pronomen   Nominal-
knüpfung   knüpfung   gruppe

Verknüp-   Verb   *er*$_x$ Verknüp-   Verb   *er*$_x$ *einen Kirschkern*$_y$
fungsverb   fungsverb

hat   *sich ver-*   *hat*   *verschluckt*$_{P2}$
           schluckt$_{P1}$

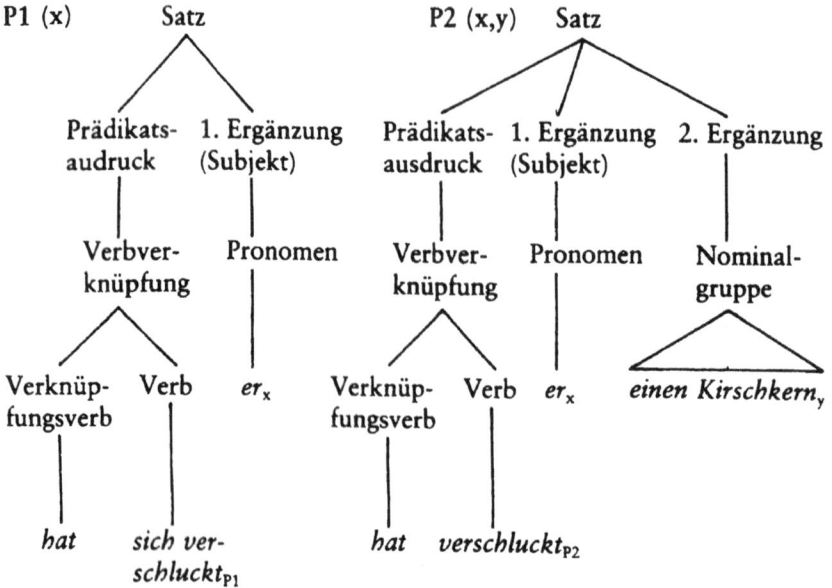

Die Unterscheidung zwischen semantisch echten und unechten Reflexivverben darf jedoch nicht kontextlos vorgenommen werden. Es gibt viele Fälle,
wo das Pronomen kontextlos durch eine Nominalgruppe ersetzt werden
könnte, also den Anschein eines semantisch echten Reflexivverbs erweckt:
z. B. *sich irgendwohin setzen, jemanden/einen Gegenstand irgendwohin
setzen.* In bestimmten Kontexten ist dies aber nicht möglich, und die
Bedeutung ist dann bei *sich setzen* teilweise anders (nicht CAUSATIV, vgl.
3.13) als bei *jemanden setzen:* „*Er setzte sich ans Bett Ihrer Majestät.*"
(T5,5). Hier ist *sich* keineswegs durch eine Nominalgruppe zu ersetzen, es
hat keine eigene Bedeutung, ist kein Pronomen und ist nicht reflexiv zu
verstehen, ist also nur ein Teil des Prädikatsausdrucks. Auch hat *setzen*
andere Synonyme (*hintun, wegtun, aufbewahren* usw.) als *sich setzen*
(*platznehmen, sich niederlassen* usw.). Aus den gleichen Gründen sind zu
den semantisch pseudoreflexiven Verben zu rechnen: „*sich ... unterrichten*" (T2 Art. 5,1), „*sich sehen lassen*" (T4,4), „*findet sich*" (T4,5), „*sich
vollzieht*" (T7,7), „*mich für ... interessiert*" (T9a,9).

Da die Zahl der semantisch pseudoreflexiven Verben (mit meist
abstrakter Bedeutung) im heutigen Deutsch stark zunimmt (*sich
verdanken, sich darstellen als, sich herausstellen als, sich ausswei-*

sen, sich erweisen als usw.), ist es im Sprachunterricht sehr nützlich, den traditionellen Begriff Reflexivpronomen zu differenzieren
und jeweils danach zu fragen, ob mit einem *sich* wirklich auf etwas
BEZUGGENOMMEN wird oder ob das *sich* nur grammatikalisches Mittel zur Reduzierung der Valenz eines Verblexems ist
(Rezessivum, s. Heringer u. a. 1980, 226 ff.), z. B. dreiwertiges *x
verdankt y dem z* neben zweiwertigem *y verdankt sich dem z* (vgl.
2.15.2).

Das gleiche Problem gibt es, noch etwas differenzierter, beim
Pronomen *es*. Semantisch echtes Pronomen ist *es* nur da, wo es eine
Nominalgruppe ersetzt oder durch eine solche ersetzt werden
kann: „*Das besondere unseres Filmförderungsgesetzes besteht
eben darin, daß es ... meint*" (T4,11 f.) – Alle anderen Arten von
es sind semantisch nichtpronominal und referenzlos, d. h. dem *es*
entspricht im Satzinhalt kein Bezugsobjekt. Da diese nichtpronominalen referenzlosen *es* aber (im Unterschied zum nichtpronominalen *sich*) in der 1. Stelle vor dem finiten Verb im Hauptsatz
satzgliedfähig sind, kann man ihnen nur mit dem Kriterium der
Nichtpronominalität (Nichtersetzbarkeit durch eine Nominalgruppe) syntaktisch den Satzgliedstatus von Ergänzungen aberken-
nen. Es sind folgende drei Arten von n i c h t p r o n o m i n a l e m *es*
zu unterscheiden:

– Valenzabhängiges obligatorisches *es* (z. T. als formalsyntaktischer Sub-
  jekt-Ersatz): „*Es gibt*" (T4,2), „*es ... gab*" (T9a,11), „*es darum ging*"
  (T8,10), „*es ... heißt*" (T10,5), *es halten mit ...*, *es riecht nach ...*, *es
  regnet* usw.; zugleich mit nichtpronominalem *sich: es handelt sich um ...*
– Stellungsbedingt hinzugefügtes *es* als formalsyntaktischer Platzhalter in
  der 1. Satzgliedstelle: *es friert mich / mich friert, es graut mir vor ... / mir
  graut vor ...*, *Es freut mich ... / Mich freut ...*, *Es darf später getanzt
  werden / Später darf getanzt werden.*
– Stellungsbedingt hinzugefügtes *es* als formalsyntaktische Vorwegnahme
  des später folgenden Subjekts (Vorsubjekt): „*Es ist dies für mich ein
  Grund, warum ...*" / *Dies ist für mich ...* (T9a, 7), *Es ist bekannt, daß
  ... / Daß ..., ist bekannt;* auch bei Thema-Nullsetzung am Textanfang:
  Es war einmal ein König (s. 3.42).

So ist, entsprechend der satzsemantischen Bezugsstellenzahl, in der syntaktischen Valenzbestimmung zu unterscheiden zwischen dreiwertigem *geben*
(*x gibt y z*) und einwertigem *es gibt x*, zwischen zweiwertigem *gehen1* (*x
geht nach y*) und einwertigem *gehen2* (*x geht*) und einwertigem *gehen3* (*es*

geht um x), zwischen zweiwertigem *x handelt mit y* und einwertigem *es handelt sich um x*, zwischen nullwertigem *es friert* und einwertigem *es friert mich / mich friert / ich friere*. Mit dieser der Satzsemantik kongruenten Valenz-Auffassung, die das Kriterium der Satzgliedfähigkeit vernachlässigt und sich auf das Kriterium der Ersetzbarkeit durch eine Nominalgruppe stützt, kann man die nichtpronominalen *es*-Verben mit den nichtpronominalen *sich*-Verben gleichbehandeln und diese Erscheinungen der Referenzlosigkeit von Pronomina mit entsprechenden Fällen in anderen Sprachen parallelisieren (z. B. französisch *s'opposer à, il s'agit de, il y a*).

2.12.6. Bezugsrahmen und hintergründige Bezugsobjekte

Die valenztheoretische Vorstellung vom Prädikatsausdruck als semantischem Zentrum des Satzes ist auch sprachpsychologisch als Gedächtnis- und Verständniseinheit nachgewiesen:

„Das Verb steuert das Verständnis; es gibt Anweisung, wie die durch die Wörter etc. repräsentierten Begriffe und Einzelinformationen in der *Prädikation* zusammenzufassen und zu organisieren sind ... Wer ‚schneiden‘ hört, stellt Patient, Agent und Instrument bereit, welche die in der Umgebung dieses Verbs agierenden Nomina spielen müssen ... Verbum und Argumente bilden eine Einheit auch im Gedächtnis ... Das Prädikat impliziert seine Argumente, die Argumente implizieren aber nicht das Prädikat" (Hörmann 437, 449 f., wobei unter „Argument" unsere Referenz-/Bezugsstellen zu verstehen sind).

Sprachwissenschaftlich problematisch wird diese Abhängigkeitsbeziehung aber bei der Aufgabe, entsprechende grammatikalische Regeln für die Ergänzungen von Prädikatsausdrücken zu formulieren. Sind dies Regeln für die im Gedächtnis gespeicherte Sprache oder Regeln für konkrete Sprachvorkommen? Regeln vom Sprachwissen oder vom Weltwissen her? Wenn man in Valenzgrammatiken oder Valenzwörterbüchern Regeln dafür aufstellen will, wieviele und welche Ergänzungen eines Verbs, Adjektivs oder Substantivs notwendig oder möglich oder überhaupt von der Wahl eines bestimmten Prädikatsausdrucks abhängig sind, kommt man immer wieder in Schwierigkeiten bei der Auswertung konkreter Textstellen, da die Zahl der in Texten vorkommenden Ergänzungen sehr variabel und die Unterscheidung zwischen Ergänzungen und freien Angaben oft problematisch ist. Zwar kann man die ohne Zweifel ganz freien, d. h. von der Wahl eines Prädikatsausdrucks völlig unabhängigen Angaben unter dem Stichwort „Satzadverbiale", „-adverbien" satzsemantisch deutlich absondern als Zusätze zum Aussagegehalt, die in den verschiedenen Komponenten des Handlungsgehalts (s. 2.2) ihre Bedeutung haben: Sprecherhandlungen, Sprechereinstellungen, Höflichkeitsfloskeln, metakommunikative Zusätze, Konjunktionaladverbien (s. 2.2, 3.2, 3.3). Aber schon bei Temporal-, Lokal-, Kausal- und Instrumental-Zusätzen hat man bei der Analyse konkreter Textstellen oft Probleme mit den kontextlos aufgestellten Valenzregeln. Satzglieder, deren Inhalt in manchen Kontexten als zum Zentrum des Satzinhaltsplans des Sprechers/Verfassers dazugehörig aufgefaßt werden müssen, erscheinen in anderen Kontexten als bloße Zusätze zum elementaren Satzinhaltsgerüst. Auch die satzsemantische Struktur der elementaren Prädikation bietet für solche kontextsemantischen Probleme keine absolute Grenze. Was man in der satzsemantischen Theoriebildung zunächst einmal als Einbettungen (s. 3.1), als Zusätze zu Prädikationen (s. 3.2) oder als Verknüpfungen von Prädikationen (s. 3.3) erklären möchte, erweist sich in der kontextsemantischen Analyse konkreter Textstellen manchmal gar nicht als komplexer/zusammengesetzter Satzinhalt, sondern als ein konstitutiver, dem primären Inhaltsplan des Sprechers/Verfassers zugehöriger Bestandteil.

Um diese Schwierigkeiten zu lösen, geht man am besten nicht von den explizit ausgedrückten Ergänzungen und Angaben in einem Satz aus, sondern wählt – wissenschaftsgeschichtlich konsequent (s. 1.21) – den umgekehrten Weg: vom Inhalt zum Ausdruck, und zwar nicht nur von den abstrakt entwickelten Satzinhalts-Komponenten (s. 1.5) her, sondern von den kognitiven und kulturellen Voraussetzungen, die jedem kommunikativen Handeln vorausliegen. Wir gehen von außersprachlichen Wissensbeständen aus und fragen dann danach, in welchen verschiedenen Stufen Teile eines Wissensbestandes in konkreten sprachlichen Äußerungen überhaupt realisiert werden (vgl. 2.14.1).

A: Allgemeines Bezugswissen: Man WEISS etwas über alle zu einem (in der gesellschaftlichen Kommunikation relevanten) Sachverhalt dazugehörigen Objekte in einer außersprachlichen Bezugswelt. Hierher gehören die „scenes, chunks, frames" usw. in der englischsprachigen Kommunikationswissenschaft und Soziologie des Alltagswissens (s. de Beaugrande/ Dressler 95 f.). Das allgemeine Bezugswissen ist im speziellen Kommunikationsakt auf das g e m e i n s a m e Bezugswissen der Kommunikationspartner reduziert.

B: Kontextueller B e z u g s r a h m e n einer Äußerung: Der Sprecher/Verfasser BEZIEHT sich (explizit oder implizit) auf denjenigen Teil von A, der ihm in einem bestimmten Kontext für seinen primär (d. h. nicht erst zusätzlich oder nachträglich) gemeinten Aussagegehalt eines Satzinhalts wesentlich ist (s. Fillmore 1977).

C: E x p l i z i t e r Bezug: Der Sprecher/Verfasser ÄUSSERT einen Teil n der Bezugsobjekte von B in Form von Bezugsausdrükken (syntaktische Ergänzungen oder Angaben). Da der BEZUG auf diese Bezugsobjekte zur lexikalischen und/oder grammatikalischen Funktion der verwendeten Bezugsausdrücke gehört, ist er meist auch Teil des sprachlich Bedeuteten und vom Sprecher/Verfasser GEMEINTEN (s. 4.1).

D: S p r a c h i m p l i z i t e r Bezug: Der Sprecher/Verfasser MITBEZIEHT sich auf einen über n hinausgehenden Teil x der Bezugsobjekte von B, deren sprachlichen Ausdruck er nach sprachkonventionellen Regeln unterläßt. Da der MITBEZUG auf diese Bezugsobjekte zum sprachlich Implizierten/Mitbedeuteten der geäußerten Bezugsausdrücke gehört, ist er meist auch Teil des vom Sprecher/Verfasser MITGEMEINTEN (s. 4.2).

E: K o n t e x t i m p l i z i t e r Bezug: Der Sprecher/Verfasser MITBEZIEHT sich auf einen über n+x hinausgehenden Teil y der Bezugsobjekte von B, deren sprachlichen Ausdruck er aufgrund für die Hörer/Leser erkennbarer Gegebenheiten des weiteren (textlichen oder außertextlichen) Kontextes unterläßt, aber MITMEINT.

F: I n t e r p r e t a t i v e r Bezug: Hörer/Leser MITBEZIEHEN den Aussagegehalt einer Äußerung auf einen über n+x+y hinausgehenden Teil der möglichen Bezugsobjekte ihres allgemeinen

Bezugswissens A, indem sie diese Bezugsobjekte sprachkritisch MITVERSTEHEN, VERMUTEN, ERFRAGEN usw., auch ohne daß der Sprecher/Verfasser sie MITGEMEINT bzw. zu seinem Bezugsrahmen B gerechnet hat.

Dazu ein Textbeispiel: Im Zeitungsbericht über das Grosser-Interview (T9b) gibt der Nachrichtenredakteur eine Hintergrundinformation, die Kompetenz und Prestige des Interviewten andeuten soll (vgl. 4.44):

1:   *„Der Politologe, der in der Zeit des Nationalsozialismus mit seiner jüdischen Familie nach Frankreich floh"* (T9b,5)

Beim Prädikatsausdruck „floh" in diesem Kontext hat jeder Textadressat aus seinem historisch-politischen Vorwissen eine komplexe Vorstellung von all den möglichen Bezugsobjekten des Handlungstyps ‚politische Flucht/Zwangsemigration', die zum einschlägigen Bezugswissen (s. unter A) gehört:

·2:   ‚a flieht vor b wegen c von d nach e auf dem Wege f zu einer Zeit g'

In manchen Kontexten kann dieses Bezugswissen vollständig mit sieben Bezugsstellen von a bis g geäußert werden; z. B.:

2a: *Wegen Verfolgung$_{c1}$ aufgrund seiner pazifistischen Schriften$_{c2}$ floh der Schriftsteller$_a$ im Jahre 1938$_g$ vor der Gestapo$_b$ von München$_d$ über die Schweiz$_f$ nach den USA$_e$.*

Ohne einen bestimmten Kontext ist es jedoch unmöglich oder zumindest sehr fragwürdig zu entscheiden, welche der Bezugsobjekte a–g zur primären elementaren Struktur dieser Prädikation gehören und welche als Zusätze (s. 3.2) einzustufen wären bzw. welche Bezugsobjekte syntaktisch als valenzabhängige „Ergänzungen", welche als „freie Angaben" (s. 1.23, 1.4) zu erklären sind. Zu einer politischen Zwangsemigration gehört die politische ‚Ursache' im Sinne des allgemeinen Bezugswissens (A) immer dazu, und in der Satzspitzenstellung von 2a ist die ‚Ursache' c als vorangestelltes Thema (s. 3.4) sogar als primärer Bestandteil dieser Aussage im Sinne expliziten Bezugs (C) kenntlich gemacht.

Es ist mit sehr viel Willkür verbunden, wenn man in einer Grammatik oder in einem Wörterbuch kontextlos grundsätzlich festlegen will, ob ein Verb wie *fliehen* zweiwertig, dreiwertig, vierwertig oder gar fünfwertig ist und welche konkret vorkommenden Satzglieder als freie Angaben abzuqualifizieren sind. Selbst ‚Orts'- und ‚Zeit'-Angaben sind nicht völlig unabhängig vom gewählten Prädikatsausdruck, da es semantische Klassen von Verben gibt, die keine ‚Orts'- und ‚Zeit'-Angaben zulassen (s. 2.14.2). Jedenfalls kann man die valenztheoretisch aufgestellten Ergänzungen-Angaben-Verhältnisse (die ihren Zweck für andere Anwendungszwecke von Grammatik und Lexikon haben mögen) nicht einfach auf die Bezugsstellen-Strukturen in Texten übertragen. Regeln kontextloser Wort- und Satzsemantik werden da von kontextsemantischen Gegebenheiten überlagert.

Im Fall des Textbeipiels 1 sind also folgende Teile des siebenstelligen Bezugswissens (A) über den Handlungstyp ‚politische Zwangsemigration' durch e x p l i z i t e Bezugsausdrücke (C) realisiert:

— die ‚handelnde Person' a: „*der Politologe*", wobei aber die Zusatzprädikation, daß ‚a „*Politologe*" ist', nicht zur elementaren Struktur gehört (vgl. 2.12.7)
— die ‚Emigrationszeit' g: „*in der Zeit des Nationalsozialismus*"
— das ‚Emigrationsziel' e: „*nach Frankreich*"

In der Formulierung „*in der Zeit des Nationalsozialismus*" sind aber außer g auch die Bezugsstellen b (‚Verfolger') und c (‚Verfolgungsursache') pauschal MITGEMEINT im Sinne des sprach- und kontextimpliziten Bezugs (D und E), denn „*Nationalsozialismus*" bedeutet hier auch: ‚nationalsozialistische Vollzugsbehörden' und ‚nationalsozialistische Judenverfolgung'. Außerdem ist in „*mit seiner jüdischen Familie*" im attributiven Adjektiv die ‚Verfolgungsursache' c noch genauer im Sinne des indirekten expliziten Bezugs (C) ausgedrückt: ‚wegen seiner jüdischen Herkunft'. Im Sinne des kontextimpliziten Bezugs (E) ist ferner die Bezugsstelle d MITGEMEINT: ‚aus Deutschland'. Das Grundgerüst des hier explizit und implizit vorliegenden Aussagegehalts ist also: ‚Grosser$_a$ floh in der Nazizeit$_g$ als jüdischer$_c$ NS-Verfolgter$_b$ von Deutschland$_d$ nach Frankreich$_e$', also im Sinne von B ein Bezugsrahmen P(a,b,c,d,e,g). Dies alles gehört kontextsemantisch unmittelbar zur primären Intention dieser Hintergrundinformation, die den Zweck hat, zu erklären, was Grosser als Franzose mit der „*deutschen Vergangenheit*" zu tun hat und welches Recht, welche Kompetenz und welches Prestige er für eine so tolerante Stellungnahme zur Verjährungsfrist von NS-Verbrechen hat (vgl. 4.44). Als bloße Zusätze zur elementaren Prädikation des Satzinhalts von 1 können kontextsemantisch sinnvoll nur die Nebenprädikate ‚a ist Politologe' und ‚a ist mit seiner Familie geflohen' erklärt werden. Von den 7 möglichen Bezugsobjekten des vorgegebenen

Bezugswissens (A) ist also nur f (‚Emigrationsweg') hier als irrelevant völlig ausgeblendet, d. h. weder MITGEMEINT noch MITZUVERSTEHEN.

So gibt es häufig eine unauflösbare Diskrepanz zwischen grammatikalisch-lexikographischer Valenz und dem kontextsemantisch bedingten Bezugsrahmen eines im Text vorliegenden Aussagegehalts. Weitere Fälle von kontextsemantisch primären Bezugsstellen, deren syntaktischer Ausdruck (im folgenden gesperrt) man in der Valenzgrammatik oder in einem Valenzwörterbuch wohl kaum als valenzabhängige Ergänzung erklären würde, sind die folgenden:

„Du sollst keine anderen Götter n e b e n   m i r haben" (T1,3). „Niemand darf g e g e n   s e i n   G e w i s s e n zum Kriegsdienst ... gezwungen werden" (T2 Art. 4,3). „... der a n   i h r e r   S t e l l e Wissenschaftstheorie zurückläßt" (T7,2). „Ich könnte nur u m   d e n   P r e i s   d e s   D i l e t t a n t i s m u s auf eine Gesellschaftstheorie vorgreifen, zu der ich Zugang d u r c h   e i n e   S e l b s t r e f l e x i o n   d e r   W i s s e n s c h a f t erst gewinnen möchte" (T7,8). „F ü r   s i e ist es zwar nicht ganz berechtigt, aber doch ganz normal, daß ..." (T9a,5). „1 9 8 0 ... keine Jünglinge mehr sein werden" (T9a,10). „Verbrechen, die i m   N a m e n   F r a n k r e i c h s begangen worden sind" (T9a,11). „D a r a n ist richtig, daß ..." (T10,5). „was einem 1934 Geborenen a l s   O b r i g k e i t den Preußischen Ministerpräsidenten ... einträgt" (T10,5). Weitere Fälle in 3.23.3.

Beim expliziten Bezug (C) gibt es Sonderfälle, wo das Bezugsobjekt nicht als syntaktische Ergänzung erscheint, sondern vom Prädikatsausdruck mitbedeutet wird. Dies sind bestimmte W o r t b i l d u n g s t y p e n, in denen sehr sprachökonomisch aus Substantiven Verben abgeleitet sind: fischen, geigen, asphaltieren, bezuschussen, entkernen, köpfen, vergasen, stranden, schultern, schulmeistern usw. (s. v. Polenz, in: LGL 176; Erben 1975, 76 ff.). In der Verbbedeutung sind hier Bezugsobjekte mit Inhalten wie ‚Objekt', ‚Instrument', ‚bewegte Materie', ‚Ort' usw. semantisch mitenthalten. Im Unterschied zu expliziteren Formulierungen wie Fische fangen, Geige spielen, mit Asphalt bedecken, einen Zuschuß geben usw. kommt es hier sehr auf den Kontext an, ob das mitbedeutete Bezugsobjekt wirklich MITGEMEINT ist oder nicht. Wenn man z. B. in einem bestimmten Kontext geigen mit flöten kontrastiert, spielen die Instrumente Geige und Flöte ein stärkere Rolle im Bezugsrahmen als wenn man nur auf die Frage Warum kommt sie *nicht zum Essen?* antwortet: *Sie geigt* (im Sinne von ‚Sie musiziert‘).

Sprachimplizite Bezugsobjekte (s. unter D), die durch Kontextimplikation (E) oder Bezugswissen (A) präzisiert werden, gibt es in großer Zahl bei v a l e n z r e d u z i e r t e n Verben des vieldiskutierten Typs *legen* (z. B. *Das Huhn legt,* natürlich ‚Eier‘). Daß dieser Typ auch mit verschleiernder Sprachmanipulation zu tun haben kann, ist uns seit dem Herbst 1983 am Beispiel *stationieren* von Politikern und Journalisten vorgeführt worden: Am Wort *Raketen* will man sich den Mund nicht verbrennen. – Hier noch einige Fälle aus den Beispieltexten (wobei Ergänzungen aus dem Sprachwissen (D) mit SErg angegeben werden, Ergänzungen aus dem Kontext (E) mit KErg, Ergänzungen aus dem Allgemeinen Bezugswissen (A) mit AErg):

„*Du sollst nicht töten*" (T1,13), SErg: ‚Lebewesen‘, KErg/AErg: ‚Menschen‘; „*Du sollst nicht stehlen*" (T1,15), SErg: ‚jemandem etwas, was er/sie besitzt‘; „*den ... Betrag zu entrichten*" (T3,3), SErg: ‚an jemanden‘, KErg: ‚an die Finanzkasse‘; „*Er wollte plaudern und rauchen*" (T5,11), SErg: ‚mit jemandem über etwas‘ bzw. ‚Tabakwaren‘, KErg: ‚mit Königin Elizabeth‘ bzw. ‚eine Zigarette‘; „*kostenloses Probeexemplar*" (T6), AErg: ‚für jemanden‘ bzw. ‚von einer Ware‘, KErg: ‚für die Besteller‘ bzw. ‚von „Casino-Journal"‘; „*Prozeßmaterial ..., das jetzt herausgegeben werden müßte*" (T9a,10), SErg: ‚von jemandem an jemanden‘, KErg: ‚von der polnischen Regierung an westliche Gerichte‘; „*Ansichten, die ihn bisher beschreiben sollten*" (T10,3), SErg: ‚von jemandem‘, KErg: ‚von Literaten‘.

Der valenzreduzierte Gebrauch von Verben kann durch I d i o m a -
t i s i e r u n g / Redensartbildung so weit führen, daß durch Bedeutungswandel des Verbs die einst noch implizierte Bezugsstelle verschwindet; z. B. in: „*hinteren Landesteil, von dem es lateinisch heißt, er singe nicht*" (T10,5). Hier bedeutet einwertiges *singen* (nach Vorbild der lateinischen Redensart *non cantat*) so etwas wie ‚ist amusisch, unpoetisch, bringt keine Dichter hervor‘.

Die Ergänzung implizierter Bezugsstellen bereitet manchmal Schwierigkeiten, wenn ihre vom Sprecher/Verfasser mitgemeinte Bedeutung (s. unter E) vage/unbestimmt bleibt: „*Die ungestörte Religionsausübung wird gewährleistet*" (T2 Art. 4,2), Vagheit: ‚wessen?‘, ‚von wem?‘, ‚von welchen Institutionen?‘; „*Man sollte neidisch sein*" (T5,8), Vagheit: ‚auf wen?‘ (auf Fagan, auf die Engländer oder auf die Queen?); „*daß man immer wieder erinnert*" (T9a,5,9), Vagheit: ‚wen?‘

Schließlich gibt es Bezugsstellen, die nur von den Hörern/Lesern durch deren interpretativen Bezug (F) sprachkritisch MIT-VERSTANDEN, VERMUTET oder ERFRAGT werden, während sie beim Sprecher/Verfasser infolge langer Gewöhnung an ihren Nichtausdruck so sehr in den Hintergrund seines allgemeinen Bezugswissens verdrängt worden sind, daß er sie in seinem kontextuellen Bezugsrahmen (B) gar nicht mehr MITMEINT. Wer beispielsweise an zweckfreie und maßstabfreie, also absolute Werturteile glaubt und in einer mehr oder weniger autoritären oder einflußreichen Kommunikationsrolle die üblicherweise einwertig gebrauchten BEWERTUNGS-Adjektive in diesem absoluten Sinn verwendet (*x ist gut, geeignet, fähig, förderlich, nützlich, gerecht* usw.), kann überrascht oder rechthaberisch darauf reagieren, wenn er sprachkritisch gefragt wird: *für was? für wen? in welcher Hinsicht? nach welchem Maßstab? verglichen mit wem/was?* usw. So ergeht es uns auch mit Redeweisen des Linguistenjargons wie: eine Grammatiktheorie sei *adäquat*, eine Beschreibungssprache sei *ökonomisch*, eine Ausdrucksweise sei *akzeptabel*.

So bleiben bei einer Stelle aus den „Grundrechten": „*Kunst und Wissenschaft, Forschung und Lehre sind frei*". (T2 Art.5,3) sprachkritische Fragen offen wie: ‚frei wovon?', ‚frei wofür?', ‚wessen Kunst/Wissenschaft/Forschung/Lehre?' (vgl. 3.17). Es ist zwar unvermeidlich, daß Verfassungstexte, insbesondere so allgemein gehaltene wie die „Grundrechte", sehr vage formuliert sind, da sie meist aus einem Kompromiß ohne echten Konsens durch Mehrheitsbeschlüsse entstanden sind und da in ihnen nicht alle speziellen Möglichkeiten und Fälle von vornherein festgelegt werden können und sollen. Es ist aber auch sinnvoll und ebenso legitim, wenn demokratische Anwender der Verfassung (und dazu gehören alle Staatsbürger) bei ihrer Anwendung den vagen Wortlaut des Gesetzes durch sprachkritisches Zwischen-den-Zeilen-Lesen in konkrete Verfassungswirklichkeit überführen helfen können. Dies sollte man im muttersprachlichen Unterricht der Schule, und nicht erst in der Oberstufe, lernen können. – Mit einer anderen Art des Verschwindenlassens von Bezugsstellen werden wir es beim Subjektschub zu tun haben (s. 2.15.2).

2.12.7. Wiederbezüge im Text

Was einen Text als inhaltlich zusammenhängend erscheinen läßt, nennt man ,,Textkohärenz", deren (oft mangelhaften) sprachlichen Ausdruck ,,Textkohäsion" (s. de Beaugrande/

Dressler 50 ff., 88 ff.). Die Sprecherhandlungsstruktur eines Textes
(s. 2.21, 5.1) ist meist so hintergründig, daß man sie hauptsächlich
zur Textkohärenz rechnen muß; und die Aussagenverknüpfungen
(s. 3.3) gehören teils zur Textkohärenz, teils zur Textkohäsion.
Den Bereich des offensichtlichsten Textzusammenhangs, den manche Textlinguisten für das hauptsächliche Mittel der Textkohäsion
halten, bilden die Möglichkeiten, innerhalb des Textverlaufs sich
auf schon Erwähntes WIEDERZUBEZIEHEN. Man kann ihn
einfach Rereferenz/Wiederbezug nennen, da es sich konkret um
Wiederholungshandlungen im Textverlauf handelt (wenn man nur
die reine Referenzhandlung berücksichtigt). In der Forschungsliteratur wird er meist „Textreferenz" genannt, abstrakter
manchmal „Textphorik" (Rückbildung aus Anaphorik/Rückbezug
und Kataphorik/Vorausbezug). Den für Textreferenz auch anzu-
treffenden Ausdruck „Textverweisung" sollte man wegen seiner
normalsprachlichen Bedeutung für die expliziten Fälle reservieren
(z. B. *wie ich schon sagte, worauf ich noch zu sprechen komme,
siehe Seite . . ., vgl. Kapitel . . .,* „Debatte, *auf die ich Bezug nehme"*
(T8,6).

Zwischen der ersten BEZUGNAHME und der zweiten BEZUG-
NAHME (und allen weiteren) auf dasselbe Bezugsobjekt in einem
Text besteht B e z u g s i d e n t i t ä t/Koreferenz. Sie kann mit identi-
schen tiefgestellten Referenzindices/Bezugszahlen angegeben werden; z. B. in einem Auszug aus T5:

„*Wann hat man$_1$ schon Gelegenheit . . . – . . . unser englischer Vetter
Michael Fagan$_2$ . . . – Er$_2$ nahm . . . – . . . Ihrer Majestät$_3$ . . . – Das heimlose,
unbeschäftigte „Sozialprodukt$_2$" . . . – . . . vieler befragter Landsleute$_4$.
Man$_4$ möchte der Krone, insonderheit ihrer Trägerin$_3$ . . . – Man$_5$ sollte
neidisch sein . . . – Und Mike Fagan$_2$ mißbrauchte . . . – Er$_2$ wollte . . .*" (T5).

Auf der einen Seite besteht in diesem Text (vgl. 5.1) bei dem Pronomen
„*man*" B e z u g s v e r s c h i e d e n h e i t („*man$_1$*" ist nicht mit „*man$_4$*" und
„*man$_5$*" bezugsidentisch), auf der anderen Seite besteht A u s d r u c k s v a -
r i a t i o n beim Bezugsobjekt 2: Zuerst wird der Täter „*Fagan*" mit einer
Kennzeichnung („*unser englischer Vetter*", Redensart der Wilhelminischen
Zeit) wohlwollend als Bezugsobjekt EINGEFÜHRT. Beim ersten WIE-
DERBEZUG wird dieses Bezugsobjekt mit „*Er*" pronominalisiert, beim
zweiten in prädizierender Referenz (s. 2.12.4.) mit einer IRONISCHEN
ERKLÄRUNG der Tatursache versehen („*Sozialprodukt*" (s. 4.45)), beim

dritten mit einer umgangssprachlichen Kurzform (Koseform) seines Vorna-
mens sozial positiv BEWERTET („*Mike Fagan*"), beim vierten wieder
pronominalisiert. Beim Bezugsobjekt 3 hat sich der Autor die EINFÜH-
RUNG ersparen können (da das nicht Bezugswelt-identische (s. 2.12.1)
mittelhochdeutsche „*chuenegin von engellant*" als witzige literarische AN-
SPIELUNG genügte), hat dann beim zweiten und dritten WIEDERBEZUG
die traditionellen Periphrasen/Umschreibungen „*Ihrer Majestät*" und
„*Krone, ihrer Trägerin*" verwendet, um die gesellschaftliche Exklusivität
des Tatortes und Tatopfers sprachstilistisch anzudeuten.

Solche Variation des Bezugsausdrucks kann also kontextbedingt
durchaus klar verständlich sein und zur Anreicherung mit Nebenbei-Sprecherhandlungen und -Sprechereinstellungen beitragen,
nicht nur zur ästhetischen Verfeinerung des Stils. – In anderen
Fällen dient die Bezugsvariation der informativen PRÄZISIE-
RUNG:

„*die deutsche Vergangenheit$_1$ holt uns immer wieder ein* … … – *diese
erneuten Anwürfe$_1$*" (T9a 1,2). „*… die Professoren Alfred Grosser$_2$ (Paris)
und* … – *… weist Grosser$_2$ auf* … – *Der Politologe$_2$, der$_2$ …, sagt, daß er$_2$
…*" (T9b; vgl. das Mitgemeinte in 4.4).

VERFREMDUNG des Bezugsausdrucks im Rahmen eines akademischen Höflichkeits-Rituals war das Motiv für den ständigen
Wechsel zwischen 1. und 3. Person in Uwe Johnsons Akademie-
rede (T10), wobei wir im folgenden mit der Bezugszahl 1 den
Autor, mit 1+x/y die VERALLGEMEINERUNG mit ‚ich'-Ein-
schluß andeuten:

„*… meine$_1$ Damen und Herren: Wer$_{1+x}$ in eine Akademie gewählt wird* …
– *… von ihm$_{1+x}$ eine ‚Selbstdarstellung' verlangt, kann er$_{1+x}$ überrascht
sein* … – *… in meiner$_1$ Angelegenheit* … – *… die ihn$_1$ bisher beschreiben
sollten* … – *Ihr neues Mitglied$_1$* … – *… daß er$_1$ eine Bauerntochter* … –
… einem 1934 Geborenen$_{1+y}$ … – *… bin ich$_1$ zu wenig ausgewiesen* …"
(T10); vgl. das Mitgemeinte in 4.45; man beachte das metakommunikative
Referenzwechsel-Signal „*in meiner Angelegenheit*" (metakommunikativer
Zusatz, s. 3.23.2).

Dieses Hin- und Herwechseln zwischen ‚ich' und VERALLGEMEINER-
TEM ‚ich' beobachten wir auch im Vorwort von Habermas, hier jedoch
aus anderen Gründen: „*Ich$_1$ unternehme den* … *Versuch einer Rekonstruktion* … *in der* … *Absicht einer Analyse* … *Wer$_{1+x}$ dem Auflösungsprozeß* … *nachgeht, steigt über* … *Diesen Weg* … *wieder zu beschreiten,*

mag helfen, ... zurückzubringen. Daß wir$_{1+y}$ Reflexion verleugnen ... Die Analyse des Zusammenhangs ... soll die Behauptung stützen ... Gleichwohl habe ich$_1$ selbst ..." (T7)

Das erste Thema des Vorworts bilden Angaben über das, was der Autor in der Vorbereitung des Buches getan hat und in ihm tun wird: Was er zu *rekonstruieren* versucht hat, welche *Absicht* er dabei verfolgt hat, was er *analysieren* will, welcher historischen Entwicklung er *nachgegangen* ist, welchen *Weg* er *beschreiten* will, was er (wem auch immer) *zurückbringen* will. Dabei beginnt er eher antitraditionalistisch mit dem direkten ‚ich‘-BEZUG (also umgekehrt wie Johnson), VERALLGEMEINERT dann vom ‚ich‘ des Autors zu möglichen anderen Forschern, denen es nach des Autors Meinung bei dieser Forschungsaufgabe ebenso ergehen würde, vielleicht auch zu seinen Lesern, die beim Nachvollziehen seines Gedankenganges zu den gleichen Einsichten kommen werden, sodaß das Bezugsobjekt 1+x hier wesentlich ungenauer ist als bei Johnson. Weiterhin VERALLGEMEINERT er noch einen Schritt weiter mit dem sehr vagen „*wir*", bei dem er wohl sich selbst, seine Leser und alle der Lehre seines Buches bedürftigen Wissenschaftler meint, vielleicht auch die ganze Menschheit, die oft mit diesem ‚philosophischen‘ *wir* als Bezugsobjekt beansprucht wird. Im zweiten Absatz kommt er wieder auf den ‚ich‘-BEZUG zurück, allerdings zunächst nur implizit in den Nominalisierungen „*Analyse*" und „*Behauptung*", erst einige Sätze später explizit mit „*ich*". Diese Ausweitung des ‚ich‘ zum Einschluß der Leser und aller Betroffenen, eine Art persuasive/werbende SOLIDARISIERUNG (ähnlich wie beim „*wir*" und „*unser*" in T4), gehört zum Kontakt- und Beziehungsaspekt (vgl. 2.24, 3.25.3). Diese Art von vager Referenz hat also eine textpragmatische Funktion.

Mit der Image-Beziehung (s. 2.24) zwischen Sprecher und Gegner hat Barzels scheinbar vages „*man*" zu tun: „*des Bahr-Papiers – das war doch der fertige Vertrag, und die Existenz dieses Papiers hatte man doch geleugnet*" (T8,10). Dieses „*man*" dient hier der ironisch-höflichen Vermeidung der direkten ANREDE des parlamentarischen Gegners. Zwar ist am Anfang Scheel direkt angeredet worden, aber dann ging es um ein kritisiertes Verhalten der Regierung, der Scheel damals angehörte. Es besteht kein Zweifel, daß dieses „*man*" bezugsidentisch ist mit den implizierten ersten Referenzstellen (grammatikalischen Subjekten) von „*nach Moskau gefahren*" (T8,5) und „*mitzunehmen*" (T8,10).

Systematisch v a g e r Personen-BEZUG in typisch politischer Weise wird im Grosser-Interview praktiziert. Der französische Politologe wird vom Interviewer zweimal persönlich gefragt („*Wo sehen Sie als Franzose ...*" T9a,2, „*Weshalb Ihr Zögern ...*" T9a,8), er antwortet aber erst vom

6. Satz ab direkt in der „ich"-Form. In den ersten 5 Sätzen hält er seine eigene Person zurück, knüpft an das vage „uns" der Interviewer-Frage an („holt uns immer wieder ein" T9a,1) und formuliert Sätze im politisch-vorsichtigen „man"-Stil:

„... zwei Seiten, die man scharf trennen muß – ... daß man immer wieder erinnert ... – ... insofern als man sich an seine eigenen Sünden nicht gern erinnert ..." (T9a,3–6) Diese drei „man" können als bezugsidentisch mit dem „uns" der Interviewerfrage interpretiert werden: gemeint sind alle diejenigen politisch-historisch denkenden und kommunikativ handelnden Menschen, die mit dem Problem der „deutschen Vergangenheit" zu tun haben (Politiker, Journalisten, Juristen, Politikwissenschaftler, Lehrer, NS-Opfer, NS-Täter, Deutsche usw.), also die gleichen Personen, Gruppen und Institutionen, die den ganzen Text hindurch als implizite AGENTIVE/ ‚Handelnde' (s. 2.14.3) in den Nominalisierungen „Heuchelei", „Rache", „Erinnerungen" (9), „Prozeß-", „zur Rechenschaft gezogen" (10), „Vergessen", „Verschönern", „Übertreiben", „Anklage" (12) mitzuverstehen sind. Grosser antwortet in diesen „man"-Sätzen nicht als der befragte Politologe und Franzose, sondern als sich SOLIDARISIERENDES Mitglied der politischen Kommunikationsgemeinschaft, die es mit dem Thema „deutsche Vergangenheit" zu tun hat.

Diese durch systematisch vage Textreferenz ausgedrückte politische Haltung kommt in der Wiedergabe des Interviews im Nachrichtentext T9b überhaupt nicht zur Geltung. Dort ist nur von der persönlichen Stellungnahme des Individuums Grosser ohne sozialen Beziehungsaspekt die Rede. Der Nachrichtentext ist zwar (nach einer formalistischen Textsorten-Norm) frei von vager „man"-Referenz, ist aber gerade deshalb im politischen Inhalt ärmer und einseitiger. – Der auf den ersten Blick vage wir/unser-Bezug in T4 wird zu einem durchsichtigen politischen Freund-Feind-System, wenn man den Text mit Bezugszahlen für bezugsidentische Referenzobjekte durchnumeriert:

„die Spitzenorganisation der Filmwirtschaft (Spio)$_1$ wolle die Verfassungswidrigkeit des Filmförderungsgesetzes$_2$ gerichtlich$_3$ feststellen lassen. Auf den ersten Blick wird jeder Filmfreund$_4$ hier zusammenzucken, denn haben wir$_4$ nicht allen Grund, stolz zu sein auf unsere$_4$ Filmförderung$_5$, die uns$_4$ ... – ... aber hätten wir$_4$ einen Faßbinder ..., wenn wir$_4$ die Filmförderung$_5$ ... Denn unser$_{4+x}$ Gesetz$_2$, und das werfen seine Gegner$_{1+y}$ ihm gerade vor ... Ein Bundesfilmförderungsgesetz, sagen seine Gegner$_{1+y}$, dürfe ... Haben sie$_{1+y}$ recht? Sie$_{1+y}$ haben. – ... als alle Betroffenen$_{1+y+3?+4+x}$ das längst wußten ..." (T4)

Die beiden kulturpolitisch GEGENÜBERGESTELLTEN gegnerischen
Kräfte (Bezugszahlen 1 und 4) werden zuerst beide mit einem Eigennamen
(„Spio") bzw. einer Gattungsbezeichnung („Filmfreunde") explizit genannt. Auf die in diesem Text persuasiv angesprochenen „Filmfreunde"
(d. h. diejenigen, die an der bundesdeutschen Filmproduktion nicht wirt-
schaftlich oder juristisch, sondern künstlerisch interessiert sind) wird dann
SOLIDARISIEREND mit „wir" und „uns" BEZUGGENOMMEN. Die
KRITISIERTE Filmwirtschaftsorganisation (Bezugszahl 1) wird dann zu
„seine Gegner" (1+y) VERALLGEMEINERT, die eigene Gruppe (4) wird
in „unser Gesetz" (4+x) zur Gesamtheit aller Staatsbürger VERALLGE-
MEINERT. Schließlich werden alle zusammen zu „alle Betroffenen" VER-
ALLGEMEINERT, wobei zu diskutieren wäre, ob hier auch das angeru-
fene Gericht bzw. zuständige Verfassungsjuristen (Bezugszahl 3) mitgemeint sind. – Auf das Gericht wird hier übrigens mit einem Adjektiv
BEZUGGENOMMEN, was selten vorkommt (so auch: ärztliche Verord-
nung, elterliche Erlaubnis, behördliche Genehmigung).

Politische Texte sind in ihrer Bezugsstruktur nicht immer so relativ
durchsichtig. Wo ihre legitime Funktion des WERBENS und SOLI-
DARISIERENS bis zur sog. Manipulation übertrieben ist, lassen
sie sich u. a. durch systematische Analysen der Bezugsidentitäten
und -vagheiten entlarven oder hinterfragen. In politischen Veran-
staltungen mit der Möglichkeit des wirklichen Dialogs gibt es die
Möglichkeit des sprachkritischen Rückfragens nach den gemeinten
oder mitgemeinten Personen oder Gruppen, auf die sich die Pronomen in Redeweisen beziehen wie Wir fordern . . ., Wir wollen . . .,
Wir lassen uns nicht . . ., Wir haben schon immer . . ., Unsere Ziele
sind . . ., Unser Anliegen ist doch . . ., Es liegt in unser aller Interesse
. . ., Wir sitzen doch alle in einem Boot usw.

In der Aufsatzlehre des muttersprachlichen Deutschunterrichts
spielt der Wiederbezug auf problematische Weise eine Rolle in der
Frage der sog. Wortwiederholungen. Wenn Lehrer wieder-
holte bezugsidentische Wörter mit einem roten W als Stilfehler
anstreichen, sollten sie sich nicht mit diesem undifferenzierten
Verfahren und mit einer rein ästhetischen Begründung begnügen.
Auf welche Weise man sich auf etwas WIEDERBEZIEHT, ist auch
eine semantische und eine textsortenspezifische Frage. In genauen
Sachbescheibungen, in wissenschaftlichen oder juristischen Texten
ist WIEDERBEZUG mit dem gleichen Wort geradezu notwendig
(Eindeutigkeit der Terminologie), also Wortvariation eine

stilistische Schwäche, so wie es in diesem Kapitel eine wissenschaftsgeschichtlich bedingte Schwäche ist, daß wir mit Rücksicht auf das in der Fachliteratur übliche Nebeneinander von internationaler Fachterminologie und normalsprachlichen Ausdrücken (s. 1.3) öfters zwischen *Referenz* und *Bezug* variiert haben. In einem für Experten geschriebenen strengwissenschaftlichen Text müßte man sich für eine von beiden Varianten entscheiden. In anderen Textsorten ist umgekehrt Wortvariation eine Stiltugend, aber nicht immer nur aus äußerlichen Geschmacksgründen, sondern kontextsemantisch bedingt: So wird in Nachrichtentexten und Kommentaren oft beim WIEDERBEZUG auf die gleiche Person oder Institution der Bezugsausdruck variiert, um Hintergrund- oder Nebenbei-Informationen zu geben, um die Vielfalt von Rollen und Aspekten anzudeuten oder um Stellungnahmen, Einschätzungen und Bewertungen nebenbei anzubringen, z. B.: *Genscher ... der Bundesaußenminister ... der Vizekanzler ... der FDP-Häuptling ... der liberale Optimist ... der ‚wendige‘ Sachse* usw., oder: *Die Vereinigten Staaten ... die US-Regierung ... das Weiße Haus ... die Weltmacht Nr. 1 ... der ‚große Bruder‘* usw. Hier ist Textreferenz mit einem semantisch motivierten Immer-wieder-anders-PRÄDIZIEREN verbunden. Auch wo man keine inhaltlichen Funktionen entdecken kann, ist Wortvariation in vielen Texten über das rein Ästhetische hinaus als Mittel für Kontakt und Beziehung (s. 2.24) zu erklären. So dient es der jargonhaften Gruppen-UNTERHALTUNG und IMAGE-BESTÄTIGUNG der Fans, wenn z. B. in Fußball-Reportagen der Ball abwechselnd als *Ball, Leder, Kugel, Ei, Pflaume* usw. bezeichnet wird oder wenn etwa in einer Kritik über ein Klavierkonzert die zentrale Handlung des Pianisten variierend mit *spielen, vortragen, darbieten, intonieren, musizieren, interpretieren, in die Tasten greifen* usw. bezeichnet wird.
Der Vollständigkeit halber sei noch erwähnt, daß es neben dem im Textverlauf rückwärts gerichteten (anaphorischen/regressiven) BEZUGNEHMEN, so in allen bisherigen Beispielen, ab und zu auch die v o r w ä r t s g e r i c h t e t e (kataphorische/progressive) Möglichkeit gibt: *„... den nicht ungestraft lassen, der ...“* (T1,7); *„Diese Konsequenz ergibt sich: Ich könnte ...“* (T7,8); *„Sie wissen ... – und dies hat in einer früheren Debatte ... eine Rolle gespielt – daß der Brief ...“* (T8,6); *Das ist aber nett, daß du kommst; Wie man es von ihr nicht anders erwartet hatte, fand Barbara auch dafür eine Lösung.*

2.13. Quantifizierungen/Mengenbestimmungen

2.13.1. Schwierigkeiten der Artikelwörter

Die deutsche Sprache ist – im Unterschied z. B. zum Latein und zu slawischen Sprachen – eine Artikel-Sprache. Vieles von dem, was im flektierenden Sprachbau von den Endungen des Substantivs geleistet wird, ist im Deutschen auf die Begleitwörter des Substantivs verlagert: auf die Artikelwörter und die attributiven Adjektive. Beim Erlernen des Deutschen als Fremdsprache gibt es im Bereich der Artikelwörter die bekannten und gefürchteten Schwierigkeiten mit *der, die, das, dessen, demjenigen, solchem, mehrerer, manches* usw. Auch in satzsemantischer Hinsicht hat man, selbst als Muttersprachler, mit den Artikelwörtern Probleme, die einem meist nicht bewußt oder erklärbar sind, da man solche scheinbar bedeutungsarmen Form- und Funktionswörter ganz unreflektiert und wie mechanisch gebraucht. Diese semantischen Probleme kommen daher, daß die Artikelwörter mit allzuvielen Funktionen überlastet sind:

- grammatikalische Kennzeichnung der Wortart Substantiv, vor allem bei Substantivierungen (z. B. *das Ja, das Können, das Blau*)
- grammatikalische Kennzeichnung von Kasus und Genus bei Substantiven ohne Endung oder mit nicht eindeutiger Endung (z. B. *dem Sohn, die „Bremen"*)
- syntaktische Kennzeichnung des Beginns einer mit Attributen erweiterten Nominalgruppe (z. B.: *„einer auf den Ausgangspunkt zurückgewendeten Perspektive"* (T7,3)
- wortsemantische Kennzeichnung von Numerus und natürlichem Geschlecht, falls das Substantiv dies nicht mehr anzeigt (z. B. *die Dichter, die Knef*)
- satzsemantische Bezeichnung der IDENTIFIZIERUNG/DETERMINATION des mit dem Substantiv benannten Bezugsobjekts nach der Frage ‚welches x?‘ (s. 2.12.2/3), z. B. *„die Filmförderung – und zwar genau diese Förderung"* (T4,5)
- satzsemantische Bezeichnung der QUANTIFIZIERUNG/MENGENBESTIMMUNG des Bezugsobjekts nach der Frage ‚Wieviel von x?‘, z. B. *„ein Pommer"* (T10,6)
- kontextsemantische Bezeichnung der THEMA-RHEMA-Gewichtung nach der Frage ‚vorerwähnt?‘ (meist bestimmter Artikel oder anaphorisches Pronomen) oder ‚neu?‘ (meist unbestimmter Artikel), z. B. *„Das Thema"* (T9a,3), *„eine Gesellschaftstheorie ..., zu der ich ..."* (T7,8), vgl. 3.42.

Die vier semantischen Funktionen der Artikelwörter stören sich manchmal gegenseitig, weil eine von ihnen vor den anderen den Vorzug erhält, also die anderen überlagert, mitunter verundeutlicht. Auch dies ist eine Erscheinung des komprimierten Satzbaustils (s. 1.11). Zu viele semantische Komponenten werden mit einer einzigen grammatikalischen Einheit ausgedrückt. Wir wollen diese Störungen von der (sprachkritisch interessanten) Quantifizierung her darstellen, die im komprimierten und uneigentlichen Ausdrucksstil oft zu kurz kommt.

In der Prädikatenlogik gilt die Regel, daß eine Prädikation erst dann nach den Werten ‚wahr' und ‚falsch' beurteilt werden kann, wenn ihre Argumentstellen durch einen Quantor/Quantifizierungs-Operator „gebunden" sind. Wenn über ein Objekt x, das zur Klasse ‚Deutsche' gehöre, ein Prädikat P ausgesagt wird, z. B. ‚x ist ordentlich', und wenn dann x in der Form *ein Deutscher* oder *der Deutsche* ausgedrückt wird, dann wissen wir (bei der üblichen ungenauen Ausdrucksweise unserer Normalsprache) noch lange nicht, ob ‚ein bestimmter Deutscher' als ‚Individuum', oder ‚einige', ‚viele', ‚die meisten' oder gar ‚alle Deutschen' gemeint sind (ganz abgesehen von der heutigen politischen Vagheit des Prädikators *deutsch*). Erst wenn man dies geklärt hat, kann man entscheiden, ob dieser Satz ‚wahr' oder ‚falsch' ist. So kann auch in der satzsemantischen Textanalyse eine Aussage erst dann in Bezug auf die WAHRHEIT ihres Aussagegehalts richtig eingeschätzt werden, wenn alle ihre Bezugsstellen hinreichend deutlich QUANTIFIZIERT sind, entweder explizit durch Quantifizierungsausdrücke/Mengenwörter oder implizit durch Kontextverständnis, oder wenn sie durch sprachkritisches HINTERFRAGEN problematisiert sind. Nach der Einteilung der quantifizierenden Operatoren (Quantoren) in der Logik stellen wir in 2.13.2 zunächst unproblematische Fälle aus den Beispieltexten zusammen und erörtern dann in 2.13.3 sprachkritisch interessante Erscheinungen der Quantifizierung.

Die Quantifizierung ist nicht ausschließlich auf die hierin oft sehr ungenauen oder irreführenden Artikelwörter angewiesen. Auch semantische Eigenschaften von Verben können die Quantifizierung von Objektbegriffen implizieren. Nach D. E. Kanouse (s. Hörmann 453 f.) haben „manifeste Verben" (*suchen, sammeln, machen* usw.) einen geringeren Quantifizierungseffekt als „subjektive" (*lieben, verstehen, ignorieren* usw.).

2.13.2. Gesamtmengen, Teilmengen, Individuen

Ist das Bezugsobjekt (logisch) mit dem Allquantor/Totalisator QUANTIFIZIERT, so ist die G e s a m t m e n g e oder Summe aller Elemente der Klasse gemeint, zu der das Bezugsobjekt gehört; z. B.:

„alle diese Worte" (T1,1), *„alles, was darinnen ist"* (T1,11), *„alle deine Dinge"* (T1,9), *„Alle Menschen"* (T2 Art. 3,1).* Mit distributioneller/verteilender Quantifizierung: *„jeder menschlichen Gemeinschaft"* (T2 Art. 1,2), *„Jeder hat das Recht ..."* (T2 Art. 2,2), *„jede Staatsform"* (T5,12).* Mit Verneinung im Sinne von ,alle nicht', ,nicht ein einziges von allen': *„kein Bildnis"* (T1,4), *„kein Werk"* (T1,10), *„Niemand"* (T2 Art. 4,3).* Die ,Gesamtmengen'-Quantifizierung ist vom Kontext her eindeutig im Artikel, Demonstrativ- oder Possessivpronomen impliziert in Fällen wie: *„meine Gebote"* (T1,6), *„diese Rechte"* (T2 Art. 2,2), *„in den Vorschriften der allgemeinen Gesetze"* (T2 Art. 5,2), *„die wirklich Schuldigen"* (T9a,10).*

Ist das Bezugsobjekt (logisch) mit dem Existenzquantor/Partikularisator QUANTIFIZIERT, so kommen verschiedene Möglichkeiten von , T e i l m e n g e ' auf der breiten Skala zwischen ,unbestimmtes Einzelelement' und ,größte Teilmenge' in Betracht. Logiker begnügen sich für all dies lakonisch mit der Standardformulierung ,es gibt/existiert mindestens ein' Element der genannten Menge. In natürlichen Sprachen gibt es dafür eine große Zahl abgestufter Quantifizierungsausdrücke von *ein* bis *unendlich viele* (Zahlwörter/Numeralia) bzw. von *fast keiner* bis *fast alle* (relative Mengenwörter/Mächtigkeitsquantoren):

„eines Gesetzes" (T2 Art. 2,2), *„in einer früheren Debatte"* (T8,6), *„ein Grund"* (T9a,7), *„zwei Seiten"* (T9a,3).* Mit distributioneller Quantifizierung: *„eines der angegebenen Konten"* (T3,4), *„der erste Schritt"* (T7,9), *„die ersten zehn Jahre"* (T10,6), ein Drittel, die Hälfte, 30 Prozent, ...* Mit regelhaft r e l a t i v e r Quantifizierung: *„einige Filme"* (T4,4), *„einige Punkte"* (T8,2), *„manches schlechte Werk"* (T4,5), *„an vielen Tausenden"* (T1,6), *„vieler befragter Landsleute"* (T5,6); die wenigsten, wenige, einzelne, ein paar, mehrere, zahlreiche, beträchtliche, die meisten, fast alle, ...* Mit regelhaft u n g e n a u e r Quantifizierung als ,ungewisse Menge', meist mit Nullform des Artikels im Plural: *„zu unverletzlichen und unveränderlichen Menschenrechten"* (T2 Art. 1,2), *„aus allgemein zugänglichen Quellen"* (T2 Art. 5,1), *„von Zwangsmaßnahmen und Kosten"* (T3,4), *„Nachrichten"* (T4,2), *„Solche Gefährdungen"* (T5,12), *„verlassene Stufen"* (T7,2), *„als Angehörige"* (T8,10), *„Familien und Menschen"* (T9a,4),*

„*eine gewisse Dosis*" (T9a,6), „*aus politischen Gründen*" (T9a,10), „*für Verbrechen*" (T9a,11), „*Bedenken*" (T9b,3), „*für Erinnerungen*" (T9a,9), „*Pflichten*" (T10,2).
Die Bedeutung ‚ungewisse Menge' ist bei Nullartikel im Singular mit den M a s s e w ö r t e r n/Kontinuativa regelhaft verbunden: „*Prozeßmaterial*" (T9a,10); *Geld, Sand, Wasser, ...* (s. 2.14.2).
Hierzu sind auch die beliebten artikellosen Abstraktwörter für eingebettete Prädikate (s. 3.1) zu rechnen, mit denen systematisch vage quantifiziert wird: „*Kunst und Wissenschaft*" (T2 Art. 5,3), „*Kunstförderung*" (T4,6), „*andere Abschreckung*" (T5,5), „*Erkenntnis und Interesse*" (T7,1), „*Wissenschaftstheorie*" (T7,2), „*Reflexion*" (T7,4), „*Erkenntniskritik*" (T7,5), „*Zugang*" (T7,8), „*Verjährung ... Amnestie*" (T9a,11).

Ist das Bezugsobjekt (logisch) mit dem Jota-Operator (namenbildenden/kennzeichnenden Operator) QUANTIFIZIERT, so ist ein I n d i v i d u u m gemeint. Dies kann mit E i g e n n a m e n ausgedrückt werden, wenn für das Bezugsobjekt ein solcher vorhanden oder möglich ist:

„*Gott*" (T1,1), „*das Deutsche Volk*" (T2 Art. 1,2), „*die Carmina burana*" (T5,3), „*Mike Fagan*" (T5,4), „*Herzog GmbH*" (T6), „*nach Moskau*" (T8,5), „*des Bahr-Papiers*" (T8,10), „*in Frankreich*" (T9a,11), ... Im übrigen dient dieser Quantifizierungsart der bestimmte Artikel, das Demonstrativpronomen oder das Possessivpronomen im Singular: „*Der Brief*" (T8,6), „*der fertige Vertrag*" (T8,10), „*diese Mißfallenskundgebung*" (T4,10), „*des Herrn, deines Gottes*" (T1,7), „*Ihr neues Mitglied*" (T10,4).

2.13.3. Typisierungen und Pauschalisierungen

Ein scheinbar uneigentlicher Gebrauch des Singulars statt des Plurals findet sich im Bibeltext nach dem traditionellen Prinzip, allgemeine Regeln konkret als E i n z e l f a l l zu formulieren, entsprechend der persönlichen „*du*"-Anrede in den „Zehn Geboten" (T1), ähnlich in den „Grundrechten" (T2):

„*der Väter Missetat*" (5), „*den nicht ungestraft lassen, der ...*" (7), „*des Sabbattags*" (8), „*noch dein Sohn noch deine Tochter noch dein Knecht noch deine Magd ... noch dein Fremdling*" (10), „*wider deinen Nächsten ... deines Nächsten Hauses ... was dein Nächster hat*" (16,17); „*das Sittengesetz*" (Art.2,1), „*Freiheit der Person*" (Art. 2,2), „*vor dem Gesetz*" (Art. 3,1), „*mit der Waffe*" (Art. 4,3), „*des ... Bekenntnisses*" (Art. 4,1).

Dieses Stilprinzip ist textsortenspezifisch. Für Gesetzestexte gilt offenbar die Regel, daß Formulierungen von ‚Einzelfällen' stets implizit zugleich für ‚jeden Fall' gelten und damit für die ‚ganze Klasse' von Bezugsobjekten. Deshalb gibt es hier kaum sprachkritische Probleme wie bei den Stereotypen (vgl. aber 2.13.4).

In der logischen Quantorenlehre macht man einen Unterschied zwischen ‚Gesamtmenge' und ‚Klasse': Ist das Bezugsobjekt mit dem Lambda-Operator/Abstraktor QUANTIFIZIERT, so ist es als Klassenbegriff gemeint. Dafür gibt es wissenschaftssprachliche Ausdrucksweisen mit abstrakten Substantiven: *die Klasse aller Verbotsschilder, die Baumart Fichte, die mediterrane Rasse, die Gattung Novelle, die Textsorte Interview, ...* In der Normalsprache muß man sich für die generische/klassenbildende Quantifizierung mit uneigentlichen (und darum manchmal ungenauen oder irreführenden) Verwendungen von Quantifizierungsausdrücken behelfen. Mit uneigentlicher Verwendung des unbestimmten Artikels macht man aus Eigennamen typisierende Benennungen: *„hätten wir einen Faßbinder, einen Schlöndorff, einen Kluge ..."* (T4,5), *„im Vorpommern eines Reichskanzlers Hitler"* (T10,6). Eigennamen mit unbestimmtem Artikel sind eigentlich ein Regelverstoß, da Eigennamen ja gerade mit der Festlegung auf bestimmte Individuen ihre IDENTIFIZIERUNGS-Funktion erfüllen (s. 2.12.3). Aber systematische Regelverstöße legen nach der Griceschen Theorie der konversationellen Implikaturen (s. 4.41), ähnlich wie andere uneigentliche Ausdrucksweisen (s. 4.45), ein hintergründiges Verstehen der Ausdrucksformen nahe, in diesem Fall das Verständnis des Eigennamens als Typusbezeichnung, hier für den Typus ‚guter Filmregisseur' bzw. ‚Nazis' (vgl. 4.44). So sind auch die uneigentlichen Plurale von Eigennamen zu verstehen *(die Faßbinders, die Hitlers, die Jaruzelskys, die Reagans)*. Namen werden so zu ‚Begriffen'.

Der bestimmte Artikel im Plural wird bei klassenbildender Quantifizierung offenbar gemieden, da im deutschen Plural eine Menge nicht als ‚Einheit' oder ‚Klasse', sondern als ‚Summe' aufgefaßt wird. Statt *die Würde der Menschen* heißt es in generischer Bedeutung: *die Würde von Menschen* (mit Nullform des Artikels im Plural) oder *die Würde eines Menschen* (mit unbestimmtem Artikel im Singular) oder wie im Grundgesetz mit bestimmtem Artikel im Singular: „*Die Würde des Menschen ist unantastbar*". (T2 Art. 1,1).

Die uneigentliche Verwendung des Singulars statt des Plurals ist im Deutschen stark ausgeprägt. Seit alter Zeit, und auch heute zunehmend, gibt es deutsche K o l l e k t i v - Wörter/Sammelwörter (s. 2.14.2), mit denen im Singular eine Menge als ‚Einheit' zusammengefaßt wird: *Obst, Vieh, Adel, Jugend, Gebirge, Gemüse, Geschirr, Geschwister, Beamtentum, Christenheit, Arbeiterschaft, Saatgut, Gedankengut, Ideengut, Bildmaterial, Pferdematerial, Astwerk, Schuhwerk,* ... (s. Erben 1975, 80 ff.); dazu gehören auch „*Lyrikgut*" (T5,3), „*Gesetzgebung, vollziehende Gewalt*" (T2 Art. 1,3).

Aus der Wissenschaftssprache kommt der in „*Würde des Menschen*" vorliegende t y p i s i e r e n d e S i n g u l a r. Mit dieser uneigentlichen Ausdrucksweise werden, besonders in den Geistes- und Sozialwissenschaften, anstelle genau quantifizierter Klassenbezeichnungen Typus-Begriffe geschaffen. Dabei werden (statt der Gesamtheit aller gemeinsamen Merkmale aller Elemente einer Klasse) vereinfachend die jeweils für wesentlich, prägnant, musterhaft, vorbildlich gehaltenen Merkmale der Klasse als ‚reiner' Typus oder Idealtypus in den Vordergrund gerückt (und die anderen vernachlässigt), z. B. *der Renaissancemensch, der Minnesinger, der Bildungsroman, die Sprachkompetenz, der Sprecher, der Leser,* ... Durch die Verwissenschaftlichung der Öffentlichkeitssprache seit dem frühen 19. Jahrhundert wurden solche typisierenden Singularwörter auch in der politischen Propaganda üblich und wirksam: z. B. *der Bauer, der Bürger, der Proletarier, der Junker, der deutsche Soldat, der Franzose, der Jude,* ... (übrigens vorwiegend in androzentrischer maskuliner Form, s. 2.13.4); daneben auch mit uneigentlicher Verwendung des unbestimmten Artikels in typisierender Bedeutung: *ein Deutscher, eine Frau, ein Arbeiter,* ...

In Verbindung mit typisierenden Prädikaten (als kollektiv reproduzierte Gruppen-BEWERTUNGEN) spielen diese typisierenden Singulare in den S t e r e o t y p e n/Gruppenvorurteilen eine Rolle: *der Schwabe ist geizig, die Kölner sind laut, ein Sachse paßt sich immer an.* Es ist dabei unerheblich, ob der Singular oder der Plural, der bestimmte oder der unbestimmte Artikel oder die Nullform verwendet wird *(Gastarbeiter sind ...).* In der Regel ist die Quantifizierung dabei so vage, daß beim unkritischen, unüberlegten Ge-

brauch solcher Gruppenvorurteile die semantische Unterscheidung
zwischen GESAMTMENGE, TEILMENGE und TYPUS aufgehoben ist. Wenn man jemanden (politisch oder pädagogisch) auf die
verführerische und diskriminierende Wirkung solcher Redeweisen
sprachkritisch aufmerksam machen will, helfen Fragen nach der
genauen Quantifizierung *(Wieviele eigentlich? Glaubst du wirklich, daß alle ...?)* und nach der komplementären Menge *(Sind
nicht auch viele andere so?).*

Vagheit der Quantifizierung ist überhaupt ein Kennzeichen persua-
siver/werbender/überredender Kommunikationstypen und Texte.
Oft wird ein Bezugsobjekt übertreibend p a u s c h a l i s i e r t , indem mit Quantifizierungsausdrücken GESAMTMENGE oder GE-
SAMTHEIT nahegelegt oder vorgetäuscht wird, wo sprachkritisch
auch TEILMENGE verstanden werden kann:

„jeder Filmfreund" (T4,4), *„die Kultur"* (T4,6), *„seine Gegner"* (T4,6,7),
„alle Betroffenen" (T4,10), *„unser mittelhochdeutsches Lyrikgut"* (T5,3),
„Selbstreflexion der Wissenschaft"(T7,8), *„die Opposition"* (T8,5), *„die
deutsche Vergangenheit"* (T9a,1), *„in den Büchern"* (T10,6).
Im Grosser-Interview fragt der Interviewer ziemlich pauschal: *„Wo sehen
Sie als Franzose die Ursachen für diese erneuten Anwürfe?"* (T9a,2).
Grosser antwortet dagegen vorsichtig abwägend und differenzierend und
deshalb in der Quantifizierung präziser mit dem Zahlwort *„ein"* bei
„Grund": *„Es ist dies für mich ein Grund, warum ich beispielsweise nur
sehr zögernd zur Frage der Verjährung Stellung nehme"* (T9a,7). Nachdem
Grosser also nach langer Abschweifung mit dem Stichwort *„Verjährung"*
wenigstens indirekt eine schwache Teil-Antwort auf die Frage des Interviewers gegeben hat, schaltet sich dieser wieder ein und stellt, indem er
Grossers (ihn nicht befriedigende) TEILMENGEN-Begründung seines Zö-
gerns einfach ignoriert, wieder eine pauschale Begründungsfrage: *„Weshalb Ihr Zögern in Sachen Verjährung?"* (T9a,8). Grosser antwortet wieder
nicht pauschal, sondern mit einer systematisch gegliederten Aufzählung
weiterer Gründe als TEILMENGEN: *„Ich zögere einmal, weil ... zum
anderen, weil ... und weil ... Schließlich zögere ich auch, weil ..."*
(T9a,9–11). Hier steht also journalistische Neigung zur Vereinfachung –
und der medienspezifische Zwang dazu, verstärkt durch die den Sprach-
handlungs-Spielraum einschränkende Anreiz-Funktion der Interviewer-
Rolle – auch sprachstilistisch im Kontrast zur akademischen Differenziert-
heit des Inhalts und zur Explizitheit des Ausdrucks.

2.13.4. Männerorientierte Vagheit bei Personenbezeichnungen

Ob mit einer Personenbezeichnung eine weibliche oder eine männliche Person gemeint ist, gehört als semantisches Problem eigentlich in den Bereich des prädizierenden Bezugnehmens (2.12.4), da die semantischen Merkmale „weiblich" und „männlich" den Punkt darstellen, wo selbst bei Eigennamen wie *Inge* und *Fritz*, *Peter* und *Petra* zum BEZUGNEHMEN und IDENTIFIZIEREN ein Ansatz zum PRÄDIZIEREN hinzukommt. Ein Exkurs über das sprachkritische Problem des natürlichen Geschlechts bei Substantiven soll jedoch hier im Anschluß an die QUANTIFIZIERUNG versucht werden, da sowohl die Artikelwörter als auch die Singular/Plural-Unterscheidung viel (manchmal alles) zur Geschlechtsunterscheidung beitragen, besonders bei Substantiven, deren Wortstamm oder Flexionsendung für die Bezeichnung des grammatikalischen Geschlechts nicht eindeutig ist, und da Vagheits-Praktiken der Quantifizierung genauso im Bereich der geschlechtsspezifischen Personenbenennung wirken.

In den traditionellen Normen für den Wortlaut von Gesetzestexten scheint die Regel zu gelten, daß immer, wenn die ‚Gesamtmenge' einer Personengruppe beiderlei Geschlechts gemeint ist, der typisierende maskuline Singular (s. 2.13.3) verwendet werden soll, der damit auch für das natürliche Geschlecht als generischer/verallgemeinernder, also geschlechtsneutraler Singular verstanden werden soll: *der Kläger, der Ehegatte, der Angeklagte, der Minderjährige, der Erziehungsberechtigte, …*, obwohl sich die Pluralformen (insbesondere von den aus Adjektiven oder Partizipien substantivierten Personenbezeichnungen: *die Erziehungsberechtigten, Erziehungsberechtigte*) für die geschlechtsneutrale Bedeutung viel besser eignen würden als die Singularformen, bei denen die Artikel-Opposition *der/die* besteht (vgl. Guentherodt 1984, 286). Geschlechtsneutral verwendeter maskuliner Singular ist eine fragwürdige Norm. Sie kann zwar von Experten für den Expertengebrauch autoritär durchgesetzt werden; aber in der Sprache der Öffentlichkeit ist sie heute problematisch geworden. Die damit verbundenen semantischen Probleme sind nicht allein mit der Berufung auf Normsetzung und Tradition oder Polysemie im „Sprachsystem" zu lösen. Sie sind stark abhängig von der Entwicklung des politischen und ideologischen Sprachbewußtseins verschiedenener Gruppen und von bestimmten Textsortenstilen.

Es hat beispielsweise keinen Sinn, die Asymmetrien zwischen den Geschlechtern im Text der „10 Gebote" (T1) mit dem heutigen Sprachbewußtsein beurteilen zu wollen. Welche Pflichten und Rechte von Frauen im (patriarchalisch formulierten) Mosaischen Text mitgemeint oder nicht mitgemeint waren, kann nur von alttestamentlicher Philologie und Alter Geschichte des Orients her beurteilt werden; und die Anwendung der „10 Gebote" auf die heutige Zeit bedarf der Auslegung durch Theologen, Männer und Frauen, im Rahmen der heute gültigen Sozialordnungen. Eine naive, unkorrigierte Anwendung solcher jahrtausendealter Texte auf heutige Normdurchsetzung würde in den Bereich Sprache als Herrschaftsmittel gehören.

Die „Grundrechte" (T2) sind allerdings ein Text, für dessen Verständnis das heutige Sprachbewußtsein auch anderer Gruppen als der Verfassungsrechtler(innen) weitgehend zuständig ist. Der bequemste, rein formale Weg wäre es, sich in dieser Frage auf die unzweifelhafte Prämisse zurückzuziehen, daß, infolge der in Artikel 3 der „Grundrechte" garantierten Gleichberechtigung von Männern und Frauen, alle mit Berechtigung und Verpflichtung zusammenhängenden maskulinen Personenbezeichnungen in Gesetzestexten stets auch auf weibliche Personen mitbezogen werden müssen. Eine solche pauschale Normsetzung schützt aber nicht vor semantischen Konflikten und vor Ungerechtigkeiten durch vagen Sprachgebrauch. Hierbei muß nach Kontexttypen unterschieden werden, aber auch nach satzsemantischen Wortklassen: Pronomen (als Bezugsausdrücke, s. 2.12.2) sollten in dieser Frage nicht unbesehen genauso behandelt werden wie Substantive (die grundsätzlich Prädikatoren sind, s. 2.11.4).

Es gibt Fälle, in denen auch in der alltäglichen Normalsprache maskuline Pronomen kontextbedingt ganz selbstverständlich geschlechtsneutral benutzt und verstanden werden. Da es z. B. bei Redensarten wie *Jeder weiß das, Jeder sieht wo er bleibt, Das geht jeden an* keinen Zweifel über geschlechtsneutrale Bedeutung des Pronomens *jeder* gibt, wäre es nur Sprachpedanterie, wollte man alle *jeder* in den „Grundrechten" (T2 Art.2 1,2 Art. 5,1) durch *jeder/jede* oder *jede(r)* und die davon abhängigen wiederbeziehenden Pronomen *sein* durch *sein/ihr* ersetzen. Bei *jedermann* wäre es schon etwas anders, da hier durch Orthographieregelung (*-nn!*) die Bedeutung ‚männlich' geradezu aufgedrängt wird.

Eine sprachpuristische Übertreibung scheint mir auch der Versuch von Feministinnen zu sein, das verallgemeinernde Pronomen *man* bei weiblicher Bezugsperson durch kleingeschriebenes *frau*, bei geschlechtsneutraler Verwendung durch *man/frau* zu ersetzen (s. Pusch 86 ff.). Bei allem Verständnis für die Berechtigung, Sprachkritik im politischen Handeln einzusetzen, müssen doch germanistische Bedenken gegen diesen Sprachveränderungsversuch vorgebracht werden: Im Unterschied zu *jedermann* haben die Orthographienormer bei *man* die ,männlich'-Semantisierung durch *-nn* gerade nicht eingeführt. In Dialekten und weithin in regionaler Umgangssprache ist *man* mit *wir* lautlich zusammengefallen: *mer hat* ,man hat' neben *mer ham* ,wir haben', *kammer* ,kann man' oder ,können wir'. Das Pronomen *man* ist vor mehr als einem Jahrtausend aus dem (auch in *Mensch* steckenden) substantivischen Stamm *man* entstanden, der ursprünglich und z. T. noch im Alt- und Mittelhochdeutschen ,Mensch allgemein' bedeutete (das alte Wort für ,Mann' war das noch im *Bräutigam* steckende ahd. *gomo*, zu lat. *homo*). Das engl. *woman* ,Frau' ist aus altengl. *wif-man* ,weiblicher Mensch' entstanden. Daß beim Substantiv *Mann* die Bedeutung allmählich auf ,männlicher Mensch' eingeengt wurde, ist eine Folge patriarchalischer Sozialordnung, also androzentrischen Sprachgebrauchs. Davon war aber das orthographisch vom Substantiv ferngerückte Pronomen *man* nicht betroffen. Noch heute kann nämlich – im Unterschied zu *jeder* und *jedermann* – das Pronomen *man* im Kontext nicht durch *er* pronominalisiert werden; es muß wiederholt werden *(Man weiß, was man zu erwarten hat)*, und es wird im Dativ und Akkusativ durch *ein* pronominalisiert *(Man weiß nicht, was einem passieren kann; Was einen nicht interessiert, lernt man nicht)*, ein Beweis dafür, daß *man* nicht anders verstanden wird als engl. *one* und frz. *on* als verallgemeinernde geschlechtsneutrale Pronomen. Das Pronomen *man* ist also weder nach Herkunft noch nach heutigem allgemeinem Gebrauch ein „Maskulinum" oder gar „Super-Maskulinum" (Pusch 86). Es muß allerdings schon als sprachgeschichtliche Tatsache gewertet werden, daß seit etwa 10 Jahren von einer nicht nur vom Grundgesetz legitimierten und motivierten sozialpolitischen Bewegung die Bedeutung ,männlich' in das Pronomen *man* hineingedeutet und kleingeschriebenes *frau* als sprachliche Innovation erfolgreich als Agitations- und Solidarisierungsmittel benutzt und verbreitet wird. Ob dies auch im allgemeinen Sprachgebrauch Folgen für Bedeutung, Orthograhie und Pronominalisierung von *man* haben wird, bleibt abzuwarten. Grammatikalischer Sprachwandel ist schwieriger als lexikalischer.

Wesentlich anders als bei den Pronomen ist dieses semantische Problem bei substantivischen Rollenbezeichnungen zu beurteilen. Es kommt sehr darauf an, mit welchen E r w a r t u n g s n o r m e n man an das Verständnis eines Textes herangeht. So wäre es absurd, in T4 und T6 bei *„Filmfreunde"*, *„Gegner"* und *„Roulettefreunde"* zu erwarten: *und -freundinnen, und Gegnerinnen*. Dagegen könnte eine Frau als Adressatin des Finanzamtsbescheids T3 sich (für alle Frauen) beleidigt fühlen durch die Anrede *„Sehr geehrter Steuerzahler!"*. In dieser Textsorte besteht nämlich eine Erwartungsnorm in Bezug auf eine geschlechtsspezifische Anrede, da man gewohnt ist, daß in behördlichen Formularen die Wahl zwischen männlichen und weiblichen Anreden und Betitelungen mit der Methode „Nichtzutreffendes bitte streichen!" gefördert wird.

Noch offensichtlicher gilt dies für Berufsbezeichnungen. Seit es von Ministerien auf Bundes- und Landesebene im Anschluß an die europäische Gleichbehandlungsrichtlinie von 1976 Verordnungen gibt, die in staatlichen Berufslisten und Stellenangeboten vorschreiben, außer der männlichen, bisher als geschlechtsneutral geltenden Form auch die weibliche Form der Berufsbezeichnung zu verwenden, ist mit einer durch offizielle Sprachregelung etablierten Erwartungsnorm zu rechnen, auch wenn diese Regelung bisher bei Stellenausschreibungen nur teilweise befolgt wird. Seit dem Wirksamwerden dieser Norm darf sich niemand mehr auf den der naivwörtlichen Semantikideologie (s. S. 23) entsprechenden Standpunkt zurückziehen und behaupten, in den maskulinen Berufsbegriffen seien doch Frauen ‚selbstverständlich' mitenthalten/mitgemeint. Wer heute eine Stelle in der Form *EDV-Fachmann, Direktor, Professor* ausschreibt – statt in eindeutig geschlechtsneutraler Form *(EDV-Fachkraft, Direktor/in, Professur)* – muß sich nicht nur von Feministinnen, sondern auch von möglichen Bewerberinnen den sozialpolitischen Vorwurf mit Recht gefallen lassen, mit androzentrischem (Männer bevorzugendem) Sprachgebrauch Frauen grundgesetzwidrig von beruflichen Chancen fernzuhalten. Dies gilt nicht für die DDR, in der es eine offene feministische Sprachkritik und entsprechende Sprachregelungen nicht gegeben hat. Dort gehört es zum ganz allgemeinen, von niemandem beanstandeten Sprachgebrauch, z. B. zu sagen: Meine Frau ist *Ingenieur,* und die Suffixformen auf -in gehen stark zurück. Damit verändert sich die Bedeutung der Berufsbezeichnungen in bezug auf das natürliche Geschlecht in den beiden Staaten in entgegengesetzter Richtung, als Folge von sprachkritischer Gruppenaktivität und staatlicher Sprachregelung in der BRD.

Dieses kleine sprachgeschichtliche Problem sollte man nicht in
‚systemlinguistischer‘ Weise als ‚außersprachlichen‘ Eingriff abtun.
Der Inhalt von Sprachzeichen besteht nicht nur aus dem, was
Wörter von Wortschatz und Grammatik her ‚selbstverständlich‘
BEDEUTEN und MITBEDEUTEN und was wir selbst damit MEI-
NEN und MITMEINEN, sondern zu einem pragmatisch sehr
wichtigen Teil auch aus dem, was andere aufgrund von Voreinstellungen und Erwartungsnormen, aufgrund von Interessen und Absichten MITVERSTEHEN können und wollen (s. 4.1, 4.2).
Es gehört zur Symptomwirkung von Sprache dazu, daß manches auch
gegen unsere Absichten und Einstellungen MITVERSTANDEN wird, ohne
daß wir uns dagegen wehren können. So haben wir nicht immer die
Chance, den Gebrauch möglicherweise anstößiger Ausdrücke zu vermeiden
oder ideologischen Unterstellungen durch semantische Ausweichmanöver
zuvorzukommen. Da nun für wissenschaftliche Lehrbücher – im Unterschied zu Stellenausschreibungen – keine derartige Sprachregelung besteht,
darf ich als Verfasser dieses Buches das Recht in Anspruch nehmen, hiermit
zu ERKLÄREN, daß alle maskulinen Personenbezeichnungen des Typs
Sprecher, Hörer, Handelnder, usw. in diesem Buch als geschlechtsneutral
zu verstehen sind.

2.14. Satzsemantische Klassifizierungen

2.14.1. Die praktisch-semantische Umkehrung der Valenztheorie

Im Sinne der Priorität des Satzinhalts vor dem Satzausdruck (s.
1.21) sind in der Satzsemantik nicht Verben, Adjektive, Kasus,
Satzglieder usw. zu klassifizieren, sondern satzsemantische Kategorien. So muß auch die valenztheoretische Frage nach Bedeutungsty-
pen von Verben und ihren Ergänzungen hier umgekehrt werden
zur Frage nach semantischen Klassen von Prädikaten und von
Bezugsstellen und nach Konstellationen zwischen beiden. Dementsprechend waren wir bei der Erörterung der Stellenzahl von Prädikationen in 2.12.6 vom allgemeinen Bezugswissen und vom kontextuellen Bezugsrahmen ausgegangen, von dem nur ein gewisser Teil als Ergänzungen und Angaben syntaktisch realisiert
wird. Zu dem Beispielsatz 1 mit dem Verb „*floh*" waren auf S. 133
unter 2 für den komplexen Handlungstyp ‚politische Zwangsemigration‘ im allgemeinen Bezugswissen sieben Stellen angesetzt:

a: ‚Fliehende(r)' (wer?)
b: ‚Verfolgende(r)' bzw. ‚zwingende Gefahr' (vor wem/was?)
c: ‚Verfolgungs-Ursache' (warum?)
d: ‚Flucht-Ausgangsort' bzw. ‚-Ausgangsland' (von wo?)
e: ‚Flucht-Ziel' (wohin?)
f: ‚Flucht-Weg' bzw. ‚Flucht-Weise' (auf welchem Wege? wie?)
g: ‚Flucht-Zeit' (wann?)

Die Zusammenstellung dieser Bezugsstellen a–g beruhte auf der Kenntnis des Prädikatsbegriffs ‚politische Zwangsemigration'. Konkret zeigt sich diese Abhängigkeit der Bezugsstellen vom Prädikat schon bei der Wahl bestimmter Prädikatsausdrücke. Der hier skizzierte Bezugsrahmen a–g trifft zumindest für Prädikate zu, die mit den deutschen Verben *fliehen* und *flüchten* ausgedrückt sind. Bei dem etwas altmodisch und pathetisch klingenden substantivischen Prädikatsausdruck *die Flucht ergreifen* würden dagegen die lokal-räumlichen Stellen d,e,f auch im semantischen Rahmen wegfallen oder zumindest ganz in den Hintergrund treten, da das damit gemeinte Prädikat einen mehr punktuellen, sich auf den dynamischen Beginn des ‚Fliehens' konzentrierenden Handlungstyp darstellt, keine gezielte, nach ‚Weg' und ‚Weise' planvolle Ortsveränderung. Ein Satz wie *Sie hat von München über die Schweiz nach den USA die Flucht ergriffen muß schon als ungrammatisch gelten. Ähnliches gilt für die umgangssprachlichen, mit ABWERTUNG oder SPOTT verbundenen Verben *türmen, abhauen, verduften, verschwinden, sich verdrücken, sich absetzen, sich fortstehlen, sich davonmachen, sich verdünnisieren, sich verziehen, sich verkrümeln, stiftengehen, ...* Bei semantisch etwas entfernter verwandten Verben wie *auswandern* und *emigrieren* ist ‚politischer Zwang' als Handlungsursache nicht notwendig mit der Verbbedeutung verbunden, sodaß diese Verben oft für unpolitische Handlungen verwendet werden, also für einen Prädikatsbegriff, zu dessen Bezugsrahmen die Stellen b,c,f nicht gehören; noch stärker bei *umziehen* als Prädikatsausdruck für ‚Wohnortsveränderung im Inland'. Hier würden c und f allenfalls als Zusätze (s. 3.2) oder Aussagenverknüpfungen (s. 3.3) hinzukommen, nicht als Teile des primären Bezugsrahmens dieser Prädikationen.

Es ist also von der semantischen Art des jeweiligen Prädikats bzw. dafür verwendeten Prädikatsausdrucks abhängig, wie viele und was für Stellen zum Bezugsrahmen dieses Prädikats gehören. Der Bezugsrahmen (s. 2.12.6) wird durch diese Abhängigkeit zum Prädikations- oder Aussagerahmen. Dies ist die satzsemantische Entsprechung zum Dependenz-/Abhängigkeitsbegriff der Valenztheorie, der strukturalistisch so formuliert war: Das Verb eröffnet Leerstellen, oder: Vom Verb sind Zahl und Art der

Aktanten/Ergänzungen abhängig (s. 1.23). Aber über die Satzsemantik hinaus gehen wir jetzt von vorsprachlichen Voraussetzungen aus. Ausgangspunkt ist zunächst das ALLGEMEINE WISSEN
über kommunikativ wichtige Zusammenhänge in derjenigen Wirklichkeit, über die man kommuniziert. Diese noch abstrakte Basis
wird in einer ersten Reduktionsstufe konkreter eingeschränkt auf
das GEMEINSAME WISSEN der betreffenden Kommunikationspartner, weiterhin auf das in einer bestimmten Kommunikationssituation kontextrelevante und BEWUSSTE gemeinsame Wissen.
Nur ein gewisser Teil davon wird schließlich im speziellen Aus-
sage- und Bezugsrahmen der jeweiligen Textstelle wirklich GE-
MEINT bzw. MITGEMEINT bzw. MITVERSTANDEN und noch
weniger davon wird überhaupt sprachlich AUSGEDRÜCKT als
syntaktische Prädikatausdrücke, Ergänzungen und Angaben. So
wie vom Sprecher her der gemeinte Inhalt die Priorität vor dem
dafür gewählten Satzausdruck hat, so ist auch vom Hörer her der
Satzausdruck nur erste Anleitung zum Verstehen:

„Was der Hörer auffaßt und speichert, ist eine hinter (oder ‚unter‘) der
Oberfläche des Wortlauts liegende semantische Struktur ... die genaue
syntaktische Form eines Satzes wird weniger gut behalten als sein Inhalt ...
Der in der Behaltensprüfung ‚erinnerte‘ Satz ist eine Neu-Produktion auf
der Basis der gespeicherten semantischen Information" (Hörmann 453,
457 ff.).

In der pragmatischen/praktischen Satzsemantik haben wir es nicht
mehr mit der grammatikalischen Fragestellung zu tun, wie viele
und welche Ergänzungen im Satz stehen müssen/können/dürfen,
wenn ein bestimmter Prädikatsausdruck gewählt wird, sondern
gehen umgekehrt von den vorsprachlichen Wissensvoraussetzun-
gen aus und fragen nach den verschiedenen Reduktionsstufen des
Satzinhalts bis hin zum sprachlich geäußerten Satz; und wir wun-
dern uns nicht, wenn oft der Satzausdruck dürftiger erscheint als
die erschließbare Satzinhaltsstruktur. Diese Umkehrung der Perspektive praktiziert und empfiehlt heute auch ein früher so virtuos
formalisierender Grammatiktheoretiker wie Hans Jürgen Heringer, der seine eigenen valenzgrammatischen Versuche infragestellt
(natürlich nur implizit), indem er das Valenzproblem jetzt aus
seiner „praktisch-semantischen" Perspektive neuformuliert:

„Die Bedingung, daß Sätze verstehbar sein müssen außerhalb des Kontexts, extrakommunikativ also, ist offensichtlich eine Erfindung der Grammatiker, die an ihrem Schreibtisch mit isolierten Beispielen arbeiteten und deren Interesse nicht direkt auf die Analyse aktualer Kommunikation gerichtet war. ... Mir scheint deshalb eine andere Betrachtungsweise angebracht, die nicht darauf zielt, was eigentlich stehen müßte, sondern darauf, was mitverstanden wird. Wir wissen ja, daß ein Text nicht etwas ist, wo alles explizit ist. Vielmehr brauchen wir sehr viel Wissen und Annahmen, um einen Text zu verstehen. ... Welche Äußerungsformen der Sprecher wählt, hängt davon ab, was er wem sagen will, und er wird etwas Relevantes sagen. Nicht relevant sind nun insbesondere zwei Dinge. Erstens: Alles, was der Hörer schon weiß (bzw. wissen kann aufgrund dessen, was er weiß). Zweitens: Alles, was keine Rolle spielt. ... Der Hörer sammelt sich das entsprechende Wissen aus dem Kontext zusammen – und der Sprecher kann davon ausgehen, daß er das tut. ... Das laufende gemeinsame Wissen der Partner, das sie aus Situation und Kontext haben, ist natürlich nicht unabhängig vom generischen Wissen. Beide wirken zusammen." (Heringer 1984, 37, 39)

Was über alle Streitereien um Ergänzungen und Angaben hinweg von der Valenztheorie bleibt, ist ihre wichtigste, satz- und kontextsemantisch wertvollste These:

„Mit diesen Überlegungen haben wir der bekannten These von der Zentralität des Verbs einen Dreh gegeben: Wir sind von der syntaktischen Zentralität zu einer semantischen Zentralität gekommen, die davon ausgeht, daß Verben semantische Zusammenhänge entwerfen und daß der Sprecher dies in Form von semantischen Netzen in seinem Sprachwissen hat." (Heringer 1984, 47 ff.)

Mit „semantische Netze" knüpft Heringer an Charles Fillmores „scenes-and-frames-semantics" an (Fillmore 1977). Unter S z e - n e n sind solche Teilkomplexe des allgemeinen Aussage- und Bezugswissens zu verstehen wie unser Beispiel des siebenstelligen Handlungstyps ‚politische Emigration'; die dazugehörigen sprachlichen R a h m e n („linguistic frames") sind grammatikalisch-lexikalische Regularitäten, wie wir sie in der folgenden normalsprachlichen Verbverwendungsangabe in Kursivschrift andeuten: Jemand flieht *vor* etwas/jemandem *wegen* eines auf ihn ausgeübten Zwanges *von* einem Ort/Land *auf* eine bestimmte Weise, *auf* einem bestimmten Weg (*über* x) *nach* einem bestimmten Ort/Land. Über einen kontextspezifischen Aussage- und Bezugsrahmen (s. 2.12.6) wird dann der vorausgesetzte Wissensrahmen im sprachlichen Ausdruck auf eine meist viel kleinere Zahl syntaktischer Ergänzungen und Angaben reduziert. Was wir in der normalsprachlichen Valenzbeschreibung pauschal mit „jemand", „etwas", „ein Ort" usw. angeben, kann in der Satzsemantik als systematische Subklassifizierung der semantischen Arten von Bezugsstellen präzisiert und standardisiert werden, als offene Liste von Bezugsstellen-Rollen, die über bestimmte Typen von Aussagerahmen von bestimmten Prädikatsklassen abhängig sind.

2.14.2. Prädikatsklassen

Im deutschen Sprachunterricht hat man die Bezeichnung der Wortart *Verb* als *Tätigkeitswort* zu verdeutschen versucht. Dies war eine zu einseitige Benennung, denn schon in der traditionellen Grammatik hat man zwischen semantischen Klassen von Verben unterschieden: Handlungsverb/Tätigkeitsverb, Vorgangsverb, Zustandsverb (z. B. DudenGr 92 f.). Es gibt auch Eigenschaftsverben (z. B. *Er raucht viel, Spielen Sie Bridge?*). So ist keine zusammenfassende Benennung für alle Bedeutungsgruppen von Verben möglich. In der Satzsemantik geht es aber nicht um Verbklassen, sondern um Prädikatsklassen, bei deren Realisierung neben Verben auch adjektivische und substantivische Prädikatsausdrücke (2.11.3/4) zu berücksichtigen sind. Obwohl man die Prädikatsklassen braucht, um von den semantischen Rollen der Bezugsstellen (2.14.3) zu Typen von Aussagerahmen (2.14.4) zu gelangen und um Verschiebungen wie den Passivsatz und den Subjektschub (2.15) erklären zu können, hat man sie in der Satzsemantik erst später als die Kasusrollen berücksichtigt. Im Anschluß an die „Prädikatssorten" von Manzotti/Pusch/Schwarze, ergänzt durch Subklassen aus Grammatiken und aus der Forschungsliteratur, können wir mit folgender, sicher noch nicht vollständiger Liste von Prädikatsklassen arbeiten:

Aktionsprädikate: HANDLUNG
Prozeßprädikate: VORGANG
Statusprädikate: ZUSTAND
Qualitätsprädikate: EIGENSCHAFT
Genusprädikate: GATTUNG

Über die Hälfte der Prädikate in unseren Beispieltexten sind H a n d -
l u n g s p r ä d i k a t e : „*redete*" (T1,1), „*geführt habe*" (T1,2), „*ein Gleichnis machen*" (T1,4), „*heimsucht*" (T1,5), ... – In substantivischer Form:
„*tue Barmherzigkeit*" (T1,6), „*kein Werk tun*" (T1,10), *eine Reise machen,
einen Bogen machen um ..., Stellung nehmen, Genüge tun,* ...

Eine Subklasse von Handlungsprädikaten bilden TÄTIGKEITS-Prädikate.
Bei ihnen ist die HANDLUNG nicht ein Einzelakt, sondern eine Kette
wiederholter oder kombinierter Teilhandlungen oder ein länger andauern-
des Handeln: „*Bete sie nicht an*" (T1,5), „*meine Gebote halten*" (T1,6),
„*sollst du arbeiten*" (T1,9), „*Gedenke des Sabbattags* (T1,8), „*kreist ... in
ihren nächtlichen Phantasien ums Haus ...*" (T5,9), „*plaudern und rauchen*" (T5,11), „*dem Auflösungsprozeß ... nachgeht*" (T7,2), „*Diesen
Weg zu beschreiten*" (T7,3), „*habe ich ... nicht untersucht*" (T7,7), „*der
Bewegung ... zu folgen*" (T7,7); in adjektivischer Form: *beschäftigt sein
mit ..., miteinander lustig sein ...* Hierher gehören auch wissenschaftliche
und technische VERFAHREN und administrative MASSNAHMEN. –
Eine auf Aussageneinbettung beruhende spezielle Art von Handlungsprädikaten sind die KAUSATIV-Prädikate (vgl. 3.13): „*nicht ungestraft lassen*"
(T1,7), „*feststellen lassen*" (T4,3), *öffnen, schwärzen, erhöhen,* ...

Handlungsprädikate können nach A k t i o n s a r t e n (s. DudenGr
93 f.) subklassifiziert werden (vgl. 3.23.2):

– durativ/imperfektiv (DAUER): *arbeiten, essen, laufen,* ...
– ingressiv/inchoativ (BEGINN): *loslaufen, entflammen, andiskutieren,* ...
– egressiv/resultativ (ENDE, RESULTAT): *erjagen, zerschneiden, verbrennen,* ...
– iterativ (WIEDERHOLUNG): *streicheln, sticheln, witzeln, beköstigen,*
  ...
– diminutiv/imbezill (SCHWACH, VERHALTEN): *hüsteln, lächeln, tän-
  zeln,* ...

Als Kriterium für die Prädikatsklasse HANDLUNG (mit Subklassen) gilt allgemein die Möglichkeit, einen Imperativ zu bilden: Man
kann nach den Regeln des Handlungstyps AUFFORDERN jemanden nur zu etwas auffordern, was er intentional/absichtlich tun,
tun wollen oder unterlassen kann; aber darunter fallen außer
HANDLUNGEN („*Bete sie nicht an*" T1,5) auch EINSTELLUN-
GEN, also ZUSTÄNDE („*betrachten Sie ... als gegenstandslos*"
T3,5), s. unten! Bei manchen Prädikatsausdrücken ist je nach dem
Kontext die Zugehörigkeit zu verschiedenen semantischen Prädikatsklassen möglich. Ein Arzt kann uns mit *Atmen Sie mal!* dazu

auffordern, einen normalerweise unabsichtlich vollzogenen kör-
perlichen VORGANG (physisches VERHALTEN) ausnahmsweise
einmal absichtlich, also als HANDLUNG auszuführen. Ein Regis-
seur kann einen Schauspieler zu VORGÄNGEN, ZUSTÄNDEN
oder EIGENSCHAFTEN auffordern, weil dieser sie durch HAND-
LUNGEN darstellen soll, z. B.: *Fallen Sie um! Seien Sie müde!
Seien Sie alt!* Beim Husten oder Räuspern kann der unwillkürliche
VORGANG von ausnahmsweiser (kommunikativer) HAND-
LUNG unterschieden werden. Bei Wahrnehmungs-Verben (verba
sentiendi) ist zwischen HANDLUNG und VORGANG in manchen
Fällen im Deutschen nur kontextimplizit zu unterscheiden, wofür
es im Englischen zwei verschiedene Verben gibt: *Du mußt das
sehen/ansehen* (HANDLUNG, engl. *to look at*), *Hast du das nicht
gesehen/bemerkt?* (VORGANG, engl. *to see*); *Ich höre die Neunte*
(HANDLUNG i. S. v. ,sich anhören', engl. *to listen to*), *Ich höre
Schritte* (VORGANG, engl. *to hear*). Dazu auch der Unterschied
zwischen engl. *to swim* (HANDLUNG) und *to float* (VORGANG)
für deutsch *schwimmen*.

Außer dem Imperativ wirken als Kriterien für Handlungsprädikate: Bezugnahme mit Abstraktverben wie *tun, machen, vollziehen, durchführen,
ausführen, bewerkstelligen,* ... (z. B. *Was tust du? Was hast du gemacht?
Das macht man so,* ...), Verwendung in Finalsätzen (mit *damit* oder *um zu,*
s. 3.32.11) oder in Infinitivsätzen mit *anstatt zu,* Modifizierung mit inten-
tionalen/absichtbezeichnenden Modaladverbien wie *absichtlich, freiwillig,
bewußt, gern,* Einbettung in Satzinhalte mit Sprachhandlungen, die eine
Adressaten-Beeinflussung darstellen (z. B. *Er riet ihr, dazubleiben,* wo
dableiben nur als HANDLUNG verstanden werden kann). – Die Passiv-
Umkehrung (s. 2.15.1) und die semantischen Rollen AGENS, PATIENS,
BENEFAKTIV, CONTRAAGENS, COMITATIV, SUBSTITUTIV und IN-
STRUMENT (s. 2.14.3) sind nur bei Handlungsprädikaten möglich.

Vorgangsprädikate sind Aussagen über ein Geschehen, das –
im Unterschied zu Handlungsprädikaten – nicht aus der Absicht
eines Handelnden entspringt, sondern sich an einem Gegenstand
(,Lebewesen', ,Sache', ,Abstraktbegriff') ohne dessen Einwirkung
vollzieht, zumindest im Satzinhalt so aufgefaßt wird. Vorgangsprädikate werden – wie Handlungsprädikate – weit überwiegend
durch Verben ausgedrückt, in substantivischer Form z. B. mit
Funktionsverben wie *kommen, treten,* ...

- Durative Vorgangsprädikate (DAUER): *„Sie haben ... versäumt..."* (T3,3, im Unterschied zum Handlungsprädikat *unterlassen*), *„in einer früheren Debatte ... eine Rolle gespielt"* (T8,6, im Sinne von ‚behandelt worden‘), *„unter dem Nazismus gelitten haben"* (T9a,4); substantivisch: *einen Traum haben, eine Krise durchmachen, ...*
- Transformative/mutative Vorgangsprädikate (ZUSTANDSVERÄNDE-RUNG): *„1648 schwedisch ... geworden"* (T10,5), *altern, verdummen, abkühlen, reifen, rosten, platzen ...*; adjektivisch: *alt werden, einig werden, ...*; substantivisch: *zu Eis werden, sich in Gas verwandeln, in Fäulnis übergehen, in Bewegung sein, sich in Entwicklung befinden, ...*
- Punktuelle Vorgangsprädikate (EREIGNIS): *„wird jeder Filmfreund hier zusammenzucken"* (T4,4), *stürzen, fallen, verunglücken, mißlingen, ...*; substantivisch: *„hat man ... Gelegenheit ... zu zitieren"* (T5,3), *einen Unfall haben, ...*
- Inchoative/ingressive Vorgangsprädikate (ZUSTANDSBEGINN): *erblicken, einschlafen, aufblühen, ...*; substantivisch: *in Erscheinung treten, zur Kenntnis kommen, ...*
- Egressive/resultative Vorgangsprädikate (ZUSTANDSENDE, RESULTAT): *„ablaufenden Verjährungsfrist"* (T9b,3), *verblühen, ausklingen, ankommen, ...*; substantivisch: *zum Stillstand kommen, ...*
- Iterative Vorgangsprädikate (STÄNDIG WIEDERHOLT): *tropfen, schlingern, flattern ...*
- Diminutive/imbezille Vorgangsprädikate (ABGESCHWÄCHTE WEISE): *tröpfeln, plätschern, rieseln, ...*

Die VORGANGS-Qualität wird oft erst durch den Kontext deutlich: *„Wer dem Auflösungsprozeß ... nachgeht, steigt über verlassene Stufen der Reflexion"* (T7,2). Das metaphorisch verwendete Handlungsverb *steigen* erhält hier VORGANGS-Bedeutung durch den vorangehenden konditionalen Subjektsatz: *steigen über* als unbeabsichtetes, unerwartetes Geschehen im Sinne von ‚vorfinden, stoßen auf‘. Ein anderer Fall: *„weil es in Frankreich ... Amnestie gab"* (T9a,11). Das Eigenschaftsverb *es gibt* für Existenzaussagen (z. B.: *Es gibt Nachrichten, die ..."* (T4,2)) wird im Kontext zur Bezeichnung eines VORGANGS (EREIGNISSES), da es hier im Sinne von ‚erlassen worden‘ verwendet ist. – Auf Vorgangsprädikate kann man mit Abstraktverben wie *geschehen, vor sich gehen, erfolgen, verlaufen, sich abspielen, sich ereignen, passieren, ...* bezugnehmen (*Was ist geschehen? Es ist passiert, ...*).

Z u s t a n d s p r ä d i k a t e sind Aussagen über grundsätzlich veränderliche, also irgendwann eingetretene und irgendwann endende physische oder psychische Zustände von Lebewesen, Sachen oder

Abstraktbegriffen. Sie werden durch adjektivische, verbale oder substantivische Prädikatsausdrücke bezeichnet:

„der in deinen Toren ist" (T1,10), *„du lange lebest in dem Lande"* (T1,12), *„haben wir nicht allen Grund, ..."* (T4,4), *„die Filmförderung ... nicht hätten"* (T4,5), *„alle ... längst wußten"* (T4,10), *„andere Abschreckung war nicht gegeben"* (T5,5). Dazu auch EINSTELLUNGS-Prädikate: *„stolz zu sein auf..."* (T4,4), *„neidisch sein"* (T5,8), *„Das deutsche Volk bekennt sich ... zu ..."* (T2 Art.1,2), *„daß wir Reflexion verleugnen"* (T7,4), *„zwei Seiten, die man scharf trennen muß"* (T9a,3), *„die mich hassen"* (T1,5), *„als solche begreift"* (T9a,6), *„ich mich gegen ... wehre"* (T9a,12), *„Pflichten erwarten"* (T10,2), ...

Eigenschaftsprädikate sind Aussagen über Zustände von Lebewesen, Sachen oder Abstraktbegriffen, die grundsätzlich unveränderlich sind, also zu ihren dauernden Merkmalen gehören. Deshalb können bei Eigenschaftsprädikaten keine ORTS- oder ZEIT-Angaben stehen. Ein *trockener Wein* ist nicht zu einer bestimmten Zeit *trocken* (EIGENSCHAFT), im Unterschied zu einer *trockenen Kehle* (ZUSTAND). Wer seine Haare hat *blond* färben lassen, muß über sich sagen lassen: *er/sie ist jetzt blond,* weil diese Haare nur in einen anderen ZUSTAND versetzt worden sind, im Unterschied zu einem Menschen, dessen natürliche *Blondheit* als angeblich „unveränderliches Kennzeichen", eben als EIGENSCHAFT, in seine Personalpapiere eingetragen werden kann. Bei sozialen Eigenschaften als Status- oder Rollen-Begriffe sind die Fristen für die Grenze zwischen veränderlich und unveränderlich sehr relativ: Jemand, der an einem Abend oder auf einer Reise *nicht raucht,* ist noch kein *Nichtraucher,* wohl aber einer, der dieses Verhalten mit festem Vorsatz für weitere Zukunft schon einige Wochen durchgehalten hat. *Beamter* ist man für Jahrzehnte, *Student* für Jahre, *Kandidat* für Monate oder Tage, *Diskussionsleiter* für Stunden oder Minuten.

Auf Eigenschaftsprädikate kann man sich mit *wie, so, was für ein* beziehen. Ein großer Teil der Eigenschaftsprädikate wird durch adjektivische Prädikatsausdrücke bezeichnet: *„sind gleichberechtigt"* (T2 Art. 3,2), *„die sensationell klingen ... sensationell sind"* (T4,2), *„Sehr wahr!"* (T8,9), *„Für sie ist es zwar nicht ganz berechtigt, aber doch ganz normal..."* (T9a,5), *„Daran ist richtig..."* (T10,5); hierhin gehören die meisten Adjektive.

Das Fachwort *Adjektiv* ist im populären Gebrauch als *Eigenschaftswort* verdeutscht worden. Dies ist aber sehr einseitig moti-

viert, denn erstens können Adjektive auch ZUSTAND, seltener
HANDLUNG oder VORGANG ausdrücken (s. oben), zweitens
werden EIGENSCHAFTS-Prädikate auch durch Verben oder Sub-
stantivprädikate ausgedrückt:

„das oben im Himmel ist" (T1,4), *„alles, was darinnen ist"* (T1,11), *„was
dein Nächster hat"* (T1,17), *„... die sich sehen lassen können"* (T4,4),
„Das besondere ... besteht ... darin, daß ..." (T4,11), *„Das Thema hat
zwei Seiten"* (T9a,3), *„wie er in den Büchern steht"* (T10,6). – Substanti-
visch: *„Ich bin der Herr dein Gott"* (T1,2), *„Jeder hat das Recht ..."* (T2
Art. 2,1), *Politiker sein, Geduld haben, Geschmack besitzen, Mängel zei-
gen, Vorzüge haben/aufweisen, ...*
Eine Subklasse der Eigenschaftsprädikate bilden die R e l a t i o n s-/BEZIE-
HUNGS-Prädikate: *x ist verwandt mit y, x ähnelt y, x ist Vater von y, x ist
Angestellter von y, ...* – Eine andere Subklasse sind die D i s p o s i t i o n s-/
EIGNUNGS-Prädikate: Aussagen über Eigenschaften bzw. Zustände von
Objekten, die darin bestehen, daß mit den Objekten etwas möglich ist bzw.
man mit ihnen bestimmte Handlungen ausführen kann/darf/soll (auch mit
Verneinung): *„ist unantastbar"* (T2 Art.1,1), *„sind unverletzlich"* (T2
Art.4,1), *„gewinnbringenden Informationen ... Kostenloses Probeexem-
plar"* (T6), *„nicht zumutbar"* (T8,12), *eßbar, zerlegbar, faßbar, verständ-
lich, das Buch verkauft sich gut, ...* (s. Erben 1984, 38).

G a t t u n g s p r ä d i k a t e sind Aussagen über die Zugehörigkeit
eines Objekts zu einer Gattung/Klasse. Sie werden ausschließlich
durch prädikative Substantive ausgedrückt:

... dürfe ... nur ein Wirtschaftsförderungsgesetz sein" (T4,7), *„daß der
Brief... eine Ausladung war"* (T8,7), *„weil ich Franzose bin"* (T9a,11),
„als sei das eine erschöpfende Auskunft" (T10,4). Auf Gattungsprädikate
kann man sich mit Abstraktverben wie *sein, darstellen, sich erweisen
als, rechnen zu, gehören zu* beziehen (*Was ist x? x stellt ein P dar, Wozu rechnet
man x? x gehört zu P*). Wie bei Eigenschaftsprädikaten sind auch hier keine
ORTS- oder ZEIT-Angaben möglich; die Gattungszugehörigkeit gehört zu
den essentiellen (nicht akzidentiellen) Eigenschaften eines Objekts.

Neben der Funktion als Haupt-Prädikat eines Satzinhalts werden
die Gattungsbezeichnungen in satzsemantisch sekundärer Funktion für KENNZEICHNUNGEN, also als prädikative Referenz-
mittel benutzt (s. 2.12.3). Da die kennzeichnende Funktion (z. B.
Die Universität Trier) bei weitem häufiger vorkommt als die
primär-prädikative (z. B. *Dies ist eine Universität*), wird diese
Referenzfunktion jedoch in den Grammatiken als die primäre

semantische Funktion der Wortart Substantiv dargestellt. KENN-
ZEICHNEN ist aber satzsemantisch eine Kombination aus BE-
ZUGNEHMEN und PRÄDIZIEREN. Substantive kommen also in
prädizierend-referierender und rein prädikativer Funktion vor.
Deshalb rechnet man – parallel zu den Adjektiven – die Substantive zur pragmatisch-satzsemantischen Wortklasse der Prädikatoren (Henne/Rehbock, in: LGL 155).

Daß die prädikative Verwendung satzsemantisch die primäre Funktion von
Substantiven darstellt, ist daraus ersichtlich, daß man in metasprachlichen
Sätzen (auch in der Normalsprache) ein und dasselbe Substantiv sowohl in
einer Bezugsstelle (als kennzeichnendes Referenzmittel) als auch als Prädikatsausdruck verwenden kann (z. B.: *Die Universität ist eine Universität
und keine Fachschule*), ebenso in attributiven Nominalgruppen *(Die Universität als/qua Universität, Die Universität als solche)*. In solchen Doppel-
verwendungen erscheint der Gattungsbegriff in der KENNZEICHNEN-
DEN Funktion in Bezug auf seine Merkmale reduziert oder verundeutlicht,
während er in der PRÄDIZIERENDEN Funktion betont zur Geltung
gebracht wird. Im Sinne der Stereotype/Gruppen-Vorurteile (s. 2.13.3)
können aber beim prädikativen Gebrauch bestimmte konventionell bewer-
tete Merkmale einseitig in den Vordergrund gerückt werden, z. B.: *Dieses
Kind ist kein Kind mehr, Diese Frau ist ganz Frau, Ein Wissenschaftler ist
eben nur Wissenschaftler*.

Die Bedeutungsklassen der Substantive können zu den Prädikatsklassen in der Weise in Beziehung gesetzt werden, daß – nach
Ausscheidung der Eigennamen als Referenzwörter (s. 2.12.3) – die
sog. A b s t r a k t a den Prädikatsklassen HANDLUNG, VOR-
GANG, ZUSTAND, EIGENSCHAFT, GATTUNG zugeordnet
werden und die sog. K o n k r e t a als Ausdrücke für GATTUNGS-
Prädikate untergliedert werden in:

– I n d i v i d u a t i v a/Einzeldingwörter (Gattungsbezeichnungen im engeren Sinne): Wörter für Personen, Lebewesen, Sachen, die als Einzeldinge
unterscheidbar und zählbar sind (engl. *count nouns*) und deshalb in der
Verwendung der Quantifizierungswörter (s. 2.13) und des grammatischen Numerus unbeschränkt sind, mit Subklassen wie Personenbezeichnung *(Mann, Frau, Nachbar)*, Täterbezeichnung / nomen agentis (von
Wörtern für Handlungen oder Handlungsobjekte abgeleitet: *Lehrer,
Verteiler1, Politikerin, Eisenbahner)*, Instrumentbezeichnung / nomen
instrumenti *(Säge, Bohrer, Verteiler2)*, Tier-, Pflanzen-, Sach-, Ortsbe-
zeichnungen, usw.

– K o n t i n u a t i v a/Stoff-/Masse-Wörter: Bezeichnungen für unbestimmte
  Mengen, deren Elemente nicht als zählbar, sondern untrennbar ‚zusam-
  menhängend‘ (lat. continuatio) angesehen werden, deshalb in der Regel
  ohne Quantifizierungswörter (Nullform des Artikels) und nur im Singu-
  lar verwendet: *Wolle, Geld, Eisen, Kitsch, Milch, Gras, Sand, Wasser,
  Nebel, Schaum, Gas, . . .* Im fachsprachlichen Gebrauch ist die Numerus-
  regel aufgehoben: *Wollen, Sände, Gräser, . . .*
– K o l l e k t i v a/Sammel-/Gesamtheitswörter: Zusammenfassung einer
  Menge zu einer Einheit im Singular: *Gebirge, Geflügel, Geschwister,
  Obst, Herde, Arbeiterschaft, Christenheit, Werkzeug, Schuhwerk, Lied-
  gut, Bildmaterial, . . .* (s. Erben 1975, 80 ff.)
– P a r t i t i v a/Bestandteilwörter: Wörter für Begriffe, die nur als ‚Teil von
  etwas‘ denkbar sind, also notwendig zweiwertig (‚x von y‘): *Anfang,
  Ende, Seite, Rand, Hand, Rad, . . .* (Subklasse der Individuativa)
– P r i v a t i v a/Lückenwörter: Wörter für Begriffe, die nur als ‚Fehlen/
  Abwesenheit‘ eines erwarteten ‚Teils von etwas‘ denkbar sind, also
  notwendig zweiwertig (‚x von y‘, ‚x in y‘): *Loch, Öffnung, Zwischen-
  raum, Riß, Pause, Unterbrechung, Lücke, . . .* (Subklasse der Individuativa; vgl. Leisi, Kap. 2B).

Die Prädikatsklassen sind wichtig für die Erklärung der Polysemie/
Mehrdeutigkeit von Wörtern. Die Bedeutungen von Wörtern un-
terscheiden sich oft nach Prädikatsklassen. Die Verfasser von
Wörterbuchartikeln, aber auch alle, die gelegentlich Wortbedeu-
tungen zu erklären haben, sollten – wie bei der Erklärung von
Fachtermini üblich – dabei mehr als bisher von den Prädikatsklas-
sen Gebrauch machen; hier drei entsprechend umgeschriebene
Wörterbuchartikel (Beispiele mit Belegmaterial z. T. aus DGW):

– s e h e n: 1a. HANDLUNG, bei der man seine Augen absichtlich auf ein
  Objekt richtet (z. B. *auf die Uhr sehen*). – 1b. TÄTIGKEIT, bei der man
  durch anhaltendes Sehen (1a) in einen bestimmten Zustand gerät (z. B.
  sich müde sehen nach etwas). – 1c. EINSTELLUNG auf etwas (z. B.
  hoffnungsvoll in die Zukunft sehen). – 2. VORGANG, bei dem man mit
  den Augen Wahrnehmungen hat (z. B. *sie hat ihn nicht gesehen*). – 3.
  ZUSTAND eines Gegenstandes, bei dem dieser nur teilweise gesehen (2)
  werden kann (z. B. *das Boot sah nur ein Stück aus dem Wasser*, aus 2
  verschobener Gebrauch). – 4. EIGENSCHAFT von Mensch und Tier als
  Fähigkeit zu 1a und 2 (z. B. *er sieht schlecht*). – 5. EIGENSCHAFT einer
  Öffnung, durch die man etwas sehen (2) kann (z. B. *Die Fenster sehen
  auf den Garten*, aus 2 verschobener Gebrauch).
– f a u l: 1. VERHALTENSWEISE bzw. EIGENSCHAFT von Personen,

die von ihnen erwartete Tätigkeiten unterlassen, vermeiden oder hinausschieben (z. B. *Der Schüler ist faul*). – 2. ZUSTAND organischer Materie am Ende ihrer Entwicklung durch Einwirkung zersetzender Bakterien, die Nutzbarkeit beeinträchtigend (z. B. *die Eier sind faul*). – 3. EIGENSCHAFT kommunikativer Handlungen oder Sachverhalte, die diese als minderwertig oder ungültig erscheinen läßt (z. B. *Dieser Friede ist faul*, aus 2 übertragener Gebrauch).
– K u n s t : 1. TÄTIGKEIT, bei der man schöpferisch und gestalterisch Kunstwerke produziert *(eine Kunst ausüben)*. 2. EIGENSCHAFT von Personen, durch die diese fähig sind, auf einem bestimmten Gebiet etwas Überdurchschnittliches und als wertvoll Anerkanntes zu leisten (z. B. *Sie beherrscht die Kunst des Ausgleichens*). – 3. EIGENSCHAFT von Gegenständen, die als Produkte von 1 anerkannt sind (z. B.: *Dieses Bild ist nicht Kunst, sondern Kitsch*, aus 1 verschobener Gebrauch). – 4. MENGE von Gegenständen, die als Produkte von 1 angesehen werden (z. B.: *In ihrer Wohnung steht viel Kunst herum*, Massewort, aus 1 verschobener Gebrauch).

Diese Polysemien sind zum großen Teil durch Verschiebungen und Übertragungen (s. 2.15) entstanden. Wenn es in Werbeslogans heißt *Viel Auto fürs Geld, Wir wollen weniger Staat / mehr Demokratie*, so ist diese wortspielerische Redeweise am treffendsten als Wechsel der Prädikatsklasse zu erklären: Die Wörter *Auto*, *Staat* und *Demokratie* werden hier in uneigentlicher Weise als Massewörter verwendet, und zwar im Rahmen eines betont quantitativen Denkens.

2.14.3 Tiefenkasus / semantische Rollen

Notwendige Ergänzung zur semantischen Klassifizierung der Prädikate ist die der Bezugsstellen. Auf diesem Gebiet hat Charles Fillmore, auf dem Wege von der Generativen Grammatik zur Generativen Semantik, seine Lehre von den Tiefenkasus/Kasusrollen entwickelt (Fillmore 1971). Entsprechend dem Unterschied zwischen syntaktischer Oberflächenstruktur und Tiefenstruktur hat er als erster systematisch zwischen Oberflächenkasus (Nominativ, Genitiv usw.) und Tiefenkasus (AGENTIV, INSTRUMENTAL usw.) unterschieden. Zwar hat man schon in der traditionellen Grammatik verschiedene semantische Funktionen der grammatikalischen Kasus behandelt (genitivus subjectivus/objectivus/parti-

tivus usw.); aber dies war nur die grammatikalische Perspektive, in
der man bestimmten Ausdrucksformen Inhalte zuordnet (s. 1.21),
noch nicht Satzsemantik.

Welchen verschiedenen Inhaltstypen ein grammatikalischer Kasus
(Oberflächenkasus) entsprechen kann, sei am Beispiel des N o m i -
n a t i v s (in der Satzgliedrolle des grammatikalischen S u b j e k t s)
demonstriert:

- Person, die eine Handlung ausführt: „Gott redete" (T1,1)
- Person, die einen Vorgang an sich erfährt: „die unter ... gelitten haben"
  (T9a,4),
- Person oder Sache als von einer Handlung betroffenes Objekt: „Sie
  werden daher gebeten ..." (T3,4), „Prozeßmaterial ... zurückgehalten
  wird" (T9a,10)
- Sache als durch eine Handlung hergestelltes Objekt: Diese Rede wurde
  von seinem Ghostwriter geschrieben.
- Person, die sich an einem Ort befindet: „der in deinen Toren ist" (T1,10)
- Person, die sich in einem Zustand befindet: „kann er überrascht sein ..."
  (T10,3)
- Person oder Sache als Träger einer Eigenschaft: „Jeder hat das
  Recht ..." (T2 Art. 2,1), „Das Thema hat zwei Seiten" (T9a,3)
- Person oder Sache als Exemplar einer Gattung: „ich ... bin ein eifriger
  Gott" (T1,5), „der Brief ... eine Ausladung war" (T8,7).
- Ort, an dem ein Vorgang geschieht: Der Saal wimmelte von Menschen.
- Zeitpunkt, zu dem ein Vorgang geschieht (zugleich sein Anlaß): Die
  Abenddämmerung versammelte alle wieder am Lagerfeuer.
- Instrument, mit dem jemand eine Handlung ausführt: Der Leuchter
  diente ihm als Mordwaffe.
- Ursache, aus der ein Vorgang geschieht: Die Zinsverteuerung führte zu
  mehr Arbeitslosigkeit.
- Folge eines Vorgangs: Die Zunahme der Jugendkriminalität kommt von
  der Zunahme der Arbeitslosigkeit.

Der Oberflächenkasus Nominativ und die Satzgliedrolle Subjekt
sind also reine Ausdrucks-/Oberflächen-Formen ohne inhaltliche
Festlegung. Diese semantische Beliebigkeit der Subjekt-Funktion in
deutschen Sätzen nimmt sogar noch weiter zu infolge immer neuer
Abstraktverben und Relationsverben (uneigentlicher Verbverwen-
dungen mit Verschiebung der Bezugsstellen-Rollen wie z. B. in den
letzten fünf Beispielen, vgl. 2.15.2, 3.17). Es ist auch zu bezweifeln,
ob die grammatikalischen Kasus überhaupt jemals mit einer be-

stimmten semantischen Rolle verbunden waren, wie es nach den alten lateinischen Namen scheinen mag (*Nominativ* ‚Kasus des Nennens', *Dativ* ‚Kasus des Gebens', usw.). Nur bei Sonderkasus wie *Instrumental, Lokativ* und *Vokativ* (die es in alten Sprachen gegeben hat) wird es eine solche Kongruenz von Ausdrucksform und Inhaltstyp gegeben haben.

Es war also ein notwendiger Schritt von der Syntax zur Satzsemantik, daß Fillmore an die Stelle der oberflächenorientierten Liste semantisch spezifizierter Oberflächenkasus (z. B. genitivus objectivus) und an die Stelle interpretativ-semantischer Merkmalsangaben (z. B. ‚lebend', ‚menschlich', ‚konkret', s. 1.25) eine satzsemantische Typologie der Argumentstellen setzte. Diese Typen nannte er – noch in Anlehnung an die Grammatik – „deep cases"/Tiefenkasus, später „case roles"/Kasusrollen. Sie sind aber grundsätzlich etwas anderes als die grammatikalischen Kasus; und es ist ein irreführender Mißbrauch des traditionellen Fachterminus der Grammatik, daß manche Linguisten sie heute nur noch „Kasus" nennen. Satzsemantisch konsequent nennen wir sie hier besser semantische Rollen oder einfach R o l l e n (so auch Dirven/Radden 143). Wieviele Rollen-Typen man ansetzen kann/soll/darf, wird immer umstritten bleiben. Dies ist von Anwendungszwecken abhängig: Braucht man sie für bestimmte syntaktische Probleme oder für die Wortbildung oder für die Lexikographie/Wörterbuchherstellung oder für die Stilistik oder für linguistische Datenverarbeitung – je nach dem Zweck wird die benötigte Liste der Rollen teilweise anders aussehen. Bestimmte Rollen haben für bestimmte Sprachen eine größere Bedeutung als für andere Sprachen. So spielt in der folgenden Liste der neueingeführte ADDITIV eine wichtige Rolle in der deutschen Verbwortbildung (Ornative usw.). Diese Liste ist aus den in der Forschungsliteratur üblichen Bezeichnungen und aus der eigenen Praxis der Satzinhalts- und Wortbildungsanalyse zusammengestellt, wobei eigene Abkürzungen vorangestellt, hier neueingeführte Rollen mit * gekennzeichnet und maskuline Rollenbezeichnungen stets geschlechtsneutral gemeint sind (vgl. 2.13.4):

AG   = AGENS/AGENTIV/HANDELNDER (engl. agent): Person, die
            eine HANDLUNG ausführt, also nur bei Handlungsprädikaten;
            „agens" war schon in der traditionellen Grammatik üblich beim
            Passivsatz und beim Wortbildungstyp nomen agentis (engl.
            agent noun, z. B. *Sprecher* ‚jemand, der spricht‘); z. B. „*werfen*
            seine Gegner(AG) ihm gerade vor" (T4,6), „*Er(AG) nahm die*
            Regenrinne (T5,5).

EXP = EXPERIENS/ERFAHRENDER (engl. experiencer): Person, die
            einen psychischen VORGANG oder ZUSTAND an sich ER-
            FÄHRT; z. B. „*die(EXP) unter dem Nazismus gelitten haben*"
            (T9a,4), „*kann er(EXP) überrascht sein*" (T10,3)

PAT = PATIENS/BETROFFENER: Person als BETROFFENES OB-
            JEKT einer HANDLUNG, schon in der traditionellen Gramma-
            tik als „patiens" bei der Erklärung von Passivsätzen und des
            Wortbildungstyps nomina patientis (z. B. *Prüfling* ‚jemand, der
            geprüft wird‘), Subtyp von AOB, Überschneidung mit BEN und
            CAG, z. B. „*Niemand(PAT) darf ... bevorzugt werden*" (T2
            Art. 3,3), „*zum Schutze der Jugend(PAT)*" (T2 Art. 5,2).

BEN = BENEFAKTIV/NUTZNIESSER bzw. GESCHÄDIGTER: Per-
            son, zu deren NUTZEN/VORTEIL oder SCHADEN/NACH-
            TEIL eine HANDLUNG ausgeführt wird; z. B. „*Filmförderung,*
            die uns(BEN) ... Filme beschert hat" (T4,4), „*im Namen Frank-*
            reichs(BEN) begangen" (T9a,11), „*was einem 1934 Geborenen*
            (BEN) ... einträgt" (T10,5).

CAG = CONTRAAGENS/PARTNER (engl. counteragent): Person, auf
            die hin eine HANDLUNG als INTERAKTION gerichtet ist (vgl.
            2.14.4); z. B. „*er sie(CAG) eingeladen habe*" (T8,5), „*Interview*
            mit der Monatszeitschrift ‚Evangelische Kommentare‘(CAG)"
            (T9b,4).

COM = COMITATIV/BEGLEITENDER: Person, die mit dem AGENS
            zusammen eine HANDLUNG ausführt; z. B. „*mit seiner jüdi-*
            schen Familie(COM) ... floh" (T9b,5); vgl. die komitative
            Aussagenverknüpfung (3.32.9).

SUB = SUBSTITUTIV/ERSETZTER: Person oder Sache, an deren
            Stelle eine andere Person oder Sache bei einer HANDLUNG
            oder einem VORGANG tritt; z. B. *Ich spreche hier für alle*
            Mitglieder(SUB), „*Auflösungsprozeß der Erkenntnistheorie, der*
            an ihrer Stelle(SUB) Wissenschaftstheorie zurückläßt" (T7,2).

AOB = AFFIZIERTES OBJEKT/BETROFFENES: Person oder Sache,
            die von einer HANDLUNG oder einem VORGANG betroffen
            wird, durch die/den auf sie eingewirkt wird; Überschneidung mit
            PAT, BEN und CAG; bereits in der traditionellen Grammatik

„affiziertes Objekt" genannt; z. B. „*keine anderen Götter (AOB) neben mir haben*" (T1,3), „*daß du ihn(AOB) heiligest*" (T1,8).

EOB = EFFIZIERTES OBJEKT/RESULTAT/PRODUKT: Person oder Sache, die durch eine HANDLUNG oder einen VORGANG entsteht; bereits in der traditionellen Grammatik so benannt; z. B. „*hat der Herr Himmel und Erde(EOB) gemacht*" (T1,11), „*Marxens Theorie(EOB)*" (T7,6).

IN = INSTRUMENT: Person, Sache oder HANDLUNG2, die bei einer HANDLUNG1 vom AGENS als INSTRUMENT (Werkzeug, Mittel, Methode, Verfahren) zur Erreichung des HandlungsZWECKS1 benutzt wird; in manchen alten Sprachen (z. B. Althochdeutsch) als grammatikalischer Kasus „Instrumentalis"; auch als instrumentale(r) Zusatz bzw. Aussagenverknüpfung erklärbar (s. 3.32.10); z. B. „*seine Meinung in Wort, Schrift und Bild(IN) frei zu äußern*" (T2 Art. 5,1), „*Kriegsdienst mit der Waffe(IN)*" (T2 Art. 4,3).

CAU = *CAUSATIV/URSACHE: Sachverhalt1, der die URSACHE für einen Sachverhalt2 darstellt, auch als kausale(r) Zusatz bzw. Aussageverknüpfung erklärbar (s. 3.32.13); z. B. „*wegen seines Geschlechtes(CAU) ... benachteiligt*" (T2 Art.3,3), „*überrascht ... von der Härte(CAU)*" (T10,3).

PAR = PARTITIV/TEIL: etwas, das TEIL von etwas ist; so schon in der traditionellen Grammatik; z. B. „*Das Thema hat zwei Seiten (PAR)*" (T9a,3), „*Diese Idee(PAR) ist in ... impliziert*" (T7,6).

PO = *POSSESSIV/BESITZ: etwas, das im BESITZ oder in der VERFÜGUNG von jemandem ist; z. B. „*alles, was(PO) dein Nächster hat*" (T1,17), „*Vorpommern(PO) eines Reichskanzlers Hitler*" (T10,6).

ADD = *ADDITIV/HINZUGEFÜGTES: etwas, das bei einer HANDLUNG zu einer Person oder Sache hin bewegt wird, sodaß es danach in einer TEIL-, BESITZ- oder VERFÜGUNGS-Beziehung dazu steht; z. B.: „*das(ADD) dir der Herr ... gibt*" (T1,12), „*diesen Betrag(ADD) ... auf ... zu überweisen*" (T3,4), „*Kostenloses Probeexemplar(ADD) durch Herzog GmbH*" (T6). Diese semantische Rolle ist wichtig für die Erklärung des sehr produktiven Wortbildungstyps Ornativa (z. B. *bewaffnen, asphaltieren, verchromen*, s. 2.12.6; Erben 1975, 70 f.) und der ADD-Konversen (s. 2.14.4, Typ 1; 2.15.1). ADD bei VORGANGS-Prädikat: *rosten* ‚Rost ansetzen'.

PRI = *PRIVATIV/ENTFERNTES: etwas, das bei einer HANDLUNG oder einem VORGANG aus einer TEIL-, BESITZ- oder VERFÜ-

GUNGS-Beziehung zu einer Person oder Sache ENTFERNT wird; z. B. *Die Besatzungsmacht hat sein Vermögen(PRI) beschlagnahmt, Er hat viel Haar(PRI) verloren.* Diese semantische Rolle verhält sich komplementär-gegenteilig zu ADD und ist für die Erklärung des Wortbildungstyps Privativa wichtig (*schälen, entkernen, demilitarisieren*, s. Erben 1975, 71).

LOC = LOCATIV/ORT/RAUM: ORT oder RAUM, in/an dem ein Sachverhalt geschieht bzw. der Fall ist; in alten Sprachen (z. B. resthaft im Latein) als grammatikalischer Kasus „locativus"; z. B. „*das oben im Himmel(LOC) ... ist*" (T1,4).

OR = *ORIGATIV/URSPRUNG (engl. source): ORT oder RAUM, von WOHER eine HANDLUNG oder ein VORGANG geschieht; z. B. „*aus Ägyptenland(OR) ... geführt*" (T1,2), „*eine Bauerntochter aus Pommern(OR)*" (T10,5).

DIR = DIREKTIV/ZIEL (engl. goal): ORT oder RAUM, WOHIN eine HANDLUNG oder ein VORGANG geschieht; z. B.: „*nach Frankreich(DIR) floh*" (T9b,5).

TE = *TEMPORATIV/ZEIT: ZEITPUNKT oder -RAUM, an/in dem eine HANDLUNG oder ein VORGANG geschieht bzw. ein ZUSTAND der Fall ist; z. B.: „*Sechs Tage(TE) sollst du arbeiten*" (T1,9).

Damit ist die Liste möglicher semantischer Rollen keineswegs erschöpfend dargestellt. Es wäre z. B. zu klären, ob es für die 1. Bezugsstellen (gramm. Subjekte) von VORGANGS-, ZU-STANDS-, EIGENSCHAFTS- und GATTUNGS-PRÄDIKATEN spezielle Rollen gibt oder ob man hier nur pauschal eine Rolle NULL oder NEUTRALES SUBJEKT ansetzen muß. Für Fälle wie „*Für sie ... für mich*" (T9a5,7), „*als Franzose*" (T9a,2) käme ein neuer Rollentyp wie *PERSPEKTIV in Frage, falls dies für eine Untersuchung dieser modernen Art der perspektivischen Relativierung von Aussagen erforderlich sein sollte. Keine semantischen Rollen sind nötig für Einbettungen: z. B. „*zum Kriegsdienst ... gezwungen*" (T2 Art. 4,3), „*gegen das Vergessen ... wehre*" (T9a,12), vgl. 3.1. Hier bildet die Prädikatsklasse der eingebetteten Prädikation die semantische Rolle der betreffenden Bezugsstelle (s. 2.14.4, Typ 2). Zur Einbettung vgl. 3.1.

Eine semantische Rolle ist grundsätzlich nicht an einen bestimmten grammatikalischen Kasus gebunden. Beispielsweise die Rolle AGENS erscheint zwar am häufigsten im Nominativ als Subjekt eines Aktivsatzes, aber auch in einer beträchtlichen Vielfalt anderer syntaktischer Positionen (AG=AGENS, HA=HANDLUNG):

- als Akkusativ-Ergänzung: „*Laß dich(AG) nicht gelüsten(HA)* ...‟ (T1,17)
- als Dativ-Ergänzung: *Dem Minister(AG) gelang es, eine volle Stunde zu reden(HA).*
- als präpositionale Ergänzung: „*weil von polnischer Seite(AG)* ... *bewußt zurückgehalten(HA) wird*‟ (T9a,10)
- als Adverb: „*gerichtlich(AG) feststellen(HA) lassen*‟ (T4,3)
- als Genitiv-Attribut: „*Sie zu achten(HA) und zu schützen(HA) ist Verpflichtung aller staatlichen Gewalt(AG)*‟ (T2 Art. 1,1)
- als Possessivpronomen: „*Weshalb Ihr(AG) Zögern(HA)* ...?‟ (T9a,8)
- nur implizit/mitgemeint: „*weil es [Ihnen(AG)] darum ging(HA)* ..., *uns mitzunehmen(HA)*‟ (T8,10), „*das jetzt [von Polen(AG)] herausgegeben(HA) werden müßte*‟ (T9a,10), „*soll die Behauptung(HA) [von mir(AG)] stützen*‟ (T7,5).

Die semantischen Rollen sind keineswegs lexikalische Eigenschaften von Wörtern. Sie haben einen anderen Status als etwa die Angaben der Merkmals-Semantik (‚belebt‘, ‚abstrakt‘, ‚zählbar‘ usw., s. 1.25), die man den Wörtern als Einträge in einem Wörterbuchartikel beigeben kann. Die Rollen konstituieren sich erst im Satzinhalt durch die Kombination mit einem bestimmten Prädikat innerhalb eines Aussagerahmens. So ist beispielsweise nicht jeder Ortsbegriff von vornherein ein LOCATIV. Diese Rolle hat z. B. der Name *Berlin* nur in Verbindung mit Prädikatsausdrücken wie *wohnen, sich aufhalten, ansässig sein.* In anderen Fällen ist *Berlin* DIREKTIV *(Ich fahre nach Berlin)*, ORIGATIV *(Ich komme aus Berlin)*, AGENTIV *(Berlin wählt einen neuen Senat)*, BENEFAKTIV *(etwas für Berlin tun)*, AFFIZIERTES OBJEKT *(Berlin ist geteilt worden)*, EFFIZIERTES OBJEKT *(Wer hat Berlin gegründet?)*, ADDITIV *(Berlin in den Vertrag einbeziehen)*, POSSESSIV *(das Berlin der Hohenzollern)*, SUBSTITUTIV *(Bonn kann Berlin nicht ersetzen)* usw.

Bestimmte semantische Rollen sind an bestimmte Prädikatsklassen gebunden: AG, PAT, BEN, CAG, COM, IN kommen nur bei HANDLUNGS-Prädikaten vor, SUB, AOB, EOB, ADD, PRI nur bei HANDLUNGS- und VORGANGS-Prädikaten, PAR nur bei ZUSTANDS-, EIGENSCHAFTS- und GATTUNGS-Prädikaten,

PO nur bei ZUSTANDS- und EIGENSCHAFTS-Prädikaten, LOC, OR, DIR und TE nicht bei EIGENSCHAFTS- und GATTUNGS-Prädikaten.

2.14.4 Prädikationsrahmen und Satzbaupläne

Aus den besonders häufigen Kombinationen von Prädikatsklassen und Bezugsstellen-Rollen kann man Listen von Prädikationstypen zusammenstellen, die Fillmore (1971) „Kasusrahmen" (case frames) nannte. Da wir es hierbei über die Bezugsstellen hinaus mit ganzen Prädikationen zu tun haben, nennen wir sie besser Prädikationsrahmen oder Aussagerahmen. Sie sind die satzsemantische Entsprechung zu den syntaktischen „Satzbauplänen", „Satzmodellen" oder „Satzgrundformen" der inhaltsbezogenen und der Valenzgrammatik. Bei diesen hatte man von der syntaktischen Oberflächenstruktur her Typen aufgestellt wie „Subjekt+Prädikat+Akkusativobjekt+Genitivobjekt" (DudenGr 618) oder „V,S_n,Sa,Sg" (Helbig/Buscha 558). Uns geht es hier aber um eine satzsemantische Typologie, die mit der grammatikalischen keineswegs kongruent ist, denn ein bestimmter semantischer Aussagerahmen läßt sich meist durch mehrere Satzmodelle realisieren, bis hin zu Wortbildungstypen, bei denen auf komprimierteste Weise eine der semantischen Rollen im Verb ausgedrückt wird (z. B. *fischen, asphaltieren, köpfen, ...* s. 2.12.6). Da die Zahl der möglichen Aussagerahmen ziemlich groß ist (auf jeden Fall größer als die der Satzbaupläne), können wir hier nur zwei Beispiele von Aussagerahmen behandeln, und zwar zwei der semantisch interessantesten und wichtigsten d r e i s t e l l i g e n Aussagerahmen, die wir hier Typ 1 und Typ 2 nennen (zu den Abkürzungen s. 2.14.3).

Als T y p 1 nehmen wir die Verben des ‚G e b e n s' und damit satzsemantisch verwandte Prädikatsausdrücke, mit folgender Prädikatsklasse und folgenden semantischen Rollen:

1: HANDLUNG (AG, CAG, ADD)

Fälle aus den Beispieltexten: „*in dem Lande, das(ADD) dir(CAG) der Herr(AG) gibt(HA)*" (T1,12), „*... diesen Betrag(ADD) ... auf eines der angegebenen Konten des Finanzamts(CAG) zu überweisen(HA)*" (T3,4), „*Prozeßmaterial ..., das(ADD) jetzt [von polnischer Seite(AG)] [an westdeutsche Gerichte(CAG)] herausgegeben(HA) werden müßte*" (T9a,10).

Dieser Aussagerahmen-Typ ist ein wohl in allen Kulturen gesell-
schaftlich wichtiger Handlungstyp: Zwei Personen sind Beteiligte
einer partnerorientierten Handlung (Interaktion), bei der die erste
Person (AG) initiativ/auslösend, die zweite (CAG) reaktiv/reagie-
rend wirkt und bei der ein drittes Bezugsobjekt (ADD) in der Weise
eine Rolle spielt, daß es vor der Handlung in der Verfügung des
AGENS ist, nach der Handlung in der des CONTRAAGENS. Wer
von jemandem etwas *gegeben, beschert, überwiesen* usw. bekommt, kann danach mit dem in seine Verfügung gekommenen
Objekt etwas tun, was er vorher nicht konnte und was in seinem
Interesse liegt.

In einer traditionellen Grammatik wie der Duden-Grammatik
(616), die primär die syntaktischen Ausdrucksformen beschreibt,
ist dieser Aussagerahmen-Typ unter dem Satzbauplan

„Subjekt + Prädikat + Dativobjekt + Akkusativobjekt"

verzeichnet, geht dort aber unter in einer noch größeren Zahl von
Fällen, die zwar syntaktisch genauso konstruiert sind, aber zu
anderen semantischen Aussagerahmen gehören (z. B. *ich gewöhne
ihm etwas ab, ich befehle ihm etwas, ich verleide ihr etwas* usw.
(DudenGr 617 f.). Von den dort angeführten 146 deutschen Verben dieses Satzbauplans (von *abgewinnen* bis *zurückzahlen*) gehört
nur ein knappes Drittel zu unserem semantischen Aussagerahmen-
Typ 1, zu dem aber noch viele andere, in der Duden-Grammatik
zufällig nicht verzeichnete Verben gehören: *bewilligen, spenden,
spendieren,* ... Denjenigen Teil der Fälle unseres Typs 1, der durch
diesen Satzbauplan (mit v = Verb, n = Nominativ-Ergänzung,
d = Dativ-Ergänzung, a = Akkusativ-Ergänzung) realisiert wird,
können wir in folgender semantisch-syntaktischer Kombinationsformel notieren:

1a: HANDLUNG^v (AG^n,CAG^d,ADD^a)

Die Inkongruenz zwischen Inhalts- und Ausdrucksstruktur ist aber
so stark, daß wir eine weitere Portion unseres Typs 1 unter einem
anderen Satzbauplan finden, wo CONTRAAGENS als Akkusativ-
Ergänzung, ADDITIV als präpositionale Ergänzung (pr) ausgedrückt ist, also nach der Kombinationsformel:

1b: HANDLUNG^v (AG^n,CAG^a,ADD^{pr})

Beispiele: *Ich bedenke ihn mit etwas, Ich bombardiere ihn mit etwas, Ich überschütte ihn mit etwas, Ich versehe ihn mit etwas* (DudenGr 619 f.) usw. Weitere dort nicht verzeichnete Fälle: *schmücken, ausstatten, ausrüsten, ausstaffieren, auszeichnen, beschenken, beglücken, beliefern, versorgen, ernähren,* ...

Ferner finden sich noch einige Fälle, die in der Duden-Grammatik offenbar nicht berücksichtigt sind, aber hier eine dritte Kombination von Aussagerahmen und Satzbauplan darstellen, nämlich mit CONTRAAGENS als Präpositionalergänzung und ADDITIV als Akkusativergänzung:

1c: HANDLUNG^v (AG^n,CAG^{pr},ADD^a)

Beispiele: *Ich verschenke etwas an jemanden,* ebenso: *vergeben, verleihen, verborgen, vermieten, weggeben, wegschenken, ausgeben, ausliefern,* ...

Schließlich müssen wir in der Satzsemantik auch hier wieder die stark komprimierenden Ausdrucksmöglichkeiten der Wortbildung mitberücksichtigen. Unser Aussagerahmen-Typ 1 liegt auch vor bei vielen der o r n a t i v e n Verben (Verben des Versehens/Ausstattens, DudenGr 435), bei denen die Dreistelligkeit des Aussagerahmens zur Zweiwertigkeit des abgeleiteten Verbs dadurch reduziert ist, daß die Bezugsstelle mit der Rolle ADDITIV den Wortstamm des Verbs bildet, also nach der Kombinationsformel:

1d: HANDLUNG^v (AG^n,CAG^a,ADD^v)

Beispiele: *Sie füttert die Tiere,* ebenso: *kleiden, krönen, salben, pudern, bekleiden, besolden, bezuschussen, berenten, bewaffnen, beherbergen, verproviantieren, uniformieren, bandagieren, subventionieren, honorieren, prämieren,* ... Mit abstraktem ADDITIV: *segnen, trösten, schützen, benachrichtigen, berechtigen, bevollmächtigen, begünstigen, bevorzugen, begnadigen, beglückwünschen, beauftragen, beurlauben, privilegieren, amnestieren,* ...

Hier stoßen wir auf ein sprachkritisches Problem, das in den 60er Jahren im Zusammenhang mit der publizistischen Sprachkritik (Dolf Sternberger u. a.) und der Inhaltbezogenen Grammatik (Leo Weisgerber u. a.) unter dem Stichwort ,,A k k u s a t i v i e r u n g'' heftig diskutiert worden ist. Heute können wir es satzsemantisch so formulieren: Ist die zweite personale Bezugsstelle in allen diesen

Ausdrucksweisen wirklich ein menschlich reagierender CON-
TRAAGENS oder nur ein PATIENS/BETROFFENER oder gar nur
ein AFFIZIERTES OBJEKT, und ist die HANDLUNG in allen
Fällen wirklich eine partnerorientierte Handlung/Interaktion? In
dem Satzbauplan mit persönlichem Dativ (1a), hieß es damals, sei
die zweite Person noch als ‚Mensch' aufgefaßt, in den Satzbauplänen mit persönlichem Akkusativ (1b, 1d) dagegen nur noch als
willenloses ‚Objekt': Diese „Akkusativierung der Person" erklärte
Weisgerber (1958, 44, 82) als Entwicklungstendenz des heutigen
Deutsch: „Die Person, der ursprünglich etwas zugewandt wurde,
wird zum (Akkusativ-)Objekt; die Sache, über die ursprünglich
verfügt wurde, wird zum Instrument, zum Mittel, mit dem man an
jemand herankommt" … „In der Herabminderung der Sachen zu
Instrumenten bekundet sich die ‚Ehrfurchtlosigkeit' unserer Zeit".
Hier wird also auch in bezug auf das ADDITIV eine Verschiebung
des semantischen Rollentyps behauptet. Dieser Punkt ist zweifellos
übertrieben: Nur da, wo sich beim Satzbauplan 1b die Präposition
mit in einer (kontextbedingt sinnvollen) Umformulierung durch
mittels, mit Hilfe von ersetzen läßt, ist INSTRUMENT statt ADDI-
TIV mitgemeint oder mitzuverstehen. Die Präposition *mit* hat viele
verschiedene Bedeutungen – die meisten Präpositionen sind poly-
sem –, kann also keinesfalls überall als Ausdruck einer instrumentalen Beziehung genommen werden. Auch im Falle des Verhältnisses zwischen CONTRAAGENS und PATIENS sollte man vorsichtiger urteilen, worauf schon Herbert Kolb 1960 hingewiesen hat:
Nicht der Dativ oder Akkusativ oder das Präfix *be-* schlechthin
sind Kriterien für ‚menschliche' oder ‚unmenschliche' Auffassung
der zweiten Person, sondern der jeweilige Kontext. Es stimmt
zwar, daß Verben mit dem akkusativischen CONTRAAGENS der
Satzbaupläne 1b und 1d im bürokratischen Stil von Verwaltungs-
und Geschäftstexten bevorzugt werden (*versehen, ausstatten, ausrüsten, auszeichnen, beschenken, beliefern, versorgen, bekleiden,
begütern, besolden, bezuschussen, berenten, bewaffnen,* usw.).

Aber es gibt auch Gegenbeispiele, wo
– die zweite Person im Dativ steht und trotzdem als willenloses, reaktions-
  unfähiges Handlungsobjekt, nicht als Interaktionspartner aufgefaßt
  wird: *jemandem etwas anheften, anmessen, aufbinden, aufnötigen, ein-
  flößen, entgegenschleudern, umbinden, zuschanzen, zuweisen,* …

– die zweite Person im Akkusativ steht und trotzdem als handlungsfähiger Interaktionspartner und die Handlung selbst als wohltätig in dessen Interesse aufgefaßt wird: *jemanden mit einer Beihilfe unterstützen, mit guten Wünschen begleiten, mit einem Preis auszeichnen, mit einem Buch beglücken, mit Reiseproviant versorgen, einen Patienten füttern, einen König krönen, einen Flüchtling beherbergen,* usw.

Immerhin sollte man aufgrund jener sprachkritischen Diskussion beim Aussagerahmen unseres Typs 1 jeweils prüfen, ob kontextsemantisch bedingt die Rolle CONTRAAGENS oder die Rolle PATIENS vorliegt. Man kann gegebenenfalls sprachkritisch noch einen Schritt weitergehen und statt PATIENS die Rolle AFFIZIERTES OBJEKT ansetzen, die bei verwandten Verben vorliegt (ornative Verben im eigentlichen Sinne):

1e: HANDLUNG^v (AG^n,AOB^a,ADD$^{pr/v}$)

etwas mit etwas versehen, bedecken, beschichten, bekleben, bepflanzen, ...; etwas bebildern, verglasen, verchromen, etikettieren, ...

Bei diesem sachbezogenen Handlungstyp (mit ‚sachlicher‘ zweiter Bezugsstelle) ist das Ergebnis der HANDLUNG derart, daß ADDITIV nach der Handlung (und durch sie) einen TEIL des ersten Objekts bildet (beim *etikettierten Paket* ist das *Etikett* TEIL des *Pakets*). Davon ist unser Typ 1a–d jedoch noch weit entfernt. Dort war das Resultat der HANDLUNG nicht eine TEIL-Beziehung zwischen zweiter und dritter Bezugsstelle, sondern ein Folge-VERHALTEN des CONTRAAGENS oder PATIENS:

Wenn *jemand jemandem ein Buch schenkt* oder *ihn mit einem Buch beschenkt,* kann der ‚Beschenkte‘ das ‚Geschenkte‘ entweder lesen, ins Regal stellen, oder aber weiterverschenken, verkaufen oder wegwerfen (falls seine soziale Beziehung zum ‚Schenker‘ ihm dies erlaubt), er kann sich geehrt, geschmeichelt, geliebt, gefördert oder aber verulkt, gedemütigt, beleidigt fühlen. Wenn jemand jemanden *besoldet* und *bewaffnet,* stehen dem ‚Besoldeten‘ und ‚Bewaffneten‘ vom sozialen Kontext her schon weniger in seinem eigenen Interesse liegende Reaktionsmöglichkeiten zur Verfügung.

Statt mit vagen Leerformeln wie „Mensch als Objekt" sollte man dieses sprachkritische Problem handlungssemantisch differenzieren. Eine zweite Person in einem Aussagerahmen mit einem Handlungsprädikat ist immer OBJEKT des Handelns der ersten Person.

Es gibt aber eine breite Skala von Möglichkeiten der Reaktion des CONTRAAGENS auf das Handeln des AGENS: von partnerschaftlicher Kooperation bis zu ausweg- und bedingungsloser Unterwerfung. All dies ist menschliches Handeln. Ob eine bestimmte moralische BEWERTUNG der Handlung beim Dativ oder beim Akkusativ mitgemeint oder mitzuverstehen ist, kann nur aus dem jeweiligen Kontext, nicht kontextlos allein aus der grammatikalischen Form festgestellt werden. Allerdings können die grammatikalischen Formen als kontextbedingte Symptome für Textsorten-Stile und damit für ritualisierte Verhaltensmuster im Sinne der sozialen Beziehung (s. 2.24) wirken.

Als Typ 2 wollen wir hier eine Art von Aussagerahmen exemplarisch behandeln, der uns später im Handlungsgehalt als einer der wichtigsten Typen von Sprecherhandlungen wieder begegnen wird (s. 2.21). Er ist mit Typ 1 verwandt insofern als er ebenfalls einem partnerbezogenen Handlungstyp (Interaktion) entspricht, also auch einen AGENS und einen CONTRAAGENS in den ersten beiden Bezugsstellen enthält; in der dritten Stelle ist jedoch eine Prädikation eingebettet (s. 3.1), die eine HANDLUNG des CAG darstellt (wobei wir mit tiefgestellten Zahlen die Bezugsidentität (s. 2.12.7) angeben):

2: HANDLUNG1 (AG1,CAG$_1$,HANDLUNG2(AG2$_1$))

Beispiele: „er(AG1) sie(CAG$_1$) eingeladen(HA1) habe" [daß sie(AG2$_1$) „mit nach Moskau"(DIR) fahren(HA2)] (T8,5); zu DIR vgl. 2.14.3. – „... man in Darmstadt(AG1) ... von ihm(CAG$_1$) eine ‚Selbstdarstellung'(HA2) [seiner selbst(AG2$_1$)] verlangt(HA1)". (T10,3)

Diese Aussagerahmen-Struktur gilt für Interaktionstypen, bei denen der AGENS das Folgeverhalten des CONTRAAGENS zu beeinflussen versucht: (auffordern, bitten, nahelegen, empfehlen, hindern, ... (DIREKTIVA)) oder sein Vorverhalten bewertet (vorwerfen, beschuldigen, danken, ...). Dabei kann auch doppelte Einbettung vorliegen:

3: HA1(AG1,CAG1$_1$,HA2(AG2$_1$,HA3(AG3$_1$)))

Beispiele: „der wirklich Schuldigen ..., die(CAG1) noch nicht" [von Gerichten(AG1)] „zur Rechenschaft(HA2) gezogen(HA1) wurden" [für ihre(AG3) Taten(HA3)]. (T9b,4) – Explizitere Umformulierung des Neben-

satzes: *Gerichte(AG1) haben die wirklich Schuldigen(CAG1) noch nicht
veranlaßt(HA1), daß sie(AG2) Rechenschaft ablegen(HA2) für das, was
sie(AG3) getan haben(HA3).*

Hinter dem so einfach erscheinenden Prädikatsausdruck *jemanden zur
Rechenschaft ziehen* steckt also – weil er schon von recht komprimierter
Art ist – eine mehrfache Einbettungsstruktur, die aber nicht erst bei der
Textformulierung durch den Sprecher/Verfasser zustandekommt, sondern
in dem Handlungstyp von vornherein als primärer Aussagerahmen vorge-
geben ist (primärwertige Einbettung, vgl. 3.17).

Wir haben hier nur zwei Typen von Aussagerahmen als Beispiele
vorgestellt und haben damit schon etwas vorausgegriffen auf Probleme des Handlungsgehalts (Kap. 2.2) und der zusammengesetzten Satzinhalte (Kap. 3.1). Wer Lust hat, kann sich der reizvollen,
aber sehr zeitraubenden und problematischen Aufgabe unterzie-
hen, die (sicher weit über 100) restlichen Typen von Aussagerahmen zusammenzustellen, die es in der deutschen Sprache gibt (oder
besser: in unserer heutigen Kommunikationskultur). In einer umfassenden Inhaltsgrammatik der deutschen Sprache wird man dies
als satzsemantische Entsprechung zu den Satzbauplänen/Satz-
grundformen/Satzmodellen der Grammatiken tun müssen. Solche
(sicher niemals ganz vollständigen) Gesamtübersichten sind erforderlich für spezielle Zwecke wie die Erklärung produktiver Wortbildungstypen oder die satzsemantische Präzisierung künftiger
Wörterbuchartikel. – Mit Hilfe der Grundbegriffe Prädikatsklasse,
semantische Rollen und Aussagerahmen können wir nun an das
sprachkritisch interessante folgende Kapitel herangehen.

2.15. Übertragungen und Verschiebungen

In der Wortsemantik muß man neben den eigentlichen Bedeutungen der Wörter auch ihre u n e i g e n t l i c h e n Verwendungsweisen
berücksichtigen. So gibt es neben den eigentlichen Bedeutungen des
Verbs *vorsingen* (,etwas vor jemandem singen, um a) ihn zu
erfreuen b) es ihm beizubringen c) seine Singfähigkeit prüfen zu
lassen') eine metaphorische/übertragene Verwendung der Bedeutung c im Akademikerjargon: ,an einer anderen Universität einen
Bewerbungsvortrag halten', wobei der Prädikatsbegriff ,singen'
vom Sachbereich ,Vokalmusik' auf den Sachbereich ,wissenschaft-

licher Vortrag' ü b e r t r a g e n erscheint (zu Metaphern s. 4.45).
Weiterhin gibt es z. B. neben der eigentlichen Bedeutung des
Wortes *Germanistik* (‚Wissenschaft und Lehre über germanische
bzw. deutsche Sprache(n) und Literatur(en)') eine gelegentliche
metonymische/verschobene Verwendungsweise: ‚Vertreter des Fa-
ches Germanistik' (z. B.: *Auch die Germanistik war anwesend*),
wobei an die Stelle einer Personenbezeichnung *(Vertreter der ...)*
die Bezeichnung des Fachgebiets in die Subjektstelle des (normalerweise über Personen ausgesagten) Prädikatsausdrucks *anwesend
sein* v e r s c h o b e n erscheint. Solche Übertragungen und Verschiebungen gibt es auch in der Satzsemantik, und sie lohnen sich,
systematisch dargestellt zu werden, da sich hier Anlässe zur
Sprachkritik ergeben.

2.15.1. K o n v e r s e n u n d P a s s i v s ä t z e

In der Wortsemantik gibt es Wortpaare, die nur scheinbar einen
semantischen ‚Gegensatz' bezeichnen und gleichbedeutend fürein-
ander verwendet werden können in zwei Sätzen, in denen die
satzsemantische Perspektive jeweils derart umgekehrt wird, daß
die Bezugsstellen eines Prädikats vertauscht werden. Diesen „Per-
spektivenwechsel" (Erben 1984, 36) nennt man in der Satzsemantik K o n v e r s e n/Umkehrungen. Sie kommen durch Fokus-Ver-
schiebung zustande (s. 3.41). Es wird ein Prädikat $P(x,y)$ in ein
Prädikat $P'(y,x)$ umgekehrt. Wenn dabei der Prädikatsausdruck
unverändert bleiben kann, handelt es sich um s y m m e t r i s c h e
Prädikate; z. B.:

x ist ein Freund von y / y ist ein Freund von x
x ist mit y verheiratet / y ist mit x verheiratet
x ist y ähnlich / y ist x ähnlich

Meist aber verhalten sich die Prädikate zueinander a s y m m e -
t r i s c h, sodaß bei Konverse ein anderes Prädikat verwendet werden muß:

$P1(x,y) / P2(y,x)$:
x ist die Frau von y / y ist der Mann von x
x ist Chef von y / y ist Angestellter von x
x ist größer als y / y ist kleiner als x
x gehört y / y besitzt x

Solche Konversen finden sich vor allem im Bereich von sozialen Beziehungen, die zweiseitig sind. Manchmal gibt es mehrere Umkehrungen:

„er eine Bauerntochter ... zur Mutter hatte" (T10,5)
eine Bauerntochter ... seine Mutter war
er der Sohn einer Bauerntochter ... war

Es gibt auch Konversen von dreistelligen Prädikationen:

x kauft y von z / *z verkauft y an x,* ebenso *erhalten/liefern*
x klebt y an z / *x beklebt z mit y* (sehr produktiver Wortbildungstyp mit dem Präfix *be-,* vgl. 2.14.4)
x lehrt y z / *y lernt z bei/von x*

Konversen sind regelhaft und können im Wörterbuch, in der Wortsemantik und in der Wortbildungslehre systematisch dargestellt werden. Sie spielen auch eine wichtige Rolle in der Syntax und Satzsemantik als Paare komplementärer Varianten von Satzbauplänen bzw. eng miteinander verwandter Aussagerahmen und als kontextbedingte Formulierungsalternativen (syntaktische Stilfiguren).

Eine sprachkritisch interessante grammatikalische Art von Konverse ist der Passivsatz. Die auf die lateinische Benennung zurückgehende Erklärung des Passivs als „Leideform" kann nicht befriedigen, denn *jemand, der beglückt wird, geheilt wird* oder *geliebt wird,* ist im Inhalt solcher Passivsätze keineswegs als ‚Leidender' gemeint. Auch die Benutzung des Verhältnisses von Aktiv- und Passivsatz als Paradebeispiel für satzsemantische Äquivalenz/ Gleichbedeutung in der frühen Generativen Transformationsgrammatik wird diesem Konversenproblem semantisch nicht gerecht. Da war die traditionelle deutsche Grammatik schon klüger mit ihren treffenden Bezeichnungen „Vorgangspassiv" und „Zustandspassiv". Der Passivsatz unterscheidet sich vom Aktivsatz semantisch in dreierlei Hinsicht:

1. Konverse: In einer mindestens zweistelligen Prädikation P(x,y) bzw. P(x,y,z) werden die Bezugsstellen x und y umgekehrt: P(y,x) bzw. P(y,x,z), z. B. *x liebt y* / *y wird von x geliebt* bzw. *x schenkt y ein z* / *y bekommt von x ein z geschenkt.* Diese Konverse ist nicht wie eine kontextsemantisch bedingte Satzgliedfolge-Veränderung nach der

Thema-Rhema-Gewichtung zu verstehen, denn man kann auch umgekehrt thematisieren *(Den y liebt die x, Von y wird x geliebt)*, ohne daß sich dadurch etwas an der Konversebeziehung ändert. Die Passiv-Konverse ist vielmehr auf einer tieferen satzsemantischen Ebene eine (nicht kontextsemantische) Umkehrung der Grundstruktur der Prädikation selbst: Das Prädikat wird nicht primär über x, sondern primär über y ausgesagt; die satzsemantische Priorität der Bezugsstellen wird verändert, und dies hat Folgen für die semantische Qualität der Bezugsstellen und des Prädikats.

2. A G E N S - W e g l a s s u n g : Die Bezugsstelle x, deren semantische Rolle AGENS ist (da Passivsätze nur von HANDLUNGS-Prädikaten möglich sind) – im Aktivsatz obligatorisch –, kann im Passivsatz wegfallen. Dies ist grundsätzlich noch keine semantische Reduzierung der Stellenzahl der Prädikation, denn auch der nichtausgedrückte AGENS bleibt im deutschen Vorgangs-Passiv (mit *werden* oder *bekommen*) MITGEMEINT bzw. MITZUVERSTEHEN: *y wird geliebt* (ergänzbar: *von einem x*), *y hat z geschenkt bekommen* (ergänzbar: *von einem x*).

3. P r ä d i k a t s k l a s s e n - V e r ä n d e r u n g : Die semantische Prädikatsklasse, die im Aktivsatz HANDLUNG ist, wird im Passivsatz zugunsten der (durch *werden* bzw. *bekommen* ausgedrückten) Prädikatsklasse VORGANG in den Hintergrund gerückt („Vorgangspassiv"). Auch im Aktivsatz ist das Prädikat nur vom AGENS her gesehen eine HANDLUNG, vom OBJEKT her dagegen ein VORGANG; im Passivsatz, mit dem ja vom OBJEKT her prädiziert wird, dominiert VORGANG (Chafe 100).

Auch wenn der passivisch zurückgedrängte AGENS in der Satzgliedfolge voransteht, bleibt die den Handlungscharakter verdekkende Wirkung des Passivs erhalten: *„Ich zögere zum anderen, weil von polnischer Seite aus politischen Gründen Prozeßmaterial bewußt zurückgehalten wird, das jetzt herausgegeben werden müßte."* (T9a,10) Im Unterschied zum entsprechenden expliziten Aktivsatz *(Die polnische Regierung hält... zurück)* wird hier primär nicht etwas über das Verhalten der polnischen Regierung ausgesagt (was deutlicher einen VORWURF implizieren würde), sondern primär etwas über die Unzugänglichkeit des Prozeßmaterials. Die passivische Zurückstufung des AGENS wird hier wortsemantisch verstärkt durch die Periphrase/Umschreibung „*polnische Seite*". Passivsätze als höfliche Form des ‚Jemandem-nicht-zu-nahe-Tretens' wurden übrigens (neben *man*-Sätzen) schon im Mittelhochdeutschen als höfisches Stilmittel benutzt.

In allen anderen Fällen unserer Beispieltexte ist der AGENS der Passivsätze gar nicht ausgedrückt (s. oben Punkt 2). Während die Mosaischen „10 Gebote" (T1) keinen Passivsatz enthalten, sind es in den „Grundrechten" (T2) fünf, und alle ohne AGENS-Ausdruck:

„In diese Rechte darf nur auf Grund eines Gesetzes eingegriffen werden." (Art .2,2), *„Niemand darf wegen seines Geschlechtes, seiner Abstammung ... benachteiligt oder bevorzugt werden."* (Art. 3,3), *„Die ungestörte Religionsausübung wird gewährleistet."* (Art. 4,2), *Niemand darf gegen sein Gewissen zum Kriegsdienst mit der Waffe gezwungen werden."* (Art. 4,3), *„Die Pressefreiheit und ... werden gewährleistet."* (Art. 5,1).

Unpersönliches Passiv in einem Gesetzestext ist textsortentypisch. Im Gesetzestext soll so weit wie möglich verallgemeinert werden. Außerdem ist es der demokratischen Gewaltenteilung angemessen, Handlungen nicht auf einen bestimmten AGENS festzulegen. In allen zitierten Fällen sind als AGENS mindestens alle Exekutivorgane gemeint, bei *„gewährleistet"* auch die Gesetzgeber.

Auch sonst besteht durch den Kontext meist kein Zweifel über den mitgemeinten AGENS: *„Sie werden daher gebeten, diesen Betrag ... zu überweisen ... Ihr Finanzamt"* (T3). *„Weil in Frankreich für Verbrechen, die im Namen Frankreichs begangen worden sind ..., es ... Amnestie gab."* (T9a,11). *„Wer in eine Akademie gewählt wird"* (T10,2) In allen drei Fällen hat die Weglassung des AGENS nicht nur sprachökonomische Gründe; hier ist höfliche Zurückhaltung, also Image-Rücksicht (s. 2.24) im Spiel, gegenüber dem Adressaten in T3 und in T10, gegenüber den Amnestierten in T9a.

Beabsichtigte Va g h e i t des AGENS-losen Passivs liegt dagegen vor in: *„Ansichten, die ihn bisher beschreiben sollten ... Ihr neues Mitglied wird ... ein ‚Pommer' genannt"* (T10 3,4). Die AGENS-Vagheit des Vorgangspassivs *wird ... genannt* wird im Kontext vorbereitet durch den vorangehenden deagentivierenden Subjektschub *Ansichten ... beschreiben* (s. 2.15.2). Der Redner wollte hier gar nicht gegen die Verbreiter dieser *Ansichten* polemisieren, sondern primär sich selbst in ein besseres biographisches und historisches Licht rücken.

Einen Schritt weiter in der Entfernung vom HANDLUNGS-Sinn des Prädikats geht das deutsche Z u s t a n d s p a s s i v , bei dem das

ZUSTANDS-Verb *sein* an der Stelle des VORGANGS-Verbs *werden* steht. Bei *Tür, die geöffnet wird* oder *worden ist* steht der AGENS noch im Hintergrund der Prädikatsbedeutung, bei *Tür, die geöffnet ist* schon nicht mehr (hier kommen auch rein physische Zustandsursachen in Betracht); *geöffnet* ist in vielen Fällen schon als lexikalisiertes/wortschatzübliches Adjektiv im Sinne von ‚offen' aufzufassen. – Ebenso: „*ist ... impliziert*" (T7,6), „*versucht sein*" (T10,3), „*bin ich ... ausgewiesen*" (T10,6).

Das deutsche Zustandspassiv wird aber heute häufig so verwendet, daß der AGENS durchaus noch mitverstanden wird, sodaß an gleicher Textstelle ebensogut auch das Vorgangspassiv mit *werden* stehen könnte: „*ist diese ... Mißfallenskundgebung insofern geheuchelt, als alle Betroffenen das längst wußten*" (T4,10), „*Die von außen ist teilweise echt empfunden von Familien ..., die ...*" (T9a,4), „*... die noch nicht zur Rechenschaft gezogen sind*" (T9a,10; vgl. „*gezogen wurden*" in T9b,4). Bei „*empfunden*" ist der AGENS sogar regelrecht genannt wie bei einem *werden*-Passiv, bei „*geheuchelt*" steht er im folgenden Nebensatz als „*alle Betroffenen*". Es scheint so, als ob im heutigen Deutschen, vielleicht nach englischem und französischem Vorbild, der semantische Unterschied zwischen Vorgangspassiv und Zustandspassiv immer weniger beachtet wird.

Da ganz allgemein im weitaus größten Teil der Passivsätze der AGENS nicht ausgedrückt ist, kann von den drei semantischen Eigenschaften des Passivs (s. oben 1–3) die Agenslosigkeit als das stärkste, häufigste Motiv für den Gebrauch von Passivsätzen angenommen werden. Dies gilt auch für die sog. E r s a t z f o r m e n des Passivs:

– Nominalisierung des Verbs mit dem Abstraktverb *finden*: *Anwendung finden, Anerkennung finden, Berücksichtigung finden, ...* (nur selten mit AGENS als Nominalgruppe mit *durch*); auch mit *erfahren*.
– Funktionsverbfügungen mit *kommen, geraten*: *zur Erledigung kommen, in Bewegung geraten, zur Sprache kommen, ...* (nur selten mit AGENS als Nominalgruppe mit *durch*).
– Eignungsadjektive auf *-bar, -lich*: „*Die Würde des Menschen ist unantastbar*" (T2 Art. 1,1), „*Das ... ist wohl nicht zumutbar*" (T8,12), „*Die Freiheit der Person ist unverletzlich*" (T2 Art. 2,2) (nur selten AGENS als Nominalgruppe mit *für*)
– modaler Infinitiv: *ist zu berücksichtigen*
– modales Partizip I: *ein zu beherzigender Ratschlag*
– *lassen* + Pseudoreflexivverb (vgl. 2.12.5): *... läßt sich zeigen.*

Die Passiv-Konversen sind in allen Ausdrucksweisen diejenige Art
von AGENS-Schwund (Deagentivierung), bei der der AGENS
grundsätzlich noch mitgemeint sein bzw. mitverstanden werden
kann; er ist als nichtobligatorische präpositionale Ergänzung jederzeit leicht einsetzbar oder zumindest leicht erfragbar. Es gibt aber
stark konventionalisierte Situationstypen und Textsorten, in denen
der Gebrauch agensloser Passivsätze so vorherrschend geworden
ist, daß gerade diese semantische Eigenschaft des Passivs als Mittel
zur rigorosen Durchsetzung von Normen, Verpflichtungen und
Verboten wirkt. So sind im autoritären Erziehungsstil agenslose
Passivsätze sehr beliebt: *Das wird so gemacht, Jetzt wird zu Bett
gegangen, Beim Beten wird nicht gelacht,* ebenso *man*-Sätze, in
denen der AGENS nur noch rein formal und leerformelhaft ausgedrückt wird: *Das weiß man, So was tut man nicht, In so ein Lokal
geht man nicht.* In Verwaltungstexten ist das (natürlich agenslose)
Zustandspassiv sehr häufig, da Normen und Zwänge als absolute
Zustände dargestellt werden sollen, nicht als Handlungen und
Handlungsergebnisse von Personen und Institutionen. Wenn es
stereotyp heißt, jemand sei *beauftragt, bevollmächtigt, befugt,
unterrichtet, gezwungen, angeklagt, vorbestraft* usw., etwas sei
beabsichtigt, geplant, angezeigt, verordnet, verboten oder ein Büro
sei *geöffnet* oder *geschlossen,* usw., und wenn die entsprechenden
AGENS-orientierten Formulierungen *(von/durch x)* gar nicht mehr
vorkommen, kann es dazu kommen, daß die ‚verwalteten‘ Ob-
jektpersonen der ‚verwalteten Welt‘ den Zusammenhang von
Gesetzgebung, Gesetzgeltung und Gesetzanwendung nur noch als
einen Zustand auffassen, der mit menschlichem Handeln nichts zu
tun hat. Eine Monopolisierung agensloser Formulierungen würde
den Ansatz zu normenkritischen Fragen blockieren, zu Fragen wie:
Von wem, gegen wen, für wessen und gegen wessen Interessen,
nach welchen Prinzipien, unter welchen historischen Zeitumstän-
den ist die Norm gesetzt, durchgesetzt und beibehalten worden?

2.15.2. Subjektschübe mit AGENS-Schwund

Beim Passivsatz und anderen Konversen blieb die grundsätzliche
Beziehung zwischen Prädikat und Bezugsstellen trotz Umkehrung
und Agensweglassung noch erhalten. Eine weitergehende Stufe der

Veränderung dieser Beziehung ist der Subjektschub. Er ist bisher in den Grammatiken noch kaum systematisch behandelt worden, obwohl es sich dabei um eine im heutigen Deutsch stark zunehmende Stilmode handelt. Daß diese Erscheinung modisch ist (und damit weitgehend unbewußt und ritualisiert), wird bestätigt durch gehäufte Beispiele für agensloses Passiv und Subjektschub im Brief eines Ministerialbeamten zum Abschluß des Forschungsfreisemesters, mit dem sein Ministerium das Schreiben dieses Buches gefördert hat:

*„Wir beglückwünschen Sie dazu, daß Ihr Buch ‚Deutsche Satzsemantik'
jetzt weitgehend hat vollendet werden können. Wir sehen in Ihrem Buch
einen wesentlichen Beitrag dazu, daß sich die deutsche Sprache auch in der
politischen Gegenwart selbst bewußt wird. Daß der historische Textvergleich juristische Texte heranzieht, hat gerade aus der von uns gelegentlich
vertretenen administrativ-juristischen Sicht besondere Aufmerksamkeit gefunden".*

Neben den Passivausdrücken *(vollendet werden, Aufmerksamkeit
gefunden)* tragen hier zwei Subjektschübe zur Verdrängung des
AGENS von HANDLUNGEN bei: „*die deutsche Sprache*" (statt
der Sprachbenutzer) „*wird sich bewußt*", und: „*der Textvergleich*" (statt des textvergleichenden Verfassers) „*zieht juristische
Texte heran*". Diesen entpersonalisierten Stil reden und schreiben
keineswegs nur Beamte, sondern wir alle als Wissenschaftler,
Lehrer, Journalisten, Politiker usw. Diese „Deutsche Satzsemantik" will – nein: Der Verfasser dieses Buches will sprachkritisch
dazu beitragen, daß die Sprachbenutzer, als Sprecher und als
Textverfasser, als Hörer und als Leser, sich der deutschen Sprache
kritischer bewußt werden, vor allem ihrer modischen Stilmittel des
komprimierten und uneigentlichen Ausdrucks, die uns – nein: mit
denen wir selbst uns die konkrete Wirklichkeit menschlichen Handelns systematisch verfremden.

Beim Subjektschub wird in die Subjekt-Stelle eines HANDLUNGS-
Verbs die Bezeichnung einer dafür eigentlich nicht vorgesehenen
Bezugsstelle ‚geschoben', z. B. eines OBJEKTS, eines INSTRU-
MENTS usw. Im Unterschied zum Passivsatz ist dabei aber für den
eigentlichen AGENS der HANDLUNG keine syntaktische Position
mehr vorgesehen, sodaß man hier in noch stärkerem Maße als bei

agenslosen Passivsätzen von Deagentivierung/AGENS-
Schwund sprechen kann. Dies sei am Beispiel eines bereits lexikali-
sierten Subjektschubs demonstriert (AG = AGENS, OB = OB-
JEKT, HA = HANDLUNG, VO = VORGANG):

1: (Aktivsatz) *Meyer(AG) öffnet(HA) sein Geschäft(OB) pünktlich.*
2: (Passivsatz) *Das Geschäft(OB) wird(VO) [von Meyer(AG)] pünktlich
   geöffnet(HA).*
3: (Subjektschub) *Das Geschäft(OB) öffnet(VO/HA?) pünktlich.*

In 3 wird das HANDLUNGS-Verb *öffnen* durch übertragene Verwendung
in einer zwischen HANDLUNG und VORGANG offenbleibenden Weise
einwertig verwendet. Es kommt auf das kontextsemantische Verständnis
des in die Subjektstelle geschobenen Abstraktwortes *Geschäft* an (als
,Räumlichkeit' oder ,Institution'), ob das einwertige *öffnen* als Handlungs-
oder Vorgangsverb oder prädikatsklassenneutral verstanden wird. Der
AGENS des Aktiv- und Passivsatzes ist in 3 nur noch als Attribut ausdrückbar *(Meyers Geschäft),* das aber nur ein BESITZ-Verhältnis bedeutet, nicht
die Rolle AGENS.

Der Subjektschub ist die umgekehrte Entsprechung zu den e r g a -
t i v e n Verben (VORGANGS-Verben, die durch Hinzusetzen eines
AGENS in KAUSATIVE HANDLUNGS-Verben verwandelt sind),
z. B.: *x rollt(VO) → y(AG) rollt(HA) x(OB).* Wenn auf solche
Weise durch Lexikalisierung zwei oder mehrere durch Kontext
voneinander unterschiedene Verben als H o m o n y m e (gleiche
Ausdrücke mit verschiedener Bedeutung) nebeneinanderbestehen,
gibt es keine semantischen Schwierigkeiten. Dies ist der Fall beim
Nebeneinander des zweiwertigen Handlungsverbs *öffnen* (1,2), des
pseudoreflexiven (s. 2.12.5) Vorgangsverbs *sich öffnen* und des
zweiwertigen Vorgangsverbs *öffnen* (3), oder beim Nebeneinander
von *rauchen1* als zweiwertiges Handlungsverb (z. B. *er raucht eine
Zigarre*), mit einwertigem *rauchen2* als Vorgangsverb (z. B. *die
Zigarre raucht noch*) und zweiwertigem *rauchen3* als Eigenschafts-
verb (z. B. *Er raucht nur Zigarren*), oder beim Nebeneinander von
AGENS-Subjekt und INSTRUMENT-Subjekt bei Handwerksver-
ben wie *bohren, sägen, kleben, ...* (z. B. *x klebt y mit z, z klebt
gut*). Hier ist der Subjektschub nur noch eine sprachgeschichtliche
Tatsache, kein stilistisch-semantisches Problem, genauso wie bei
lexikalisierten Wort-Metaphern und Wort-Metonymien (z. B. *Flü-
gel* ,horizontalsaitiges Pianoforte', *pro Kopf* ,pro Person'). Die

Lexikalisierung von Subjektschüben kann zur Entstehung von Abstrakt- oder Relationsverben führen (wie z. B. *führen* im letzten Satz, vgl. 3.16). Wo der Subjektschub aber noch nicht als lexikalisiert gelten kann, haben wir es, ähnlich wie bei Wortmetaphern und -metonymien, mit semantischen Schwebe- und Spannungsbeziehungen, manchmal mit sprachkritischen Problemen zu tun.

In den Beispieltexten finden sich folgende Verben, die auf den ersten Blick wie HANDLUNGS-Verben mit uneigentlichem Abstraktwort in der Subjektstelle aussehen, also mit Subjektschub und AGENS-Schwund, aber in Duden, Großes Wörterbuch der deutschen Sprache (DGW), bereits mit ebensolchen abstrakten Subjekten belegt sind: „*Die nachfolgenden Grundrechte binden Gesetzgebung ...*" (T2 Art.1,3; DGW: *Versprechen, Zusage, Kraft*). „*Die Freiheit der Lehre entbindet nicht von der Treue ...*" (T2 Art.5,3; DGW: *Ampel, Automatik*). „*Filmförderung, die uns ... Filme beschert hat*" (T4,4; DGW: *Schicksal*). „*Filmförderungsgesetzes ... einen Kompromiß bietet*" (T4,11; DGW: *Arbeit, etwas*). „*Auflösungsprozeß ..., der an ihrer Stelle Wissenschaftstheorie zurückläßt*" (T7,2; DGW: *Wunde*). „*Die Analyse ... soll die Behauptung stützen, daß ...*" (T7,5; DGW: *Urteil, Anklage*). „*Mehr als den Stellenwert ... kann die Untersuchung ... nicht beanspruchen*" (T7,10; DGW: *Beruf, Arbeit*). „*Ansichten, die ihn bisher beschreiben sollten*" (T10,3; DGW: *Straße*).

Der Nachweis von Wörterbuchbelegen bedeutet noch nicht schon den Beweis für festen, üblichen Gebrauch (Lexikalisierung). Viele der Belege stammen aus Romanen und anderen literarischen Texten, die grundsätzlich als sprachkreativ und neuerungsfreundlich einzustufen sind. So ist es andererseits auch kein Beweis für einen eigenwilligen Wortgebrauch durch den Textverfasser, wenn sich in folgenden Fällen im DGW zufällig noch keine Belege für solche abstrakten Subjekte bei Handlungsverben finden: „*unser Gesetz ... betreibt de facto Kunstförderung*" (T4,6). „*daß es de jure Wirtschaftsförderung, de facto ... Kunstförderung meint*" (T4,12). „*Solche Gefährdungen kann sich jede Staatsform nur wünschen*".(T5,12). „*die deutsche Vergangenheit holt uns immer wieder ein*". (T9a,1)

Wenn Sachverhalte, die in Wirklichkeit keine HANDLUNGEN sind bzw. in deren 1. Bezugsstellen keine intentional/absichtlich handelnden Lebewesen ernsthaft gemeint sind, im sprachlichen Ausdruck wie HANDLUNGEN dargestellt werden, kann man dies wahrnehmungspsychologisch erklären:

„... daß jeder Beobachter das ihn umgebende Geschehen in Aktionseinheiten gliedert" und „dazu tendiert, diese Aktionseinheiten um einen motivier-

ten Aktor zu zentrieren, also dem beobachteten Gegenstand ein absichts-
volles Handeln unterstellt; er projiziert dieses Schema von sich aus auf
Ereignisse in der Welt" (Hörmann 426).

Diese psychologische Erklärung betrifft nur allgemeine Ursachen
des Subjektschubs; sie erspart uns bei der Textanalyse aber nicht
die Frage nach der jeweiligen semantischen Geltung einer bestimmten Textstelle mit Subjektschub; und zur semantischen Geltung
gehören auch mögliche semantische Folgen bei Hörern/Lesern in
der alltäglichen Sprachroutine. Es kommt sehr auf die jeweilige
Sache und auf den Kontext an, ob ein Fall von Subjektschub mit
Agensschwund Anlaß zu sprachkritischer Stellungnahme bietet.
Nehmen wir den Text T4. Da geht es dem Verfasser um die
Verteidigung des Filmförderungsgesetzes, dessen Verfassungswidrigkeit die Filmwirtschaftsorganisation gerichtlich feststellen lassen
will. In diesem Text häufen sich agenslose Ausdrucksweisen. Welche Agens-Begriffe sind hier überhaupt ausgedrückt und welche
werden verdrängt?

Als Handelnde bzw. Sich-Verhaltende werden genannt: „die Spitzenorganisation der Filmwirtschaft (Spio)", „jeder Filmfreund", „seine Gegner",
„alle Betroffenen" (T4 3,4,6,7,10). Dagegen sind die wirklichen ‚Förderer'
der Filmproduktion, nämlich diejenigen, die es durch Anwendung des
Filmförderungsgesetzes ermöglicht haben, daß Regisseure wie die Genannten gute Filme machen konnten, nur mit AGENS-losem Subjektschub
angedeutet: „unsere Filmförderung, die uns ... Filme beschert hat" ...
„unser Gesetz betreibt de facto Kunstförderung". (T4 4,6) Der Vorwurf
der „Gegner", der sich ja doch eigentlich gegen die wirklichen ‚Förderer'
richtet, wird ebenfalls ganz unpersönlich mit einem Abstraktum statt einem
CONTRAAGENS in der Stelle des Beschuldigten ausgedrückt: „werfen
seine Gegner ihm vor" (mit „ihm" ist das Gesetz gemeint!). Wenn sich der
Vorwurf aber an diejenigen richten sollte, die das Gesetz gemacht haben
(der deutsche Bundestag) und gegen diejenigen, die die Kulturhoheit dem
Bund vorenthalten haben (die Alliierten und die Föderalisten unter den
Gründern der Bundesrepublik), dann ist gerade dies auch wieder verschleiert durch abstrakte Formulierungen, die weit entfernt sind von menschlichem Handeln: „da die Kultur unter den Hoheitsanspruch der Länder
fällt", „Das besondere unseres Filmförderungsgesetzes besteht eben darin,
daß es einen Kompromiß bietet: daß es de jure Wirtschaftsförderung, de
facto aber (auch) Kunstförderung meint" (T4 6,11,12).

Hier wird sprachlich verundeutlicht, daß die „Kulturhoheit" nicht einfach wie ein Naturereignis irgendwohin „*fällt*", sondern von bestimmten Verfassungsgebern, dahinterstehenden Interessengruppen und Machthabern auf die Bundesländer beschränkt worden ist. Ebenso wird sprachlich verdrängt, daß Gesetzgeber (und nicht das Abstraktum „*Gesetz*") durch ihre Formulierung „*einen Kompromiß boten*" und daß sie (und nicht „*das Gesetz*") mit diesen Formulierungen für die Praxis der Gesetzanwendung etwas „*meinten*". Wenn man in einem Text durch systematische Anwendung solcher Sprachmittel wie Subjektschub es dahin bringt, daß der Prozeß des Zustandekommens von Verfassung und Gesetzen so erscheint, als habe er mit menschlichem Handeln nichts zu tun, dann kann dieses Stilmittel der Übertragung und Verschiebung auch eine semantische Wirkung haben: daß viele Leser gar nicht mehr auf den Gedanken kommen, daß Politik auch die Möglichkeit enthält, solche historischen Systeme wie Verfassungen und Gesetze bei mehrheitlichem Bedarf auf legalem Wege infragezustellen und gegebenenfalls zu ändern.

Wesentlich anders wirkt der Subjektschub im Grosser-Interview. Die abstrakte Formulierung des Interviewers „*die deutsche Vergangenheit holt uns ... ein*" (T9a,1) bleibt in ihrer AGENS-verdrängenden Art unwirksam, weil der Interviewer selbst im 2. Satz mit „*erneute Anwürfe*" zur Konkretisierung hinsteuert und der Interviewte dann bewußt und systematisch von menschlichem Handeln und Leiden spricht:

„*Familien und Menschen ... die unter dem Nazismus gelitten haben ... daß man immer wieder erinnert ... Heuchelei ... man sich an seine eigenen Sünden nicht gern erinnert oder sie gar nicht als solche begreift*" usw. (T9a,4 ff.)

Wenn dagegen in ganzen Texten oder Textgruppen solche handlungsverdrängenden Formulierungen vorherrschen und nicht mehr durch handlungsorientierte Ausdrucksweisen korrigiert werden, kann es passieren, daß aus bloßen Stilfiguren systematische semantische Symptomwirkungen entstehen, die zwar von den Verfassern meist gar nicht beabsichtigt und die ihnen nicht bewußt sind, aber von Lesern mitverstanden werden können. So hat Wolfgang F. Haug unter dem Titel „Sprache des hilflosen Antifaschismus" in einer Reihe von Hochschulvorträgen der sechziger Jahre (über die „Bewältigung" der NS-Vergangenheit der deutschen Wissenschaft und Hochschullehre) eine „metaphorische Inflation" festgestellt, mit der die Redner bzw. Autoren die historischen Ereignisse der „Machtergreifung" und des Krieges unwillkürlich wie mythische, metereologische oder pathologische Katastrophen erscheinen ließen, anstatt diese Ereignisse als Handlungen von Menschen, Gruppen und Institutionen gegenüber Menschen aufgrund sehr konkreter politischer und sozioökonomischer Interessen zu benennen und rational zu erklären. Die Einführung und Akzeptierung des Faschismus durch die meisten Deutschen wurde dabei dargestellt (Haug 151 ff.):

– mit pathologischen Metaphern als *Krankheit, Infektion, Bazillus, Entzündungskeime, Verunreinigung*, ...
– mit psychologischen Metaphern als *Rausch, Fanatismus, Ekstase*, ...
– mit mythologischen Metaphern als *Dämonie, Barbarei, Verhängnis, Tragik, Unheil, Spuk, Schicksal, das Ungeheuerliche, düsteres Kapitel*, ...
– mit Unwetter-Metaphern als *Flutwelle, Schlamm, Nebel*, ...

Wenn man solche Metaphorik gehäuft und in derartig einseitigen semantischen Richtungen verwendet, fördert man – zumindest bei sprachunkritischen Hörern/Lesern – die bequeme Vorstellung, Politik sei ein fatalistisch hinzunehmendes selbsttätiges ‚Geschehen' ohne Täter und Mittäter; dies lasse bei den Autoren auf „nichtgelingende Verdrängung" schließen (Haug 154). So gehört es heute wohl zu den wichtigen Regeln sprachkritischer Textanalyse, darauf zu achten, ob ein Redner/Verfasser das Denken an menschliche Handlungen und Beziehungen systematisch, wenn auch meist unbewußt, verdrängt durch Formulierungen mit Subjektschub wie z. B.:

die Verhältnisse zwingen uns, der Rechtsstaat erlaubt uns nicht, das Programm weist uns den Weg, die Mißstände verdanken sich dem Reformgeist, die Preise galoppieren uns davon, die heutige Zeit steht der Armut gleichgültig gegenüber, der Wohlstand verführt uns, der Krieg hat alles zerstört, ein Schuß tötete ihn, ...
Dies gilt auch für das kritische Verstehen sprachwissenschaftlicher Texte, wo es oft handlungsverdrängend heißt: *Die Regel erzeugt Sätze, Dieses Wort referiert auf etwas, Die Theorie läßt diese Lösung nicht zu, Die*

Sprachnorm verbietet den Gebrauch von „trotzdem" statt „obwohl", Das Latein hat die deutsche Sprache beherrscht, Jüdische Wörter sind in die deutsche Sprache eingedrungen, Fremdwörter verdrängen deutsche Wörter, Dieses Wort hat viel Unheil angerichtet, Dieser Satz verschleiert die Wahrheit, Die deutsche Sprache war mitschuldig an den Verbrechen, Eine Sprache kann nicht vergessen, (s. v. Polenz 1980 und 1981).

Auch hier gilt jedoch die kontextsemantische Regel aller Metaphorik und Metonymie: Nicht die Stilfigur als solche verdient sprachkritische Beachtung, sondern nur ihr gehäuftes und semantisch dominierendes Auftreten in Texten, Textsorten und Situationstypen. Wenn die eigentlichen (hier: handlungs- und agensbezogenen) Ausdrucksweisen hinter dem uneigentlichen Formulierungsstil ganz zurücktreten, sodaß sie als sachgerechtere Alternativen kaum noch geläufig sind, wenn die uneigentlichen Ausdrucksweisen durch jargonhafte Routine schließlich als die eigentlichen aufgefaßt werden, dann besteht die Gefahr, daß die beim Subjektschub in die Subjektstellen von Handlungsverben geratenen Begriffe (‚die Zeit', ‚der Wohlstand', ‚der Krieg', usw.) unmerklich hypostasiert/ verdinglicht werden, d. h. als für sich existierende, selbsttätige Wesen aufgefaßt werden. Dies führt schließlich zum „Wortfetischismus", den Fritz Mauthner schon um die Jahrhundertwende an der deutschen Wissenschafts- und Öffentlichkeitssprache kritisiert hat (s. 1.13). Die „Verführung" durch die „wirkende Kraft der Muttersprache" (Weisgerber, s. 1.24) ist ein bekanntes Beispiel dafür: Nicht ‚die Sprache' *verführt* die Menschen, sondern die Menschen sind es, die sich selbst und andere praktisch-semantisch *verführen* durch stereotype Wahl uneigentlicher Ausdrucksmittel, durch sprachliche Imitationsmode, durch Sprachroutine und durch Verzicht auf sprachkritisches Sprechen und Denken gegen die ritualisierten Sprachkonventionen.

2.2 Pragmatischer Gehalt / Handlungsgehalt

„Seit zwei Jahren weigere ich mich,
auf sinnlose Fragen zu antworten.
Etwa (...) die Frage, mit welcher von
meinen Personen ich mich identifi-
ziere. Mein Gott, womit identifiziert
sich ein Autor? Mit den Adverbien,
das ist doch klar."
(Umberto Eco, Nachschrift zum
„Namen der Rose", a. d. Ital. v.
B. Kroeber, München 1984, S. 85)

Der Handlungsgehalt sprachlicher Äußerungen ist in der traditionellen Sprachwissenschaft meist vernachlässigt und in der Grammatik unter dem Stichwort „Modalität" pauschal behandelt worden. In der Wort-Semantik hat man pragmatische Komponenten
gern als bloße „Konnotationen" beiseitegelassen. Nach den Büh-
lerschen Sprachfunktionen (s. 1.27) hat man sich mehr für „Darstellung" als für „Appell" und „Ausdruck" interessiert. Dem entspricht es, daß unsere seit der Aufklärungszeit akademisierte Bil-
dungs- und Öffentlichkeitssprache zunehmend von einer Entpragmatisierung der Formulierungsweise gekennzeichnet ist (s. 1.12,
1.13): Ichbezüge, Gefühls- und Einstellungsäußerungen, Interjektionen, Modaladverbien und Abtönungspartikeln werden in offiziellen Schreibtexten gemieden. Diese Stiltendenz wurde in der
gymnasialen Aufsatzlehre nach dem Ideal der ‚reinen Sachdarstel-
lung' praktiziert, mit einem ‚Objektivitäts'-Begriff, der auf einem
Mißverständnis Kants beruht (s. Hopster 253 ff.), parallel zum
positivistischen Begriff der ‚zweckfreien' Wissenschaft. Jene pragmatischen Ausdrucksmittel galten als stilistischer ‚Überfluß', als
‚unsachlich', ‚ungebildet', ‚umgangssprachlich' oder ‚unwissen-
schaftlich'.

Der Handlungsgehalt wird auch in der spontanen mündlichen
Alltagssprache grundsätzlich nicht so deutlich sprachlich ausgedrückt wie der Aussagegehalt. Man kann viele Sprachhandlungen,
Bewirkungen, Einstellungen, Partnerbeziehungen sehr konkret und
erfolgreich mit nonverbalen/nichtsprachlichen Mitteln ausdrük-

ken, mit Intonation, Akzent, Rhythmus, Gestik, Mimik, Körperbe-
wegung: Ein DROHEN mit erhobenem Zeigefinger, ein BELEH-
REN mit erhobener Stimme, eine ABLEHNUNG mit Stirnrunzeln,
einen ZWEIFEL mit Schulterheben, eine IRONIE mit Augenzwinkern, eine LIEBESERKLÄRUNG mit Lächeln, weicher Stimme
und Betastung, usw. Auch in der geschriebenen Sprache gibt es
nichtsprachliche Mittel zum Ausdruck des Handlungsgehalts:
Handgeschöpftes Büttenpapier, Bildbeigaben, Frakturschrift, rote
Druckfarbe oder Tinte, Schriftgröße, Fettdruck, Gedankenstriche,
Anführungsstriche, Ausrufezeichen usw. Wirklich sprachliche Ausdrücke für den Handlungsgehalt sind selten und den Sprachbenutzern meist gar nicht bewußt. In vielen schreibsprachlichen Texten
muß man pragmatische Sprachmittel ,mit der Lupe suchen‘; und
der Handlungsgehalt ist größtenteils nur aus dem Mitgemeinten
oder Mitzuverstehenden (s. 4.2) zu erschließen. Und doch ist die
pragmatische Komponente des Satzinhalts zum Verständnis jedes
als Kommunikationsakt wirkenden Textes unerläßlich; sie gehört
zu den wichtigsten Fragestellungen des Zwischen-den-Zeilen-Lesens schon im einzelnen elementaren Satzinhalt.

2.21. Illokutionen/Sprecherhandlungen

Für den zentralen Begriff der Sprechakttheorie (s. 1.27) sind neben
dem (recht eigenwilligen) Terminus „Illokution“ von John L. Austin die deutschen Fachausdrücke „Sprechakt“ und „Sprachhandlung“ üblich geworden. Es handelt sich hierbei um diejenige(n)
Sprachhandlung(en), die der Sprecher/Verfasser durch das kommunikative Äußern eines Satzes gegenüber seinem Adressaten (Hö-
rer/Leser) — oder monologisch zu sich selbst — vollzieht. Dafür
empfehlen wir, analog zum längst üblichen Terminus „Sprechereinstellung“ (s. 2.23), als treffendstes, verständlichstes Fachwort
den Ausdruck S p r e c h e r h a n d l u n g. Damit kann man die im
jeweiligen Satzinhalt vollzogene Handlung des Sprechers/Verfas-
sers klar unterscheiden von denjenigen Sprachhandlungen, die nur
im Aussagegehalt vorkommen, also nicht Illokutionen/Sprecher-
handlungen sind, z. B.: *Punkte nennen* in: *„der Kollege Scheel hat
einige Punkte genannt, …“* (T8,2). Die Sprachhandlung Scheels
wird hier von Barzel nur ERWÄHNT. Die (aus dem Kontext zu

erschließende) Sprecherhandlung dieser Äußerung Barzels ist kontextsemantisch zugleich ein ERINNERN: Barzel erinnert die Bundestagsabgeordneten an Teile des von ihnen miterlebten Diskus-
sionsbeitrags von Scheel, damit er diesem anschließend WIDER-
SPRECHEN kann: „... *die gleich berichtigt werden müssen"*
(T8,2; ANGEKÜNDIGTE Sprecherhandlung des nächsten Satzes).

2.21.1. Ausdrucksformen

Für den Ausdruck von Sprecherhandlungen gibt es eine große
Vielfalt sprachlicher Möglichkeiten, die aber meist nicht genutzt
werden. Die expliziteste/ausdrücklichste Möglichkeit bildet die
explizit-performative Verwendung von Sprachhandlungs-Verben
(nach engl. *to perform* ‚ausführen, aufführen, vollziehen‘), also die
Verwendung als Vollzugsverben. Dieser klassische Typ ist
von den philosophischen Erfindern der Sprechakttheorie der Theoriebildung zuliebe stark in den Vordergrund des Interesses gerückt
worden. Dabei werden Sprachhandlungsverben in der 1. Person
Singular Indikativ Präsens (in wirklicher GEGENWARTS-Bedeu-
tung) verwendet, ergänzbar durch das VOLLZUGS-Adverb *hiermit*. Vollzugsverben kommen im alltäglichen Sprachverkehr weitaus seltener vor als in sehr formalen öffentlichen Situationen, in
denen der pragmatische Geltungswert einer Äußerung problematisiert, präzisiert oder für gültig erklärt werden soll: „*Ich
schwöre ..., Ich taufe dich ..., Wir fordern Sie auf ..., Ich verspreche dir ..., Wir lehnen es ab ..., Ich stelle fest ..., Ich warne
Sie ...*, usw. Diese reine Vollzugsform kommt in unseren Beispieltexten nur zweimal vor, und zwar in akademisch stilisierten Texten: „*Debatte, auf die ich Bezug nehme"* (T8,6), „*So entschieden
ich mich gegen ... wehre"* (T9a,12).

Häufiger sind v e r d e c k t e Performative/Vollzugsausdrücke. Dabei wird das Sprachhandlungsverb zwar als Vollverb verwendet,
aber höflich-unverbindlich in einer Modalverbfügung ‚versteckt‘:
*Ich möchte dich bitten ..., Ich muß es ablehnen ..., Darf ich fragen ..., Ich
würde dir raten ..., Ich kann Ihnen versichern ..., Ich will es mal ...
nennen, ...;* noch verdeckter mit *man*-Subjekt: *Man könnte einwenden ...,
Man sollte unterscheiden ...;* oder in unpersönlichen Passivsätzen: „*Die
ungestörte Religionsausübung wird gewährleistet"* (T2 Art. 4,2), „*Sie wer-*

den daher gebeten ..." (T3,4). Hier könnten Vollzugsverben als explizite Alternativen eingesetzt werden *(Wir gewährleisten hiermit ..., Wir bitten Sie ...).* So ist auch folgender Fall mit Subjektschub (s. 2.15.2) als verdeckter Vollzugsausdruck mit dem Modalverb „soll" zu erklären:

1: „*Die Analyse des Zusammenhanges ... soll die Behauptung stützen, daß ...*" (T7,5)

1a: *Ich behaupte, daß ..., und stütze diese Behauptung, indem ich den Zusammenhang ... analysiere.*

In ähnlicher Weise sind andere substantivische Formen verdeckte Vollzugsausdrücke: „*Sie zu achten ... ist Verpflichtung aller staatlichen Gewalt*" (T2 Art. 1,1; reine Vollzugsform: *Wir, die Gesetzgeber, verpflichten hiermit ...*), „*Es ist dies für mich ein Grund, warum ich ...*" (T9a,7; reine Vollzugsform: *Damit begründe ich ...*). – Als Nachtrag wirkt der Sprecherhandlungsausdruck im nachfolgenden Satz: „*betrachten Sie bitte diese Mahnung als gegenstandslos*" (T3,5); oder als Vorwegnahme im vorangehenden Satz: „*Mahnung*" als Überschrift (T3,1), „*einige Punkte ..., die gleich berichtigt werden müssen*" (T8,2), „*einer Vorstellung der Ansichten ...*" (T10,3).

Ebenfalls zu den Vollzugsausdrücken gehören grammatikalische Ausdrucksmittel, bei denen eine grammatikalische Kategorie den Sprecherhandlungstyp pauschal kennzeichnet. Dazu gehört die Imperativform für den Handlungstyp AUFFORDERN: „*Bete sie nicht an und diene ihnen nicht*" (T1,5), „*betrachten Sie ... beachten Sie*" (T3), und die Fragesatzform für den Handlungstyp FRAGEN: „*Haben sie recht?*" (T4,8), „*Wo sehen Sie ... Weshalb Ihr Zögern ...?*" (T9a 2,8). Die unmarkierte Kategorie „Aussagesatz" ist dagegen offen für fast alle übrigen Sprecherhandlungstypen.

Wesentlich ungenauer, d. h. stärker vom Kontext abhängig, sind Modalverben als Ausdrücke für Sprecherhandlungen. Modalverben müssen grundsätzlich aus dem Kontext heraus entweder als Ausdruck des Handlungsgehalts oder als Teile des Aussagegehalts interpretiert werden. In den Aussagegehalt gehören Modalverben in folgenden Fällen: „*die Spitzenorganisation ... wolle ...*" (T4,3), „*dürfe deshalb nur ein Wirtschaftsförderungsgesetz sein*" (T4,7), „*Man möchte der Krone ... nahe sein*" (T5,7). Hier werden mit *wolle, dürfe, möchte* nur Sprachhandlungen von Personen oder Institutionen ausgesagt, die im Aussagegehalt vorkommen. Sprecherhandlungs-Bedeutung haben Modalverben in folgenden Fällen (für die mit Großbuchstaben angegebenen Handlungstypen): VER-

PFLICHTEN: *„Du sollst ...“* (T1 mehrfach); FORDERN: *„zwei Seiten, die man scharf trennen muß“* (T9a,3), *„Prozeßmaterial ..., das jetzt herausgegeben werden müßte“* (T9a,10); VERBIETEN: *„Niemand darf ...“* (T2 Art. 3,3 4,3); EMPFEHLEN: *„Man sollte neidisch sein ...“*, *„Solche Gefährdungen kann sich jede Staatsform nur wünschen“* (T5 8,12).

Modalität im Sinne von Sprecherhandlung steckt auch in W o r t b i l d u n g s s u f f i x e n wie *-lich* und *-bar*, wenn sie im Rahmen bestimmter Wortbildungstypen mit Modalverben gleichwertig sind: *„die Freiheit der Person ist unverletzlich“* (T2 Art. 2,2; für *darf nicht verletzt werden,* VERBIETEN), *„Das ... ist wohl nicht zumutbar“* (T8,12; für *... wollen wir uns nicht zumuten lassen,* ABLEHNUNG, PROTEST). – Auch M o d a l a d v e r b i e n und - p a r t i k e l wie *gewiß, nur, eben* (vgl. 2.23) können Ausdrücke für Sprecherhandlungen sein: *„Gewiß findet sich ...“* (T4,5; EINRÄUMEN, ZUGESTEHEN), *„Nur ist diese mit Pathos vorgetragene Mißfallenskundgebung ...“* (T4,10; EINSCHRÄNKEN), *„Das besondere ... besteht eben darin ...“* (T4,11; BESTEHEN AUF). Sprecherhandlungen wie EINRÄUMEN, EINSCHRÄNKEN sind zugleich Aussagen-Verknüpfungen über den einzelnen Satzinhalt hinaus (s. 3.32.4, 3.32.6, 3.33).

2.21.2. Implizite/mitgemeinte Sprecherhandlungen

Die meisten Sprecherhandlungen – und nicht etwa unwesentliche – sind überhaupt nicht ausgedrückt, sondern nur implizit im Textinhalt bzw. Satzinhalt vorhanden, gehören also zum Mitgemeinten bzw. Mitzuverstehenden (s. 4.2). Selbst in einem so kurzen, stark komprimiert formulierten Werbetext wie T6, der syntaktisch nur aus einem Satz und zwei satzwertigen Nominalgruppen besteht, steckt ein ganzes Bündel von Sprecherhandlungen. Diese brauchen gerade in einem solchen Routinetext nicht ausdrücklich bezeichnet zu werden, da sie von den pragmatischen Erwartungen her, mit denen die Leser an eine solche Kleinanzeige herangehen, in den Formulierungen des Aussagegehalts impliziert sind. Dies ist der modern-hintergründige Werbestil, der sich gerade darin von Werbetexten früherer Jahrzehnte (*„Nimm Persil!“*, *„Fahrt Opel!“*) unterscheidet.

Die beiden wesentlichen Texthandlungen (TH) einer Werbeanzeige wie T6 sind:

      TH1: Ware ANBIETEN
      TH2: Leser als Kunden WERBEN

Fig. 18:

```
                        WERBUNGS-
                        ANZEIGE T6

        Ware                              Kunden
        ANBIETEN                          WERBEN
        (TH 1)                            (TH 2)

  Ware        Ware                 Probe-        Bestellung
  NENNEN      QUALIFIZIEREN   Lese- exemplar     NAHELEGEN
                             ANREIZ ANBIETEN

 Quali-      Erfolg                 Kosten-      Adresse
 täten       BEHAUPTEN              freiheit     ANGEBEN
 ANGEBEN                            ZUSICHERN

                          Typogra-   Adres-
 BESCHWICH-               phische    saten-
 TIGEN                    Auszeich-  gruppe
                          nungen     NENNEN

              Schluß-
              folgerung
              NAHELEGEN
```

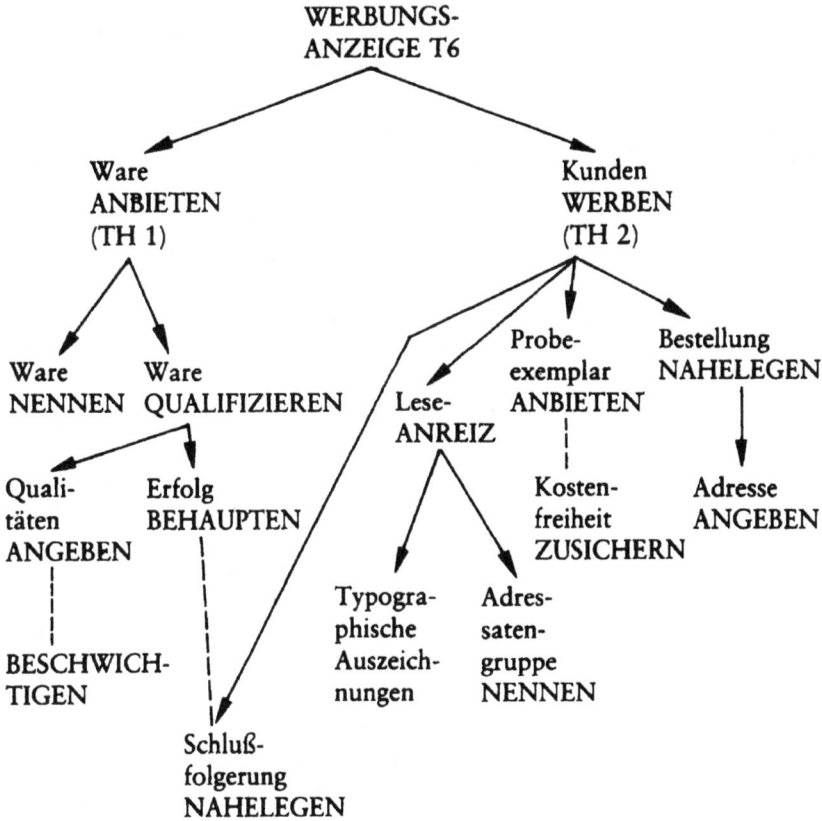

Der Text beginnt mit einer Unter-Handlung von TH2: LESEANREIZ. Dieser besteht einmal in typographischen Auszeichnungen (Fettdruck der Überschrift, Sperrdruck beim Namen der angebotenen Zeitschrift), zum anderen aus dem NENNEN der Adressatengruppe: „Roulettefreunde". Dann folgt eine BEHAUPTUNG: „Erfolgreiche R. beziehen ihre gewinn-bringenden Informationen durch ...". Diese Erfolgsbehauptung dient zu-gleich dem QUALIFIZIEREN der Ware (WARENLOB) als Unter-Hand-lung von TH1, und sie soll dem Leser die Schlußfolgerung NAHELEGEN: ‚Wenn „erfolgreichen Roulettefreunden" das Lesen von „Casino-Journal" Gewinn gebracht hat, so würde dies auch mir beim Roulettespielen Gewinn bringen'. Dies wäre zugleich eine Unter-Handlung von TH2. Dann kommt das NENNEN der angebotenen Ware („Casino-Journal") und deren QUA-LIFIZIERUNG („das internationale Roulette-Magazin"). Da die Qualität

„*international*" bei vielen Lesern die Befürchtung erwecken könnte, daß die Zeitschrift mindestens teilweise in fremden Sprachen geschrieben sei, werden sie sogleich BESCHWICHTIGT (oder: es wird VORBEUGEND ihre falsche Annahme KORRIGIERT) durch das Qualitätsmerkmal „*in deutscher Sprache*". Weiterhin tut der Werbetexter noch einiges für TH2, indem er den potentiellen Kunden ein „*Probeexemplar*" zu schicken AN-BIETET, ihnen ZUSICHERT, daß es für sie „*kostenlos*" sei, wenn sie eines bestellen, und schließlich ihnen NAHELEGT, dies zu tun, indem er ihnen die Andresse des Verlags ANGIBT: „*Herzog GmbH . . .*".

Obligatorisch für die Wirksamkeit dieser Werbeanzeige sind die Teilhandlungen Ware-NENNEN, Ware-QUALIFIZIEREN und Bestellung-NAHE-LEGEN durch Adresse-ANGEBEN. Die anderen Teilhandlungen haben unterstützende Funktion. Mit der zu bewirkenden Schlußfolgerung und der zu bewirkenden Bestellung haben wir bereits auf die satzsemantische Komponente Perlokution/Bewirkungsversuch (s. 2.22) vorausgegriffen, mit dem WARENLOB auf die Komponenten Kontakt und Beziehung (Imagearbeit, s. 2.24). Die ganze Handlungs-Hierarchie von T6 ist in Figur 18 zweidimensional dargestellt, wobei die Pfeile eine ‚indem'-Beziehung (s. 3.32.10) andeuten sollen (man tut das, was oben steht, ‚indem' man das tut, was unten steht), die gestrichelten Linien eine ‚wobei'-Beziehung (s. 3.32.9).

Eine andere Handlungsstruktur ist in der exemplarischen Textanalyse für T5 in 5.1 dargestellt.

Es gibt andererseits Texte mit einer weniger hierarchischen/unterordnenden Sprecherhandlungs-Struktur, in der mehrere Aussagegehalte einer und derselben Sprecherhandlung zugeordnet sind. So besteht der Nachrichtenartikel T9b über das Grosser-Interview aus Aussagegehalten, deren gemeinsame Sprecherhandlung ein BE-RICHTEN durch ZITIEREN von Teilen des Interviewtextes ist.

Diese (textsortentypische) Einheitsstruktur wird nur an einzelnen Stellen durch Nebenbei-Sprecherhandlungen unterbrochen, die HINTER-GRUNDINFORMATIONEN als Bewertungshilfen für die Leser darstellen: „*der Ende 1979 ablaufenden Verjährungsfrist ... Professoren ... Paris ...*" (T9b,3), „*der in Stuttgart erscheinenden Monatsschrift*" (T9b,4), „*Der Politologe, der in der Zeit des Nationalsozialismus mit seiner jüdischen Familie nach Frankreich floh*" (T9b,5, vgl. das Mitgemeinte in 4.44).

2.21.3. Indirekte/uneigentliche Sprecherhandlungen

Manche Ausdrücke für Sprecherhandlungen wirken auf den ersten Blick irreführend, weil in ihnen der gemeinte Handlungstyp nur indirekt, auf uneigentliche Weise ausgedrückt ist. Unter indirekten Sprecherhandlungen versteht man solche, deren Ausdrucksform nach ihrer eigentlichen Bedeutung für einen anderen Handlungstyp üblich ist. Ein Lehrer, der Schülern gegenüber seine DROHUNG auf ironische oder zynische Weise mit *Ich verspreche euch, eure Aufsätze streng zu benoten* äußert, verwendet dabei einen für VERSPRECHEN üblichen Ausdruck auf uneigentliche Weise, hat also die gemeinte DROHUNG nur indirekt ausgedrückt. Wer jemanden FRAGT: „*Sie wissen doch sicher, wie spät es ist,* würde sich ‚auf den Arm genommen‘ fühlen, wenn er zur Antwort erhielte: *Ja, das weiß ich,* denn der Gefragte hätte dabei den indirekten FRAGE-Ausdruck irrtümlich oder in unkooperativer Weise sprachpedantisch oder sprachspielerisch für den Ausdruck einer VERMUTUNG genommen. Die Indirektheit solcher Sprecherhandlungen gehört in gleicher Weise zu den sprachlichen Gewohnheiten wie andere Arten uneigentlichen Ausdrucks: Subjektschub (s. 2.15.2), Ironie (s. 4.43), Metapher (s. 4.45).

Ein klassisch-rhetorischer Fall von indirektem Sprecherhandlungs-Ausdruck ist die rhetorische Frage. Sie ist keine echte FRAGE, weil auf sie keine Antwort erwartet wird und weil sie gegen die FRAGE-Regel verstößt, der Fragende wisse das Gefragte nicht und wolle es wissen. Rhetorische Fragen sind meist als andere Typen von Sprecherhandlungen gemeint, z. B. als BEHAUPTUNG: „*denn haben wir nicht allen Grund, stolz zu sein auf ...?*" (T4,4; gemeinte BEHAUPTUNG: *Wir haben allen Grund, stolz zu sein ...*), „*aber hätten wir einen Faßbinder ..., wenn wir ... nicht hätten?*" (T4,5; gemeinte BEHAUPTUNG: *Wir hätten keinen ...*), „*Welche 31jährige Deutsche kreist schon ...?*" (T5,9; gemeinte BEHAUPTUNG: *Keine 31jährige Deutsche würde ...*). In der indirekten Form der rhetorischen Frage wird die BEHAUPTUNG auf wirksamere Weise vorgetragen als in direkter Form: Die Antwort wird vom Hörer/Leser, der diese Stilfigur als solche gelten läßt, unzweifelhaft mit der vom Sprecher/Verfasser gemeinten und

durch den Aussagegehalt der rhetorischen Frage SUGGERIER-
TEN/NAHEGELEGTEN Antwort identifiziert. So hat die Frage-
form hier nur die Funktion einer Verstärkung des Wahrheitsan-
spruchs der BEHAUPTUNG.

In Texten mit systematischer Verhüllungstaktik werden die sozial
empfindlichsten Sprecherhandlungen meist indirekt ausgedrückt,
z. B. weil dies höflicher und harmloser klingt. In der Finanzamts-
Mahnung T3 erscheinen nur die (nicht zu verbergenden) Haupt-
handlungen MAHNUNG und FRISTSETZUNG direkt und explizit ausgedrückt: *„Mahnung"* als Überschrift, *„diese Mahnung"* als
Nachtrag, *„binnen einer Woche nach ..."*. Höflich-indirekt ausgedrückt wird dagegen die behördliche AUFFORDEUNG: *„Sie werden daher gebeten, ... zu überweisen* (*bitten* ist normalerweise ein
Ausdruck für eine unverbindliche, auf einem Vertrauensverhältnis
beruhende AUFFORDERUNG, nicht für behördliche ANORD-
NUNG). Indirekt ausgedrückt wird auch die FESTSTELLUNG des
Schuldens der Steuerzahlung:

„Sie haben leider versäumt, den nebenstehenden Betrag ... zu entrichten"
(T3,2). Die SCHULDFESTSTELLUNG (direkter: *Sie haben ... nicht entrichtet*) ist hier höflicher als BEDAUERNDER (*„leider"*) HINWEIS auf
ungewolltes Verhalten (*„versäumen"* statt *unterlassen*) formuliert. Ebenso
indirekt ist die Formulierung der STRAFANDROHUNG: Statt direkt und
autoritär zu DROHEN (*Wenn Sie nicht ...*, *werden wir gegen Sie Zwangsmaßnahmen ergreifen, die Ihnen Kosten verursachen*), heißt es mit einer
entgegenkommenden finalen *„zur"*-Nominalgruppe: *„zur Vermeidung von
Zwangsmaßnahmen und Kosten ... überweisen"* (T3,4), die STRAFDRO-
HUNG wird rücksichtsvoll in eine ZWECKSETZUNG verpackt: *„Vermeidung"* als ZWECK des *„Überweisens"* (vgl. 3.32.11).

2.21.4. Vagheit bei Sprecherhandlungen

Einer der am komprimiertesten formulierten Beispieltexte, der
Anfang des Vorwortes von Habermas (T7), hat auch eine teils
schwierig zu erkennende, teils vage/unbestimmte Sprecherhandlungs-Struktur. Zunächst kann man von den für die Textsorte
Akademisches Vorwort erwartbaren Sprecherhandlungen ausgehen; ein Vorwort sollte der pragmatischste, weil Autor und Leser
persönlich in Beziehung setzende Teil eines wissenschaftlichen
Werkes sein:

- VORINFORMATION über den Inhalt des Buches: „*Rekonstruktion der Vorgeschichte des neueren Positivismus*" ... „*Analyse des Zusammenhangs von Erkenntnis und Interesse*" ... „*Auflösungsprozeß der Erkenntnistheorie, der an ihrer Stelle Wissenschaftstheorie zurückläßt.*"
- ERKLÄRUNG der ZWECKSETZUNG: „*... mag helfen, die vergessene Erfahrung der Reflexion zurückzubringen*" ... „*eine Gesellschaftstheorie ..., zu der ich Zugang durch eine Selbstreflexion der Wissenschaft erst gewinnen möchte*".
- AUFSTELLUNG einer THESE: „*die Behauptung, daß radikale Erkenntniskritik nur als Gesellschaftstheorie möglich ist*", mit STÜTZUNG dieser These durch eine BERUFUNG auf Marx im folgenden Satz.
- ANGABE von Methoden: „*historisch gerichtet*" ... „*systematischen Absicht*" ... „*aus einer auf den Ausgangspunkt zurückgewendeten Perspektive*" ... „*der Bewegung des Gedankens immanent zu folgen*" (was immer dies bedeuten mag).
- EINGESTÄNDNIS von Unterlassungen als THEMA-EINSCHRÄNKUNG und als vorweggenommene ABWEHR möglicher Kritik: „*habe ich selbst ... nicht untersucht und mich darauf beschränkt ...*", „*ich könnte nur um den Preis des Dilettantismus auf eine Gesellschaftstheorie vorgreifen ...*", „*Mehr als den Stellenwert eines Prolegomenon kann die Untersuchung deshalb nicht beanspruchen*".

Eine doppelspurige Sprecherhandlungsstruktur liegt im zweiten Satz vor, wo einerseits über den eigenen Forschungsprozeß und sein Entdeckungs-Ergebnis BERICHTET wird, andererseits mit der VERALLGEMEINE-RUNG in die 3. Person eine REGELSETZUNG vorgenommen wird: „*Wer dem Auflösungsprozeß ... nachgeht, steigt über ...*" (T7,2). Es bleibt offen, welche höhere pragmatische Funktion diese VERALLGEMEINE-RUNG hat: Soll die implizite BEHAUPTUNG, daß j e d e r Forscher auf dem gleichen Wege dieselben Entdeckungen machen würde, einer akademisch-solidarischen RECHTFERTIGUNG der eigenen Ergebnisse dienen oder ihrer ABSOLUTSETZUNG? In ähnlicher Weise bleibt unklar, ob der letzte Satz des 1. Absatzes eine DEFINITION des zentralen Begriffes „*Positivismus*" sein soll oder eine als VORWURF wirkende BEHAUP-TUNG, daß die heutigen Wissenschaftler noch immer Positivismus betreiben, oder beides, wobei das gesperrt gedruckte „*ist*" und der bei Definitionen unübliche bestimmte Artikel „*der*" als sehr vage Illokutionsindikatoren mehr Kopfzerbrechen als Klarheit bewirken: „*Daß wir Reflexion verleugnen, i s t der Positivismus*" (T7,4). Auch die der BERUFUNG auf Marx folgende EINSCHRÄNKUNG „*auch wenn sie dem Marxschen wie dem marxistischen Selbstverständnis nicht zu entnehmen ist*" (T7,6) kann in Bezug auf die implizite Sprecherhandlung mindestens zweifach interpretiert

werden: als vorwegnehmende ABWEHR möglicher Kritik von marxisti-
scher Seite oder als DISTANZIERUNG von dogmatischen Marxisten?
Schließlich bleibt die scheinbare SCHLUSSFOLGERUNG „*Diese Konsequenz ergibt sich ...*" (T7,8) sehr vage, weil nicht ersichtlich ist, woraus
das Folgende eine „*Konsequenz*" sein soll.

Im Kontrast zu den ziemlich durchsichtigen Argumentationsgän-
gen der beiden anderen akademisch stilisierten Beispieltexte (T8
und T9a) ist jedenfalls für die Erschließung der pragmatischen
Struktur des Habermasschen Vorworts viel Interpretationskunst
und Phantasie erforderlich. Zu den stilistisch vorbildlichen Wissen-
schaftlertexten kann dieser recht ‚modern' stilisierte Text wohl
nicht gerechnet werden, da hier in mehreren Komponenten der
Satzsemantik die Tendenz zum komprimierten und uneigentlichen
Ausdruck bis über den Punkt hinausgetrieben wird, wo Wissenschaftssprache in Wissenschaftlerjargon übergeht.

2.21.5. Klassifizierungen von Sprachhandlungen

Die Zahl der anzusetzenden Typen von Sprachhandlungen (Hand-
lungsmuster) ist noch ebenso offen wie die ohne Zweifel noch
größere Zahl der in der deutschen Sprache üblichen Ausdrücke für
Sprachhandlungen. Es scheint damit in die Tausende zu gehen.
Man braucht nur ein deutsches Wörterbuch aufzuschlagen und
alphabetisch zu suchen: Man findet immer neue Sprachhandlungs-
ausdrücke in großer Zahl (einschließlich der Ausdrücke für Perlo-
kutionen/Bewirkungsversuche). Hier nur eine kleine Probe vom
systematisch abgesuchten Anfang des Buchstaben A aus dem
DGW:

*abbedingen, abberufen, abbestellen, abbetteln, (ein Gespräch) ab-
biegen, abbitten, (eine Aktion) abblasen, jemanden abblitzen lassen, (ein Gespräch) abblocken, abbrechen, (jmd.) abbringen (von
etwas), abbuchen* ... Um eine programmatische Ordnung in diese
noch kaum zu überblickende Fülle zu bringen, hat man in der
Sprechakttheorie (vor allem nach Searle 1980 und Wunderlich
1976) einige grobe Schlagwörter für Oberklassen von Sprachhandlungen erfunden, die trotz begrifflicher Unschärfen schon sehr
üblich geworden sind; hier nur die wichtigsten, mit einigen Ausdrücken als Beispiele, die meist für Hunderte stehen:

- Repräsentativa: Kognitive, darstellende, informierende Sprachhandlungen, primär auf Wahrheitswerte bezogen: *mitteilen, hinweisen, erinnern, berichten, erörtern, zur Sprache bringen, als Argument vorbringen, ...*
- Deklarativa: Tatsachen- und sinnschaffende Sprachhandlungen: *taufen, ernennen, benennen, festsetzen, für gültig erklären, ein Urteil fällen, definieren, ...*
- Expressiva: Einstellungsäußerungen (vgl. 2.23), Ausdruck von Gefühlen, Absichten, Meinungen, Bewertungen usw.: *bereuen, bekennen, zugeben, behaupten, vermuten, unterstellen, stellungnehmen, mißbilligen, erwarten, ...*
- Interrogativa: Fragehandlungen: *fragen, zur Rede stellen, aushorchen, verhören, prüfen, ...*
- Direktiva: Aufforderungshandlungen im weitesten Sinne: *bitten, nahelegen, empfehlen, einen Antrag stellen, befehlen, beauftragen, ...*
- Kommissiva: selbstverpflichtende Sprachhandlungen im weiteren Sinne: *versprechen, ankündigen, garantieren, geloben, drohen, ...*

Die aufgezählten Beispiele sind hier kursiv gedruckt, um anzuzeigen, daß es sich dabei nur um Sprachhandlungsverben der deutschen Sprache handelt, noch nicht um Handlungstypen. Der erste Schritt zu einer Typenbildung ist die üblichgewordene Versalienschreibung: Man kann beispielsweise mit der Schreibweise VERSPRECHEN andeuten, daß man darunter einen in mehreren Sprachen, mindestens kulturspezifisch, vorhandenen Sprachhandlungstyp versteht, der in der deutschen Sprache auf mehrere Weisen ausgedrückt werden kann, z. B. als *Ich verspreche dir, daß ..., Ich gebe dir die Zusage, daß ..., Verlaß dich darauf, daß ich ...* Man kann auch mehrere sinnverwandte Sprachhandlungsverben zu einem allgemeineren Handlungstyp zusammenfassen, z. B. unter dem allgemeineren Typ AUFFORDERN alles, was mit *auffordern, bitten, befehlen, anordnen* usw. gemeint sein kann.

Die Gewohnheit der Versalienschreibung ist jedoch noch vorwissenschaftlich, stark intuitiv und ungenau. In wissenschaftlichen Klassifizierungen darf man sich nicht mit der Zuordnung des Sprachmaterials zu ad hoc gebildeten Schlagwörtern begnügen.

Man braucht Kriterien, zum Beispiel die Teilregeln, mit denen
jeder Sprachhandlungstyp definiert werden muß. So kann man für
alle Arten von AUFFORDERUNGEN als Kriterium die Regel
ansetzen: ‚Sprecher/Verfasser S versucht zu bewirken, daß Hörer/
Leser H künftig eine Handlung P tut oder wenigstens zusagt,
künftig P zu tun, wobei S Interesse daran hat, daß H P tut‘; und
kann eine Subklassifizierung der AUFFORDERUNGEN beispielsweise mit Hilfe der Regel vornehmen: ‚Bei VERBINDLICHER
AUFFORDERUNG besteht von der sozialen Beziehung her für H
eine Verpflichtung oder ein Zwang, P zu tun, bei UNVERBINDLI-
CHER AUFFORDERUNG nicht‘. Da jeder Sprachhandlungstyp
aus einer beträchtlichen Anzahl von Teilregeln besteht und da
bestimmte Teilregeln bei mehreren Sprachhandlungstypen mit jeweils anderen Teilregeln kombiniert vorkommen, kann man sich
vorstellen, wie viele verschiedene Klassifizierungssysteme möglich
sind. Die Kompliziertheit der Klassifizierungsaufgabe ist kaum
geringer als bei den utopischen Versuchen, alle Wörter einer
Sprache in Systemen nach semantischen Merkmalen miteinander
in Beziehung zu setzen.

Anstelle einer Diskussion der verschiedenen bisherigen Klassifizie-
rungsversuche soll hier ein neuer Vorschlag einer systematischen
Grobklassifizierung von Sprachhandlungstypen folgen, bei der
nach Vorbild der Prädikatenlogik, Valenz- und Tiefenkasustheorie
Zahl und Art der in einem Handlungstyp enthaltenen Bezugsstellen
und die Arten der eingebetteten Propositionen/Prädikationen berücksichtigt werden.

Wir beginnen bei den am stärksten ich-orientierten und/oder ich-
bezogenen Handlungstypen und gehen über die partnerorientierten
und/oder -bezogenen Typen zu den kooperativen, bauen also eine
gleitende Skala vom Individuellen zum Sozialen auf. Es werden
hier nicht Illokutions-/Sprecherhandlungstypen, sondern allgemeiner Sprachhandlungstypen klassifiziert. Wir fassen also – entgegen
dem Ansatz der Sprechakttheorie-Philosophen – die performative
Verwendung von Sprachhandlungsausdrücken (Vollzugsausdrücke, s. 2.21.1) als nur in bestimmten Kommunikationssituatio-
nen übliche Sonderverwendung von Sprachhandlungsausdrücken
auf. So benennen wir die 1. Bezugsstelle von Handlungstypen nicht

mit S (Sprecher/Verfasser), sondern neutral mit x_{AG} (Bezugsstelle x mit der semantischen Rolle AGENS, s. 2.14.3), entsprechend die 2. Bezugsstelle nicht mit H (Hörer/Leser), sondern mit y_{CAG} (Bezugsstelle y mit der semantischen Rolle CONTRAAGENS im Sinne von ‚Interaktionspartner' als ‚Adressat', s. 2.14.3) bzw. beim kooperativen Typ C mit y_{COM} (Bezugsstelle y mit der semantischen Rolle COMITATIV, im Sinne von ‚Interaktionspartner' als ‚jemand, der eine Handlung gemeinsam mit dem AGENS tut', s. 2.14.3). Die weitere Untergliederung richtet sich nach den semantischen Qualitäten der eingebetteten Prädikationen (vgl. 3.1), wobei P_{HA} bedeutet: Handlungsprädikat (s. 2.14.2).

A: Ichorientierte Sprachhandlungen
A1: eigenhandlungsbezogen
$P1_{HA}(x_{AG},P2_{HA}(x))$
x tut etwas in Bezug auf eine eigene Handlung P2; z. B.: *Stoltenberg gibt seine Sparbeschlüsse bekannt.*
VERGANGEN(P2): *sich bekennen zu etw., etw. zugeben, leugnen, schwören, daß* ... – ZUKÜNFTIG(P2), volitiv: *sich bereiterklären zu etw., sich weigern, etw. zu tun, auf etw. verzichten, sich etw. vorbehalten,* ...
A2: weltbezogen
$P1_{HA}(x_{AG},P2(z))$
x tut etwas in Bezug auf einen über z usw. ausgesagten Sachverhalt P2; z. B.: *Fides Krause-Brewer kommentiert Stoltenbergs Sparbeschlüsse.*
Repräsentativ: *etw. erwähnen, voraussagen, bezweifeln, behaupten, begründen, zusammenfassen,* ... – Deklarativ: *etw. benennen, definieren, klassifizieren, datieren, anerkennen als* ... – Evaluativ: *etw. gutheißen, kritisieren, schlechtmachen,* ... – Volitiv: *etw. befürworten, postulieren,* ...

B: Partnerorientierte Sprachhandlungen
B1: eigenhandlungsbezogen
$P1_{HA}(x_{AG},y_{CAG},P2_{HA}(x))$
x tut etwas gegenüber y in Bezug auf eine eigene Handlung P2; z. B.: *Stoltenberg erläutert uns seine Sparbeschlüsse.*
VERGANGEN(P2): *sich jm. gegenüber für etw. rechtfertigen, jm. etw. gestehen, offenbaren, anvertrauen, eröffnen,* ... – ZUKÜNFTIG(P2), volitiv, kommissiv: *jm. etw. versprechen, anbieten, ankün-*

digen, sich jm. gegenüber zu etw. verpflichten, jm. mit etw. dro-
hen, ... – Interrogativ: *jn. um Rat fragen, ...*

B2: w e l t b e z o g e n

$$P1_{HA}(x_{AG}, y_{CAG}, P2(z))$$

x tut etwas gegenüber y in Bezug auf einen über z usw.
ausgesagten Sachverhalt P2; z. B.: *Fides Krause-Brewer er-*
klärt uns Stoltenbergs Sparbeschlüsse.

Repräsentativ: *jm. etw. mitteilen, berichten, beweisen, jn. über etw.*
belehren, jn. auf etw. hinweisen, jn. an etw. erinnern, ... – Interrogativ: *jn. nach etw. fragen, ...* – Akkusativ/beschuldigend: *sich bei jm.*
über etw. beschweren, ...

B3: p a r t n e r h a n d l u n g s b e z o g e n

$$P1_{HA}(x_{AG}, y_{CAG}, P2_{HA}(y))$$

x tut etwas gegenüber y in Bezug auf dessen Handlung P2;
z. B.: *Fides Krause-Brewer interviewt Stoltenberg über seine*
Sparbeschlüsse.

VERGANGEN(P2), interrogativ: *jn. nach etw. ausfragen, jn. über*
etw. verhören, zur Rede stellen, ... – Repräsentativ: *jm. etw. bestäti-*
gen, bescheinigen, ... – Argumentativ: *jm. in etwas widersprechen,*
beipflichten, ... – Akkusativ: *jm. etw. vorwerfen, übelnehmen, bei*
jm. gegen etw. protestieren, von jm. etw. akzeptieren, ... – Satisfak-
tiv/genügeleistend: *jm. für etw. danken, jm. etw. zugutehalten, ...* –
Evaluativ: *jn. für etw. loben, tadeln, ...*
ZUKÜNFTIG(P2), direktiv: *jn. um etw. bitten, jm. etw. befehlen,*
verbieten, erlauben, garantieren, jn. zu etw. einladen, bei jm. etw.
bestellen, jm. seine Zustimmung für etw. geben, ... – Konsultativ: *jm.*
etw. raten, nahelegen, empfehlen, vorschlagen, ausreden, zu beden-
ken geben, jn. vor etw. warnen, jn. in etw. bestärken, ...

C: K o o p e r a t i v e Sprachhandlungen
C1: w e l t b e z o g e n

$$P1_{HA}(x_{AG}, y_{COM}, P2(z))$$

x tut etwas zusammen mit y in Bezug auf einen über z usw.
ausgesagten Sachverhalt P2; z. B.: *Fides Krause-Brewer un-*
terhält sich mit Stoltenberg über das Wetter.

Repräsentativ: *sich mit jm. über etw. austauschen, mit jm. auf etw.*
wetten, ... – Argumentativ: *mit jm. über etw. diskutieren, mit jm.*
etw. erörtern, durchsprechen, ...

C2: e i g e n - und p a r t n e r h a n d l u n g s b e z o g e n :

$$P1_{HA}(x_{AG}, y_{COM}, P2_{HA}(x) + P3_{HA}(y))$$

x tut etwas zusammen mit y in Bezug auf seine eigene
Handlung P2 und dessen Handlung P3; z. B.: *Stoltenberg*
sollte sich mit Blüm über die Sparbeschlüsse einigen.
ZUKÜNFTIG(P2+3): *mit jm. etw. vereinbaren, verabreden, planen,*
mit jm. in etw. einen Kompromiß schließen, ...

Es gibt sicher noch eine Reihe weiterer Unterklassen nach diesem
Schema. Es ist übrigens kein Fehler, daß manche Sprachhandlungsverben in mehreren Klassen und Unterklassen vorkommen können; dies ist die gleiche Polysemie des Gebrauchs von Prädikatsausdrücken wie bei mehreren Valenzen eines Verblexems (s. 2.11,
2.14, 2.15).

2.22. Perlokutionen/Bewirkungsversuche

Die zweite Handlungskomponente der Sprechakttheorie, mit der
Illokution/Sprecherhandlung eng verbunden, ist der Versuch des
Sprechers, mit seiner Sprecherhandlung beim Hörer etwas zu
BEWIRKEN (bei Austin: perlocutionary act). Jeder Sprecherhandlungstyp ist regelhaft, aber stark kontextbedingt, mit einer oder
mehreren Arten von erwartbaren Bewirkungen verbunden. Dabei
ist (nach Holly 1979b) zu unterscheiden zwischen Bewirkungsversuch, Bewirkungsziel (das zu Bewirkende) und tatsächlichen Folgen. Wer z. B. jemandem mit etwas DROHT, versucht ihn damit
beispielsweise zu etwas zu ZWINGEN oder ihn EINZUSCHÜCH-
TERN (Bewirkungsversuch); das damit angestrebte Bewirkungsziel kann darin bestehen, daß der Gezwungene etwas im Sprecher-
interesse Liegendes tut, der Eingeschüchterte etwas in seinem
eigenen Interesse Liegendes zu tun unterläßt. Statt des Bewirkungs-
ziels kann allerdings – falls der Bewirkungsversuch mißlingt – eine
ganz andere Folgehandlung des Bedrohten eintreten, die nicht
mehr regelhaft an den Sprecherhandlungstyp DROHEN gebunden
ist: Er kann beispielsweise die Drohung IGNORIEREN, den Drohenden AUSLACHEN oder eine GEGENDROHUNG machen
(falls er sich dies nach seiner sozialen Beziehung zum Drohenden
leisten kann).

Es gibt in vielen Fällen explizite sprachliche Ausdrücke für den
Bewirkungstyp, aber fast nur im Reden über die Bewirkungsversuche anderer (metakommunikativ), kaum über die eigenen, da im

Augenblick des Vollziehens einer Sprecherhandlung ja noch niemand sagen kann, ob der damit verbundene Bewirkungsversuch gelungen ist oder nicht. Auch gelten manche Bewirkungstypen, z. B. ZWINGEN, ÜBERREDEN, EINSCHÜCHTERN, als moralisch so negativ bewertet, daß man sich nicht gern zu solchen Bewirkungsversuchen bekennt.

Hier noch einige Beispiele für regelhafte Bewirkungen im Verhältnis zu bestimmten Sprecherhandlungstypen (wobei S für Sprecher/Verfasser steht, H für Hörer/Leser, P für Proposition/Aussagegehalt):

Sprecherhandlung:	Bewirkungsversuch:	Bewirkungsziel:
S MITTEILT H, daß P	*S versucht H über P in Kenntnis zu setzen*	*H nimmt P zur Kenntnis, H weiß P*
S BEHAUPTET und BEGRÜNDET, daß P	*S versucht H davon zu überzeugen, daß P wahr ist*	*H hält P für wahr*
S VERSPRICHT H, P zu tun	*S versucht H dazu zu bringen, daß er sich darauf verläßt, daß S P tun wird*	*H verläßt sich darauf, daß S P tun wird*
S AUFFORDERT H, P zu tun	*S versucht, H dazu zu bringen, daß er P tut*	*H tut P oder erklärt sich bereit, P zu tun*

Expliziter Ausdruck des eigenen Bewirkungsversuchs ist sehr selten. Bei AUFFORDERUNGEN im weitesten Sinne (direktive Sprechakte) ist der damit verbundene Aussagegehalt (Proposition) mit dem angestrebten Bewirkungsziel weitgehend identisch. In den „10 Geboten" (T1) ist in den GEBOTEN der Form „*Du sollst* ..." das Bewirkungsziel oft ausdrücklich genannt: „*nicht töten*", „*nicht ehebrechen*", „*nicht stehlen*" usw. Genaugenommen ist das Bewirkungsziel bei solchen allgemeinen, für alle künftigen Fälle gedachten VERPFLICHTUNGEN nicht nur das Nicht-Tun des Verbotenen, sondern der GUTE VORSATZ, die verbotenen Handlungen künftig stets zu unterlassen.

Bei der *„Mahnung"* des Finanzamts (T3) soll beim Steuerzahler nicht nur das *„Überweisen"* des Steuerschuldbetrags bewirkt werden, sondern auch die allgemeine Einstellung, künftig die Steuerschuld pünktlich zu entrichten, denn die moralisch negativen Konnotationen/Mitbedeutungen der Wörter *„Mahnung"*, *„versäumt"*, *„Zwangsmaßnahmen"* unterscheiden diese *„Mahnung"* gerade in diesem Punkt etwa von einer Aufforderung zu einer einmaligen freiwilligen Zahlung. – In den *„Grundrechten"* (T2) ist die beabsichtigte Textwirkung zu Anfang angedeutet: *„Die nachfolgenden Grundrechte binden Gesetzgebung, vollziehende Gewalt und Rechtsprechung als unmittelbar geltendes Recht".* (T2 Art. 1,3). Die RECHTSSETZUNGEN dieses Textes sind deklarative (gültige Tatsachen schaffende) Sprachhandlungen; ihr Bewirkungsziel ist also RECHTSGELTUNG in Institutionen und BEFOLGUNG durch Rechtssubjekte.

Relativ durchsichtig in Bezug auf die Bewirkungsabsichten ist das Stück Parlamentsdebatte in T8. Indem Barzel eine KORREKTUR der Rede Scheels ANKÜNDIGT (*„. . . Punkte genannt, die gleich berichtigt werden müssen"*), versucht er vor den Abgeordneten (vielleicht auch vor dem Medienpublikum) zu bewirken, daß man seine Rede von vornherein als die eines kritischen Oppositionsführers versteht. Mit dem Zwischenruf *„Schulmeister!"* versuchen SPD-Abgeordnete Barzel wegen seiner pedantisch-expliziten KORREKTUR-ANKÜNDIGUNG in den Augen der eigenen Gruppe ABZUQUALIFIZIEREN und LÄCHERLICHZUMACHEN. Mit der UNTERSTELLUNG *„Sie wissen selbst, Herr Kollege Scheel"* versucht Barzel, seinen parlamentarischen Gegner zu BLAMIEREN, da eine *„Einladung"*, die *„einer Ausladung näherkam als einer Einladung"*, als unehrlich gilt. Mit dem Zwischenruf *„Sehr wahr!"* äußern CDU/CSU-Abgeordnete eine BESTÄTIGUNG des von Barzel Gesagten; mit dem Zwischenruf *„Hört! Hört!"*, ebenfalls einer parlamentarischen Routineformel, äußern sie ihre EMPÖRUNG über das von Barzel kritisierte Verhalten der Regierung.

Wesentlich hintergründiger und problematischer ist der Bewirkungsaspekt bei meinungsbildenden Zeitungsartikeln. In der Polemik gegen die Spitzenorganisation der Filmwirtschaft in T4 wird die Praxis des *„Filmförderungsgesetzes"* positiv BEWERTET (*„junge deutsche Filme, die sich sehen lassen können"* . . . *„einen Faßbinder, einen Schlöndorff, einen Kluge"*), die Haltung der Gegner negativ (*„zusammenzucken"*, *„mit Pathos"*, *„geheuchelt"*). Der mit diesen Bewertungen verbundene Bewirkungsversuch ist so etwas wie: Bewirken, daß die Leser zur *„Filmförderung"* eine positive, zu den *„Gegnern"* eine negative Meinung haben und gegebenenfalls in dieser Weise dazu STELLUNGNEHMEN. Diese Bewirkungen sind in *„stolz zu sein"* und *„zusammenzucken"* (T4,4) angedeutet. – Die Glosse *„Fensterln"*

(T5) hat eine zweifache Bewirkung: MEINUNGSBEEINFLUSSUNG und UNTERHALTUNG im Sinne intellektuellen Vergnügens (s. dazu die exemplarische Textanalyse in 5.1).

Bewirkungs-Interpretationen sind natürlich stark kontextabhängig, subjektiv und kontrovers. Sie gehören aber als unerläßliche Aufgabe zum tieferen Verständnis des Handlungsgehalts jeder Sprachkommunikation dazu. Auch bei der Interpretation schreibsprachlicher Texte, auch scheinbar ‚nur sachbezogener‘, sollte man ab und zu eine klärende Frage stellen ähnlich der, die manchem mündlichen Gespräch die entscheidende Verständnis-Wendung geben kann: *Warum sagen Sie mir das eigentlich? Was wollen Sie denn von mir?*

2.23. Propositionale Einstellungen/Sprechereinstellungen

Karl Bühler hat in seiner pragmatischen Erweiterung der Sprachfunktionen (s. 1.27) neben der („Empfänger“-bezogenen) „Appellfunktion“ die („Sender“-bezogene) „Ausdrucksfunktion“ in die Diskussion um Sprache als Handeln eingeführt, die auch expressive Funktion genannt wird. In ihr sei das sprachliche Zeichen „Symptom (Anzeichen, Indicium) kraft seiner Abhängigkeit vom Sender, dessen Innerlichkeit es ausdrückt“ (Bühler 28). Darunter kann sehr viel und Verschiedenes verstanden werden. Neben den Sprachsymptomen im engeren Sinne (unbeabsichtigte, unvermeidliche Anzeichen für psychischen Zustand, soziale und regionale Merkmale des Sprechers/Verfassers, s. 2.24) finden wir einen großen Teil von Bühlers Ausdrucksfunktion bei den „propositionalen Einstellungen“ (propositional attitudes) der Sprechakttheorie (s. 1.27) wieder. Damit sind Attitüden/Einstellungen des Sprechers/Verfassers zum propositionalen Gehalt (Aussagegehalt) gemeint, von Gewißheit und Vermutung über Distanzierung und Bewertung bis zu Wollen, Erwarten, Hoffen usw. In der deutschsprachigen Sprachpragmatik ist dafür das allgemeinverständlichere Fachwort „Sprechereinstellungen“ üblich geworden.

In der traditionellen Grammatik ist dieser Bereich unter „Modalität“ oder „Subjektivität“ und mit metaphorischen Bezeichnungen wie „Abtönungswörter“, „Würzwörter“ behandelt worden. Bei den Sprechereinstellungen überschreiten wir teilweise die Grenze zwischen einfachen und zusammengesetzten Satzinhalten: Sprechereinstellungen, die regelhaft mit bestimmten Sprecherhandlungen oder (als Konnotationen) mit der Wahl bestimmter Lexeme/Wörter verbunden sind, gehören zum einfachen Satzinhalt. Andere Sprechereinstellungen sind Zusätze, die wir bei den zusammengesetzten Satzinhalten in 3.2 wiederantreffen werden.

2.23.1. Für-Wahr-Halten

Als epistemische/doxastische/wahrheitswertfunktionale Sprechereinstellungen werden solche zusammengefaßt, die sich auf den Wahrheitswert des Aussagegehalts beziehen. Ähnlich wie es regelhafte Kombinationen von Sprecherhandlungstypen mit Bewirkungstypen gibt (s. 2.22), so gehören zu bestimmten Sprecherhandlungstypen bestimmte Sprechereinstellungen so selbstverständlich dazu, daß sie nicht ausgedrückt zu werden brauchen (propositionale Teilregeln des Handlungstyps). Wenn man etwas BEHAUPTET oder ERWÄHNT, wenn man jemanden auf etwas HINWEIST oder jemandem etwas MITTEILT, so ist regelhaft mitgemeint, daß man den dazugehörigen Aussagegehalt FÜR WAHR HÄLT (handlungstypspezifische Sprechereinstellung).

Wenn z. B. Barzel in T8 die Bundestagsabgeordneten mit den Worten *„Zunächst sprach er davon..."* (T8,5) an Äußerungen Scheels ERINNERT, so mußte er von der Tatsächlichkeit dieser Äußerungen überzeugt sein und von seinen Zuhörern erwarten (bzw. ihnen nahelegen), sie ebenfalls FÜR WAHR ZU HALTEN. Da diese Art von Sprechereinstellung automatisch und unausgesprochen mit solchen Handlungstypen mitgegeben ist, kann man sich gegen einen Vorwurf der UNTERSTELLUNG oder TÄUSCHUNG nicht mit der Behauptung herausreden: *Ich habe ja nicht gesagt, daß dies wahr ist.*

Andere Sprecherhandlungstypen sind dagegen nicht mit einem FÜR-WAHR-HALTEN verbunden, sind in Bezug auf den Wahrheitswert neutral: Wer jemanden nach etwas(P) FRAGT, kann P weder für WAHR noch für FALSCH halten, sondern weiß P noch nicht, will es aber wissen. Deshalb sind rhetorische Fragen (s. 2.21.3) und die meisten Lehrer- oder Prüferfragen keine echten FRAGEN. Wer jemandem etwas(P) VERSPRICHT, kann zu P noch keine Wahrheitswert-Einstellung haben, sondern hat nur die ABSICHT und VERPFLICHTUNG, künftig P zu tun. Die Selbstverständlichkeit des unausgedrückten FÜR-WAHR-HALTENS bei wahrheitsfähigen Aussagegehalten entspricht den „Qualitätsprinzipien" im Rahmen der Griceschen Gesprächsprinzipien (s. 4.41). Es muß schon ein besonderer Anlaß oder Zweck vorliegen, wenn das FÜR-WAHR-HALTEN ausnahmsweise (aber nach Grice Mitzuverstehendes enthaltend) sprachlich ausgedrückt wird. Ausdrucksweisen für Sprechereinstellungen zum Wahrheitswert sind die folgenden:

- Performative Obersätze (Vollzugsausdrücke, s. 2.21): *Ich halte für wahr / weiß / bin davon überzeugt / zweifle nicht daran, daß ...*
- Prädikative Obersätze: *Es ist wahr / Es stimmt / Es ist offensichtlich, daß ...*, „*Daran ist richtig, daß ...*" (T10,5), „*Haben sie recht? Sie haben*" (T4,8 f.).
- Modaladverbien und -adverbgruppen: *wirklich, tatsächlich, zweifellos, offensichtlich, natürlich, jedenfalls, selbstverständlich, ganz bestimmt, auf mein Wort, bei Gott, ...*
- Modalpartikeln: *ja, doch, eben, genau, echt, ...*

Anlaß zum sprachlichen Ausdruck des FÜR-WAHR-HALTENS ist meist, daß man bei den am Kommunikationsakt Beteiligten mit Zweifeln an der Wahrheit des Aussagegehalts rechnen muß oder daß schon Gegenteiliges oder Anderes darüber geäußert worden ist. In solchen Fällen will man durch zusätzliche Ausdrucksmittel zum Wahrheitswert diesen Zweifeln oder Gegenbehauptungen vorsorglich ENTGEGENWIRKEN (oder INSISTIEREN/BESTEHEN AUF).

So sagt Barzel in T8 gegen die andersartige Einstellung der Regierung über das „*Bahr-Papier*": „*das war doch der fertige Vertrag, und die Existenz dieses Papiers hatte man doch geleugnet*" (T8,10). Ein ähnliches auf Wahrheit INSISTIERENDES „*ja doch*" findet sich in T4 in der Polemik gegen die Auffassung der „*Gegner*" der „*Filmförderung*": „*... die ... uns ja doch einige ... Filme beschert hat*" (T4,4).

Wahrheits-Aussage aus besonderem Anlaß oder Zweck kann über Einstellungs-Äußerung hinaus bis zu wahrheitsbezogenen Sprecherhandlungen wie VERSICHERN, BETEUERN gesteigert und sogar institutionalisiert werden (SCHWÖREN, GARANTIEREN). – Ein anderes Motiv für den sprachlichen Ausdruck von Einstellungen zum Wahrheitswert ist dessen A b s c h w ä c h u n g. Unsicheres FÜR-WAHR-HALTEN wird ausgedrückt mit

- Vollzugsausdrücken: *Ich vermute / ich nehme an / glaube / meine / halte für wahrscheinlich / mir scheint, daß ...*
- prädikativen Obersätzen: *Es ist wahrscheinlich / damit zu rechnen, daß ..., Es scheint so, als ob ...*
- Modaladverbien: *wahrscheinlich, vermutlich, gewiß, offenbar, sicher-(lich), anscheinend, möglicherweise, eventuell, vielleicht, kaum, schwerlich, ...*
- Modalpartikeln: *wohl, etwa.*
- Modalverben „*wird ... zusammenzucken*" (T4,4) *Er kann sich verlaufen haben, Sie muß krank sein, Es könnte/dürfte aus dem 13. Jahrhundert stammen* (inferentieller/epistemischer Gebrauch von Modalverben (s. Erben 1984, 52 f.)

Abschwächung des Wahrheitswertes in etwas anderer Weise ist die DISTANZIERUNG von der Verantwortlichkeit für den Wahrheitswert von Aussagen, die man nicht überzeugt WEISS, selbst BEHAUPTET oder aus eigener Initiative MITTEILT, sondern nur VERMITTELT, in verschiedenen Arten der Redeerwähnung. DISTANZIERUNG wird dabei angezeigt durch:

- Konjunktiv in indirekter Rede: „*die Ankündigung, die ... wolle ... gerichtlich feststellen lassen*" (T4,3)
- Modaladverbien: *angeblich*
- Floskeln in Parenthese: *wie es heißt, wie verlautet, so sagt man*
- Modalverben: *Sie sollen umgezogen sein*
- Anführungsstriche: Dabei ist oft schwer zu unterscheiden zwischen den vier Funktionen ZITIEREN, DISTANZIEREN vom Wahrheitswert, metakommunikatives DISTANZIEREN vom Wortgebrauch (s. 3.23.2) und IRONISIEREN („*Sozialprodukt*" T5,6; vgl. 4.45, 5.15)

2.23.2. Verneinen

In jedem Fall ausgedrückt werden muß das Gegenteil des FÜR-WAHR-HALTENS, die Negation/Verneinung. Die von den Logikern zur Erklärung der Negation gern benutzte expliziteste Form der Verneinung sind Satzgefüge, in denen die Verneinung einen Obersatz über den verneinten Satz bildet: Eine Aussage P(x,y) wird durch die Verneinung N in ein Aussagen-Gefüge eingebettet: N(P(x,y)), wobei N durch explizite Obersätze wie *Es ist nicht wahr, daß ..., Es ist nicht der Fall, daß ..., Es stimmt/gilt nicht, daß ...* zu verbalisieren ist. Diese Einbettungsformulierungen sind jedoch nur in der Herauslösung der Aussagen aus ihrem Kontext

oder in negierenden Sprecherhandlungen wie WIDERSPECHEN,
KORRIGIEREN möglich. Deshalb ist die Verneinung nicht als
Einbettungsstruktur (s. 3.1) zu behandeln, sondern als konstitutiver Teil des einfachen Satzinhalts, ähnlich wie die Sprechereinstellungen zum Wahrheitswert. Den satzsemantischen Status der Verneinung nennt man Satzoperator, vergleichbar der Quantifizierung
als Bezugsstellen-Operator (s. 2.13).
Nicht immer auf den ersten Blick zu erkennen ist der S k o p u s/
Geltungsbereich der Verneinung, d. h. diejenigen Komponenten
des Satzinhalts, auf die sich die Verneinung bezieht (vgl. 3.21). In
der traditionellen Grammatik unterscheidet man zwischen Satzverneinung und Satzgliedverneinung/Sonderverneinung. Die Satz-
gliedverneinungen sind (wenn die Satzglieder nicht verkürzt hinzugesetzte Prädikationen sind) satzsemantisch als negierende Zusätze
zu Bezugsstellen zu behandeln (s. 3.25.3). Hier haben wir es nur
mit der semantischen Entsprechung der Satzverneinung zu tun:
Verneinung der ganzen Prädikation/Aussage. In den meisten Fällen
unserer Beispieltexte liegt Aussagen-Verneinung vor. Dies ist in
vielen Fällen an der Stellung der Verneinungspartikel beim Prädikatsausdruck zu erkennen: *„findet nicht statt"* (T2 Art. 5,1),
„nicht zu entnehmen ist" (T7,6), *„keineswegs sensationell sind"*
(T4,2), *nicht zur Rechenschaft gezogen sind, … keine Jünglinge
mehr sein werden"* (T9a,10). In manchen Fällen bezieht sich die
Verneinung jedoch nur scheinbar auf das unmittelbar folgende
(oder mit ihr in Worteinheit) ausgedrückte Bezugsobjekt, wenn
sich   durch   kontextangemessene   Permutation/Umstellung
(1a,2a,4a) oder Umformulierung (2b,3a) nachweisen läßt, daß
nicht Bezugsstellen-, sondern Aussagen-Verneinung vorliegt:

1:      *„soweit er nicht die Rechte anderer verletzt"* (T2 Art. 2,1)
1a: *soweit er die Rechte anderer nicht verletzt.*
2:      *„Du sollst keine anderen Götter neben mir haben"* (T1,3)
2a: *Andere Götter sollst du neben mir nicht haben.*
2b: *Es ist dir nicht erlaubt, andere Götter neben mir zu haben.* (Vernei-
        nung der Sprecherhandlung).
3:      *„Niemand darf wegen … bevorzugt werden"* (T2 Art. 3,3)
3a: *Es ist nicht erlaubt, daß jemand … bevorzugt wird* (Verneinung der
        Sprecherhandlung)
4:      *„weil ich mich nie sehr für Rache … interessiert habe"* (T9a,9)
4a: *weil ich mich schon immer für Rache nicht sehr interessiert habe.*

Für die Textanalyse wichtiger ist die Frage nach dem pragmatischen A n l a ß oder Z w e c k der Verneinung. Jede Verneinung ist als ein WIDERSPRECHEN mitzuverstehen oder hat „Korrekturfunktion" (Heidolph u. a. 67); sie soll jeweils einer entsprechenden gegenteiligen, also positiven Aussage entgegenwirken, die im vorangehenden Kontext oder in der Situation eine Rolle spielt; sonst wäre sie nach den Griceschen Konversationsmaximen (s. 4.41: Quantitätsprinzipien) nicht sinnvoll und würde deshalb ,aufhorchen' lassen, d. h. man müßte ihren Anlaß oder Zweck zu ergründen suchen und notfalls auf etwas Mitzuverstehendes schließen (Gricesche Implikatur, s. 4.41).

So hat in 4 die Verneinung einen kommunikativen Sinn: Der Anlaß zu dem Grosser-Interview hängt mit dem damals umstrittenen Plan der Aufhebung der Verjährungsfrist für NS-Verbrechen zusammen: Ihm war von den Befürwortern der Verjährung u. a. mit dem Argument widersprochen worden, daß eine Aufhebung etwas mit unaufhörlichem Bedürfnis nach „*Rache*" bis ins hohe Alter der Schuldigen zu tun habe; und Grosser selbst mag mit dieser (mit „*nie sehr*" recht zurückhaltend ausgedrückten) Verneinung den liberal-toleranten Zweck verfolgt haben, eine mögliche Unterstellung vorsorglich ABZUWEHREN, er als Jude und als Opfer von NS-Verbrechen hänge in traditioneller vorchristlicher Weise am Prinzip der „*Rache*".

In 1 und 2 ist die Verneinung Teil von VERBOTEN, mit denen bekannten allzumenschlichen Gewohnheiten entgegengewirkt werden soll. In Habermas' „*habe … nicht untersucht*" (T7,7) hat die Verneinung einen pragmatischen Sinn: Der Autor weiß, daß manche kritischen Leser das Verneinte von ihm erwarten, und er will sich (wie in Vorworten und Einleitungen wissenschaftlicher Texte üblich) VORBEUGEND vor erwarteter Kritik SCHÜTZEN.

Die Verneinung „*Eine Zensur findet nicht statt*" (T2 Art. 5,1) hat ihren politischen Anlaß darin, daß es in anderen Staaten, und gerade in Deutschland heute und früher Zensur gibt bzw. gegeben hat.

In „*… mißbrauchte die Situation nicht einmal im Sinne des altfränkischen Dichters*" (T5,10) hat die Verneinung den Sinn, die bei Meinungsgegnern vermutete Unterstellung einer erotischen Handlung des Täters Fagan ZURÜCKZUWEISEN. (s. 5.15)

Der KORREKTUR-Charakter der Verneinung wird besonders deutlich, wo einer verneinten Aussage eine positive adversativ (s. 3.32.3) GEGENÜBERGESTELLT wird: *„neidisch sein statt zu lachen"* (T5,8; *statt* = ‚und nicht'), *„zwar nicht ganz berechtigt, aber doch ganz normal"* (T9a,5), *„nicht aus jenem hinteren Landesteil, ..., sondern aus dem Gebiet ..."* (T10,5). In allen drei Fällen wird mit der verneinten Aussage eine im (Sprach- oder Situations-)Kontext vorkommende gegenteilige Ansicht KORRIGIERT. – Die pragmatische Auffassung der Verneinung als KORREKTUR gilt nicht für Verneinung als Stilfigur des uneigentlichen Ausdrucks, die L i t o t e s heißt (s. 4.45): Wenn man ein gemeintes Prädikat durch Verneinung des Gegenteils uneigentlich ausdrückt, z. B. ‚schön' durch *nicht häßlich,* ‚dumm' durch *unklug,* ‚interessant' durch *nicht uninteressant* (doppelte Litotes), so tut man dies nicht etwa wegen eines kontextuellen Anlasses zur KORREKTUR. Man verneint das Gegenteil des Gemeinten, obwohl niemand dieses bezweifelt hat. Bei dieser Stilfigur liegt das Motiv zur Verneinung vielmehr im Bereich von Höflichkeit, intellektueller Untertreibung und anderen Ritualen des Beziehungs-Aspekts (s. 2.24). Ein solcher Fall ist: *„die wirklich Schuldigen, ... 1980 ... keine Jünglinge mehr sein werden"* (T9a,10; gemeint: ‚recht alt sein werden').

2.23.3. Bewerten

Wie bei der Verneinung ist auch bei (e)valuativen/bewertenden Äußerungen zu unterscheiden zwischen bewertenden Sprecherhandlungen und bewertenden Sprechereinstellungen. Bewertende Sprecherhandlungen sind solche, bei denen eine bewertende Einstellung ganz offen den Kern der Haupt-Handlung des Satzinhalts darstellt, in verschiedenen Handlungstypen wie LOBEN, BILLIGEN, BESTÄTIGEN, ANERKENNEN, RÜHMEN, WÜRDIGEN, AUSZEICHNEN, BEIFALLSPENDEN, BAGATELLISIEREN, BEMÄNGELN, TADELN, MISSBILLIGEN, RÜGEN, BEANSTANDEN, REKLAMIEREN, ZURECHTWEISEN, VERFLUCHEN usw., die in 2.21 behandelt werden müßten. Dafür gibt es Ausdrucksweisen im semantischen Zentrum des Satzes: als Vollzugsausdrücke wie *Ich finde es gut, daß ...*, *Ich halte es für falsch, daß ...*, oder als Prädikatsausdrücke wie *Es ist erfreulich, daß ...*, *Schade, daß ...*, *Unerhört!*, „*Nachrichten, die ... keineswegs sensationell sind*" (T4,2; BAGATELLISIEREN), „*Filme ..., die sich sehen lassen können*" (T4,4; RÜHMEN).

Ebenso (und mitunter noch stärker) wirksam sind bewertende Sprechereinstellungen, die nur n e b e n b e i geäußert werden, also nicht im Zentrum des Satzinhalts erscheinen. Dazu gehören:

– adverbielle Zusätze: *Gottseidank, zum Glück, mit Recht,* „*leider*" (T3,3); vgl. 3.23.2.
– attributive Zusätze: „*erschöpfende Auskunft*" (T10,4); vgl. 3.25.3.
– Modalpartikeln: *schließlich, sogar*; vgl. 3.23.2.
– Modalverben: „*die ihn bisher beschreiben sollten*" (T10,3).
– Konjunktiv (in Verbindung mit DISTANZIERUNG): „*als sei das eine erschöpfende Auskunft*" (T10,4).
– unbestimmter Artikel (in Verbindung mit TYPISIERUNG (vgl. 2.13.3): „*einen Faßbinder ...*" (T4,5), „*eines Reichskanzlers Hitler*" (T10,6).
– Anführungsstriche (in Verbindung mit DISTANZIERUNG): „*eine ‚Selbstdarstellung' verlangt*" (T10,3).
– Wort-Konnotationen (Bedeutungskomponenten, die dem Wort einen bewertenden Plus- oder Minus-Wert geben). P o s i t i v : „*Würde ... Gemeinschaft ... Frieden ... Gerechtigkeit ... Ordnung ... Freiheit ... Bekenntnis ... Ehre*" usw. (T2), „*Lyrikgut ... unser englischer Vetter ... Märchenfrosch ... Prinzessin ... Traum ... plaudern*" (T5), N e g a t i v : „*verletzt ... verstößt ... benachteiligt ... Zensur*" (T2), „*zusammenzukken ... Durststrecke ... mit Pathos ... geheuchelt*" (T4), „*Auflösungsprozeß ... verlassene ... vergessene ... verleugnen*" (T7), „*Grausamkeit ... Obrigkeit*" (T10).

Da es nur wenige Texte gibt, in denen nicht wenigstens als Nebenbei-Einstellungen bewertende Ausdrucksmittel vorkommen – nicht einmal Nachrichtentexte sind ganz frei davon –, empfiehlt es sich, vor dem Beginn einer Textanalyse den Text nach Bewertungsausdrücken abzusuchen (vgl. 5.14). Neben den l e x i k a l i s c h e n (d. h. vom üblichen Wortgebrauch her festgelegten, meist auch in Wörterbüchern verzeichneten) Konnotationen ist dabei auch mit k o n t e x t b e d i n g t e n Bewertungskonnotationen zu rechnen. So verliert das Wort *Gewalt* in T2 (Art. 1,3) seine negative Konnotation in der verfassungsrechtlichen Wendung „*vollziehende Ge-*

walt". So erhält *klingen* in *„sensationell klingen"* im Kontext *„aber keineswegs sensationell sind"* (T4,2) einen abschätzigen Sinn, erhält *jung* in *„ ‚junge' deutsche Filme"* (T4,4) einen positiven, *Wirtschaftsförderung* in *„nur ein Wirtschaftsförderungsgesetz"* (T4,7) einen negativen, *Kompromiß* in *„einen Kompromiß bieten"* (T4,11) einen positiven Sinn.

2.23.4. Wollen und Verwandtes

Eine dritte, vielfältige Gruppe von Sprechereinstellungen könnte man unter dem Schlagwort f u t u r i s c h/zukunftsgerichtet grob zusammenfassen, da es sich hierbei um verschiedene Arten von individuell-interessierter Einstellung auf künftiges Geschehen handelt:

- v o l i t i v/intentional: WOLLEN, WÜNSCHEN, BEABSICHTIGEN, ...
- p r ä f e r e n t i e l l : VORZIEHEN, INTERESSE HABEN, GLEICHGÜLTIG SEIN, NICHT DAFÜR SEIN, ...
- e x s p e k t a t i v : ERWARTEN, RECHNEN AUF, HOFFEN, BEFÜRCHTEN, ...
- k o m m i s s i v : SICH VERPFLICHTET FÜHLEN, SICH ZUSTÄNDIG FÜHLEN, ...
- d e o n t i s c h/normativ: FÜR NOTWENDIG HALTEN, FÜR ERFORDERLICH HALTEN, FÜR ÜBERFLÜSSIG HALTEN, ...

Auch hier gibt es wieder die regelhafte, unausgesprochene Verbindung bestimmter Sprechereinstellungen mit bestimmten S p r e c h e r h a n d l u n g s t y p e n: ABSICHT und VERPFLICHTUNG beim VERSPRECHEN, WOLLEN und INTERESSE beim AUFFORDERN, VORZIEHEN beim ENTSCHEIDEN, FÜR ERFORDERLICH HALTEN beim BELEHREN, usw. Wie beim BEWERTEN bilden auch hier die futurischen Einstellungen mehr oder weniger den Kern (wesentliche Bedingung) der Handlungstypen. Dies wird deutlich in Fällen, wo die Handlung mit einem Ausdruck für die Einstellung bezeichnet wird: *Ich nehme mir fest vor ...* für VERSPRECHEN, *Ich bin daran interessiert, daß ...* oder *Ich will, daß ...* für AUFFORDERN, usw. (indirekter, genauer: partieller Sprecherhandlungsausdruck).

So auch in Alfred Grossers expliziten Stellungnahmen: *„Ich zögere ..., weil ... So entschieden ich mich gegen das Vergessen oder das Verschönern wehre, so entschieden bin ich gegen ein Übertreiben der Anklage"*

(T9a,9–12). Die hier vollzogenen Sprecherhandlungen lassen sich allgemeiner als ÖFFENTLICHE STELLUNGNAHME, genauer als ZURÜCKHALTENDE („zögere") bzw. ENTSCHIEDENE („mich gegen ... wehre ... bin ich gegen ...") ABLEHNUNG typisieren. Die darin als wesentliche Bedingungen enthaltenen Einstellungen sind: NICHT DAFÜR SEIN, NICHT WOLLEN bzw. (bei „zögere"): NOCH NICHT SICHER SEIN. Die handlungskonstituierenden Einstellungen sind hier im zentralen Prädikatsausdruck des Satzes in der performativen/vollziehenden ich-Form ausgedrückt.

Als Vollzugsausdrücke mit Einstellungsäußerungen werden auch M o d a l v e r b e n benutzt: „... Gesellschaftstheorie ..., zu der ich Zugang durch ... erst gewinnen möchte" (T7,8; ABSICHTSERKLÄRUNG). Verdeckte Vollzugsausdrücke (s. 2.21) sind Einstellungsäußerungen mit Modalverben in 3. Person.

- müssen in: „berichtigt werden müssen" (T8,2; ANKÜNDIGEN mit FÜR NOTWENDIG HALTEN)
- mag in: „... mag helfen, ... zurückzubringen" (T7,3; ZWECKANGABE mit ERWARTEN, HOFFEN)
- soll in: „Die Analyse ... soll die Behauptung stützen ..." (T7,5; ZWECKANGABE mit FÜR GEEIGNET HALTEN)
- kann in: „... kann er überrascht sein von der Härte ... und ... versucht sein, ... zu genügen" (T10,3).
Im letzten Beispiel übt der Redner KRITIK an der Aufgabe der „Selbstdarstellung" eines Schriftstellers und mildert diese höflich durch den adjektivischen Einstellungsausdruck „überrascht sein" und durch das Modalverb „kann" in verallgemeinernder 3. Person (vgl. 2.12.7, 2.24), weiterhin ANKÜNDIGT er die Art und Weise, wie er dieser Aufgabe „genügen" will, indem er die Einstellung „überrascht sein" in doppelter Weise höflich verfremdet durch die Modalausdrücke „versucht sein" (für ‚außengesteuertes Motiv') und das Modalverb „kann" (ABSICHT, in FÜR MÖGLICH HALTEN verfremdet).

Schließlich gibt es noch einige unscheinbare grammatikalische Ausdrucksmittel für futurische Sprechereinstellungen: der Konjunktiv (als Optativ für WUNSCH o. ä. er möge, sie wolle, es bleibe), der modale Infinitiv für FÜR ERFORDERLICH HALTEN o. ä. (es ist anzustreben, er hat dies zu übernehmen), Wortbildungssuffixe wie -bar („Das ... ist wohl nicht zumutbar" T8,12; im Sinne von ‚wollen/brauchen wir uns nicht zumuten lassen'). – In allen diesen Fällen ist die Sprechereinstellung mehr oder weniger eng mit einer Sprecherhandlung als Haupt-Handlung des Satzin-

halts verbunden. Als Neben-Handlungen gibt es geäußerte Sprechereinstellungen bei volitiven Zusätzen (s. 3.23.2).

2.24. Kontakt und Beziehung

Mit den von der Sprechakttheorie entwickelten Komponenten
Sprecherhandlung, Bewirkung und Sprechereinstellung ist Kommunikation als ein soziales Handeln und Verhalten noch nicht voll
in den Blick gekommen. (Mit Verhalten im Unterschied zu Handeln sind die mehr unbewußten, stark rituellen Umgangsformen
gemeint). Um Satzinhalte sinnvoll miteinander austauschen zu
können, müssen die Kommunikationspartner erst einmal miteinander in Kontakt kommen und bleiben. Dies können sie nur aufgrund, zugunsten oder auf Kosten der psychischen und sozialen
Beziehungen, in denen sie vor dem Kommunikationsakt gestanden
haben bzw. nach ihm stehen werden. Beispielsweise bei den „10
Geboten" (T1) oder den „Grundrechten" (T2) könnte der Handlungsgehalt (in den bisher behandelten Teilen) nicht oder nicht in
der richtigen Weise kommunikativ wirksam werden, wenn diese
VERPFLICHTENDEN Texte nicht von bestimmten, dazu berufe-
nen Textproduzenten, Textverbreitern und Textauslegern herge-
stellt, verbreitet und mit mehr oder weniger Zwang mit bestimmten Adressaten in Kontakt gebracht würden. Die Handlungsbeteiligten auf der Textproduzenten-Seite müssen dazu einen bestimmten sozialen S t a t u s innehaben und auf die Adressaten hin eine
entsprechende R o l l e (Hannappel/Melenk 64 ff.) ausüben: Pro-
phet, Apostel, Theologe, Seelsorger, Eltern, Lehrer bzw. Gesetzgeber, Jurist, Richter, Anwalt usw. Die auf der Adressaten-Seite
müssen dazu aufgrund entsprechender Status und Rollen eine
bestimmte Einstellung und Bereitschaft zum erwünschten Umgang
mit solchen an sie gerichteten Texten haben: als Christ, reuiger
Sünder, zu erziehendes Kind, Schüler, Trostsuchender, Trostspen-
dender bzw. Staatsbürger, Politiker, Kläger, Angeklagter, Rechts-
suchender usw.

In der Konversations-/Gesprächsanalyse spielt die Beziehungs-
Kommunikation heute eine große Rolle. Beide Interaktionspartner
lassen sich in Inhalt und Ausdruck von Selbsteinschätzungen und
Partnereinschätzungen und von Erwartungen über die gegenseiti-

gen psychischen und sozialen Beziehungen leiten, auch „Partnerhy-
pothesen" genannt (Hannappel/Melenk 55 f.). Der Aufbau, die
Bewahrung oder Veränderung der Einschätzungsbeziehungen wird
nach Erving Goffman I m a g e-Arbeit (face work) genannt (Holly
1979a, 35 ff.). Ein Image ist die Selbsteinschätzung des einen in
bezug auf den anderen, aber auch die Selbsteinschätzung des
anderen, die man erwartet oder zu beeinflussen versucht. Diese
Beziehungskommunikation spielt sich meist sehr unbewußt und
routiniert in S p r a c h r i t u a l e n oder rituellen Teilstücken von
Kommunikationsabläufen ab (s. Holly 1979a, 33 ff. nach Goffman). Davon hängt sehr viel für das situationsangemessene Verständnis der Satz- und Textinhalte ab. Der Einfluß des Faktors
S i t u a t i o n auf Kommunikationsinhalte ist hauptsächlich im
Sinne von Situationsbewußtsein, Situationsdeutung und unbewuß-
tem Verhalten zur Situation zu verstehen (Hannappel/Melenk 15,
Hörmann 473).

All dies hat man (nach einer Anregung bei Watzlawick u. a.) als „B e z i e-
h u n g s a s p e k t" dem „Inhaltsaspekt" gegenübergestellt. Diese Unterscheidung hat sich jedoch als irreführend erwiesen, da die mit „Beziehung"
gemeinten Aspekte selbstverständlich ebenfalls zum Inhalt von Kommunikationsakten gehören (Sager 1981). Andererseits muß man bestimmte
interaktionale/partnergerichtete Sprecherhandlungstypen (z. B. AUFFOR-
DERN, UNTERSTELLEN, VEREINBAREN) auch mit zum „Beziehungsaspekt" rechnen, denn mit solchen Handlungen werden Partnerbeziehungen mit erheblichen sozialen Voraussetzungen und Folgen vollzogen,
ebenso Bewirkungstypen wie ÜBERREDEN, EINSCHÜCHTERN, TRÖ-
STEN und partnerbezogene Sprechereinstellungen wie SICH VERPFLICH-
TET FÜHLEN, FÜR ERFORDERLICH HALTEN.

Was wir im Folgenden im Anschluß an die übliche Forschungspra-
xis (aber ohne theoretische Differenzierung und Diskussion) grob
unter „Kontakt und Beziehung" exemplarisch behandeln, ist also
noch keine wohldefinierte Kategorie, sondern ein vielfältiger Rest-
bereich der Sprachpragmatik, in dem alle diejenigen Komponenten
des Textinhalts berücksichtigt werden müssen, die weder bei unserem (von Prädikatenlogik und Sprechakttheorie herkommenden)
Gang durch einfache Satzinhaltsstrukturen bisher in den Blick
gekommen sind noch zu den zusammengesetzten Satzinhalten
(Kap. 3) gehören. Beim Mitgemeinten und Mitzuverstehenden

(Kap. 4) werden wir auch auf Kontakt und Beziehung wieder zurückkommen.

Der Bereich des Partner-Kontakts ist zunächst auf einfache Weise zu erkennen bei denjenigen Teilen von mündlichen Kommunikationsabläufen, die man (nach Malinowski 350) p h a t i s c h e Kommunikation nennt. Dabei handelt es sich um Äußerungen, mit denen man sich nicht viel Neues und Informatives sagt, in denen von thematisch belanglosen oder trivialen Inhalten die Rede ist, die nur oder hauptsächlich dem Zweck dienen, rein formal den Kontakt mit dem Kommunikationspartner herzustellen, aufrechtzuerhalten oder zu beenden, in Form von Routineformeln (Coulmas) oder Gesprächswörtern (Henne/Rehbock 197 ff., 295), z. T. auch Floskeln, Interjektionen, Satzadverbien genannt (je nach syntaktischer Position):

- A n r e d e - und G r u ß f o r m e l n : „*Meine Damen und Herren*" (T8 2,12), *Guten Tag, Grüß Gott, Tschüs,* ...
- R e d e b e g i n n : *Hört mal her, Moment mal, Also, Folgendes, Hier Meyer, Spreche ich mit Frau Schmidt?, Sie hören die Nachrichten,* ...
- Floskeln und Trivialthemen zur G e s p r ä c h s e i n l e i t u n g : *Wie geht's?, Schönes Wetter heute, Auch mal wieder im Lande?,* Reden über Gesundheit, aktuelle Sportereignisse oder das letzte Kammerkonzert, Klagen über die heutige Zeit, ...
- T e x t g l i e d e r u n g : „*einmal ... zum anderen ... Schließlich ...*" (T9a 9–11), *ferner, übrigens, noch etwas, nun gut, nun etwas anderes, schön. so weit so gut,* ...
- V e r s t ä n d n i s s i c h e r u n g : *Verstehen Sie mich?, Wissen Sie, Wenn Ihnen das was sagt, nicht wahr?, Ja?, o.k.?,* ...
- A u f m e r k s a m k e i t s s t e u e r u n g : *Paß mal auf, Darf ich ausreden?, Das ist noch nicht alles, Siehst du, Mensch!,* ...
- R ü c k m e l d u n g : *Was du nicht sagst, Natürlich, Klar, So, ach, aha, o.k., hm,* ...
- R e d e b e e n d i g u n g : *Zum Schluß, Alles in allem, Soweit die Nachrichten, Ich danke Ihnen für dieses Gespräch, Ende,* ...

Meist ist mit der nur formalen oder technischen Seite des Kontakts eine soziale Beziehung verbunden. Wer jemanden, den er kennt, zu grüßen unterläßt, muß damit rechnen, daß der Nichtgegrüßte dies übelnimmt. Wer bei einem vorstädtischen Herrenfriseur beim Haareschneiden nicht in das dienstfertig angebotene aktuelle Fußballgespräch mit sach- und gruppenangemessener Redeweise einzusteigen in der Lage ist, kann im weiteren Kommunikationsverlauf soziale Distanz zu spüren bekommen. Wer seinen Vortrag oder seine akademische Lehrveranstaltung noch auf traditionelle Weise mit *Meine Damen und Herren* beginnt, dessen Image bei den Zuhörern kann davon in mancherlei Hinsicht beeinflußt werden. Auch in den Beispieltexten haben manche Ausdrücke solche Kontakt-und-Beziehungs-Funktion:

Der als Formular für alle Fälle vorgedruckte Finanzamtsbescheid T3 eröffnet den Kontakt zwar in der Überschrift mit einem amtlichen Hinweis auf die wesentliche Texthandlung: *„Mahnung"*, mildert aber die damit eher autoritär und unangenehm eingeleitete Beziehung sogleich mit der Anredeformel *„Sehr geehrter Steuerzahler!"* und beendet den Kontakt mit der ebenso höflichen, altmodischen Schlußformel *„Hochachtungsvoll Ihr Finanzamt"*. Der Text erscheint dadurch wie ein Geschäftsbrief, außerdem höflich stilisiert durch die Adverbien *„leider"* und *„bitte"* (zweimal). Heute hätte man auch noch mit Schrägstrich *Steuerzahlerin* hinzugefügt (s. 2.13.4). Die Adressaten sollen sich dadurch wie Bürger unter Bürgern als höflich Gebetene fühlen, weniger als Gemahnte und mit Strafen Bedrohte (vgl. 3.32.11). Hier sind zwei Textsortenstile auf kommunikativ sinnvolle Weise miteinander kombiniert: Amtliche Mahnung und Strafandrohung in Form eines persönlichen Briefes.

Textsortenstile haben außer ihrer „Entlastungsfunktion" für das leichte Verstehen konventionalisierter Handlungskomplexe (Püschel 1982, 28) eine grundsätzliche Bedeutung für den Ausdruck von „Einstellungen im engeren Sinn, aber auch Haltungen, Urteile, Bewertungen, Einschätzungen usw." und darüber hinaus von „Beziehung der Kommunikationspartner aus der Sicht des Handelnden, die Rolle, die der Handelnde sich zuschreibt, die Umstände, unter denen gehandelt wird usw." (Püschel 1982, 32). Stilistik als das Wie des Textformulierens hat überhaupt sehr viel mit der Handlungskomponente Kontakt und Beziehung zu tun. „In bestimmten Situationen, für bestimmte Arten sprachlichen Handelns, in bestimmten sozialen Gruppen usw. sind bestimmte Formulierungsarten konventionell; sie sind für Sprecher und Adressaten gegenseitig erwartbar" (Sandig 16).

In T8 benutzt Barzel die Anrede *„Meine Damen und Herren"* anfangs als Eröffnungssignal, mitten im Text aber nochmals zur Aufmerksamkeitssteuerung an dem Punkt, wo er sein umständlich vorbereitetes Urteil ausspricht: *„Das, meine Damen und Herren, ist wohl nicht zumutbar"*

(T8,12). Die Titelformel „*der Kollege Scheel*" (T8,2), „Herr Kollege
Scheel" (T8,6), dient ebenso wie die Untertreibung „*einer Ausladung
näherkam als einer Einladung*" (T8,8) dem Aufbau seines Redner-Image
bei Zuhörern und Medienpublikum: als höflicher, sich intellektuell-vor-
nehm von seinen eigenen Emotionen distanzierender Parlamentarier; so
auch die ironisch-höfliche Modalpartikel „*wohl*" (T8,12), mit der er sein
Urteil „*zumutbar*" keineswegs etwa im Wahrheits- oder Geltungswert
abschwächen wollte.

Auch in Zeitungsschlagzeilen kann die Kontaktfunktion mit der
Beziehungsfunktion kombiniert sein. Die Kontaktwirkung der
Schlagzeile, wie jeder Überschrift, besteht darin, potentiellen Le-
sern einen LESEANREIZ zu geben. Dies geschieht in seriöseren
Überschriften   mittels   partieller   VORINFORMATION,   z. B.
„*Mahnung*" (T3,1), „*Bedenken gegen Verlängerung der Verjäh-
rungsfrist*" (T9b,1). Wer sich als Leser für das damit angedeutete
Thema interessiert bzw. von ihm betroffen zu sein glaubt, sieht sich
durch solche Kontaktstiftung veranlaßt, den Text zu lesen. Die
anderen übergehen ihn in negativer Reaktion auf den LESEAN-
REIZ-Versuch der Überschrift. Daneben gibt es unter den Schlag-
zeilen und Überschriften einen anderen Typ, der mehr als EMO-
TIONSANREIZ wirken soll.

So erfährt bei „*Der gekündigte Kompromiß*" (T4,1) der potentielle Leser
durch die Überschrift noch nichts davon, worüber der Artikel handelt. Dies
ist eine referenzlose/bezugslose Überschrift. Was hier zum Weiterlesen
reizen kann, sind nur vage Prädikate, denen man nur soviel entnehmen
kann, daß es hier um eine Veränderung in einem Streitfall geht, mehr nicht.
Die gleiche Neugier-Wirkung haben die Wörter „*Nachrichten*" und „*sensationell*" im ersten Textsatz (T4,2). Auch dieser Satz gibt noch keine
wirkliche Sachinformation. Der Verfasser oder Redakteur wendet sich in
seiner LESERSELEKTION weniger an Fachleute als an allgemein politisch
Interessierte.

Noch deutlicher wird diese Kontakt- und Beziehungsstiftung bei der Überschrift der Glosse „*Fensterln*" (T5,1). Man muß die Situationsbedingung
hinzunehmen, daß diese Glosse auf der Seite 1 der Wochenzeitung „Die
Zeit" stand, wo in der Regel nur politisch relevante Themen, nicht Anekdo-
ten zu erwarten sind. Die aufreizend beziehungslose Überschrift „*Fensterln*" läßt nicht einmal in Umrissen ein bestimmtes Sachgebiet erkennen.
Aber die folkloristisch-literarischen Konnotationen des nicht standard-
sprachlichen Wortes wirken hier als LESEANREIZ im Sinne von Neugier

und Vorfreude auf etwas Komisches und etwas Erotisches, das man nach dem Situationskontext irgendwo am Rande der Politik suchen muß (vgl. 4.45). Das Leser-Image wird dann weiterhin aufgebaut durch ein mittelhochdeutsches ZITAT und mehrere ANSPIELUNGEN für Intellektuelle, die Repräsentations- und Protokollprobleme von Staatsoberhäuptern nicht so ganz ernstnehmen (vgl. die exemplarische Textanalyse in 5.1).

Beide Arten von Image-Aufbau werden in Uwe Johnsons Rede vor der Akademie (T10) deutlich: Redner-Image und Adressaten-Image, in folgenden Schritten der Kontakt- und Beziehungsfunktion:

– Korrekte, traditionelle Anredeformel: *„Herr Präsident, meine Damen und Herren"*. Der Redner AKZEPTIERT das institutionsspezifische Ritual.
– Vermeidung der *ich*-Form durch VERALLGEMEINERUNG: *„Wer ... er"*, und durch Periphrase/Umschreibung in 3. Person: *„Ihr neues Mitglied"* (vgl. 4.45). Er akzeptiert ein traditionelles akademisches Stilprinzip.
– Aufstellung einer allgemeinen Regel für die Institution: *„Wer ... soll Pflichten erwarten"*, als RESPEKTSBEZEUGUNG vor der Akademie als williges neues Mitglied, verstärkt durch den Zusatz *„als erste"*, bei dem mitgemeint ist: ‚Ich erwarte noch weitere Pflichten'.
– Vermeidung der direkten Nennung der Adressaten (Deutsche Akademie für Sprache und Dichtung) durch die Umschreibung *„man in Darmstadt"*. Er schont damit das Adressaten-Image VORBEUGEND für die Wirkung der dann folgenden Kritik an der Aufgabe einer *„Selbstdarstellung"*.
– DISTANZIERUNG vom Begriff „Selbstdarstellung" durch Anführungsstriche (in der Rede wohl mit Stimmtonmitteln, Mimik und Gestik) und hyperbolisch/übertreibend formulierte KRITIK an dieser *„Aufgabe"*: *„Härte, ja Grausamkeit"*. Hier schwenkt er auf ein anderes Selbst-Image um: das des modernen intellektuellen Schriftstellers, der es mit seinem Status und seiner Rolle für eigentlich unvereinbar hält, sich autobiographisch zu präsentieren.
– ANSPIELUNGEN auf seinen eigenen schriftstellerischen Sprachstil (Selbst-Imtage) mit leicht ironisierender steif-amtssprachlicher Wortwahl: *„in meiner Angelegenheit ... einer Vorstellung der Ansichten ... grundsätzlich ... eine erschöpfende Auskunft ... jenem hinteren Landesteil ... als Obrigkeit einträgt ... bin zu wenig ausgewiesen"*.
– ZITAT eines traditionellen preußischen (hauptstädtischen) Vorurteils über seine Heimatprovinz: *„von dem es heißt, er singe nicht"* (nach der lateinischen Redensart *non cantat*), später noch einmal ablehnend wie-

deraufgegriffen: *„als ein Pommer, wie er in den Büchern steht"*. Damit trägt er zu einem traditionell-akademischen Selbst-Image bei (das er im nächsten Schritt beiseiteschiebt). Daß er das Zitat nicht lateinisch bringt, könnte einerseits als Vermeidung des traditionellen Bildungsrituals des unerklärten Lateinzitierens verstanden werden (so konservativ-akademisch will er nicht erscheinen), andererseits als Schonung des Image der Zuhörer (die auch nicht mehr alle so gut Latein können).

– ANDEUTUNG historischer Daten aus der Landesgeschichte Pommerns: *„1648 schwedisch und 1720 preußisch geworden ... als Obrigkeit den Preußischen Ministerpräsidenten Hermann Göring ... eines Reichskanzlers Hitler"*. Nun mündet seine Imagearbeit in sein erstes Hauptthema ein: Selbstdarstellung als Nachkriegsschriftsteller im geteilten Deutschland, der nicht mehr viel von traditionell-bildungsbürgerlichen Landschafts-Stereotypen hält und statt dessen sich selbst und sein Schreiben als Produkt von bzw. als Reaktion auf politisch-historische Herrschaftsverhältnisse aufgefaßt haben will (vgl. 4.44).

Von etwas anderer Art, mehr persuasiv/werbend und solidarisierend, ist die Beziehungs-Kommunikation im Zeitungskommentar T4.

Zuerst wird die Absicht des Polemik-Gegners *(„Spio")* HERUNTERGESPIELT: *„Nachrichten, die sensationell klingen, aber keineswegs sensationell sind"* (T4,2), *„Auf den ersten Blick ..."* (T4,4). Nach dieser Schädigung des Gegner-Image wird das Adressaten-Image mit *„Filmfreund"* angedeutet und dann ein positives Eigengruppen-Image emotional aufgebaut: *„wird jeder Filmfreund hier zusammenzucken, denn haben wir nicht allen Grund, stolz zu sein auf unsere Filmförderung ... ‚junge' deutsche Filme ..., die sich sehen lassen können ... hätten wir einen Faßbinder ... Denn unser Gesetz ..."* (T4,4–6). Mit viel *wir/unser*, viel Eigengruppen-LOB und mit positiv konnotierten Idol-Wörtern und -Namen wird hier kulturpolitische SOLIDARISIERUNG versucht. Dann wieder das negative Gegner-Image: *„seine Gegner ... sagen seine Gegner ... mit Pathos ... geheuchelt"* (T4,6–10), und wieder HERUNTERSPIELEN: *„... alle Betroffenen das längst wußten"* (T4,10). Schließlich noch einmal Eigengruppen-Image: *„Das besondere unseres Filmförderungsgesetzes ... de facto aber (auch) Kunstförderung"* (T4,11,12).

Der scheinbare Widerspruch zwischen HERUNTERSPIELEN der Nachricht einerseits und lebhaft engagierter POLEMIK und Eigengruppen-WERBUNG andererseits läßt sich dadurch auflösen, daß man hier zwei Kommunikationsebenen unterscheidet: Das HERUNTERSPIELEN des Gegners findet ebenso wie das ALARM-

SCHLAGEN für die Eigengruppe nur auf der Beziehungsebene statt. Beides verträgt sich hier gut miteinander, weil es auf dieser Ebene nicht so logisch zugeht wie auf der thematischen Informationsebene. Viele politische Werbetexte arbeiten erfolgreich mit dieser Kombination aus TRÖSTEN und ANGSTMACHEN.

Auch in dieser Komponente des Handlungsgehalts haben wir teilweise die Grenze zwischen den einfachen und den zusammengesetzten Satzinhalten schon überschritten. Ausdrucksmittel wie Adverbien, Partikel, Modalverben, Adjektive, Anredeformeln, Interjektionen mit Kontakt- und Beziehungsfunktion werden uns bei den Zusätzen (Kap. 3.2) wiederbegegnen. Zum einfachen Satzinhalt gehören dagegen die Wörter, deren Wahl teilweise zum Aussagegehalt gehört und die nur durch ihre K o n n o t a t i o n e n/Mitbedeutungen zu Kontakt und Beziehung beitragen, genauer: Wörter, an deren Stelle auf jeden Fall (wegen ihres propositionalen Gehalts) ein sinnverwandtes stehen müßte, also Wörter, die nicht nur zusätzlich benutzt worden sind, Wörter mit starker ‚Stilfärbung‘, z. B.:

„Fensterln" (statt *Eindringen*), „Obrigkeit" (statt *Regierung*), „Filmfreunde" (statt *Filmpublikum*), „wer" (statt *ich*), „unser" (statt *das*), …; umschreibende Wortgruppen wie „man in Darmstadt" (statt *die Deutsche Akademie für Sprache und Dichtung*), „jener hintere Landesteil" (statt *Hinterpommern*), …

So kann man mit der Wahl bestimmter Satzbaumittel und Argumentationsformen einem Text oder Textabschnitt einen bestimmten S t i l t y p geben, der sich als Ausdruck oder Symptom für ein bestimmtes Redner-Image auswirken kann. Alfred Grosser beispielsweise läßt sich in T9a vom Interviewer nicht in die Rolle des entschieden stellungnehmenden politisch-moralischen Richters drängen; er antwortet im eher akademischen Stil des DIFFERENZIERENS, ABWÄGENS, GEGENÜBERSTELLENS, BEGRÜNDENS, ABSCHWÄCHENS und RELATIVIERENS:

„Das Thema hat zwei Seiten, die man scharf trennen muß … teilweise … zwar … aber … Allerdings … eine gewisse Dosis … insofern als … Ich zögere einmal, weil … Ich zögere zum anderen, weil … Schließlich zögere ich auch, weil … So entschieden ich mich gegen … wehre, so entschieden

bin ich gegen ...". Sprachmittel des Textgliederns und des expliziten Argumentierens haben hier also auch Konnotationen auf der Beziehungsebene.

Den Gedanken, daß stilistische Wahl Kontakt- und Beziehungs-Funktion hat, könnte man bis zu der These verallgemeinern, Sprecher/Verfasser hätten in jedem Satz, an jeder Stelle des Textverlaufs Freiheiten der Wahl zwischen Wörtern oder Satzbaufügungen; also jeder Satz habe in irgendeiner Weise Stil und trage damit zu Kontakt und Beziehung bei. Dies liefe auf eine Gretchen-Frage der Stilistik hinaus: Gibt es stillose Sätze, stillose Texte? Wenn man sie verneint, besteht die Gefahr, daß man bei der Textanalyse in jedem Satzinhalt unter Systemzwang nach Kontakt-Beziehungs-Komponenten sucht und damit das Zwischen-den-Zeilen-Lesen bis zum manischen Hineininterpretieren übertreibt. So weit muß man nicht gehen. Es schadet der Theorie einer pragmatischen Satzsemantik durchaus nicht, wenn man die Kontakt- und Beziehungs-Funktion von Sprache zu den nichtobligatorischen Komponenten des Satzinhalts rechnet – ähnlich wie die metasprachliche und die poetische Sprachfunktion nichtobligatorisch sind. Dies entspricht der Regel, daß auch die anderen (die obligatorischen) Komponenten des Handlungsgehalts nicht in jedem Satz sprachlich ausgedrückt sind.

3. Komplexe/zusammengesetzte Satzinhalte

Gäbe es im Sprachgebrauch immer eine eins-zu-eins-Entsprechung zwischen Inhalt und Ausdruck, könnte man sagen: Einfache Satzinhalte werden durch einfache Sätze ausgedrückt, zusammengesetzte Satzinhalte durch zusammengesetzte Sätze. Daß dies nicht stimmt, wird uns – wenn wir darauf achten – auf Schritt und Tritt in unserer sprachlichen Alltagskommunikation deutlich, zum Beispiel an folgendem zweisprachigen Schild an der Haustür eines kleinen Hotels an der (manchmal umweltverschmutzten) holländischen Nordseeküste:

1:    *„Wilt U a. u. b., voor U naar binnen gaat, er op letten dat U geen teer aan Uw schoenen heeft."*

Eine syntaktisch genaue Übersetzung davon ins Deutsche müßte lauten:

1a: *Wollen Sie bitte, bevor Sie hineingehen, darauf achten, daß Sie keinen Teer an Ihren Schuhen haben.*

Was im niederländischen Schildtext in schöner Explizitheit in einem Satzgefüge mit zwei Nebensätzen, also in komplexem/zusammengesetztem Satzbau ausgedrückt ist, wird jedoch auf dem unteren Teil des Schildes den deutschen Badegästen in typischer neudeutscher Komprimiertheit nahegebracht:

1b: *„Wir bitten unsere Gäste auf Teerschuhe zu achten."*

Ohne Zweifel wollte man mit dieser knappen Übersetzung genau das gleiche, also den gleichen zusammengesetzten Satzinhalt ausdrücken wie im niederländischen Text. Aber hier ist die als ‚Objekt‘ des ‚Achtens‘ eingebettete Prädikation ‚daß Sie keinen Teer an Ihren Schuhen haben‘ im deutschen Satzausdruck zu einem Wort komprimiert: die Zusammensetzung „Teerschuhe" (die also nicht nur ein Bezugsobjekt benennt); der Höflichkeitszusatz ‚bitte‘ ist im Vollzugsverb „bitten" (s. 2.21) mitausgedrückt, und die temporal verknüpfte Prädikation ‚bevor Sie das Haus betreten‘ ist überhaupt nicht ausgedrückt, sondern nur nach dem Situationskontext mitgemeint.

Da wir also trotz unserer Gewöhnung an einfache, komprimierte Sätze an der Komplexität der meisten Satzinhalte (auch einfacher Sätze) nicht vorbeikommen, haben wir uns in diesem Kapitel mit den Möglichkeiten der Erweiterung einfacher Satzinhalte zu befassen: mit Einbettungen (3.1.), mit Zusätzen (3.2), mit Verknüpfungen (3.3).

3.1. Einbettungen von Aussagen
in Bezugsstellen anderer Aussagen

Die semantische ‚Tiefe' eines Satzes ist oft an der Beschränkung von Satzglied-Permutationen/Verschiebungen zu erkennen. So muß die Nominalgruppe *„mit der Waffe"* in 2 unmittelbar nach *„Kriegsdienst"* stehen:

2:     *„Niemand darf ... zum Kriegsdienst mit der Waffe gezwungen werden"* (T2 Art. 4,3)

Warum es hier nicht heißen kann **mit der Waffe zum Kriegsdienst gezwungen*, wird noch nicht hinreichend erklärt durch die rein oberflächensyntaktische Erklärung, *„mit der Waffe"* sei hier nicht eine Angabe (s. 1.4) zum Prädikatsausdruck *„gezwungen werden"*, sondern ein Attribut (s. 1.4) der Nominalgruppe *„zum Kriegsdienst"*. Der Inhalt dieses Attributs ist satzsemantisch nicht ein Zusatz zu einem Bezugsobjekt, sondern die Modifikation einer Prädikation, die in der Zusammensetzung *„Kriegsdienst"* nominalisiert/substantiviert ausgedrückt ist. Diese Prädikation ist als P2 wiederum in eine Bezugsstelle der übergeordneten Prädikation P1 eingebettet, die der Rest des Satzes darstellt. Die Einbettungsstruktur wird erst in der expliziteren Formulierung 2a deutlich:

2a: *Niemand$_x$darf [von jemandem$_y$] dazu gezwungen werden*$_{P1}$, *daß er$_{x2}$ mit der Waffe$_{y2}$ Kriegsdienst leistet*$_{P2}$. Als Formel: P1 $(x,y,P2(x2,y2))$, wobei x mit x2 bezugsidentisch ist.

Der satzsemantische Strukturtyp E i n b e t t u n g kann folgendermaßen erklärt werden: Wenn in Referenzstellen/Bezugstellen einer Prädikation/Aussage statt eines Bezugsobjekts – z. B. x,y oder z in der Prädikation P (x,y,z) – wieder eine Prädikation eingebettet ist, hat die ganze Aussage folgende Einbettungsstruktur:
P1 $(P2,y,z)$ oder P1 $(x,P2,z)$ oder P1 $(x,y,P2)$
als satzsemantische Strukturbäume in Fig. 19.

Es gibt auch die sehr komprimierte Einbettung von Aussagen in beide Bezugsstellen einer zweistelligen Aussage (s. 3.17). Die Einbettung von Aussagen in Bezugsstellen anderer Aussagen kann man auch als „Darstellung von Sachverhalten als Bestandteile von

Fig. 19:

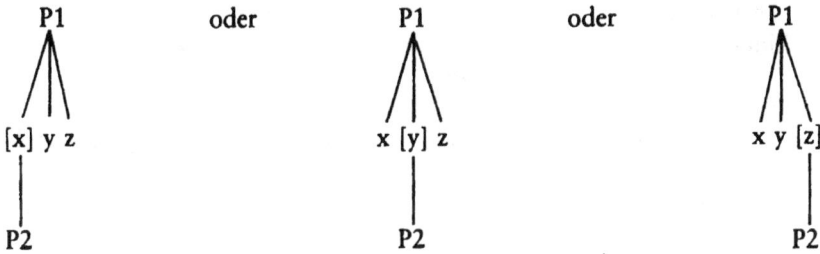

Sachverhalten" bezeichnen (Heidolph u. a. 818). Der satzsemantische Vorteil von Einbettungen ist es, daß man dadurch nicht nur auf Objekte, sondern auch auf Sachverhalte, Handlungen, Vorgänge, Eigenschaften usw. (s. 2.14.2) innerhalb einer Aussage bezugnehmen und darüber etwas aussagen kann. So kann die 2. Bezugsstelle von ‚sehen' (ausgedrückt als 2. Ergänzung des Verbs *sehen*) ein Bezugsobjekt sein (*Sie*$_x$ *sieht*$_P$ *ihn*$_y$), aber auch ein Sachverhalt, also eine eingebettete Aussage P2:

3: *Sie*$_{x1}$ *sieht*$_{P1}$, *daß er*$_{x2}$ *kommt*$_{P2}$. Als Formel: $P1(x1,P2(x2))$

3.11. Syntaktische Formen

Nebensätze wie den *daß*-Satz in 3 nennt man in der Grammatik Ergänzungssätze, weil in der Satzgliederstruktur der Nebensatz anstelle einer Ergänzung des Prädikatsausdrucks eingebettet ist, spezieller: Subjektsatz, Objektsatz. S u b j e k t s ä t z e (Einbettung in die 1. Stelle) finden sich in den Beispielen 14,16,17,21a,22,24bc, O b j e k t s ä t z e in 1a,2a,8a,9a,13 usw. Zu den Objektsätzen gehören auch die traditionellen „Inhaltssätze" bei Verben des SAGENS, DENKENS, WAHRNEHMENS (s. 3.16). Außer Nebensätzen gibt es für die Aussagen-Einbettung folgende syntaktischen Ausdrucksformen ($x2=1$ bedeutet Bezugsidentität von x2 mit x1):

– Einbettung als selbständiger S a t z; vor allem die sog. Inhaltssätze der direkten Rede (alternativ zu *daß*-Nebensätzen):
4: *Du*$_{x1}$*weißt*$_{P1}$: *Ich*$_{x2}$*komme*$_{P2}$. $P1(x1,P2(x2))$
Der selbständige Satz steht im Konjunktiv der DISTANZIERUNG (s. 2.23) in der indirekten Rede:
5: „... *von dem*$_{x1}$*es lateinisch heißt*$_{P1}$, *er*$_{x2}$*singe*$_{P2}$*nicht*." (T10,5).
$P1 (x1,P2(x2))$; mit bezugslosem *es* (vgl. 2.12.5), $x2=1$

– Einbettung als Infinitivsatz (alternativ zum *daß*-Nebensatz):
  6:   „*... weil es [Ihnen$_{x1}$] darum ging$_{P1}$, ... uns$_{y2}$ mitzunehmen$_{P2}$.*"
  (T8,10). P1(x1,P2(x2,y2)); mit bezugslosem *es* (vgl. 2.12.5.) x2 = 1
– Einbettung als Nominalisierung: (alternativ zum *daß*-Nebensatz):
  7:   „*Jeder hat das Recht$_{P1}$ auf ... Entfaltung$_{P2}$ seiner Persönlichkeit.*"
  (T2 Art. 2.1).
  7a: *Jeder$_{x1}$ hat das Recht$_{P1}$, daß er$_{x2}$ seine Persönlichkeit$_{y2}$ ... entfal-*
  tet$_{P2}$, P1(x1,P2(x2,y2)), x2 = 1
– Einbettung als Kompositum/Zusammensetzung: *Teerschuhe* (s. Nr. 1b
  in 3).

3.12. Syntaktische Einebnungen

In den bisherigen Fällen war die eingebettete Aussage noch in
deutlicher Inhalt-Ausdrucks-Kongruenz oder -Parallelität syntaktisch als eigenes Satzglied ausgedrückt (als Ergänzung zum P1-
Prädikatsausdruck). Beim Inifinitivsatz und bei der Nominalisierung fällt der Ausdruck der Bezugsstelle x2 weg. Eine weitere Stufe
komprimierten Ausdrucks stellt die Aufnahme des Ausdrucks der
eingebetteten Aussage P2 in eine P1-Verbverknüpfung als Infinitiv dar:

8:   „*... Spio ... wolle die Verfassungswidrigkeit$_{P3}$ des Filmförderungs-*
     gesetzes gerichtlich feststellen$_{P2}$ lassen$_{P1}$." (T4,3)
8a: *... Spio$_{x1}$ wolle machen/verursachen/bewirken$_{P1}$, daß ein Gericht$_{x2}$*
     feststellt$_{P2}$, daß das Filmförderungsgesetz$_{x3}$ verfassungswidrig ist$_{P3}$.
     P1(x1,P2(x2,P3(x3)))
Diese zweifache semantische Einbettungsstruktur gilt satzsemantisch sowohl für die komprimierende Formulierung 8 als auch für das explizite
daß-Nebensatzgefüge 8a; als Strukturbäume dargestellt in Fig. 20.

Die explizite Satzstruktur in 3 Ebenen (8a) erscheint in der komprimierenden Formulierung 8 sprachökonomisch eingeebnet zu einer
äußerlich übersichtlicheren Satzstruktur auf einer einzigen Satz-
glieder-Ebene (Fig. 20), in der P1 und P2 als Infinitive eines
Verbgefüges ausgedrückt werden, P3 als 2. Ergänzung (realisiert
als nominalisierende Wortbildung in einer Nominalgruppe). Diese
Prädikat-Anhebung (predicate raising in der Generativen
Semantik) hat auch eine Anhebung des Subjekts des unterliegenden
P2-Satzes zur Folge (subject raising): die 1. Bezugsstelle von ‚feststellen' (x$_2$) steckt im Adverb „*gerichtlich*". Subjektanhebung zur
2. Ergänzung in 9 und 10.

Fig. 20:

	syntaktisch: Satz 8			satzsemantisch: P1

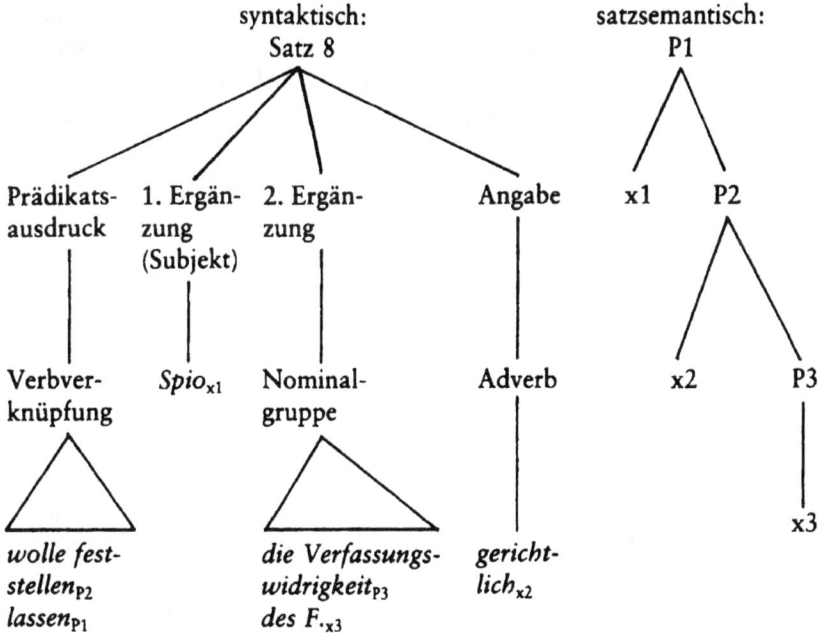

Prädikats- ausdruck	1. Ergän- zung (Subjekt)	2. Ergän- zung	Angabe	x1 P2

| Verbver-
knüpfung | $Spio_{x1}$ | Nominal-
gruppe | Adverb | x2   P3 |

wolle fest-
stellen$_{P2}$
lassen$_{P1}$

die Verfassungs-
widrigkeit$_{P3}$
des F.$_{x3}$

gericht-
lich$_{x2}$

x3

9:    *Sie hört*$_{P1}$ *ihn klavierspielen*$_{P2}$.

9a: *Sie*$_{x1}$*hört*$_{P1}$, *daß er*$_{x2}$ *klavierspielt*$_{P2}$. P1(x1,P2(x2))

Dazu gehören auch Fälle, wo in der komprimierenden Variante (10) ein
anderes Verblexem verwendet wird als im expliziten Satzgefüge (10a):

10:   *Er hält*$_{P1}$ *sie für kompetent*$_{P2}$.

10a: *Er*$_{x1}$ $\left\{\begin{array}{l} glaubt, \\ ist\ der\ Meinung, \end{array}\right\}_{P1}$ *daß sie*$_{x2}$ *kompetent ist*$_{P2}$.

P1(x1,P2(x2))

Ähnlich bei *nennen, bezeichnen als, gelten lassen als* ...

3.13. Kausative und inchoative Einbettungen

Die komprimierteste Form von Aussagen-Einbettung sind bestimmte Wortbildungstypen. Dazu gehören die kausativen
und inchoativen Verben. Ein kausatives Hyperprädikat/Oberprä-
dikat (P1) hatten wir bereits in 8a bei „*lassen*" im Sinne von
‚machen, verursachen, bewirken' festgestellt. Dies nennt man die
Prädikatskonstante CAUSATIV (s. Lyons 1983, 112 ff.). Sie spielt

in Syntax und Wortbildung vielfach eine Rolle. Was mit den Satzbaumitteln als Verbgefüge mit *lassen* oder mit den Funktionsverben *bringen, setzen* (z. B. *in Bewegung bringen/setzen* (s. 2.11.4)) ausgedrückt werden kann, findet sich in der Wortbildung in den kausativen Verben wieder (die bei adjektivischer Basis auch Faktitiva genannt werden):

11: „*Das* ... „*Sozialprodukt*" *verwirklichte*$_{P1+2}$ *einen* ... *Traum* ...«(T5,6)

11a: *Das* ...*S. ließ*$_{P1}$ *einen Traum* ... *wirklich werden*$_{P2}$ ...

11b: *Das* ... *S.*$_{x1}$ $\left\{ \begin{array}{l} \textit{machte, verur-} \\ \textit{sachte, brachte} \\ \textit{zustande,} \end{array} \right\}$ $\begin{array}{l} \textit{daß ein Traum}_{x2} \textit{ wirklich wird}_{P2}. \\ \\ \text{P1} \qquad\qquad \text{P1=CAUS (x1,P2(x2))} \end{array}$

Weitere kausative/faktitive Verben: *setzen, legen, fällen, säugen, weißen, verflüssigen, substantivieren,* ...(s. Erben 1975, 121; Duden-Gr. 437 f.)

Strenggenommen liegt bei den meisten Kausativverben noch eine weitere Einbettung vor: die Einbettung von P2 in das Oberprädikat INCHOATIV, denn ‚wirklich werden' ist der ‚Beginn' oder ‚Eintritt' des Zustands ‚wirklich sein'. Dies wird von den Generativen Semantikern in der kaum noch normalsprachlichen Form *es kommt dazu, daß* ... (engl. *it comes about, that* ...) paraphrasiert:

11c: *Das* ... *S.*$_{x1}$ *machte*$_{P1}$, *daß es dazu kommt*$_{P2}$, *daß ein Traum*$_{x3}$ *wirklich ist*$_{P3}$. P1=CAUS (x1,P2=INCHO(P3(x3)))

Fig. 21:

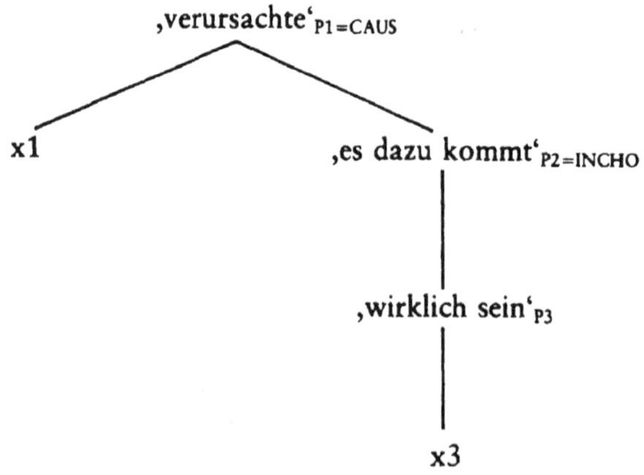

CAUSATIV o h n e INCHOATIV liegt vor in Fällen wie

12: *Er hielt*$_{P1}$ *die Maschine in Bewegung*$_{P2}$.

12a: Er$_{x1}$ *machte*$_{P1}$, *daß die Maschine*$_{x2}$ *in Bewegung ist/bleibt*$_{P2}$.
P1=CAUS (x1,P2(x2))
Dagegen enthält *in Bewegung setzen* beide Oberprädikate. Inchoative/ingressive Verben ohne CAUSATIV sind: *gesunden, faulen, erblühen, verstädtern, einschlafen, anfahren,* ... (s. Erben 1975, 74, Duden-Gr. 437)

Bei der semantischen Erklärung solcher Wortbildungstypen, die man schon in der traditionellen Grammatik Causativa/Faktitiva bzw. Inchoativa nannte, kommt man nicht umhin, mit solchen semantischen Einbettungsstrukturen zu rechnen. Einige Generative Semantiker, die man „Lexikalisten" nennt, gehen sogar so weit, Wörter auch über Wortbildungsbeziehungen hinaus auf diese Weise durch „lexikalische D e k o m p o s i t i o n/Zerlegung" in „atomare Prädikate" zu erklären, z. B. engl. *to kill* als ,machen, daß es dazu kommt, daß jemand nicht mehr lebt'. Dies gehört allerdings weder zur Satzsemantik noch zur Wortbildungslehre (s. oben *setzen*) und spielt in der Textanalyse keine Rolle.

3.14. Korrelate/Platzhalter

Manche Nebensätze (Ergänzungssätze, und Angabesätze (s. 3.31)) haben im zugehörigen Hauptsatz einen Platzhalter, in der traditionellen Grammatik Korrelat genannt, in Form eines Pro-Elements, z. B. die Pronominaladverbien *darauf* in 1a, *darum* in 6, *dazu* in 11c, *davon* in 13. Da solche Platzhalter im Satz genau an der Stelle derjenigen Satzergänzung stehen, in die der Nebensatz als Ergänzungssatz eingebettet ist, und deren Präposition enthalten, erscheint es hier so, als handle es sich nicht um echte Ergänzungssätze, sondern um Attributsätze zum Platzhalter. In der syntaktischen Struktur muß dies auch so beschrieben werden (Fig. 22).

13. „*... sprach er davon, daß die Opposition nicht ... gefahren sei*«. (T8,5).
     Satzsemantisch handelt es sich aber um echte Einbettung der Aussage P2 in die zweite Bezugsstelle der übergeordneten Aussage P1, da der Platzhalter in der syntaktischen Ergänzungsstelle mit P2 insgesamt bezugsidentisch ist und bei Einsetzung synonymer Verblexeme (z. B. *sagte*) fehlen würde:

Fig. 22:

```
                              Satz
          ┌────────────────────┼────────────────────┐
   Prädikats-            1. Ergänzung          2. Ergänzung
   ausdruck              (Subjekt)
      │                      │                      │
   sprach                   er               Nominalgruppe
                                          ┌─────────┴─────────┐
                                      Pronomen            Attributsatz
                                          │                   ╱╲
                                       davon            daß ... gefahren sei
```

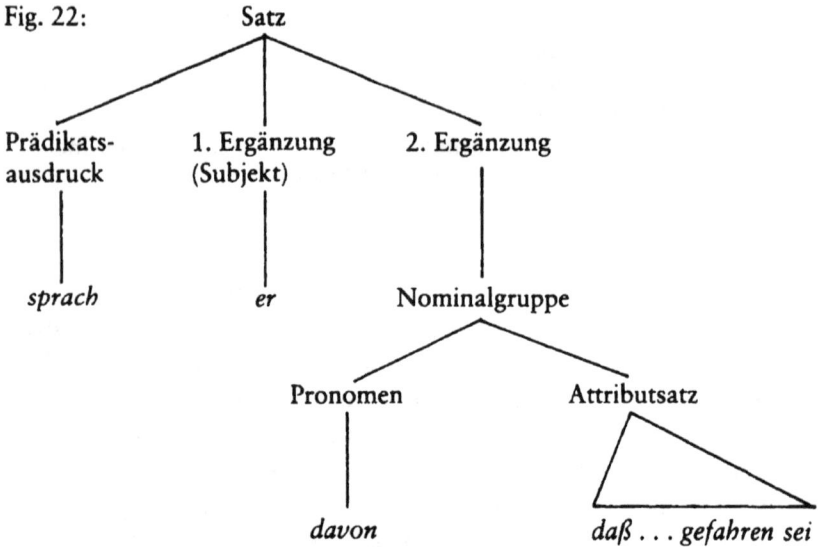

13a: ... *sagte*$_{P1}$ *er, daß ... gefahren sei*$_{P2}$.

Dazu gehört auch das inhaltsleere, durch Umstellung wegfallende Platzhalter–*es* (s. 2.12.5) bei nachgestellten Subjektsätzen:

14: *Daß du kommst, freut mich.*

14a: *Es freut mich, daß du kommst.*

Platzhalter ist auch das wiederaufnehmende Pronomen *das* nach vorange-
stelltem Subjektsatz:

14b: *Daß du kommst, das freut mich.*

Eine nur s c h e i n b a r e   E i n b e t t u n g liegt dagegen in vorange-
stellten Relativsätzen mit *w*-Pronomen vor (unechte Subjektsätze):

15:   „*Wer in eine Akademie gewählt wird, soll Pflichten erwarten.*"
      (T10,2)

In der syntaktischen Struktur sieht der Nebensatz zwar wie ein Subjektsatz
aus; er steht anstelle des grammatischen Subjekts von *soll erwarten.*
Satzsemantisch ist dies jedoch ein verkürzter Ausdruck für einen restriktiven Relativsatz, denn man kann in solchen Fällen expliziter sagen:

15a: *Jeder*$_{x1}$, *der*$_{x2=1}$ *in eine Akademie*$_{y2}$ *gewählt wird*$_{P2}$, *soll Pflichten*$_{y1}$
      erwarten$_{P1}$.

Hier bedeutet der Attributsatz *der ... wird* eine restriktive/kennzeichnende
Zusatz-Aussage zur 1. Bezugsstelle (so auch Heidolph u. a. 821). Echte
Subjektssatz-Einbettungen sind dagegen 16 und 17:

16:   *In eine Akademie gewählt zu werden*$_{P2}$, *ist für mich ehrenhaft*$_{P1}$.

17:   „*Daß wir Reflexion verleugnen*$_{P2}$, *ist der Positivismus*$_{P1}$." (T7,4).

3.15. Wahrheits-Status, Faktivität

Eingebettete Aussagen haben einen bestimmten Wahrheits-Status, der meist nicht ausgedrückt ist. Ein deutliches Signal dafür ist die Konjunktion *ob* in Objektsätzen (Inhaltssätzen) von Verben des Sagens, Denkens usw.:

18: *Er weiß*$_{P1}$, *daß sie krank ist*$_{P2}$.
18a: *Er weiß*$_{P1}$, *ob sie krank ist*$_{P2}$.

Wegen des *ob* nennt man den Nebensatz von 18a einen „indirekten Fragesatz". Er sieht zwar aus wie die Einbettung eines Fragesatzes *Ist sie krank?* Aber diese *ob*-Nebensätze sind – wenn sie nicht nach einem FRAGE-Verb stehen – keine echten Fragesätze; sie enthalten keine Fragehandlung, erfordern also keine Antwort. Das *ob* ist hier „nicht Fragekonjunktion schlechthin, sondern weist nur auf die Offenheit der Entscheidung über Existenz oder Nichtexistenz eines Sachverhalts hin" (Heidolph u. a. 824). Es ist nur ein Hinweis auf den Wahrheits-Status der eingebetteten Aussage, als Sprechereinstellung (s. 2.23) im Sinne von ‚ich und andere wissen noch nicht, ob P2 der Fall ist', im Gegensatz zu *daß* in 18, mit dem die Sprechereinstellung ‚ich weiß, daß P2 der Fall ist' verbunden ist. – Das gleiche gilt für *wenn* in Objektsätzen mit der hypothetischen Sprechereinstellung ‚gesetzt den Fall, daß':

18b: *Es wäre schade*$_{P1}$, *wenn sie krank wäre*$_{P2}$.

Die Einbettungs-Konjunktion *daß* ist jedoch nicht schlechthin Indikator für den positiven Wahrheits-Status. Dieser ist vielmehr abhängig von bestimmten Eigenschaften des P1-Prädikatsausdrucks. Bei f a k t i v e n Prädikatsausdrücken gilt die Regel, daß man die eingebettete Aussage für ‚der Fall seiend' hält (s. Lyons 1983, 393 ff.)

Wenn beispielsweise in T8 der Oppositionsführer Barzel polemisch behauptet:

19: „*Sie wissen*$_{P1}$ *selbst, Herr Kollege Scheel . . ., daß der Brief . . . einer Ausladung näherkam*$_{P2}$ *als einer Einladung,*" (T8,6–8)

dann impliziert die Wahl des faktiven Verbs *wissen* die Voraussetzung/ Präsupposition (s. 4.3) Barzels, daß Scheel selbst der Ansicht sei, daß es stimmt, was Barzel über die Eigenschaft des Briefes sagt. Dies ist eine weitaus wirksamere Art der UNTERSTELLUNG einer Wahrheitsauffas-

sung als wenn es geheißen hätte: *Ich werfe Ihnen vor, daß* ..., denn bei
vorwerfen würde die Faktivität nur für den AGENS des VORWERFENS
gelten, also nur für Barzel. Andere faktive Prädikatsausdrücke sind: *bedau-*
ern, schade sein, überrascht sein, erinnern, ...

Die Faktivität bleibt auch bei Verneinung des faktiven Prädikats P1
erhalten, wie bei allen Präsuppositionen (s. 4.3). Davon sind zu
unterscheiden die i m p l i k a t i v e n Prädikatsausdrücke, bei denen
zwar P1 das ,der-Fall-Sein' von P2 impliziert, aber verneintes P1
auch verneintes P2 impliziert: z. B. P1-Aussagen mit *behaupten,*
vermuten, zustandebringen, sich bemühen, unterlassen. – Wahrheits-Status und Sprechereinstellung eingebetteter Aussagen können in einer sehr modernen (wohl vom Wissenschaftsstil beeinfluß-
ten) Ausdrucksweise durch abstrakt explizierende/erklärende Substantive angegeben werden wie z. B. *Tatsache, Möglichkeit, Wahr-*
scheinlichkeit, Fall, oder Substantivierungen von Sprechereinstellungen wie *Vermutung, Gewißheit, Überzeugung, Absicht* usw.,
z. B. *Ich erinnere mich an den Fall, daß* ..., *Rechnen Sie mit der*
Möglichkeit, daß ...

Syntaktisch erscheinen diese Abstraktsubstantive als Kernglieder von Nominalgruppen, an der Stelle von Korrelaten/Platzhaltern (s. 3.14), denen
die eingebettete Aussage als Attributsatz zugeordnet ist (s. Erben 1984,
64; Heidolph u. a. 833). So lassen sich die Sätze so umformulieren, daß
die Korrelate wie Pronominalisierungen dieser Abstraktsubstantive aussehen:

13b: ... *sprach er*   { *davon,*   }   *daß   die   Opposition*
                       { *von der Tatsache,*   }   ... *gefahren sei.*
6a: ... *weil es*   { *darum*   }   *ging,* ... *uns mitzuneh-*
                       { *um die Absicht*   }   *men.*

3.16. Valenzabhängige Einbettungen

Für die Textanalyse ist die Unterscheidung zwischen valenzabhängigen und freien Einbettungen wichtig, denn als Mittel des sprachökonomischen Stils können nur diejenigen Einbettungen angesehen werden, die nicht von der Valenz/Wertigkeit des Prädikatsausdrucks schon mitgegeben sind. Valenzabhängig sind Aussagen-
Einbettungen in Bezugsstellen, wenn die betreffende Bezugsstelle
vom Prädikationstyp her (Aussagerahmen und semantische Rollen,
s. 2.14) nicht mit ,Gegenstand' oder ,Person' zu besetzen ist,

sondern mit ‚Sachverhalt', also mit einer eingebetteten Aussage. Diese Bezugsstellen werden also syntaktisch primär durch einen Ergänzungssatz, Infinitivsatz oder eine Nominalisierung davon realisiert, nicht durch eine Nominalgruppe. Die Valenz dieser Leerstellen sollte also nicht mit dem Kasus der Nominalisierung dieser Ergänzungssätze (20), sondern gleich mit dem Symbol für „Satz" angegeben werden, also etwa für das Verb *äußern*: nicht die Valenz $E^n + E^a$ (Nominativ-Ergänzung plus Akkusativ-Ergänzung), sondern die Valenz $E^n + E^S$ (Nominativ-Ergänzung plus Ergänzungssatz, 20a):

20: *Er äußerte$_{P1}$ seine Zustimmung$_{P2}$.* (mit E^a)
20a: *Er äußerte$_{P1}$, daß er zustimmt$_{P2}$.* (mit E^S)
Zustimmung in 20 stellt nur eine Nominalisierung aus dem *daß*-Nebensatz in 20a dar. Die Valenz von Prädikatsausdrücken wie *äußern* ist also in der 2. Stelle als E^S anzugeben, denn die 2. Stelle ist hier semantisch immer eine Prädikation; dies gilt auch für scheinbare Ausnahmefälle wie *Sie äußerte kein Wort*, da *Wort* hier nicht ‚Lexem/Wortschatzelement' bedeutet, sondern ‚Äußerung, Rede'.

So gibt es bestimmte Klassen von Prädikationen (bzw. Valenzen von Prädikationsausdrücken), wo die Einbettung einer Prädikation in die 2. oder 3. Bezugsstelle (bzw. eines Ergänzungssatzes und seiner syntaktischen Äquivalente in die 2. oder 3. Ergänzungsstelle) von vornherein die Regel ist:

- ‚Kommunizieren' (verba dicendi): *sagen, sprechen, rufen, äußern, flüstern,* ... dazu viele Verben für Sprecherhandlungen (s. 2.21): *mitteilen, versprechen, behaupten, fragen, drohen, begründen,* ...
- ‚Wahrnehmen' (verba sentiendi): *sehen, hören, fühlen, riechen, schmecken,* ...
- Psychische Zustände und Vorgänge: *sich freuen, trauern, froh sein, satt haben, hoffen, ahnen,* ...; Modalverben: *wollen, müssen, dürfen, können, brauchen,* ...; Ausdrücke für Sprechereinstellungen (s. 2.23): *wissen, vermuten, überzeugt sein, für wahr halten, bevorzugen, zweifeln, erwarten,* ...

Als valenzabhängige Einbettung einer Aussage in die e r s t e Bezugsstelle könnte man Wert- und Wahrheits- und Existenzaussagen erklären:
21: „*Das$_{P2}$ ... ist wohl nicht zumutbar$_{P1}$.*" (T8,12)
21a: *Daß man uns auf der Basis des Bahr-Papiers und nicht einmal*

als Angehörige der Delegation mitnehmen wollte$_{P2}$, *ist wohl nicht zumutbar*$_{P1}$ *[für uns*$_y$*]. P1(P2,y)*

22: „*Daran*$_y$ *ist richtig*$_{P1}$, *daß er eine Bauerntochter . . . zur Mutter hatte*$_{P2}$.“ (T10,5) P1(P2,y)

Ähnliche Erststellen-Einbettungen bei *wahr sein, gut sein, schlimm sein, der Fall sein, vorkommen, erfolgen, geschehen, passieren, beginnen, aufhören* usw. (s. Heidolph u. a. 820 f.) Die Ober-Prädikate sind hier von so allgemeiner Bedeutung, daß man sie auch als „Satzoperatoren“ behandeln, also zu den Zusätzen (3.2) stellen kann.

3.17. Freie Einbettungen, Relationsverben mit Vagheit

Es gibt uneigentliche Verwendungen von Verben, bei denen, von der eigentlichen Verwendung des Verbs her gesehen, in einer Bezugsstelle statt einer Person oder Sache eine eingebettete Prädikation steht. Wenn man z. B. beim Verb *entbinden* von einer eigentlichen Valenz mit persönlicher Erststelle ausgeht:

23: *jemand entbindet jemanden von der Pflicht, etwas zu tun,*

dann erscheint es als uneigentlicher Gebrauch des Verbs *entbinden*, wenn man in der Erststelle (Subjekt) einmal etwas anderes als die Bezeichnung einer Person antrifft. Ein solcher Subjektschub (s. 2.15.2) liegt vor in einem der beiden Leerformelsätze der „Grundrechte“, die in der Zeit der Unruhen an den westdeutschen Universitäten um 1970 oft, aber meist frustrierend diskutiert worden sind:

24: „*Kunst und Wissenschaft, Forschung und Lehre sind frei. Die Freiheit der Lehre entbindet nicht von der Treue zur Verfassung.*“ (T2 Art. 5,3)

Folgende elementaren Prädikationen sind in diesen stark komprimierten beiden Sätzen enthalten; wir ergänzen die zu den Prädikaten erwartbaren Bezugsstellen mit (grob quantifizierten) Pronomen und numerieren die Prädikate und Stellen nach ihrer Kontextidentität:

– *Viele*$_1$ *sind frei / haben die Freiheit*$_{P1}$, *daß sie*$_1$ *etwas tun*$_{P2}$.
– *Viele*$_{1a}$ *ausüben/fördern/präsentieren*$_{P2a}$ *eine Kunst*$_2$.
– *Viele*$_{1b}$ *treiben/fördern/publizieren*$_{P2b}$ *eine Wissenschaft*$_3$.
– *Viele*$_{1c}$ *forschen*$_{P2c}$ *über etwas*$_4$.

– *Viele$_{1d}$ lehren$_{P2d}$ viele$_5$ etwas$_6$.*
– *Einige$_7$ garantieren$_{P3}$ dies$_{P1+2a\text{-}d}$ vielen$_{1a\text{-}d}$.*
– *Einige$_7$ entbinden$_{P4}$ viele$_{1d}$ nicht von etwas$_{P5}$.*
– *Viele$_{1d}$ sind verpflichtet$_{P5}$, daß sie$_{1d}$ der Verfassung$_8$ treu sind$_{P6}$.*

Bei den nur implizierten Bezugsobjekten dieses Einbettungsgefüges
ist nicht überall eindeutig, wer jeweils mit 1a, 1b, 1c, 1d gemeint
ist: Alle diejenigen, die im Gebiet der Bundesrepublik irgendeine
künstlerische, wissenschaftliche, forschende oder lehrende Tätigkeit ausüben, oder nur die staatlich dafür Angestellten oder Beam-
teten? Bei *viele$_{1d}$* bleibt in Bezug auf die Verfassungstreue offen, ob
nur diejenigen Lehrenden gemeint sind, die einen Eid auf die
Verfassung geleistet haben, oder auch alle irgendwie lehrenden
Bürger der Bundesrepublik und lehrenden Ausländer. Unter *einige$_7$*
sind Gesetzgeber und Institutionen zu verstehen.

Die jeweiligen 2. und 3. Bezugsstellen y und z sind hinsichtlich ihrer
Quantifizierung (s. 2.13.2) unklar: ,alle y bzw. z' oder nur ,viele' oder
,einige'? Wegen dieser Vagheit durch nominalisierende Aussageneinbettung
ist es sehr problematisch, das Einbettungsgefüge auf möglichst explizite
Weise zu paraphrasieren, etwa so:

24a: *Diejenigen, die eine Kunst ausüben/fördern/präsentieren, eine Wis-*
senschaft treiben/fördern/publizieren, forschen oder lehren, haben die
Freiheit, jede Kunst auszuüben usw., jede Wissenschaft zu treiben
usw., über alles zu forschen, jedermann alles zu lehren. Indem sie dies
garantieren, entbinden die Gesetzgeber usw. jedoch alle diejenigen,
die die Freiheit haben, jeden alles zu lehren, nicht davon, daß sie
verpflichtet sind, der Verfassung treu zu sein.

In der 1. Ergänzung des Verbs „*entbinden*" im 2. Satz steht in der
Formulierung des Verfassungstextes jedoch nicht ein persönliches
Subjekt (*Gesetzgeber* usw.), sondern der nominalisierte Ausdruck
einer ,instrumental' (s. 3.32.10) verknüpften Teilaussage. Man
müßte dabei in beiden verknüpften Aussagen immer den AGENS
(*Gesetzgeber* usw.) mitverstehen; als satzsemantischer Strukturbaum in Fig. 23 mit einer ,instrumentalen' Relation/Aussagenver-
knüpfung R1 dargestellt.
Wenn aber diese Verwendung von *entbinden* im juristischen Fachstil nicht mehr so persönlich und handlungsorientiert aufgefaßt
werden sollte, müßte man mit einer abstrakten sekundären Verwendung des Verbs *entbinden* rechnen, bei der der Subjektschub

Fig. 23:

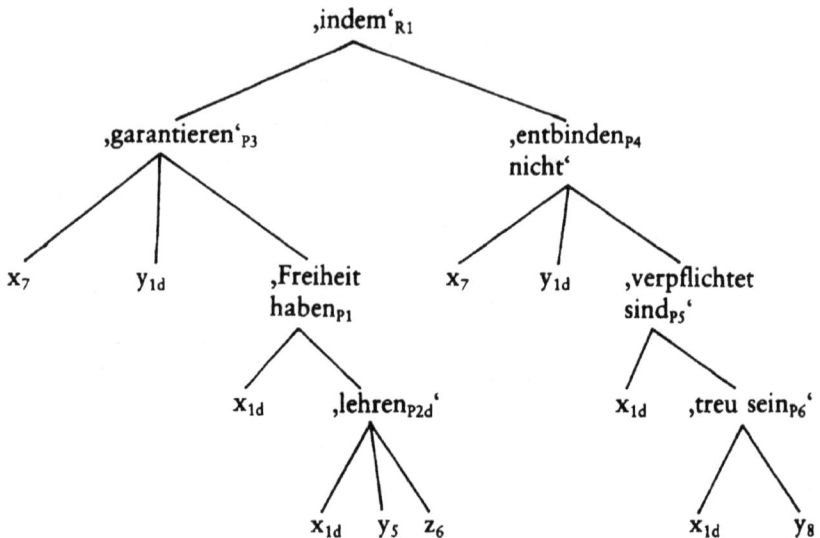

(die Einbettung einer Prädikation in die erste Bezugsstelle) als bereits lexikalisiert gelten müßte, nämlich *entbinden2* als ‚konsekutives‘ (s. 3.32.12) ,,Relationsverb'' (Heidolph u. a. 825, Erben 1984, 63), also als abstraktes Verb mit einer eigenen Valenz, bei der die Ergänzungen als E^S und E^s anzugeben sind, d. h. mit Nebensätzen (und deren syntaktischen Äquivalenten) in beiden Ergänzungsstellen, ähnlich wie bei den (hier synonymen) Prädikatsausdrücken *ungültig machen, aufheben,* mit denen eine spezielle Folge-Beziehung ausgedrückt wird. Die explizite Paraphrase müßte in diesem Falle lauten:

24b: *Daß allen, die ..., garantiert ist, daß ..., macht nicht ungültig* (oder: *hebt nicht auf), daß sie verpflichtet sind ...*

Die konsekutive Relation R2 wird erst in einer noch expliziteren Umformulierung deutlich (24c, Fig. 24):

24c: *Daß allen, die..., garantiert ist ..., hat nicht zur Folge, daß ungültig wird, daß sie verpflichtet sind, ...*

Es ist natürlich eine enorme sprachökonomische Ersparnis (für die Verfasser!), daß dieses (in mindestens zwei Versionen interpretierbare) satzsemantische Einbettungsgefüge in sehr komprimierter Form zu einem einfachen parataktischen Satz mit einem einzigen

Fig. 24:

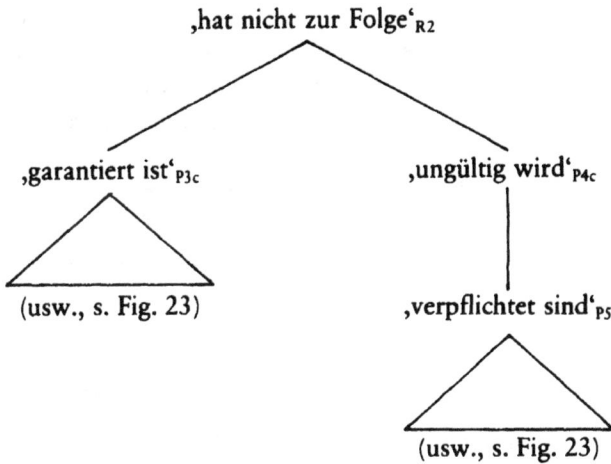

Fig. 25:

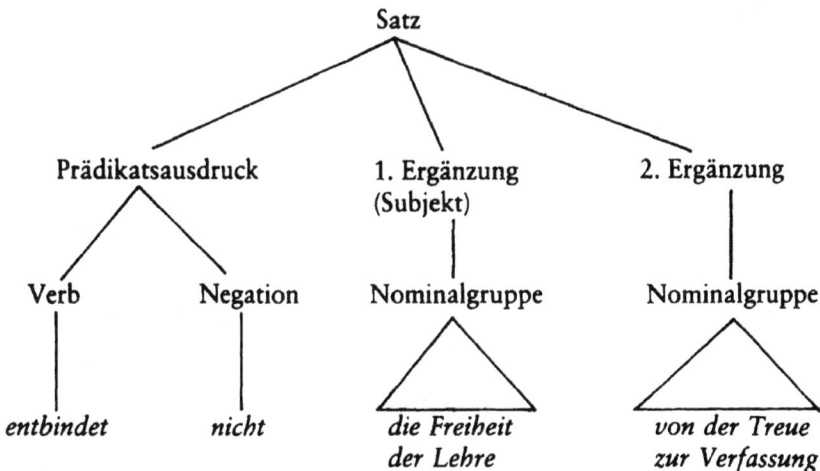

Prädikatsausdruck mit nur zwei Ergänzungen als Nominalgruppen eingeebnet ist (Fig. 25).

Die syntaktische Komprimiertheit besteht darin, daß von den satzsemantischen Komponenten nicht ausgedrückt, also nur impliziert/mitgemeint sind: die Zwischenprädikate ‚garantieren‘, ‚verpflichtet sein‘ bzw. auch ‚ungültig werden‘ und daß die ‚instrumentale‘ bzw. ‚konsekutive‘ Relation

R1 bzw. R2 nur im abstrakten Relationsverb *entbinden* unklar angedeutet ist.

Die scheinbar übersichtliche syntaktische Ausdrucksweise ist nicht ohne weiteres durchsichtig, weil die Sprachökonomie teuer erkauft worden ist mit semantischer V a g h e i t. Diese besteht auch darin, daß (wegen der Nominalisierung der Prädikationen ‚Freiheit haben‘, ‚lehren‘ und ‚treu sein‘) in diesem Leerformel-Satz der Ausdruck einiger wichtiger Bezugsstellen fehlt. Dadurch bleibt offen, was für ‚Lehrende‘ genau gemeint sind, wer genau zur Verfassungstreue verpflichtet ist, und ob jene Gruppe in dieser einbegriffen sein soll.

Ein anderes derartiges Virtuosenstück komprimierter Syntax:

25: „*Diesen Weg aus einer auf den Ausgangspunkt zurückgewendeten Perspektive wieder zu beschreiten*$_{P2}$*, mag helfen*$_{P1}$*, die vergessene Erfahrung der Reflexion zurückzubringen*$_{P3}$.“ (T7,3). P1(P2,P3)

Hier sind auf den verschiedenen satzsemantischen Einbettungsebenen folgende 8 Prädikate enthalten:

- ‚helfen$_{P1}$‘ auf der 1. Ebene
- ‚beschreiten$_{P2}$‘ und ‚zurückbringen$_{P3}$‘ auf der 2. Ebene
- ‚zurückwenden$_{P4}$‘ und ‚vergessen$_{P5}$‘ auf der 3. Ebene
- ‚Ausgang nehmen$_{P6}$‘ und ‚Erfahrung gewinnen$_{P7}$‘ auf der 4. Ebene
- ‚reflektieren$_{P8}$‘ auf der 5. Ebene.

Wenn man von der primären Wertigkeit des Verbs *helfen*1 mit HANDLUNGS-Bedeutung ausgeht (‚jemand$_1$ hilft jemandem$_2$ zu etwas$_3$‘), dann erscheint der Inhalt dieses Satzes wie ein Subjektschub (s. 2.15.2): An die Stelle des persönlichen Subjekts (AGENS) ‚jemand‘ ist hier der eingebettete Infinitivsatz getreten, also eine Aussage über das MITTEL zum ZWECK. Die zweite Bezugsstelle ist nicht ausgedrückt (es könnte ergänzt werden: *uns* im Sinne von ‚Autor + Leser‘), die dritte ist erwartungsgemäß mit einer Aussage über den ZWECK in Form eines Inifinitvsatzes besetzt. Das Ganze kann aber – wenn man den Subjektschub als bereits lexikalisiert auffaßt – schon als eine neue, abstraktere semantische Struktur verstanden werden, nämlich mit *helfen*2 als Relationsverb im Sinne von ‚ermöglichen‘, ‚führen zu‘, ‚dienen zu‘, also eine ‚finale‘ Konstruktion, in der *helfen*2 eine ähnliche Funktion hat wie die ‚finale‘ Konjunktion *damit* in einer Aussagen-Verknüpfung (s. 3.32.11; R = Relation/Verknüpfung):

25a: *Wir beschreiten*$_{P2}$ *diesen Weg* . . ., *damit*$_R$ *wir die* . . . *zurückbringen*$_{P3}$.
25b: *Diesen Weg* . . . *zu beschreiten*$_{P1}$, *mag dem Zweck dienen*$_R$, *die* . . . *zurückzubringen*$_{P3}$.

Die doppelte Einbettungsstruktur mit dem Relationsverb *helfen2* hat gegenüber *damit* den Vorteil (im Sinne des Autors), daß der Prädikatsausdruck *helfen* mit dem Modalverb *mag* im Sinne einer Sprechereinstellung VERMUTEN (s. 2.23.1) modifiziert und jeglicher persönlicher Bezug zwecks Verallgemeinerung weggelassen wird. Wie *helfen2* in dieser „Relationsverb"-Funktion als Ausdruck einer „Relation zwischen den beschriebenen Sachverhalten" sind auch andere „Prädikatsausdrücke mit Subjekt- und Objektsätzen" zu erklären: *bewirken, verursachen, bedingen, bedeuten, beweisen, folgen aus* usw. (Heidolph u. a. 825). Da diesen Relationsverben eine eigene Valenz zusteht, sind die Einbettungen von P1 und P2 bei ihnen nicht frei, sondern valenzabhängig.

3.2. Zusätze zu Satzinhalten oder ihren Teilen

Im Satzbau werden Prädikatsausdrücke durch Hilfsverben und Adverbien modifiziert, Substantive durch Attribute. Solche und andere Hinzufügungen zum Minimum des einfachen Satzes haben ihre Entsprechungen in der Satzsemantik: Zusätze zu Satzinhalten oder zu dessen Komponenten/Bestandteilen; sie stellen „Zusatzprädikationen" dar (Erben 1984, 33).

3.21. Der Skopus/Bereich von Zusätzen

Bei Zusätzen kommt es semantisch darauf an, auf welche Komponenten des Satzinhalts (s. 1.5) sie sich beziehen. Nach Vorbild der Formalen Logik, wo man Bezugsbereiche von Operatoren zu Prädikaten unterscheidet, spricht man in der Satzsemantik vom Skopus/Bereich eines Zusatzes: Gilt der Zusatz für einen ganzen Satzinhalt oder nur für eine Prädikation/Aussage oder nur für ein Prädikat oder nur für eine Referenzstelle/Bezugsstelle? Die Feststellung des Bereichs von Zusätzen ist manchmal schwierig, da die Satzstruktur auch hier nicht immer mit der Satzinhaltsstruktur kongruent ist. So bedeutet ein Attribut zu einem Substantiv nicht immer auch semantisch einen Zusatz zu dem Bezugsobjekt, das mit dem Substantiv gemeint ist. Wenn das Substantiv – wie in Beispiel 1 – eine Nominalisierung/Substantivierung ist, kann sein Attribut („*wirklich*") satzsemantisch als Zusatz zur ganzen Prädikation (so in 1b) oder nur zum Prädikat (so in 1c) erklärt werden. Dies kann man durch semantisch annähernd gleichwertige Umformulierungen feststellen, die expliziter sind als 1a (vgl. Fig. 26).

1:   *„die wirklich Schuldigen"* (T9a,10)
1a: *diejenigen, die wirklich schuldig sind*
1b: *diejenigen, von denen wirklich feststeht, daß sie sch. sind*
1c: *diejenigen, die schuldig im wirklichen/eigentlichen Sinne sind*

Fig. 26:

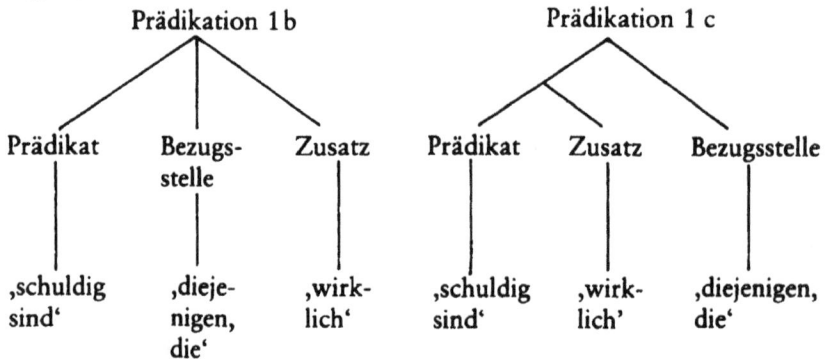

Manchmal ist das Verhältnis zwischen Haupt-Kategorie und Neben-Kategorie (Zusatz) im Satzbau genau u m g e k e h r t im Verhältnis zum Satzinhalt (umgekehrte Attribution):

2:   *die Universität Trier*
Das unflektierte Attribut (Apposition) *Trier* ist hier auch satzsemantisch ein Zusatz zu dem Bezugsobjekt ‚Universität‘:
2a: *diejenige Universität, die sich in Trier befindet*
Dagegen ist die Attribution semantisch umgekehrt in 3–3b, Fig. 27:
3:   *die Moselhauptstadt Trier*
3a: *das Moselhauptstadt genannte Trier*
3b: *Trier, das Moselhauptstadt ist/genannt wird*

Fig. 27:

Satzstruktur:	Satzinhalt:
Nominalgruppe	KENNZEICHNUNG

Substantiv   Artikel   Attribut   Bezugsobjekt   Zusatz

Moselhauptstadt die *Trier*   ‚Trier'   ‚Moselhaupt-
                                                          stadt'

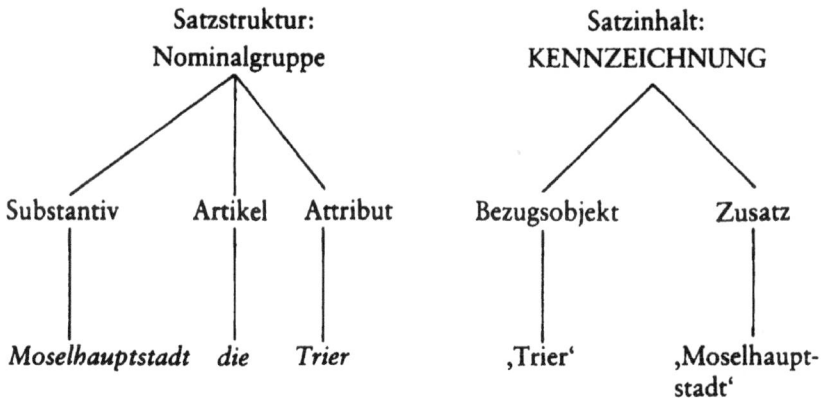

Umgekehrte Zusatz-Struktur liegt auch vor bei den meisten der
Verknüpfungsverben (s. 1.4), die im Satzausdruck als finite Verben
regierende Glieder der Verbverknüpfung darstellen, satzseman-
tisch jedoch als Modifikationsverben (dazu gehören nicht nur die
sog. „Modalverben") nur modifizierende Zusätze zum infiniten
Prädikatsausdruck sind, z. B. *wird* im Sinne von ‚ich nehme an' in:
„*wird ... zusammenzucken*" (T4,4), s. 3.23.1/2. Umgekehrt ist das
Verhältnis auch bei den im heutigen Deutsch beliebten abstrakten
Status-Zusätzen *Tatsache, Möglichkeit, Fall* usw.: In Sätzen wie
Der Fall, daß man dies übersieht, kommt selten vor sieht der
Nebensatz syntaktisch wie ein Attribut zu *Fall* aus, satzsemantisch
ist er jedoch eine in die 1. Bezugsstelle des Prädikats ‚kommt vor'
eingebettete Prädikation (die auch als Subjektsatz ausdrückbar ist),
und das Substantiv *Fall* bedeutet nur einen Zusatz zu ihr, es zeigt
den Wahrheitsstatus (‚Hypothese') der eingebetteten Prädikation
an (vgl. 3.15).

Eine Negation/Verneinung kann im Satzausdruck so aussehen, als
bezöge sie sich nur auf ein Bezugsobjekt (Wortnegation), ist aber
satzsemantisch oft eine Aussagen-Verneinung (Satznegation), was
sich durch Umformulierungen feststellen läßt:

4:   „*Niemand darf wegen ... bevorzugt werden.*" (T2 Art.3,3)
4a: *Nicht bevorzugt werden darf jemand wegen ...*
4b: *Es ist nicht erlaubt, daß jemand wegen ... bevorzugt wird.*

Hier ist die Verneinung semantisch auf die Sprecherhandlung des ganzen Satzinhalts bezogen. Im Rahmen der komprimierenden Formulierung mit dem Modalverb *dürfen* erscheint die Verneinung syntaktisch mit der Bezugsstelle ‚jemand‘ vereinigt in der Portemanteauform/Zwitterform *niemand*, die nicht einfach ‚nicht jemand‘ bedeutet (vgl. 2.23. 2).
Die jeweils besprochenen Zusätze werden in diesem Kapitel – soweit möglich – in den Zitaten aus Beispieltexten mit [Z:] ... [:Z] gekennzeichnet.

3.22. Zusätze zu Satzinhalten

Wenn sich Zusätze auf den gesamten Satzinhalt (einschließlich des Handlungsgehalts, s. 1.5) beziehen, gehören sie eigentlich nicht mehr nur in die Satzsemantik; sie sind als Mittel der Textorganisation Teile der Textsemantik. Solche Zusätze sehen aber in der syntaktischen Struktur oft so aus, als seien sie Teil eines Satzinhalts, da sie mit oder ohne Satzzeichen (Komma, Gedankenstrich) in den Satzbau eingefügt werden. Dazu gehören vor allem die Gesprächswörter und Routineformeln der Kontakt- und Beziehungsfunktion, die in Kap. 2.24 behandelt sind. Sie kommen in den Beispieltexten bezeichnenderweise gerade in den Stücken aus gesprochener Sprache vor. In der schriftlich konzipierten Sprache sind sie seltener; da gibt es noch andere Mittel (Absätze, Abschnittszahlen, Spiegelstriche, Sperrungen, usw.). Was auf den ersten Blick wie ein Zusatz zu einer bestimmten Komponente des Satzinhalts aussieht, erweist sich manchmal durch Umformulieren als Zusatz mit einem anderen Geltungsbereich, nämlich auf einer höheren, textorganisierenden Ebene:

5: „... *einige Punkte genannt, die gleich berichtigt werden müssen.*[Z:]
　　Zunächst [:Z] *sprach er davon, daß* ...« (T8 2,5)
5a: [Z:] *Zunächst dies* [:Z]: *Er sprach davon, daß* ...
Das Adverb „zunächst“ kann sich in 5 natürlich auch als Zeitangabe auf „sprach“ beziehen. Aber da Barzel unmittelbar vorher die Berichtigung „einiger Punkte“ aus Scheels Rede ANGEKÜNDIGT hat, wirkt „Zunächst“ hier am Satzanfang eher wie ein Textgliederungssignal.
6: „*Sie wissen selbst,* [Z:] *Herr Kollege Scheel*[:Z], ...“ (T8,6)
6a: [Z:] *Herr Kollege Scheel* [:Z], *Sie wissen selbst* ...
Die Anredeformel dient hier sowohl der PRÄZISIERUNG des Personenbezugs (Zusatz zu einer Bezugsstelle, s. 3.25) als auch der Imagearbeit des um parlamentarische Höflichkeit und Kollegialität bemühten Redners (zur

sozialen Beziehung gehörig, s. 2.24), vielleicht auch der Aufmerksamkeitssteuerung und personalisierenden Verschärfung der Argumentationsart.

7:      „Das, [Z:] *meine Damen und Herren* [:Z] *ist wohl nicht zumutbar*"
        (T8,12)

7a: [Z:] *Meine Damen und Herren* [:Z], *das ist* . . .

Diese Anredeformel ist keineswegs eine Modifizierung zu „*Das*", sondern
dient einerseits der Textgliederung (VERZÖGERN kurz vor dem abschlie-
ßenden URTEIL), andererseits der Imagearbeit des Redners gegenüber
seinem Publikum (s. 2.24).

8:      „*Es ist dies für mich ein Grund, warum ich* [Z:] *beispielsweise* [:Z]
        nur sehr zögernd zur Frage der Verjährung Stellung nehme."
        (T9a,7)

Der Zusatz „*beispielsweise*" bezieht sich hier weder speziell auf „*ich*" noch
auf „*zögernd*", sondern auf das ganze vom Interviewer gestellte Redethema: Innerhalb des Gesamtthemas „*deutsche Vergangenheit*" soll „*Verjährung*" nur als ein Beispiel neben anderen gelten.

9:      „*Ich zögere* [Z:] *einmal* [:Z], *weil* . . . *Ich zögere* [Z:] *zum anderen*
        [:Z], *weil* . . . [Z:] *Schließlich* [:Z] *zögere ich* [Z:] *auch* [:Z], *weil* . . ."
        (T9a 9–11)

9a: [Z:] *Erstens* [:Z]: *Ich zögere, weil* . . . [Z:] *Zum anderen* [:Z]: *Ich
        zögere, weil* . . .

Die Gliederungswörter „*einmal* . . . *zum anderen* . . . *schließlich* . . . *auch*"
kennzeichnen hier die drei BEGRÜNDUNGEN mit „*weil*", die ihrerseits
zusammen mit der EINSTELLUNGS-Äußerung „*ich zögere*" drei vollständige komplexe Satzinhalte darstellen, als dreifache ANTWORT auf die
RÜCKFRAGE des Interviewers (Fig. 28).

Fig. 28:

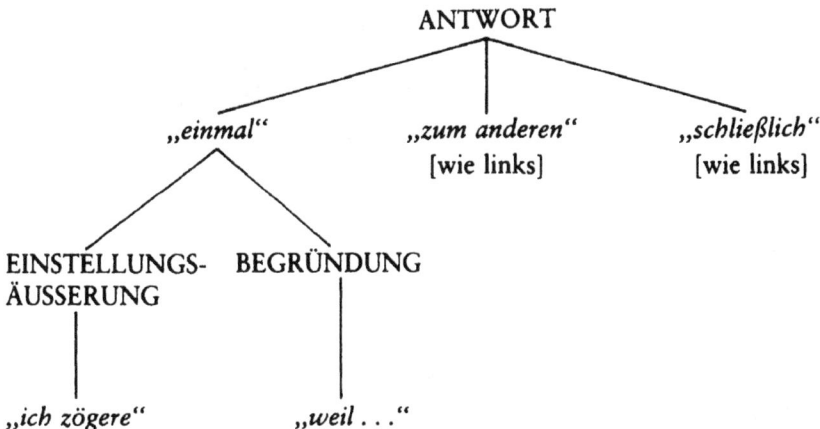

3.23. Zusätze zu Prädikationen/Aussagen

3.23.1. Syntaktische Formen

Auf den Aussagegehalt des Satzinhalts (ohne Handlungsgehalt, s. 1.5) bzw. auf eine einzelne Prädikation innerhalb eines komplexen Aussagegehalts beziehen sich als Zusätze die (freien) Angaben/ Adverbiale der Valenzgrammatik (s. 1.4), d. h. von der Valenz des Prädikatsausdrucks (s. 2.11.) nicht abhängige Satzglieder. Diese sind in folgenden syntaktischen Formen realisierbar (vgl. 1.4):

- als Nebensatz (Angabesatz): *wie Sie alle wissen*
- als Einschub/Parenthese: – *Sie alle wissen das* –
- als Nominalgruppe: *meines Wissens*
- als Partizipgruppe: *wie allgemein bekannt*
- als Infinitivsatz: *wie nicht anders zu erwarten*
- als Adjektiv-Attribut: *Die ungestörte Religionsausübung*
- als Adverb: *bekanntlich*
- als Partikel: *doch*

Als Zusätze zu Aussagen sind satzsemantisch aber auch folgende syntaktischen Formen und Flexionsformen zu erklären:

- Hauptsatz von *daß*-Nebensatz: [Z:] *Es ist selbstverständlich, daß* [:Z] *ich komme.*
- Hilfsverb: *Ich* [Z:] *werde* [:Z] *kommen*
- Modalverb: *Ich* [Z:] *will* [:Z] *kommen*
- Funktionsverb: *Es* [Z:] *ist im* [:Z] *Kommen*
- Flexionsendung: *Ich schick*[Z:]*te* [:Z]
- Ablaut oder Umlaut: *Ich kam, Ich käme*

3.23.2. Semantische Klassen

Von der Grammatik-Tradition her und über sie hinaus kann man folgende semantische Klassen von Aussagen-Zusätzen unterscheiden (wobei wir die traditionellen Schlagwort-Termini voranstellen und sie durch in Versalien geschriebene Handlungstypen erklären):

Lokale Zusätze (ORTSANGABE):

in diesem unserem Lande, in der ganzen Republik, am Rhein, hie und da, überall, hier, dort, unten, innen, rechts, punktuell, ...

Direktive Zusätze (RICHTUNGSANGABE):

zum Fenster hinaus, vor die Füße, nach Berlin, herein, hinauf, rückwärts, weg, her, ...

Temporale Zusätze (ZEITANGABE):

am 17. Juni, nächste Woche, gestern, jetzt, nachher, sofort, anfangs, inzwischen, ... Dazu gehören diejenigen Verwendungen der Tempusformen des Verbs, die wirklich temporale und nicht Aspekt- oder Modalbedeutung (s. unten und 2.23) haben: „*hat genannt ... sprach ... hat gespielt ...*" (T8), „*keine Jünglinge mehr sein werden*" (T9a,10). Es handelt sich dabei satzsemantisch um Aussagen-Zusätze wie VERGANGEN (P) oder KÜNFTIG (P), als Ereignis-Zeit oder als Sprecher-Zeit (s. Heidolph u. a. 404 ff.).

Aspekt-Zusätze (STELLUNGNAHME zur subjektiven Beziehung zwischen Aussagenzeit und Sprech-Zeitpunkt) (s. Lyons 1983, 309 ff.):

imperfektiv (NOCH NICHT ABGESCHLOSSEN): *noch, bisher, gerade, fortan,* ...; Perfektform des Verbs in manchen Kontexten, z. B. „*gelitten haben ... zur Rechenschaft gezogen sind ...begangen worden sind*" (T9a 4,10,11, vgl. aber T9b), VERLAUFS-Form: *er ist beim/am Schreiben* (vgl. engl. *he is writing*), *er liest im Buch* (statt *das Buch*); perfektiv (ABGESCHLOSSEN): *bis vor kurzem, bis dahin;* Präteritumform des Verbs in manchen Kontexten, z. B. „*30 Jahre alt waren ... Amnestie gab*" (T9a:10,11), Plusquamperfekt: „*... zur Mutter hatte*" (T 10,5).

Aktionsart-Zusätze (Angabe objektiver Verlaufs- und Phasen-Arten von Handlungen, Vorgängen und Zuständen):

inchoativ/ingressiv (BEGINN): *nun, da, plötzlich, mit einem Mal,* ...; *beginnen/anfangen zu* ..., *kommen/geraten (in Bewegung kommen/geraten,* Funktionsverbgefüge*); er-, ent-, an-, ein-, los-* in Präfix-/Partikelverben (*erblühen, entflammen, anrollen, eingewöhnen, loslaufen,* ...), durativ (DAUER): *immer, lange, tagelang, das ganze Jahr über,* ...; *sein/bleiben/ stehen* in Funktionsverbgefügen (*in Bewegung sein/bleiben, in Flammen stehen*); iterativ/frequentativ (WIEDERHOLT): *oft, manchmal, dreimal, häufig, von Zeit zu Zeit,* „*immer wieder*" (T9a,5), *er läuft und läuft,* ...; finitiv/resultativ/egressiv (BIS ZUM ENDE/RESULTAT): *endlich, schließlich; er-, zer-, ver-* in Präfixverben (*erschlagen, zerfließen, verbrennen,* ...); *kommen* in Funktionsverbgefügen (*zum Entschluß kommen*).

Modale Zusätze (ART-UND-WEISE-ANGABE), „modal" im engeren Sinne:

„*um den Preis des Dilettantismus*" (T7,8), „*durch eine Selbstreflexion der Wissenschaft*" (T7.8), *aus Absicht,* „*bewußt*" (T9a,10), „*immanent*" (T7,7), *anders, erfolgreich, vergebens, langsam* ...

Graduative Zusätze (VERSTÄRKUNG, ABSCHWÄCHUNG):

In vollem Umfang, in jeder Hinsicht, in hohem Maße, in jeder Beziehung, bis zum Geht-nicht-mehr, außerordentlich, ausschließlich, hervorragend, erstaunlich, besonders, geradezu, „scharf" (9a,3), „ganz" (T9a,5), *total, stark, gar, recht, enorm, sehr, zu, ...; bis zu einem gewissen Grade,* „teilweise" (T9a,4), *ziemlich, leidlich, etwas, ...*

Spezifizierende Zusätze (GENAUERSAGEN):

in bezug auf die Form, hinsichtlich der Gesundheit, was die Kosten angeht, „nämlich einer Vorstellung der Ansichten ..." (T10,3) „de jure ... de facto" (T4,12), *verkehrsmäßig, theoretisch, beruflich,* „grundsätzlich" (T10,4), *und zwar ..., vor allem ..., ...*

Exemplifizierende Zusätze (BEISPIELNENNEN):

„sei es in Indochina ..." (T9a,11), „etwa in Indochina, ..." (T9b,4), „beispielsweise ..." (T9a,7), ...

(E)valuative Zusätze (BEWERTEN):

was ich bedaure, zu meiner Freude, zum Glück, mit Recht, Gottseidank, glücklicherweise, leider, „nicht einmal" (T5,10 T8,10), „schließlich" (T4,4), „sogar" (T9b,4), *schön, echt, ...* (vgl. 2.23.3).

Volitive Zusätze (WILLENSÄUSSERUNG):

wie ich vorhabe, Ich werde ... (modales Futur), *Ich möchte, Ich will,* (u. a. Modalverben); „in der Absicht ..." (T7,1), „nur sehr zögernd ... so entschieden ..." (T9a7,12), *meinetwegen, hoffentlich, selbstverständlich, natürlich, gern,* „doch", (T4,4 T8,10), *eben,* „ja" (T4,4), „nicht" (T4,4, bei Suggestivfrage), *etwa* (bei Suggestivfrage), ... (vgl. 2.23.4). Partikel wie die genannten sind auch als Ausdruck einer Präsupposition (s. 4.3) zu erklären (Erben 1984, 45 f.)

Metakommunikative Zusätze (REDEN ÜBER GESAGTES, KORRIGIEREN, RELATIVIEREN, SICH DISTANZIEREN):

„In meiner Angelegenheit" (T10,3, Klärung des Personenbezugs), *mit anderen Worten, anders ausgedrückt, genauer gesagt, wie es heißt, mit Verlaub zu sagen, mutatis mutandis, cum grano salis, gewissermaßen, sozusagen, angeblich,* „ja" („Härte, ja, Grausamkeit", T10,3, KORREK-TUR mit Ausdrucksverstärkung), ... – Hierher gehört auch die DISTAN-ZIERUNG ausdrückende Verwendung des Konjunktivs in indirekter Rede: „wolle" (T4,3), „sei ... habe" (T8,5), „habe" (T9b:4,5), „singe" (T10,5), ebenso manche Verwendung des Modalverbs *sollen (er soll krank sein)* und von Anführungsstrichen in manchen unvollständigen Zitaten; *„eine „Selbstdarstellung" verlangt ... ein „Pommer" genannt"* (T10:3,4), ... (vgl. 2.23.1).

Verifizierende (STELLUNGNAHME zum Wahrheitswert) und negierende Zusätze (VERNEINEN) zu Aussagen sind bei den Sprechereinstellungen unter 2.23 behandelt, da sie grundsätzlich zu den obligatorischen, primären Bestandteilen des Satzinhalts, nicht nur zu den Zusätzen zu rechnen sind. Konzessive, komparative, instrumentale, finale, kausale, konditionale usw. Zusätze werden als verkürzte Formen von Aussagenverknüpfungen in 3.32 behandelt.

3.23.3 Zusätze als Nebenaussagen und Nachträge

Zusätze zu Aussagen sind satzsemantisch zu erklären als Nebenaussagen über Hauptaussagen, denn man könnte – rein satzsemantisch, aber kontextsemantisch meist nicht völlig gleichwertig – statt einer freien Angabe bzw. eines Adverbs (nicht aber statt einer Partikel) auch einen nachtragenden selbständigen Satz formulieren, in dem man sich pronominal auf die vorangegangene Hauptaussage bezieht:

10: „[Z:] *Auf den ersten Blick* [:Z] *wird jeder Filmfreund hier zusammenzucken."* (T4,4)

10a: *Jeder Filmfreund wird hier zusammenzucken; er wird dies nur auf den ersten Blick tun.*

11: „...*Punkte ..., die* [Z:] *gleich* [:Z] *berichtigt werden müssen"* (T8,2)

11a: *Punkte, die berichtigt werden müssen; dies wird gleich geschehen.*

12: „*Jeder hat das Recht, seine Meinung* [Z:] *in Wort, Schrift und Bild* [:Z] *frei zu äußern."* (T2 Art.5,1)

12a: *Jeder hat das Recht, seine Meinung frei zu äußern. Dies kann in Wort, Schrift und Bild geschehen.*

Der satzsemantische Zusatz-Charakter der freien Angaben und Adverbien (nicht Partikeln) wird daran deutlich, daß man den Zusatz auch mit *und zwar* nachtragen könnte: *... zu äußern, und zwar in Wort, Schrift und Bild.*

Das Kriterium *und zwar* kann zur Unterscheidung zwischen Ergänzungen und freien Angaben benutzt werden (vgl. 2.12.6, 2.14.1). Damit kann diese ungelöste Streitfrage der Valenztheorie auf kontextsemantische Weise gelöst bzw. umgangen werden. Wenn man die Valenz von Prädikatsausdrücken nur anhand von kontextisolierten Verblexemen bestimmt, würde man z. B. für das Verb *mitnehmen* nur die Valenz $E^n + E^a + E^{pr} + E^{pr}$ ansetzen (Abkürzungen wie in 2.14.4): *x mitnimmt y von z nach w*. Im Kontext der Barzel-Rede (T8) wird *mitnehmen* aber anders verwendet: Die (semantisch selbstverständlichen, also mitgemeinten) Richtungsergänzungen z und w (,von Bonn nach Moskau') sind nicht ausgedrückt; dafür aber erscheint hier die Nominalgruppe *„auf der Basis des Bahr-Papiers"* als primärer Teil des kontextuellen Bezugsrahmens dieses Satzinhalts::

13:   *„... weil es darum ging, auf der Basis des Bahr-Papiers ... uns mitzunehmen, aber nicht einmal als Angehörige der Delegation."* (T8,10)

Die *und zwar*-Probe ist hier für die Nominalgruppe *„auf der Basis des Bahr-Papiers"* aus kontextsemantischen Gründen nicht sinnvoll, weil sie hier im kontextuellen Bezugsrahmen (s. 2.12.6) keinen bloßen Zusatz zur Hauptaussage darstellt; es könnte hier also nicht heißen:

13a: *... weil es darum ging, uns mitzunehmen, und zwar auf der Basis des Bahr-Papiers ...*

Barzel wirft in diesem Kontext der Regierung vor, daß deren Einladung an die Opposition zur Reise nach Moskau unfair, hinterhältig o. ä. gewesen sei. ,Mitnehmen' ist hier – in die Oberaussage *„es darum ging"* eingebettet – also nicht einfach ein ,Transport'-Vorgang, sondern eine politische Handlung, bei der die ART und WEISE in den Kern der primären Aussage gehört. Der hier gemeinte Handlungstyp ist: ,jemanden auf eine bestimmte Weise an einer politischen Tätigkeit beteiligen'. Also ist – abweichend von der nur lexikalischen Verbvalenz – die Nominalgruppe *„auf der Basis des Bahr-Papiers"* (ergänzt durch die Parenthese *„das war doch der fertige Vertrag"*) kontextsemantisch als inhaltlich wesentliche Ergänzung des Prädikatsausdrucks *mitnehmen* aufzufassen, ähnlich wie bei anderen Ausdrücken dieses Handlungstyps: *jemanden als Botschafter nach Paris senden, jemanden mit beratender Stimme hinzuziehen.*

In ähnlicher Weise sollte man die Valenztheorie bei der Textanalyse nicht lexikalsemantisch, sondern satz- und kontextsemantisch anwenden und folgende scheinbaren Zusätze als Bestandteile der primären elementaren Aussage des betreffenden Satzinhalts behandeln, also syntaktisch nicht als freie Angaben, sondern als Ergän-

zungen des Prädikatsausdrucks (semantisch als Teil des kontextuellen Bezugsrahmens, s. 2.12.6):

„in sechs Tagen" in: *„Denn in sechs Tagen hat der Herr Himmel und Erde
gemacht ... und ruhete am siebenten Tage."* (T1,11; Thema: Zeitdauer der
Schöpfung)
„fristgerecht" in: *„Sie haben leider versäumt, den nebenstehenden Betrag
fristgerecht zu entrichten."* (T3,3; eine temporale Ergänzung ist schon in
„versäumt" impliziert); *„in ihren nächtlichen Phantasien"* in: *„Welche
31jährige Deutsche kreist schon in ihren nächtlichen Phantasien ums Haus
des Bundespräsidenten."* (T5,9; man könnte *in nächtlichen Phantasien
kreisen* sogar im Sinne einer festen Verbindung als Nominalprädikat
(s. 1.4) erklären).

3.24. Zusätze zu Prädikaten/Aussagekernen

Nur auf Prädikate beziehen sich Zusätze, deren Stellung im Satz
auf die Stelle vor dem Prädikatsausdruck festgelegt ist, z. B. die
Gradpartikel *„nur"* in: *„Solche Gefährdungen kann sich jede
Staatsform* [Z:] *nur* [:Z] *wünschen."* (T5,12). Die beiden anderen
Stellungsmöglichkeiten der Partikel *nur* in diesem Satz (vor *„solche"*, vor *„jede"*) würden ihr einen anderen Geltungsbereich geben
(Zusätze zu einer der Bezugsstellen). Der Platz vor dem Prädikatsausdruck *„wünschen"* sichert dem *„nur"* eine Bedeutung, mit der
andere EINSTELLUNGEN neben *„wünschen"* ausgeschlossen
werden: ‚nur wünschen und nicht fürchten, ablehnen, ertragen'
usw.

Ein anderer Fall: *„ich könnte nur um den Preis des Dilettantismus auf eine
Gesellschaftstheorie vorgreifen, zu der ich Zugang durch eine Selbstreflexion der Wissenschaft* [Z:] *erst* [:Z] *g e w i n n e n möchte."* (T7,8). Die
typographische Hervorhebung des Prädikatsausdrucks *„gewinnen"* im
Originaltext (durch Kursivdruck) hat dieselbe Funktion wie der Zusatz
„erst": Der Autor will hervorheben, daß er den Zugang zu einer bestimmten Gesellschaftstheorie ‚noch nicht hat', sondern er ihn durch das Schreiben des vorliegenden Buches erst ‚finden möchte'. Der Zusatz *„erst"*
schließt andere Prädikatsausdrücke aus, verabsolutiert also das Prädikat
dieses Satzinhalts, nicht die ganze Aussage, darf also in dieser Bedeutung
nur vor *„gewinnen"* stehen. Vor *„Zugang"* stehend, wäre *erst* Zusatz zur
ganzen Aussage.
Weitere Fälle: *„... ist es zwar nicht* [Z:] *ganz* [:Z] *berechtigt, aber doch*
[Z:] *ganz* [:Z] *normal ...* (T9a,5), *„... bin ich* [Z:] *zu wenig* [:Z] *ausgewie-*

sen als ein Pommer, [Z:] wie er in den Büchern steht [:Z]." (T10,6), *"Alle Menschen sind [Z:] vor dem Gesetz [:Z] gleich".* (T2 Art. 3.1).
Die Funktion einer Prädikats-KORREKTUR hat die Partikel *ja* in: *"... überrascht sein von der Härte, [Z:] ja [:Z] Grausamkeit der Aufgabe"* (T10,3), nominalisiert aus dem Prädikatsausdruck: *... wie hart, [Z:] ja [:Z] grausam die Aufgabe ist.*

3.25. Zusätze zu Referenzstellen/Bezugsstellen

Unter den Attributen zu Nominalgruppen ist zu unterscheiden zwischen denjenigen Attributen, die notwendig und konstitutiv sind, weil sie von der Valenz des Kern-Substantivs der Nominalgruppe abhängig sind, und solchen Attributen, die dies nicht sind und satzsemantisch als Zusätze erklärbar sind. Die syntaktisch konstitutiven Attribute sind semantisch Bezugsstellen-Ausdrücke, also elementare Bestandteile der Prädikationen, deren Prädikate im Kern-Substantiv der Nominalgruppe gemeint sind. So sind die Attribute *Verjährungsfrist* in *"Verlängerung der Verjährungsfrist"* (T9b,1) und *"Bahr-Papier"* in *"auf der Basis des Bahr-Papiers"* (T8,10) keine bloßen Zusätze, sondern konstitutive Bestandteile der als Nominalgruppen ausgedrückten Prädikationen, nämlich Bezugsstellen der Prädikate ‚Verlängerung‘ und ‚Basis‘, gehören also zur Substantiv-Valenz (s. 2.11.4).

3.25.1 Syntaktische Formen:

– Nebensatz (Attributsatz, Relativsatz): *"der Brief, [Z:] mit dem Sie uns einluden [:Z]"* (T8,6)
– Einschub/Parenthese: *"des Bahr-Papiers [Z:] – das war doch der fertige Vertrag [:Z]"* (T8,10)
– Genitiv-Attribut: [Z:] *Bayerns* [:Z] *Strauß*
– Präpositionalattribut: *"Hinweise [Z:] auf der Rückseite [:Z]"* (T3,6)
– Unflektiertes Substantiv-Attribut (Apposition): *Berlin* [Z:] *West* [:Z]
– Kern einer Nominalgruppe: *"der [Z:] Kollege [:Z] Scheel"* (T8,2)
– Partizipgruppe: *"aus dem Gebiet westlich der Oder, [Z:] 1648 schwedisch ... geworden [:Z]"* (T10,5)
– erweiterte Adjektivgruppe (erweitertes Partizipattribut): *"der [Z:] Ende 1979 ablaufenden [:Z] Verjährungsfrist"* (T9b,3)
– attributives Adjektiv: *"des [Z:] altfränkischen [:Z] Dichters"* (T5,10)
– attributives Pronomen: *"[Z:] ihre [:Z] gewinnbringenden Informationen"* (T6), *das Haus* [Z:] *dort* [:Z]

- attributive Partikel: „[Z:] *genau* [:Z] *diese Förderung*" (T4,5), „[Z:] *Nur* [:Z] *unser englischer Vetter*" (T5,4)
- Determinant/Bestimmungsglied (1. Glied) einer neuen Zusammensetzung (Augenblicks-/Gelegenheits-/ad hoc-Kompositum): „*Bahr-Papier*" (T8.10), „*Märchenfrosch*" (T5,5)

Zusammensetzungen wie „*Bahr-Papier*" und „*Märchenfrosch*" sind natürlich in den großen Wörterbüchern des heutigen Deutsch und in Konversationslexika nicht verzeichnet. Wie viel Inhalt eine solche durch komprimierendes Textformulieren zustandegekommene Zusammensetzung enthält, wird am Fall „*Märchenfrosch*" deutlich: „*... setzte sich ans Bett Ihrer Majestät wie der Märchenfrosch zu Füßen der Prinzessin.*" (T 5,5). Als interpretierende Paraphrase genügt nicht: ,*Frosch*, der im *Märchen* „*Der Froschkönig*" vorkommt'. In diesem Kontext hat die Augenblicksbildung noch die Konnotation: ,*Frosch*, der sich unverhofft in einen schönen Prinzen verwandelte, der die Prinzessin freite', denn nach der Grundtendenz soll in diesem Text die Tat Fagans erotisierend verharmlost werden (s. 5.1)

3.25.2. Restriktive/kennzeichnende Zusätze

Der wichtigste satzsemantische Unterschied bei Bezugsstellen-Zusätzen ist der zwischen solchen, die restriktiv/einschränkend sind, und solchen, die es nicht sind. Dieser in den meisten Grammatiken nur für Attributsätze/Relativsätze beschriebene Unterschied gilt auch für die anderen syntaktischen Formen von Attributen zu Nominalgruppen (s. 1.4). Mit „restriktiv" ist die EINSCHRÄNKUNG oder EINGRENZUNG einer Klasse von Bezugsobjekten auf eine Teilmenge oder auf ein Individuum aus dieser Menge gemeint. Einschränkende Zusätze dienen also im Zusammenhang mit der Quantifizierung (s. 2.13) der KENNZEICHNUNG von Bezugsobjekten (s. 2.12.3). Deshalb werden sie auch „determinierende" Attribute genannt (Heidolph u. a. 827). Wenn ein Bezugsobjekt wie z. B. ,Buch' nicht mit seinem Titel (als Eigenname) IDENTIFIZIERT werden kann und wenn der bestimmte Artikel *das* oder das Demonstrativpronomen *dieses* nicht sinnvoll verwendet werden kann (da solche ,Zeig'-Wörter nur bei wahrnehmungsabhängiger Referenz einen Sinn haben, s. 2.12.2),

dann muß das Objekt mit Hilfe einer Kennzeichnung IDENTIFI-
ZIERT werden, die aus einer Nominalgruppe mit dem Substantiv
Buch und einem attributiven Adjektiv wie *erwähnt* oder einem
Attributsatz wie *das du vorhin erwähnt hast* besteht. Da KENN-
ZEICHNEN eine elementare Handlung des Satzinhalts im Bereich
der Bezugnahme ist, nennen wir diese Art Zusätze satzsemantisch
am treffendsten k e n n z e i c h n e n d e Zusätze.

Kriterien für die Feststellung, ob es sich um einen kennzeichnenden Zusatz
handelt, sind die (kontextsemantisch sinnvolle) Möglichkeit, den Zusatz
mit *derjenige, welcher* ... oder *derartige/solche, die* ... explizit umzuformulieren, und die Unmöglichkeit, in den Zusatz das Adverb *übrigens*
einzufügen:

1:   „*den* [Z:] *nebenstehenden* [:Z] *Betrag*" (T3,3)
1a: *denjenigen Betrag,* [Z:] *der nebenan steht* [:Z]
2:   „*Verbrechen,* [Z:] *die im Namen Frankreichs begangen worden sind*
     [:Z]" (T9a,11)
2a: *solche/derartige Verbrechen,* [Z:] *die* ... [:Z]

In der prädikatenlogischen Notierung werden die kennzeichnenden Zusätze (K) genauso wie die Quantifizierung (2.13) in den „Vorbereich" der
Aussage P (vor dem Senkrechtstrich) geschrieben:

1b: „*Sie*$_x$ ... *den* [Z:] *nebenstehenden*$_K$ [:Z] *Betrag*$_y$ ... *entrichten*$_P$.
Prädikatenlogische Formel:
i(y). „*Betrag*" (y). „*nebenstehend*$_K$" (y) | „*entrichten*$_P$" (x,y,z); zu lesen
als: ,über genau dasjenige y, für das gilt, daß es ein „*Betrag*" ist und daß es
„*nebenstehend*" ist, wird ausgesagt: ,*x entrichtet y an z*'. i steht in der
Formel für den Jota-Operator der Logiker (s. 2.13.2).

Kennzeichnende Attributsätze/Relativsätze werden im Englischen als besonderer satzsemantischer Typ behandelt, indem sie, im Unterschied zu den
nichtkennzeichnenden, ohne Komma an das Bezugswort angeschlossen
werden (z. B. *the man who told me that,* oder ohne Relativpronomen: *The
woman I love;* aber *Robert, who is a friend of mine; Betty, whom I love*).
Im Deutschen werden die kennzeichnenden Attributsätze nur durch satz-
phonetische Mittel angedeutet: sie werden ohne Pause angeschlossen.

Weitere Beispiele für kennzeichnende Zusätze: „*... wird den nicht ungestraft lassen,* [Z:] *der seinen Namen mißbraucht* [:Z]" (T1,7), „*die* [Z:]
weiter verwirkten [:Z] *Säumniszuschläge*" (T3,4), „*junge* [Z:] *deutsche*
[:Z] *Filme*" (T4,4), „*des* [Z:] *neueren* [:Z] *Positivismus*" (T7,1), „[Z:]
Bahr-[:Z]*Papier*" (T8,10).

Zu den kennzeichnenden Zusätzen gehören auch die possessiven Pronomen
mein, dein, sein, unser, euer, ihr, sofern sie auch durch *derjenige, welcher-*

Umformulierungen ersetzbar sind (aber nicht, wenn sie SOLIDARISIE-
REND verwendet werden, s. 3.25.3, Ende):

3:       „Niemand darf wegen ... seines Glaubens ...“ (T2, Art. 3,3)
3a: ... wegen desjenigen Glaubens, den er hat ...

Bei der Umformulierung eines stark hypotaktischen Textes in
parataktischen Stil – eine beliebte, nützliche Übung im muttersprachlichen Deutschunterricht – widersetzen sich die kennzeichnenden Attributsätze der Herauslösung als selbständige Sätze; sie
sind notwendige, unentbehrliche Nebensätze. Deshalb sollte man
bei kontrastiven Stiluntersuchungen über Satzkomplexität von
Texten nicht einfach die Zahl der Nebensätze feststellen, sondern
nach notwendigen (kennzeichnenden Attributsätzen und Ergänzungssätzen, s. 3.11) und nichtnotwendigen Nebensätzen unterscheiden. Die kennzeichnenden Zusätze sind zu den konstitutiven
zu rechnen, denn mit der KENNZEICHNUNG konstituiert man
das Bezugsobjekt. Wenn die von Bismarck erzählte Anekdote
stimmt, er habe seinen Beamten verboten, Adjektive zu verwenden,
so ist dies so zu interpretieren, daß nicht etwa kennzeichnende
Adjektive in Nominalgruppen wie *deutsche Interessen, soziale
Reformen* gemeint waren, sondern die wirklich freien Attribute,
vor allem die schmückenden Epitheta.

3.25.3. Nichtrestriktive/nichtkennzeichnende Zusätze

Nichtkennzeichnende Bezugstellen-Zusätze werden in den Grammatiken meist „explikative“/erläuternde Attribute genannt. Diese
Bezeichnung erfaßt aber nur einen Teil der nichtkennzeichnenden
Zusätze; die Vielfalt ihres semantischen Beitrags zum Satzinhalt ist
größer:

Orientierende Zusätze (AKTIVIERUNG oder ERWEITE-
RUNG des ALLGEMEINWISSENS):

„*Dr. Barzel* [:Z:] *(CDU/CSU)* [:Z:]“ (T8,1), „*... der* [Z:] *in Stuttgart
erscheinenden* [:Z] [Z:] *Monatszeitschrift*[:Z] *„Evangelische Kommentare“ ...*“ (T9b,4), „ *... der* [Z:] *Ende 1979 ablaufenden* [:Z] *Verjährungsfrist*“ (T9b,3), „*Sie wissen ...,* [Z:] *– und dies hat in einer früheren
Debatte ... eine Rolle gespielt –* [:Z], *daß der Brief ...*“ (T8,6). Der
Einschubsatz im letzten Beispiel, der sich auf den nachfolgenden *daß-*

Nebensatz bezieht, hat außer dem ORIENTIEREN noch die pragmatische Funktion, die UNTERSTELLUNG *„Sie wissen selbst..."* stützend zu BEGRÜNDEN.

Explikative Zusätze (ERLÄUTERUNGEN):

„ ...„Casino-Journal", [Z:] *das internationale Roulette-Magazin in deutscher Sprache* [:Z]" (T6), *„Der Politologe,* [Z:] *der in der Zeit des Nationalsozialismus mit seiner jüdischen Familie nach Frankreich floh* [:Z]" (T9b,5), *„*[:Z] *Kostenloses* [:Z] *Probeexemplar"* (T6).

Spezifizierende Zusätze (GENAUERSAGEN):

„der Krone [Z:], *insonderheit ihrer Trägerin* [:Z]" (T5,7), *eine Figur* [Z:] *aus Bronze* [:Z], *ein* [Z:] *abendliches* [:Z] *Treffen*

Typisierende Zusätze (Epitheta):

In klassisch stilisierter Dichtung war das in der alten Rhetorik gelehrte schmückende Beiwort (epitheton ornans) beliebt, mit dem keinerlei neue Information gegeben, sondern nur ästhetisches Vergnügen erzeugt werden sollte; z. B.:

[Z:] *grüne* [:Z] *Aue,* [Z:] *strahlende* [:Z] *Sonne,* [Z:] *liebliche* [:Z] *Jungfrau.* Ähnliches findet sich heute in kommerziellen oder politischen Werbetexten mit Wert-Wörtern wie *modern, preiswert, lohnend, beglückend, friedliebend, fortschrittlich, freiheitlich, demokratisch, sozialistisch* ... Die stereotype Bedeutung wirkt sich hier allerdings über das Ästhetische hinaus persuasiv und manipulativ aus, so daß solche Zusätze wohl auch zu den Sozialbeziehungs-Zusätzen (s. unten) zu stellen wären.

Negierende Zusätze (VERNEINUNG als AUSSCHLIESSUNG):

Bezugsstellen-Negationen (Wortverneinungen) gehören im Unterschied zu den Aussagen-Negationen (Satzverneinungen) nicht zur obligatorischen Sprechereinstellung (s. 2.23.2). Wenn nur eine Bezugsstelle verneint ist, wird anstelle einer BEZUGNAHME ein Bezugsobjekt (oder mehrere) AUSGESCHLOSSEN. Ob der Geltungsbereich solcher Negationen tatsächlich nur die betreffende (im Satzausdruck unmittelbar nachfolgende) Bezugsstelle ist (und nicht die ganze Aussage), kann durch herausstellende Umformulierungen wie *Es ist/gibt nicht x, das* ... festgestellt werden:

4:     *Nicht sie hat ihm das geraten.*

4a: *Es ist nicht sie, die ihm das geraten hat.* (impliziert: *jemand anders hat* ...)

5:      *Kein Mensch war dort.*
5a: *Nicht ein Mensch war dort.*
5b: *Es gibt nicht einen einzigen Menschen, der dort war.*

Exkludierende Zusätze (AUSSCHLIESSEN):

Mit *nur, lediglich, allein, einzig, ausschließlich* vor Substantiven kann das betreffende Bezugsobjekt dadurch herausgehoben werden, daß alle anderen Möglichkeiten AUSGESCHLOSSEN werden: z. B. *nur die Stoßstange,* was impliziert: ‚und nicht andere Teile des Autos'. Umgekehrt kann mit *zumindest, wenigstens, auch* angedeutet werden, daß andere im Kontext in Betracht kommende Bezugsobjekte ebenfalls von der betreffenden Aussage betroffen sind *(auch)* oder sein könnten.

(E)valuative Zusätze (BEWERTENDE Sprechereinstellung, vgl. 2.23.3); mit ihnen wird eine Sprechereinstellung des Sprechers bzw. Verfassers ausgedrückt, mit der damit verbundenen Absicht, die betreffende BEWERTUNG dem Hörer bzw. Leser NAHEZU-LEGEN:

„ ... *manches* [Z:] *schlechte* [:Z] *Werk*" (T4,5), „ ... *als sei das eine* [Z:] *erschöpfende* [:Z] *Auskunft*" (T10,4), „*Filme* ..., [Z:] *die sich sehen lassen können* [:Z]" (T4,4). BEWERTEN geschieht nicht immer durch explizite Bewertungsausdrücke; oft wirkt ein Zusatz nur durch den Kontext indirekt BEWERTEND: „*die Filmförderung* [Z:] *– und zwar genau diese Förderung* [:Z]" (T4,5); Referenz-VERSICHERUNG als BEWERTUNG: ... *auf der Basis des Bahr-Papiers* [Z:] *– das war doch der fertige Vertrag* [:Z]" (T8,10); der Parenthese-Zusatz hat hier außer dem ERLÄUTERN und BEWERTEN auch die Funktion, zu BEGRÜNDEN, warum die Einladung der Regierung „*nicht zumutbar*" war. Sehr pauschale BEWERTUNGEN stecken in Zusätzen wie *sogar, wenigstens, man höre und staune,* ...

Metakommunikative Zusätze (REDEN ÜBER GESAGTES):

Mit Attributen wie *sogenannt* DISTANZIERT man sich von der Verantwortung für den Gebrauch oder die Bedeutung eines Ausdrucks:

der [Z:] *sog.* [:Z] *Demokratische Sektor von Berlin; das Passiv als* [Z:] *sog.* [:Z] *Leideform.* Die gleiche Funktion wie Anführungsstriche (besonders einfache) bei Einzelwörtern: *der ‚Demokratische' Sektor von Berlin; das Passiv als ‚Leideform'.* Hierher gehören auch IRONIE-Signale: „*Das heimlose, unbeschäftigte „Sozialprodukt" verwirklichte* ..." (T5,6); vgl. 4.45, 5.1.
Ein anderer Typ metakommunikativer Zusätze ist die Angabe von Alternativausdrücken, so z. B. die häufigen mit Schrägstrichen angefügten synony-

men Termini in diesem Buch, oder eine nachgetragene synonyme Abkürzung: „*die Spitzenorganisation der Filmwirtschaft* [Z:] *(Spio)* [:Z]" (T4,3).

K o n t a k t - und B e z i e h u n g s - Zusätze; dem Ausdruck von HÖFLICHKEIT, BILDUNGS-IMAGE usw. dienen Zusätze wie:

„*leider . . . bitte . . . Hochachtungsvoll Ihr*" (T3), „*Herr Kollege*" (T8,6), „*unser englischer Vetter*" (T5,4), „*von dem es lateinisch heißt, er singe nicht*" (T10,5), . . ., die in 2.24 behandelt sind.

3.26. Weiterführende Zusätze

Um eine Art unechter Zusätze handelt es sich bei den in deutschen Grammatiken behandelten „weiterführenden Nebensätzen", die semantisch unechte Relativsätze sind: „*Sie machte einen Versuch, der aber restlos scheiterte*" (DudenGr 672), *Er hat das Examen bestanden, worüber sie sich sehr freute,* vor allem mit *w*-Pronomen-Anschluß. Da ihr Beitrag zur Satzbedeutung die Weiterführung des Textverlaufs zu einer neuen Aussage bzw. zu einem neuen Satzinhalt ist, sind sie keine echten Zusätze zu Aussagen, sondern hypotaktisch angeschlossene weitere Textschritte. Besonders in unserer akademisch geprägten Bildungssprache (in der man es sogar fertigbringt, einen Diskussionsbeitrag mit einem *wobei*-Nebensatz zu beginnen), ist seit der Zeit des Humanismus der Stilwert hypotaktischen Satzbaus hoch im Kurs. So werden Aussagen, die man sinnvoll als folgende selbständige Sätze formulieren könnte, oft als Nebensätze mit Relativ-Pronomen künstlich-hypotaktisch angehängt. Dadurch erwecken sie den Anschein, sie seien auch semantisch Zusätze zur vorangegangenen Aussage. Solche „weiterführenden" Zusätze gehören im Grunde zu den hypotaktischen Formen von Aussagen-Verknüpfung (s. 3.32.1), sind „Abwandlungen quasi-koordinativer Verknüpfungen« (Heidolph u. a. 787).

Ein Textbeispiel: „*Denn unser Gesetz,* [Z:] *und das werfen seine Gegner ihm gerade vor* [:Z]*, betreibt de facto Kunstförderung,* [Z:] *was ein Bundesgesetz nicht tun dürfte, da die Kultur unter den Hoheitsanspruch der Länder fällt* [:Z]". (T4,6). Die beiden Zusätze (in Form eines Einschubsatzes und in Form eines satzbezogenen Relativsatzes mit „*was*") gehören zusammen und bilden semantisch einen weiteren Schritt im Textverlauf. Der erste Schritt ist die FESTSTELLUNG „*Unser Gesetz betreibt de facto Kunstförderung*". Der zweite Schritt ist ein HINWEIS auf die Stellungnahme Anderer zu dem Festgestellten, samt deren BEGRÜNDUNG. Dem

Sinne nach könnte das Satzgefüge also (mit Auflösung der unechten Zusätze) gut parataktisch umformuliert werden: *Denn unser Gesetz betreibt de facto Kunstförderung. Gerade dies werfen ihm seine Gegner vor. Ein Bundesgesetz dürfe dies nicht tun, da die Kultur unter den Hoheitsanspruch der Länder fällt.*

Ein ähnlicher Fall: „ *... aus dem Gebiet westlich der Oder, [Z:] 1648 schwedisch und 1720 preußisch geworden [:Z], [Z:] was einem 1934 Geborenen als Obrigkeit den Preußischen Ministerpräsidenten Hermann Göring einträgt [:Z]"* (T10,5). Hier liegen 3 Textschritte vor: erstens die BESTÄTIGUNG der Herkunft seiner Mutter aus Pommern mit der KORREKTUR: ‚aus Vorpommern', zweitens der HINWEIS auf die Landesgeschichte, drittens die FOLGERUNG für die politischen Umstände der eigenen Kindheit. Der erste Zusatz hätte auch parataktisch mit pronominalem Anschluß formuliert werden können *(Dieses Gebiet war ...)*, der zweite Zusatz als konsekutiver Nebensatz mit *sodaß*.

Weiterführende Zusätze gibt es auch in Form von adjektivischen und substantivischen Attributen: „*Das Deutsche Volk bekennt sich darum zu [Z:] unverletzlichen und unveräußerlichen [:Z] Menschenrechten [Z:] als Grundlage jeder menschlichen Gemeinschaft, des Friedens und der Gerechtigkeit in der Welt [:Z]."* (T2 Art. 1.2). Was in diesem äußerst komprimiert formulierten Gesetzestext zu einem einzigen parataktischen Satz verdichtet ist, sind satzsemantisch eigentlich drei Textschritte: 1. *Das Deutsche Volk bekennt sich zu den Menschenrechten.* 2. *Diese dürfen nicht verletzt oder veräußert werden.* 3. *Denn sie bilden die Grundlage jeder menschlichen Gemeinschaft, des Friedens und der Gerechtigkeit in der Welt.*

3.3. Verknüpfungen von Satzinhalten (Relationen)

Wenn man zwei Gegenstände miteinander verknüpft, zusammenbindet, zusammenschraubt usw., gibt es immer drei notwendige Bestandteile dieser Verbindung: zwei verbundene Gegenstände und ein Verbindendes (ein Knopf, eine Öse, eine Binde oder Schraube). So ist es auch im Satzbau bei Satzverknüpfungen: Zwei Sätze und (meist) ein Verknüpfungs-Ausdruck in Form einer Konjunktion oder Ähnlichem bzw. eines beiden Sätzen übergeordneten Hauptsatzes (Hypersatz/Obersatz). Auf der Seite des Satzinhalts ist es entsprechend: Zwei Prädikationen/Aussagen P1 und P2 (oder zwei Satzinhalte samt Handlungsgehalt, s. 3.33) werden miteinander in eine besondere semantische Relation/Beziehung R gebracht.

Die verknüpfende R e l a t i o n wird in expliziter Umformulierung oder Formalisierung als den Aussagen P1 und P2 übergeordnete Ober-Aussage dargestellt:

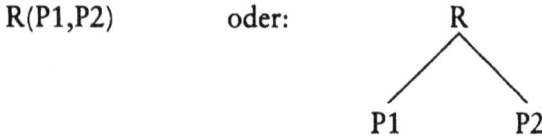

R(P1,P2)   oder:

$$\begin{array}{ccc} & R & \\ & \diagup\diagdown & \\ P1 & & P2 \end{array}$$

> Beispiel: *Daß P1, hat zur Folge$_R$, daß P2.*
> oder: *P1, sodaß$_R$ P2.*
> oder: *P1. Infolgedessen$_R$ P2.*

3.31. Syntaktische Formen

Die Verknüpfungsrelation R ist in vielen Fällen überhaupt nicht ausgedrückt. Trotzdem ist auch in solchen Fällen aus dem Kontext heraus mit irgendeiner inhaltlichen Beziehung zwischen den Sätzen zu rechnen, denn dies macht eine Aneinanderreihung von Sätzen erst zum Text. Als Beispiel kann die exemplarische Textanalyse in 5.1 dienen, wo die inhaltliche Textstruktur in den meisten Fällen mangels Verknüpfungswörtern aus dem Kontext mitverstanden werden muß. Der Fall, daß die verknüpfende Relation R explizit als Obersatz formuliert ist, kommt als Ausnahmeerscheinung vor allem in der Wissenschafts- und Bildungssprache vor. Meist ist R nur durch eine Konjunktion, eine Partikel oder gar nicht ausgedrückt, und oft ist eine der beiden verknüpften Aussagen P1 und P2 nur durch eine Pro-Form, ein Konjunktionaladverb/Pronominaladverb vertreten. Insgesamt haben wir es mit folgenden Satzbaumöglichkeiten für den Ausdruck der satzsemantischen Relation R zu tun:

- R als Hypersatz/O b e r s a t z, d.h. übergeordneter Hauptsatz mit zwei Ergänzungssätzen (vgl. 3.11): *Daß er es getan hat$_{P1}$, ist der Grund$_R$ dafür, daß er gehen mußte$_{P2}$.* (mit Korrelat/Platzhalter *dafür*, vgl. 3.14)
- R als R e l a t i o n s v e r b/Abstraktverb (s. 3.17, Heidolph u. a. 825), Erben 1984, 63), mit Nominalisierungen, Ergänzungssätzen oder Infinitivsätzen in beiden Ergänzungs-Stellen: *Seinen Abgang$_{P2}$ verdankt$_R$ er seinem Verhalten$_{P1}$.*

- R als koordinative/n e b e n o r d n e n d e K o n j u n k t i o n zwischen zwei zu einem Satz verknüpften Sätzen: *Er hat es getan*$_{P1}$ *und* $_R$ *(er) mußte gehen*$_{P2}$. (meist mit Ellipse/Weglassung eines beiden Sätzen gemeinsamen Elements wie *er* (gapping/Zusammenziehung)
- R als subordinative/u n t e r o r d n e n d e K o n j u n k t i o n (Subjunktion), als Einleitung eines P1-Nebensatzes, der im P2-Hauptsatz die Stelle einer freien Angabe vertritt (Angabesatz): *Weil*$_R$ *er es getan hat*$_{P1}$, *mußte er gehen*$_{P2}$. (vorangehender Nebensatz); *Er mußte (deshalb*$_R$*) gehen*$_{P2}$, *weil*$_R$ *er es getan hat*$_{P1}$. (folgender Nebensatz mit möglichem Korrelat/Platzhalter *deshalb*, s. 3.14)
- R als K o n j u n k t i o n a l a d v e r b/Pro-Adverb/Pronominaladverb im folgenden P2-Satz mit pronominalem und zugleich relationalem Rückbezug auf den vorangehenden P1-Satz: *Er hat es getan*$_{P1}$. *Deshalb*$_R$ *mußte er gehen*$_{P2}$.
- R als P a r t i k e l im folgenden P1-Satz: *Er mußte gehen*$_{P2}$. *Er hat es doch*$_R$ *selbst verschuldet*$_{P1}$.
- R als K o n j u n k t i o n eines I n f i n i t i v s a t z e s (nur bei wenigen semantischen Klassen möglich): *Er hat es getan*$_{P1}$, *um*$_R$ *gehen zu müssen*$_{P2}$. *Ohne*$_R$ *es getan zu haben*$_{P1}$, *mußte er gehen*$_{P2}$.
- R als P r ä p o s i t i o n einer P1-Nominalgruppe in der Stelle einer freien Angabe: *Wegen*$_R$ *seines Verhaltens*$_{P1}$ *mußte er gehen*$_{P2}$.
- R und P1 als A d v e r b in der Stelle einer freien Angabe im P2-Satz (selten): *Ordnungshalber*$_{R+P1}$ *mußte er gehen*$_{P2}$.
- R ist überhaupt nicht ausgedrückt (i m p l i z i t e Verknüpfung): *Er hat einen Fehler gemacht*$_{P1}$. *Er mußte gehen*$_{P2}$. *Der Tat überführt*$_{P1}$, *mußte er gehen*$_{P2}$. – Oft steht Doppelpunkt für R.
Ferner R als Vollzugsausdruck einer Sprecherhandlung, s. 3.33.

Die Möglichkeiten mit Präposition oder Adverb können auch als Zusätze zur P2-Aussage (s. 3.2) erklärt werden. Die Grenze zwischen Zusätzen und Verknüpfungen ist sehr fließend und nur kontextsemantisch zu klären. Dabei sind auch die Platzhalter (s. 3.14) in den Hauptsätzen wichtig. Steht im Hauptsatz ein Platzhalter (z. B. *deshalb* in 1, *so* in 2), ist die Verknüpfung von P1 und P2 ein primärer Textverlaufs-Schritt, ist von vornherein geplant. Dagegen liegen in Satzgefügen ohne Platzhalter (1a, 1b) möglicherweise zwei Textverlaufs-Schritte vor, und die verknüpfte zweite Aussage kann – je nach Rhythmus und Intonation – auch als Nachtrag zustandegekommen sein. Noch deutlicher ist dies bei der Formulierung in zwei selbständigen Sätzen mit Pronominaladverbien (*Darum* in 1b, *Infolgedessen* in 2b) oder Doppelpunkt:

1:    *Er mußte deshalb$_R$ gehen$_{P2}$, weil$_R$ er es getan hat$_{P1}$.*
1a: *Er mußte gehen$_{P2}$, weil$_R$ er es getan hat$_{P1}$.*
1b: *Er hat es getan$_{P1}$. Darum$_R$ mußte er gehen$_{P2}$.*
2:    *Er sprach so$_R$ langweilig$_{P1}$, daß$_R$ man einschlief$_{P2}$.*
2a: *Er sprach langweilig$_{P1}$, sodaß$_R$ man einschlief$_{P2}$.*
2b: *Er sprach langweilig$_{P1}$. Infolgedessen$_R$ schlief man ein$_{P2}$.*
2c: *Er sprach langweilig$_{P1}$:$_R$ Man schlief ein$_{P2}$.*

3.32. Semantische Klassen

Je nach dem speziellen Bedeutungstyp der Relation R (und seiner verschiedenen Ausdrucksformen) unterschied man schon in der traditionellen Grammatik semantische Klassen von N e b e n s ä t - z e n und Adverbialen („Kausal-", „Konditional-", „Final-" usw.). Hier nehmen wir auch die anderen syntaktischen Ausdrucksformen zu der jeweiligen semantischen Klasse hinzu. Dies ist ohne weiteres möglich bei Konjunktionaladverbien und Präpositionen, da diese drei R-Ausdrucksmöglichkeiten beim Sätzeformulieren fast bei jeder semantischen Klasse zur Verfügung stehen. Schwieriger, und manchmal nur mit seltenen, abstrakten, mitunter nur konstruierten wissenschaftssprachlichen Formulierungsweisen ist dies für die expliziteste Form des R-Ausdrucks, den Hypersatz/ Obersatz möglich. Wir versuchen dies jedoch möglichst für alle semantischen Klassen, um Formulierungsmethoden für explizite Umformulierungen der satzsemantischen Analyse und Beschreibung bereitzustellen. Von den Abstrakt- oder Relationsverben kann hier nur ein kleiner Teil genannt werden; sie sind stark im Zunehmen und wurden in den meisten Grammatiken noch gar nicht erfaßt. – Wir stellen, wie bei den Zusätzen (3.2), wieder die traditionellen lateingebildeten Schlagwort-Termini voran und geben dann zur näheren Erklärung Handlungstypen (in VERSALIEN) an; diese sind von den angegebenen etymologischen Bedeutungen jener alten Termini meist gar nicht so weit entfernt.

3.32.1. K o p u l a t i v e Verknüpfungen (nach lat. *copulare* ‚zusammenfügen, vereinen‘), der „Konjunktion" der Logik entsprechend: Eine Aussage P2 zu einer Aussage P1 HINZUFÜGEN$_R$, oder eine Aussage P1 durch eine Aussage P2 ERGÄNZEN$_R$, oder: Aussagen P1 bis Pn SUMMIEREN$_R$ usw.

Mit R-Obersatz bzw. Relationsverb: *Zu P1 kommt hinzu*~R~*, daß P2; Es gilt beides*~R~*: daß P1 und*~R~ *P2; P1 ergänze*~R~ *ich durch P2.* – P2-Konjunktional-adverbien: *auch, ferner, außerdem, weiterhin, darüber hinaus.* – Koordinative Konjunktionen und Partikeln für R: *und, wie;* SUMMIEREN: *sowohl ... als auch, „weder ... noch"* (T1 4,10,17); GEGENÜBERSTELLEN, STEIGERN, KORRIGIEREN einer Erwartung: *„nicht nur ... sondern" (auch)* (T9a,11 T9b,4); ABWÄGEN: *einerseits ... andererseits, zum einen ... zum anderen;* NACHTRAGEN, ABSTUFEN: *„sowie"* (T9b,4), *wie auch.* – R-Konjunktionaladverbien und -Partikeln im P2-Folgesatz: *außerdem, zudem, überdies, auch, ferner, gleichfalls, ebenso, ebenfalls, ...*

Wenn nicht ganze Sätze, sondern nur Satzglieder kopulativ verknüpft werden (Häufung mehrerer Wörter in einer Satzglied-Stelle), sieht es so aus, als würden nicht ganze Aussagen, sondern nur Aussagekerne/Prädikate oder Bezugsobjekte miteinander verknüpft:

3:     *„Er wollte plaudern und rauchen."* (T5,11)
4.   *„Du sollst deinen Vater und deine Mutter ehren."* (T1,12)
Diese Fälle lassen sich zwar satzsemantisch beide auf vollständige Aussagen-Verknüpfungen zurückführen:
3a: *Er wollte plaudern*~P1~*, und*~R~ *er wollte rauchen*~P2~*.*
4a: *Du sollst deinen Vater ehren*~P1~*, und*~R~ *du sollst deine Mutter ehren*~P2~*.*

Kontextsemantisch wird man aber grundsätzlich von der Sprecherplanung her unterscheiden müssen zwischen primärer SUMMIERUNG von Aussagekernen (z. B. *„achten und schützen"* in T2 Art.1,1) bzw. Bezugsobjekten (z. B. *„deinen Vater und deine Mutter"* in 4) einerseits und HINZUFÜGUNG einer Aussage zu einer anderen mit syntaktischer Zusammenziehung (z. B. *„plaudern und rauchen"* in 3) andererseits.

Unechte kopulative Koordinationen, nämlich solche aufgrund von Valenzbindung, nicht Verknüpfung, sind *und*-Zusammenziehungen als Varianten von präpositionalen Fügungen für symmetrische Prädikationen P(x,y)/P(y,x) s. 2.15.1:
5:     *„ ... des Zusammenhanges von Erkenntnis und Interesse"* (T7,5)
5a: *... wie Erkenntnis mit Interesse zusammenhängt*
5b: *... wie Interesse mit Erkenntnis zusammenhängt*
6:     *„Männer und Frauen sind gleichberechtigt".* (T2 Art. 3.2)
6a: *Männer sind mit Frauen gleichberechtigt.*
6b: *Frauen sind mit Männern gleichberechtigt.*

3.32.2. Disjunktive Verknüpfungen (nach lat. *disjungere* ‚trennen, unterscheiden'), der „Disjunktion" bzw. „Kontravalenz" der Logik entsprechend. Zu einer Aussage P1 eine ALTERNATIVE$_R$ P2 NENNEN, P1 und P2 zur WAHL STELLEN$_R$, die ENTSCHEIDUNG zwischen P1 und P2 OFFENLASSEN$_R$, usw.

Mit R-Obersatz bzw. Relationsverb: *Daß P1, ist die Alternative$_R$ dazu, daß P2; Nur eines von beiden gilt$_R$: P1 oder P2; P1 schließt aus$_R$ P2; Es bleibt offen$_R$, ob P1 oder P2 oder beides der Fall ist.* – Koordinative R-Konjunktionen: *oder, beziehungsweise* (bedingte Alternative). – R-Konjunktionaladverbien im P1-Folgesatz: *sonst, anderenfalls.*

Die AUSSCHLIESSENDE *oder*-Verknüpfung (lat. *aut*, Kontravalenz) wird präzisiert durch die Platzhalter+Konjunktion-Verbindung *entweder … oder* oder die Doppelkonjunktion *oder aber* im folgenden P2-Satz. Sie liegt vor allem bei Sprachhandlungen wie ALTERNATIVE STELLEN, ZUR ENTSCHEIDUNG ZWINGEN, DROHEN vor. Meist liegt aber die EINSCHLIESSENDE (disjunktive) Bedeutung vor (lat. *vel*): ‚P1 oder P2 oder beides'. Sie wird durch die Doppelkonjunktion *oder auch*, neuerdings in Wissenschafts- und Amtstexten durch die Form *und/oder* eindeutig gekennzeichnet.

7:    „Niemand darf wegen seines Geschlechtes, seiner Abstammung, seiner Rasse, … seiner religiösen$_{Pa1}$ oder$_{Ra}$ politischen Anschauungen$_{Pa2}$ benachteiligt$_{Pb1}$ oder$_{Rb}$ bevorzugt$_{Pb2}$ werden." (T2 Art. 3,3)

8:    „… man sich an seine eigenen Sünden nicht gern erinnert$_{P1}$ oder$_R$ sie gar nicht als solche begreift$_{P2}$" (T9a,6)

Das „*oder*" der koordinativen Aufzählung von „*Geschlechtes*" bis „*politischen Anschauungen*" in 7 und das „*oder*" in 8 ist ein EINSCHLIESSENDES ‚oder', das zwischen „*benachteiligt*" und „*bevorzugt*" in 7 ein AUSSCHLIESSENDES.

3.32.3. Adversative Verknüpfungen (nach lat. *adversari* ‚sich widersetzen, entgegentreten'): Einer Aussage P1 eine Aussage P2 ENTGEGENSETZEN$_R$, P1 mit P2 KONTRASTIEREN$_R$, eine in P1 implizierte ERWARTUNG durch P2 KORRIGIEREN$_R$, usw.

Mit R-Obersatz bzw. Relationsverb: *Daß P2, steht im Gegensatz$_R$ dazu, daß P1; P1 widerspricht$_R$ P2.* – Mit koordinativer R-Konjunktion: „*aber*" (T4 2,12 T8,10), *doch*. – R-Konjunktionaladverbien bzw. -Partikeln im P2-Folgesatz: *dagegen, hingegen, dafür, demgegenüber, im Gegensatz dazu, „aber"* (T1,10), *doch, „jedoch"* (T10,5). – Mit subordinierender R-Kon-

junktion im P1-Nebensatz: *Inge liest gern*$_{P1}$, *während*$_R$ *Hans lieber klavier-spielt*$_{P2}$. – SUMMIERENDE R-Partikeln in beiden Sätzen: „*nicht nur ...sondern*" (T9a,11 T9b,4).
Bei der Textanalyse kommt es darauf an, kontextsemantisch zu klären, ob die der adversativen Aussage P2 vorangehende Aussage P1 negativ, die adversative selbst positiv bewertet ist, wie z. B. sehr explizit durch „*wohl*" in: „*... nie sehr für Rache*$_{P1}$, *wohl aber*$_R$ *für Erinnerungen interessiert*$_{P2}$" (T9a,9). Ebenso mag für Nichtjuristen und Filmfreunde eine negative BEWERTUNG im Adverb „*de jure*" stecken in: „*Filmförderungsgesetz ...de jure Wirtschaftsförderung*$_{P1}$, *de facto aber*$_R$ *(auch) Kunstförderung*$_{P2}$ *meint*" (T4,12).
Wo keine BEWERTUNGEN vorliegen, hat die adversative Konjunktion nur die Funktion des ENTGEGENSETZENS/KONTRASTIERENS von Unerwartetem gegenüber Erwartetem: „*nicht nur*$_R$ *Verjährung*$_{P1}$, *sondern*$_R$ *Amnestie*$_{P2}$" (T9a,11).

3.32.4. **K o n z e s s i v e** Verknüpfungen (nach lat. *concedere* ‚beiseitetreten, sich fügen, einräumen'): Eine Aussage P1 ZUGESTEHEN$_R$ und darauf eine Aussage P2 ENTGEGENSETZEN$_R$:
Mit R-Obersatz: *Ich zugestehe*$_R$/*einräume*$_R$, *daß P1, aber es ist nun einmal so, daß P2; Daß P1, ist nur die eine Seite*$_R$, *die andere ist P2.* – R-Konjunktion im P1-Nebensatz: *obwohl, obgleich, trotzdem* (2. Silbe betont), *wiewohl, wenngleich, selbst wenn*, „*auch wenn*" (T7,6), *wenn ...auch, unbeschadet daß, ohne daß, ohne zu, sogar wenn, so ... auch;* dazu mögliche R-Platzhalter im folgenden P2-Hauptsatz: *trotzdem, dennoch, so ... doch, doch.* – P2-Konjunktionaladverbien und Partikeln im P2-Folgesatz: *trotzdem* (1. Silbe betont), „*gleichwohl*" (T7,7), „*dennoch*" (T10,3), *dessenungeachtet, nichtsdestoweniger, allerdings, jedoch, doch, aber.* – Partikel in beiden Sätzen: *zwar ... aber, gewiß ... aber, wenn ...selbst dann, einerseits ... andererseits.* – Voranstehender konjunktionsloser P1-Nebensatz mit *auch* und Verb-Spitzenstellung: *Mag er auch*$_R$ *überlastet sein*$_{P1}$, *er muß teilnehmen*$_{P2}$. – P1-Partizipgruppe: *zugestanden daß ...,zugegeben daß ..., ungeachtet ...* —R-Präpositionen in P1-Nominalgruppen: *trotz, unbeschadet, abgesehen von.*

Der konzessive Teil P1 enthält das ZUGESTEHEN einer zunächst objektiv naheliegenden und erwarteten oder als Gegenargument denkbaren BEDINGUNG für eine FOLGE, deren Nichteintreten oder Nichtakzeptieren im anderen Teil (P2) ausgesagt wird: „*...daß die Opposition nicht mit nach Moskau gefahren sei*$_{P2}$, *obwohl*$_R$ *er sie eingeladen habe*$_{P1}$". (T8,5), „*Wer in eine Akademie* *gewählt wird, soll Pflichten erwarten*P1*. Dennoch*R *... kann er überrascht sein ...*P2" (T10 2,3). Oft ist das ZUGESTEHEN jedoch ein argumentativer Schritt gegenüber (wirklichen oder fiktiven) Dialog-Partnern, mit dem die im anderen Teil folgende ENTGE-GENGESETZTE Aussage teils höflicher wirken soll (Imagearbeit, s. 2.24), teils durch die adversative Bedeutung des anderen Teils wirksamer vorgetragen werden kann (KONTRASTIERUNG):

*„Gewiß*R *findet sich in der Ausbeute auch manches schlechte Werk*P1*, aber hätten wir einen Faßbinder*P2 *..., wenn wir die Filmförderung ... nicht hätten?"* (T4,5). Hier wird zuerst etwas ZUGESTANDEN, was Gegner behauptet haben, dann in Form einer RHETORISCHEN FRAGE eine gegenteilige BEHAUPTUNG ENTGEGENGESETZT.

„Für sie ist es zwar nicht ganz berechtigt, aber doch ganz normal, daß man immer wieder erinnert. Allerdings gehört dazu eine gewisse Dosis Heuchelei insofern ... (T9a 5,6).
Im ersten Teil („*Für sie*" bis „*erinnert*") wird ZUGEGEBEN, daß Anders-denkende ein gewisses Recht haben zu „*erinnern*" (was wiederum mit einer konzessiven Verknüpfung „*zwar ... aber*" EINGESCHRÄNKT wird), im zweiten Teil mit „*Allerdings*" eine eigene BEWERTUNG („*Heuchelei*") mit ERLÄUTERUNG („*insofern ...*") ENTGEGENGESETZT.

„Diese Idee ist in Marxens Theorie der Gesellschaft impliziert, auch wenn sie dem Marxschen wie dem marxistischen Selbstverständnis nicht zu entnehmen ist. Gleichwohl habe ich selbst ... nicht untersucht." (T7 6,7).
Mit dem „*auch wenn*"-Nebensatz wird ZUGESTANDEN, daß Andere das nicht akzeptieren würden, was er im vorangehenden Hauptsatz BEHAUP-TET (Umkehrung der konzessiven Abfolge). Mit dem „*Gleichwohl*"-Satz wird eine in jener BEHAUPTUNG implizierte Konsequenz ZURÜCKGE-NOMMEN.

3.32.5. Explikative, spezifizierende und exemplifizierende Verknüpfungen (nach lat. *explicare* ‚erklären‘, *species* ‚Art, einzel-ner Fall‘, *exemplum* ‚Beispiel‘): Eine Aussage P1 durch eine Aus-sage P2 näher ERKLÄREN_R, P1 durch P2 GENAUERSAGEN_R/ PRÄZISIEREN_R bzw. EXEMPLIFIZIEREN_R.

Mit R-Obersatz bzw. abstraktem R-Prädikatsausdruck: *P1 besteht darin, daß P2; Bei P1 handelt es sich um P2; P1 stellt sich dar als P2*. – Relativpronomen im folgenden P2-Nebensatz (weiterführenden Nebensatz, vgl. 3.26): *der, die, das, ..., was, worüber, woraus, ...* – Koordinierende R-Konjunktion bzw. -Partikel im P2-Folgesatz und in P2-Nominalgruppen:

und zwar, nämlich, d. h., genauer (gesagt), ...; vgl. *insofern als* mit zugleich kausaler und spezifizierender Bedeutung (3.32.13).

„*... betreibt de facto Kunstförderung*$_{P1}$, *was ein Bundesgesetz nicht tun dürfte*$_{P2}$" (T4,6, explizierend), „*Es gibt Nachrichten, die ...*$_{P1}$. *Dazu gehört*$_R$ *die Ankündigung ...*$_{P2}$" (T4,2f., exemplifizierend), „*Denn ich, der Herr, dein Gott, bin ein eifriger Gott*$_{P1}$, *der da heimsucht der Väter Missetat*$_{P2}$." (T1,5, explizierend), „*... auf einem Umweg zu genügen*$_{P1}$, *nämlich*$_R$ *einer Vorstellung*$_{P2}$ *der Ansichten, die ....*" (T10,3, spezifizierend).

3.32.6. R e s t r i k t i v e Verknüpfungen (nach lat. *restringere* ‚zurückziehen, beschränken'): Eine vorangehende Aussage P1 durch eine Aussage P2 EINSCHRÄNKEN$_R$.

Mit R-Obersatz: *Daß P1, ist nur so zu verstehen*$_R$, *daß P2; Daß P1, ist dahingehend einzuschränken*$_R$ / *gilt nur insofern*$_R$ *als P2.* – R-Konjunktionen im folgenden P2-Nebensatz: *(in)soweit, soviel, (in)sofern, außer daß, außer wenn, nur daß.* – R-Konjunktionaladverbien und -Partikel im P2-Folgesatz: *Freilich, allerdings, aber, doch, jedoch, indessen,* „*nur*" (T4,10). – P2-Partizipgruppen: *abgesehen von ..., ungeachtet ..., unbeschadet ..., ausgenommen ...* – P2-Nominalgruppen mit Präpositionen: *mit der Einschränkung ..., unter Vernachlässigung von ..., ohne Rücksicht auf ...* – Vgl. auch die restriktiven Zusätze (3.25.2).

„*Jeder hat das Recht auf ...*$_{P1}$, *soweit*$_R$ *er nicht die Rechte anderer verletzt und ...*$_{P2}$" (T2 Art.2,1; EINSCHRÄNKUNG$_R$ einer GARANTIE$_{P1}$ durch eine KLAUSEL$_{P2}$), „*Haben sie recht? Sie haben*$_{P1}$. *Nur*$_{R1}$ *ist diese mit Pathos vorgetragene Mißfallenskundgebung insofern*$_{R2}$ *geheuchelt*$_{P2}$, *als ...*$_{P3}$." (T4,8-10; EINSCHRÄNKUNG$_R$ einer BEWERTUNG$_{P1}$ durch eine BEHAUPTUNG$_{P2}$). – Abstrakter Prädikatsausdruck für EINSCHRÄNKEN$_R$: „*Diese Rechte*$_{P1}$ *finden ihre Schranken*$_R$ *in den Vorschriften ...*$_{P2}$" (T2 Art. 5,2).

3.32.7. K o m p a r a t i v e / vergleichende Verknüpfungen (nach lat. *comparare* ‚vergleichen'): Eine Aussage P1 ERKLÄREN durch VERGLEICHEN$_R$ mit einer Aussage P2.

Mit R-Obersatz: *Daß P1, ist genau*$_R$/*ähnlich*$_R$ *wie/anders*$_R$ *als P2, Daß P1, ist zu vergleichen*$_R$ *mit P2.* – Mit abstraktem R-Prädikatsausdruck: *P1 kommt gleich*$_R$/*nahe*$_R$ *...P2.* – R-Pronominaladverbien im folgenden P2-Satz: *so, genauso, wie dies ...* – R-Konjunktionen im P2-Nebensatz: *wie, wie wenn, wie daß;* mit P1-Platzhalter im Hauptsatz: *so/genau/genauso ... wie, ebenso ... wie, ähnlich ... wie,* „*so ... so*" (T9a,12), *anders ... als;* irreale Gleichheit: *so ... als ob, so ... als* mit Konjunktiv. – R-Präposition in P2-Nominalgruppen: „wie" (T5,5), entsprechend. – Komparativ von Adjektiven mit R-Konjunktion als: x ist größer$_{P1+R}$ als$_R$ y$_{P2}$. – Proportionaler Vergleich: je P1 desto P2; in dem Maße wie P1, so P2.

Vergleichssätze sind selten vollständig ausformuliert: „So$_R$ entschieden ich mich ... wehre$_{P1}$, so$_R$ entschieden bin ich gegen ...$_{P2}$." (T9a,12). Meist wird der Teil P2 nur verkürzt als Nominalgruppe ausgedrückt (1,2,3), läßt sich aber auch dann stets auf volle Vergleichssätze zurückführen (1a,2a,3a):

1:      Männer sind genauso eitel wie Frauen.
1a: Männer sind genauso$_R$ eitel$_{P1}$ wie$_R$ Frauen eitel sind$_{P2}$.
2:      Elizabeth war klüger als Michael.
2a: Elizabeth war klüger$_{P1+R}$ als$_R$ Michael klug war$_{P2}$.
3:      „... setzte sich ans Bett Ihrer Majestät$_{P1}$ wie$_R$ der Märchenfrosch zu Füßen der Prinzessin" [3a: ... sich setzte]$_{P2}$. (T5,5)

Der volle Vergleichssatz 3a impliziert noch stärker als die verkürzte Formulierung 3 die erwünschte Märchen-Assoziation: ‚setzte sich liebeswerbend zu Füßen der erschrockenen und sich zunächst vor ihm ekelnden Prinzessin', denn erst dadurch wird der Beitrag dieser volksliterarischen ANSPIELUNG zur erotisierenden VERHARMLOSUNG von Fagans Tat wirksam (s. 5.1).

Die vollständige Ausformulierung beider Teile des Vergleichs ist notwendig, wo die Prädikatsausdrücke von P1 und P2 verschieden sind: Elizabeth war klüger$_{P1+R}$ als$_R$ Michael dreist war$_{P2}$. Was hier verglichen wird, sind also nicht die Prädikate von P1 und P2, sondern ein MESSUNGS-Zwischenprädikat M, das zu jedem VERGLEICH als gemeinsames Merkmal (tertium comparationis) dazugehört: Der Grad$_{M1}$, mit dem Elizabeth$_x$ klug war$_{P1}$, war höher$_R$ als der Grad$_{M2}$, mit dem Michael$_y$ dreist war$_{P2}$. Als satzsemantische Formel:

$$\text{HÖHER}_R \ (M1(P1(x)), \ M2(P2(y)))$$

Bei Beispiel 3 ist die Relation R natürlich nicht GLEICH, sondern ÄHNLICH, und das Zwischenprädikat M nicht GRAD, sondern ART UND WEISE. So gibt es sehr verschiedene Arten des VERGLEICHENS, die in den üblichen R-Ausdrucksformen meist gar nicht deutlich werden. Allerdings haben wir dank sprachökonomischer Routine des Satzausdrucks so pedantische Formulierungsweisen wie im letzten Beispiel nicht nötig – außer vielleicht in bestimmten Bereichen der Wissenschaftssprache.

3.32.8. Temporale Verknüpfungen: ORIENTIEREN über Zeitbeziehungen im Satzinhalt und Kontext. Die Relation R besteht hier in den drei Typen VORZEITIG, GLEICHZEITIG, NACHZEITIG (in Bezug auf den Inhalt eines Hauptsatzes zu dem des Nebensatzes).

Mit R-Obersatz: *Daß P1, geschah/war früher als$_R$ daß P2.* – R-Konjunktionen in P2-Nebensätzen, VORZEITIG: *bevor, ehe, als* (mit Vergangenheit II) ...; GLEICHZEITIG: *während, als, solange, seit(dem), erst als,* ...; NACHZEITIG: *nachdem, sobald, sowie,* ... – R-Konjunktionaladverbien im P1-Folgesatz: VORZEITIG: *vorher, früher, davor, zuvor, einst,* ...; GLEICHZEITIG: *währenddem, währenddessen, da, damals, seitdem, zugleich, gleichzeitig,* ...; NACHZEITIG: *später, nachher, danach, darauf, bald, sofort, nun,* ... – Konjunktionsloser voranstehender P2-Nebensatz mit Spitzenstellung des Verbs: *Waren alle da, fingen wir an* (NACHZEITIG). – R-Präpositionen in P2-Nominalgruppen: *vor, gleichzeitig, mit, während, bei, zu, „nach Zugang der Mahnung"* (T3,4); Postpositionen: *...vorher, ...danach, ...später.* (Vgl. die temporalen Zusätze in 3.23.2). – P2-Partizipgruppe: *Zuhause angekommen,* ...

Die gegenseitigen Abhängigkeiten zwischen Aussagen-Verknüpfung, Tempora der Prädikatsausdrücke, Aspekt und Sprecherhandlungen gehören zu den kompliziertesten Teilbereichen der Satzsemantik. – Temporale Verknüpfung kann auch ohne besonderen Indikator in k o o r d i n a t i v e n Reihungen vorliegen, vor allem in erzählenden Texten oder Textstellen, wo man ohne weiteres temporale Konjunktionen wie *nachdem* oder Konjunktionaladverbien wie *dann* einsetzen könnte: „*Er nahm die Regenrinne ..., umging die Taubengitter, stieg in den ersten Stock ein, ging den Flur entlang und setzte sich ...*" (T5,5).

3.32.9. K o m i t a t i v e Verknüpfungen (nach lat. *comitare* ‚begleiten'): Einen Sachverhalt BESCHREIBEN durch Aussage über das notwendige Miteinander-Geschehen$_R$ zweier Teilsachverhalte P1 und P2; Sonderfall gleichzeitiger Temporalverknüpfung, bei dem zur temporalen eine gegenseitig-kausale Beziehung hinzukommt (Begleithandlung, -vorgang, -zustand).

R-Konjunktionen im folgenden P2-Nebensatz: *wobei, nicht ohne daß;* verneint: *ohne daß;* im vorangehenden P1-Nebensatz: *während;* im folgenden P2-Infinitivsatz *nicht ohne zu,* verneint: *ohne zu.* – P2-Partizipgruppe voranstehend: *seinen Hut abnehmend betrat er das Zimmer.* – R-Präpositionen in P2-Nominalgruppen: *mit, unter, bei,* verneint: *ohne.* Textbeispiel mit Partizipadverb:

1:     „*... sich aus allgemein zugänglichen Quellen ungehindert zu unter-richten*“. (T2 Art. 5,1)

1a: *... zu unterrichten*$_{P1}$*, ohne*$_R$ *daß er von jemandem daran gehindert wird*$_{P2}$.

1b: *... zu unterrichten*$_{P1}$*, wobei*$_R$ *er von niemandem daran gehindert werden darf*$_{P2}$.

Oft werden von einem und demselben AGENS zwei oder mehrere Handlungen zugleich und in notwendigem Zusammenhang ausge-führt, auch als Haupt- und Nebenhandlung. So ist für allgemeines Reden über Handeln und über Kommunizieren (Metakommunika-tion) – ebenso wie für die systematische Textanalyse – neben der instrumentalen *indem*-Verknüpfung die komitative *wobei*-Ver-knüpfung für Nebenhandlungen und MITGEMEINTES unent-behrlich (vgl. die exemplarische Textanalyse in 5.1).

3.32.10. Instrumentale Verknüpfungen: Eine (Basis-)Hand-lung P1 ERKLÄREN durch eine Aussage darüber, welches MIT-TEL$_{P2}$ (Werkzeug und Verfahren) jemand zur Erreichung$_R$ des mit P1 beabsichtigten ZWECKS ANWENDET$_R$ (ANWEND-Hand-lung), eng verwandt mit komitativen und finalen Verknüpfun-gen.

Mit R-Obersatz bzw. Relationsverb: *Daß P1, erreicht*$_R$ *man damit, daß man P2 tut; Zu P1 anwendet*$_R$ *man P2; Zu P1 bedient*$_R$ *man sich P2.* – R-Konjunktionen im P2-Nebensatz: *indem, wozu, wofür,* verneint: *ohne daß;* mit Platzhalter im vorangehenden P1-Satz: *Dadurch ... daß, damit ...daß.* – R+P2-Konjunktionaladverb im folgenden P1-Satz: *damit, dadurch,* im folgenden P2-Satz: *dazu, dafür.* – P1-Infinitivgruppe mit *um zu.* – R-Präpositionen in P2-Nominalgruppen (INSTRUMENT-Angaben): *mit, mittels, durch, mit Hilfe von, unter Verwendung von, qua* (bildungssprach-lich); verneint: *ohne*

Instrumentale Verknüpfungen erscheinen meist in der komprimier-ten Form von Nominalgruppen als Instrumental-Angaben/Adver-biale (s. 3.23.2). In manchen Sprachen gibt es den Instrumental als grammatikalischen Kasus (z. B. Althochdeutsch) oder als eine der Funktionen des Ablativs (Latein). So hat man einen Tiefenkasus INSTRUMENT angesetzt (vgl. 2.14.3). Satzsemantisch ist dies jedoch eine verkürzte Form aus einer Aussagen-Verknüpfung, die außer der Bezugsstelle INSTRUMENT immer eine ANWEND-Handlung P2 enthält:

1:    „... *seine Meinung in Wort, Schrift und Bild frei zu äußern*". (T2 Art. 5.1)

1a: „... *seine Meinung frei zu äußern*$_{P1}$, *indem*$_R$/*wozu*$_R$/*wofür*$_R$ *er Wort, Schrift und Bild benutzt*$_{P2}$.

2:    „*Niemand darf ... zum Kriegsdienst mit der Waffe gezwungen werden.*" (T2 Art. 4.3)

2a: *Niemand darf ... dazu gezwungen werden, daß er Kriegsdienst leistet*$_{P1}$, *indem*$_R$/*wozu*$_R$ *er mit einer Waffe auf jemanden schießen*$_{P2}$ *muß.*

Ein MITTEL („*Wort, Schrift und Bild*", „*Waffe*") ist in seiner Beziehung zur Basis-Handlung P1 nur als Komponente einer AN-WEND-Handlung R+P2 denkbar: Man tut etwas, indem man ein MITTEL anwendet/zu Hilfe nimmt. Dieses ANWENDEN kann ein MITTEL-spezifischer Handlungstyp sein: Worte *äußert* man, Schrift *schreibt* oder *druckt* man, Bilder *malt* oder *druckt* man, mit Waffen *schießt* man: So stecken auch in den extrem komprimierten instrumentalen Verbableitungen (*hämmern, hobeln, pinseln,* s. Erben 1975, 70), satzsemantisch gesehen, instrumentale Aussagen-Verknüpfungen, so daß man z. B. *pinseln* erklären kann als ‚Farbe auf eine Fläche bringen$_{P1}$, *indem*$_R$ man sie mit einem Pinsel auf ihr auseinanderstreicht$_{P2}$'. Bei einer für den homo faber so elementaren, wichtigen, uralten Aussagenverknüpfung ist es kein Wunder, daß sie meist in den komprimiertesten Ausdrucksformen realisiert wird. – Instrumentale Verknüpfungen von Sprecherhandlungen sind in der Beschreibungssprache der systematischen Textanalyse als *indem*-Verknüpfungen sehr häufig und unentbehrlich (s. die Textanalyse in 5.15).

3.32.11. F i n a l e Verknüpfungen (nach lat. *finis* ‚Ziel, Zweck, Absicht'): Eine (instrumentale) Basis-Handlung P1 ERKLÄREN durch eine Aussage darüber, welchen Sachverhalt P2 als ZWECK$_R$ jemand mit P1 erreichen will.

Mit R-Obersatz bzw. Relationsverb: *Daß P1, hat den Zweck*$_R$, *daß P2; Mit P1 bezweckt*$_R$/*beabsichtigt*$_R$ *man P2; P1 dient*$_R$/*hilft*$_R$ *zu P2* (vgl. 3.17). – R-Konjunktionen im P2-Nebensatz: *damit, weil* (+ Modalverb des ‚Wol-

lens'), „*(auf) daß*" (T1 8,12, veraltet); mit R-Platzhalter im Hauptsatz:
dazu ... *daß, zu dem Zweck* ... *daß.* – R-Konjunktionaladverbien im
folgenden P2-Satz: *damit, dadurch.* – R-Konjunktion im P2-Infinitivsatz:
um zu. – R-Präpositionen in P2-Nominalgruppen (Final-Angaben/Adver-
biale): *zwecks, zu, für.*

Finale Verknüpfungen können auch kausal ausgedrückt werden,
da man den ZWECK einer Handlung auch persönlich-pragmati-
scher erklären kann als BEGRÜNDUNG der Basis-Handlung P1
aus ihrem Handlungs-,Motiv', das mit dem ZWECK identisch ist,
wenn das Handeln nicht fremdbestimmt ist. Die kausale Formulierung 1a der finalen Verknüpfung 1 enthält deshalb im P2-Satz ein
volitives Modalverb:

1:      *Er tat dies, um sich frei zu fühlen.*
1a: *Er tat dies, weil er sich frei fühlen wollte.*

Der HANDLUNGS-Charakter von P1 und die ZWECK-Beziehung
von P2 sind nicht immer im Satzausdruck auf den ersten Blick
deutlich. Solche verkürzenden finalen Ausdrucksweisen lassen sich
aber durch Umformulierungen immer auf HANDLUNG-ZWECK-
Beziehungen zurückführen:

2:      *Die Warnschilder sind rot, damit sie auffällig sind.*
2a: *Die Warnschilder hat die Verkehrsbehörde rot machen lassen*$_{P1}$*, um
zu erreichen*$_R$*, daß sie den Verkehrsteilnehmern auffallen*$_{P2}$*.*

Eine finale Aussagen-Verknüpfung kann – vor allem wenn sie in komprimierter Form als Nominalgruppe ausgedrückt ist – auch als höfliche
Fassade der Imagearbeit (s. 2.24) dienen, etwa zur Verschleierung einer für
den Adressaten unangenehmen autoritären Handlung: „*Sie werden daher
gebeten, diesen Betrag* ... *zur Vermeidung von Zwangsmaßnahmen und
Kosten binnen* ... *zu überweisen.*" (T3,4; expliziter: ... *zu überweisen, um
zu vermeiden, daß* ...) Die finale Angabe „*zur Vermeidung von* ..." ist eine
euphemistische Form für die damit eigentlich gemeinte DROHUNG: *Wenn
Sie diesen Betrag nicht binnen* ... *überweisen, werden wir Zwangsmaßnahmen gegen Sie einleiten und Kosten von Ihnen erheben.* Dieser Trick mit
der Vertauschung von ANGEDROHTEM und ZWECK im Rahmen einer
indirekten Sprecherhandlung (s. 2.21) ist von ähnlicher Art, wie wenn
Eltern zu ihrem Kind sagen: *Iß deine Suppe, damit du nachher spielen
gehen kannst!* Außerdem: Wenn man als Zweck des Steuerzahlens nur die
Strafvermeidung nennt (anstelle der Erhaltung der allen Bürgern dienenden
Institutionen), wird das staatsbürgerliche Bewußtsein recht einseitig beeinflußt.

3.32.12. Konsekutive Verknüpfung (nach lat. *consequi* ‚un-mittelbar nachfolgen, als Wirkung erfolgen, eintreten'): Einen als Tatsache genommenen Sachverhalt P1 ERKLÄREN durch eine Aussage oder einen Sachverhalt P2, der als FOLGE$_R$ BEHAUPTET oder ERWARTET wird (Typ A), oder: Aus einem Sachverhalt P1 einen Sachverhalt P2 FOLGERN$_R$ (Typ B):

Mit R-Obersatz bzw. Relationsverb, Typ A: *Daß P1, hat zur Folge$_R$/Konsequenz$_R$, daß P2; Daß P2, ist die Folge$_R$ davon, daß P1; Aus P1 folgt$_R$/ergibt sich$_R$ P2; P1 bringt$_R$/schließt ein$_R$/zieht nach sich$_R$P2; „... P1. Diese Konsequenz$_R$ ergibt sich ...$_{P2}$".* (T7,8); *„... P1 entbindet$_R$ nicht von ...$_{P2}$."* (T2 Art. 5,3, vgl. 3.17); Typ B: *Aus der Tatsache, daß P1, folgere$_R$/schließe$_R$/ziehe ich die Konsequenz$_R$, daß P2.* – R-Konjunktionen im P2-Nebensatz bzw. Infinitivsatz: *sodaß,* bei besonderer Qualität von P1 mit Platzhalter im P1-Hauptsatz: *so/solcher ..., daß ...; so ... (um) zu ...;* mit Übermaß der Qualität von P1 und Verneinung von P2: *zu ..., als daß ...; zu sehr/viel ..., um zu ...; genug ... (um) zu ...* – R-Konjuktionaladverbien bzw. R-Partikeln im P2-Folgesatz: *folglich, infolgedessen, demzufolge, „demnach"* (T9a,10)*, konsequenterweise, also, so, somit, mithin.* – P2-Nominalgruppen als freie Angaben: *mit der Folge/Konsequenz ..., mit dem Ergebnis ..., zum Erstaunen aller, ...* Die konsekutive Verknüpfung wird von der Logik her als Umkehrung/Inversion einer kausalen Verknüpfung erklärt (Heidolph u. a. 802):

1: *„Ich zögere ... weil die wirklich Schuldigen ... 1945 mindestens 30 Jahre alt waren, 1980 demnach also keine Jünglinge mehr sein werden."* (T9a,10)

1a: *Ich zögere ..., weil die wirklich Schuldigen 1980 keine Jünglinge mehr sein werden, da sie 1945 mindestens 30 Jahre alt waren.*

Der Unterschied zwischen 1 und 1a betrifft nur den Textverlauf nach der Thema-Rhema-Gliederung (s. 3.42): Der Interviewte in T9a wollte histo-risch von 1945 nach 1980 fortschreiten, nicht umgekehrt; und die FOLGE-RUNG am Satzende war ihm im Rahmen seiner RECHTFERTIGUNG für sein „Zögern" wichtiger als eine BEGRÜNDUNG in dieser (in der Satzintonation) exponierten Position am Satzende.

3.32.13. Kausale Verknüpfungen

Typ A (U→F): Eine als URSACHE$_R$ gekennzeichnete Aussage P1 ERGÄNZEN durch eine als FOLGE aus P1 aufgefaßte Aussage P2; eng verwandt mit konsekutiver Verknüpfung. Die Formel U→F bedeutet: von URSACHE$_R$ nach FOLGE fortschreitend.

Mit R-Obersatz bzw. Relationsverb: *Daß P1, ist der Grund$_R$/die Ursache$_R$ dafür, daß P2; P1 begründet$_R$/erklärt$_R$/ruft hervor$_R$/zieht nach sich$_R$P2; P1 ist verantwortlich$_R$ für P2.* – R-Konjunktionen im voranstehenden P1-Nebensatz: *weil, da, dadurch daß, dafür daß.* – Vorangehende P1-Partizipgruppe: *Von der Richtigkeit seiner These überzeugt, setzte er alles durch.*

Ty p B (U←F): Eine noch nicht kausal gekennzeichnete Aussage P1 ERKLÄREN durch eine Aussage P2, die als FOLGE der nun als URSACHE$_R$ interpretierten Aussage P1 gemeint ist; eng verwandt mit konsekutiver Verknüpfung. Die Formel U←F bedeutet: P1 erst nachträglich durch P2 als URSACHE$_R$ interpretiert.

R-Pronominaladverbien im nachfolgenden P2-Satz: *Aus diesem Grunde,* „*deshalb*" (T4,7 T7,10), *deswegen,* „*daher*" (T3,4), „*darum*" (T1,11 T2 Art. 1,2), *dementsprechend, umsomehr.* R-Relativpronomen im nachfolgenden P2-Nebensatz (weiterführender Nebensatz, vgl. 3.26): *weswegen, weshalb, warum.*

Ty p C (F→U): Eine als FOLGE aufgefaßte Aussage P1 ERGÄNZEN durch eine als URSACHE$_R$ für P1 gekennzeichnete Aussage P2. Die Formel F→U bedeutet: von FOLGE nach URSACHE$_R$ fortschreitend.

Mit R-Obersatz bzw. Relationsverb: *Die Ursache$_R$ dafür, daß P1, ist P2; Daß P1, ist so, weil$_R$ P2; P2 resultiert$_R$/ergibt sich$_R$ aus P2; P1 verdankt sich$_R$ P2; P1 ist begründet$_R$ in P2; P1 ist zurückzuführen$_R$ auf P2; P1 liegt an P2; P1 kommt von P2.* Platzhalter im P1-Hauptsatz mit R-Konjunktion im folgenden P2-Nebensatz: *deswegen/deshalb/darum . . ., weil . . .;* „*insofern . . ., als . . .*" (T4,10). – R-Konjunktionen im nachfolgenden P2-Nebensatz: „*weil*" (T9a,9-11), *da.* Bei den Nebensatz-Konjunktionen ohne Platzhalter/Korrelat im Hauptsatz (s. 3.15) entscheidet die Satzintonation darüber, ob Typ C oder D vorliegt: Wenn Ton-Abfall erst im Nebensatz, dann Typ C, wenn schon am Ende des Hauptsatzes, ist der Nebensatz nur nachgetragen im Sinne von Typ D.

Ty p D (F←U): Eine noch nicht kausal gekennzeichnete Aussage P1 ERKLÄREN durch eine Aussage P2, die als URSACHE$_R$ für die nun als FOLGE interpretierte Aussage P1 gekennzeichnet ist. Die Formel F←U bedeutet: P1 erst nachträglich durch P2 als FOLGE interpretiert.

R-Konjunktionaladverb bzw. R-Partikel im P2-Folgesatz: „*denn*" (T1 5,7,11 T4 4,6), *nämlich* (nach dem finiten Verb stehend), *ja, doch,* „*eben*"

(T4,11). – R-Konjunktionen im P2-Nebensatz: „*weil*" (T8,10), „*da*" (T4,6), *zumal, wo doch, umsomehr als,* „*insofern als*" (T9a,6).

Nach den Typen A und D kommen kausale Zusätze (s. 3.2) vor: als Nominalgruppen mit den P1-Präpositionen „*wegen*" (T2 Art. 3,3), „*aus*" (T9a,10), *vor, durch, aufgrund, dank, qua, infolge, gemäß, kraft, mangels, anläßlich, angesichts;* Postpositionen: ... *halber,* ... *zuliebe,* ... *zufolge;* Präpostpositionen: *um* ... *willen, von* ... *wegen;* als Adverbien: *vorsichtigerweise, anstandshalber, ordnungsgemäß,* ...

Typ E: Eine Sprecherhandlung P1 BEGRÜNDEN durch eine als GRUND gekennzeichnete Sprecherhandlung P2 (argumentative Kausalbeziehung).

Mit R-Obersatz bzw. R-Abstraktverb: *Daß ich P1, begründe$_R$ ich damit, daß P2; Der Grund$_R$, warum ich P1, ist, daß P2;* „*Es ist dies$_{P2}$ für mich ein Grund$_R$, warum$_R$ ich* ...$_{P1}$" (T9a,7). Hierzu alle Konjunktionen, Konjunktionaladverbien, Platzhalter, Partikel und Präpositionen wie unter Typ C und D.

1: „*Ich zögere* ... [a] *weil ich mich nie sehr für Rache, wohl aber für Erinnerungen interessiert habe* ..., [b] *weil von polnischer Seite* ... *Prozeßmaterial bewußt zurückgehalten wird, das jetzt herausgegeben werden müßte,* ..., [c] *weil die wirklich Schuldigen* ... *1980* ... *keine Jünglinge mehr sein werden* ..., [d] *weil ich Franzose bin und weil in Frankreich für Verbrechen, die* ..., *es nicht nur Verjährung, sondern Amnestie gab.*" (T9a,9-11).

2: „*... der Brief* ... *einer Ausladung näherkam als einer Einladung, weil es darum ging* ..." (T8, 6–10)

3: „*Bete sie nicht an* ... *Denn ich* ... *bin ein eifriger Gott, der da heimsucht* ..." (T1,5)

In 1 BEGRÜNDET der Interviewte eine EINSTELLUNGSÄUSSERUNG durch eine EINSTELLUNGSÄUSSERUNG [a], durch einen HINWEIS mit FORDERUNG [b], durch eine FÜRSPRACHE [c] und durch einen HINWEIS auf ein gegenteiliges Beispiel [d]. In 2 ist das BEGRÜNDETE eine KRITISCHE BEHAUPTUNG, das BEGRÜNDENDE wieder eine KRITISCHE BEHAUPTUNG. In 3 wird eine VERPFLICHTUNG durch eine STRAFDROHUNG BEGRÜNDET.

Eine zusätzliche semantische Komponente ist bei kausalen Satzgefügen die Präsupposition/Vorannahme ‚Ursache ist bekannt und/oder unbestritten', die vor allem beim Gebrauch der Konjunktion *da* im Unterschied zu *weil* vorliegt, allerdings nur in sehr differenzierendem Sprachstil, kaum in der Umgangssprache: „*Denn unser*

Gesetz ... betreibt de facto Kunstförderung, was ein Bundesgesetz nicht tun dürfte, da die Kultur unter den Hoheitsanspruch der Länder fällt." (T4,6). Hier könnten das Adverb *bekanntlich* oder Partikel wie *ja, doch* nach „*Kultur*" eingefügt werden, die sich mit *weil* weniger gut vertragen. Wegen dieser Vorannahme kann man auf eine FRAGE nach Gründen elliptisch nur mit einem *weil*-Nebensatz, nicht mit einem *da*-Nebensatz ANTWORTEN. Die Vorannahme ‚bekannt, unbestritten' gilt auch für den Gebrauch von *zumal* und *umsomehr als*, wo allerdings noch hinzukommt, daß hier ein zusätzlicher Grund gemeint ist, der über den nichtgenannten (weil selbstverständlichen) primären Grund hinausgeht und ihn verstärkt (Boettcher/Sitta 143). – Umgekehrt ist bei *insofern als* und *nämlich* so viel ‚Neuheit' bei der URSACHE-Aussage dabei, daß man diesen Typ k a u s a l - r e s t r i k t i v nennen könnte: Es wird BEGRÜNDET (4a) und zugleich ERKLÄRT und EINGESCHRÄNKT (4b):

4:     „*... gehört dazu eine gewisse Dosis Heuchelei insofern als man sich an seine eigenen Sünden nicht gern erinnert*". (T9a,6)

4a: ... *Heuchelei, weil man ...*

4b: *eine solche Art von Heuchelei, die darin besteht, daß man sich an seine eigenen Sünden nicht gern erinnert, wohl aber an die Anderer.*

Bei Partikeln wie *ja, doch, eben, schließlich* kommt zur kausalen Bedeutung ein INSISTIEREN (‚bestehen auf', ‚Recht-Haben-Wollen') hinzu:

„*denn haben wir nicht allen Grund, stolz zu sein auf unsere Filmförderung, die uns nach langer Durststrecke schließlich ja doch einige „junge" deutsche Filme beschert hat, die sich sehen lassen können?*" (T4,4). Hier würde in gleicher Bedeutung das Adverb *unbestreitbar* oder eine Parenthese wie *wer würde das leugnen?* stehen können. Eine ähnliche insistierend-kausale Funktion haben Modaladverbien wie *natürlich, selbstverständlich, jedenfalls,* mit denen anstelle einer zu erwartenden BEGRÜNDUNG pauschal die Unbestreitbarkeit einer Aussage angedeutet und damit weitere Argumentation erschwert wird.

Der Typ E (Kausalsatz als BEGRÜNDUNG) liegt mindestens implizit auch bei Typ C und D oft vor. Immer wenn die kausale Aussage mit der Einstellung und Absicht des Sprechers/Verfassers identisch ist, stellt die kausale Aussage P2 seine eigene BEGRÜNDUNG für die Aussage P1 dar, die stets (mindestens implizit) entweder eine BEHAUPTUNG oder eine FESTSTELLUNG oder eine VERMUTUNG usw. ist. Nur wenn die Begründung eines Anderen wiedergegeben, nur MITGETEILT wird, ist die kausale Aussage keine BEGRÜNDUNG des Sprechers/Verfassers, beispielsweise in dem Nachrichtenartikel 9b über das Grosser-Interview, wo alle BEGRÜNDUNGEN Grossers („*Ich zögere, weil* ...") unter den Tisch fallen, indem sie nur als HINWEISE BERICHTET werden:

„*Bedenken* ... *haben* ... *Alfred Grosser und* ... *geäußert* ... *weist Grosser auf das hohe Alter der „wirklich Schuldigen" hin* ..., *sowie auf die Tatsache, daß es in Frankreich für Verbrechen* ... *Amnestie gegeben habe* ... *sagt, daß er sich „nie sehr für Rache* ... *interessiert" habe".* (T9b,3–5). Selbst wenn der Artikelschreiber hier einige *weil*-Sätze formuliert hätte *(er zögere, weil er* ...*)*, wären diese Kausalsätze nicht seine eigenen BEGRÜNDUNGEN, gehörten also nicht in den Handlungsgehalt, wären Teile des Aussagegehalts (s. *1.5.*)

Kausalbeziehungen werden oft gar nicht als solche gekennzeichnet. Oft genügt die bloße Aneinanderreihung mit oder ohne *und*. Aus dem jeweiligen Kontext wird das kausale Verhältnis deutlich, sodaß man bei Bedarf zur Präzisierung sinngemäß eine kausale Konjunktion einsetzen könnte (5a,6a,7a):

5:   *Er ist nicht gekommen. Er ist [5a: nämlich] krank.*

6:   *„Sie wissen selbst* ... *und dies hat in einer früheren Debatte* ... *eine Rolle gespielt* ...*"* (T8,6) [6a: *denn* statt *und*: BEGRÜNDUNG für UNTERSTELLUNG]

7:   *„Man sollte neidisch sein statt zu lachen. [7a: denn] Welche 31jährige Deutsche kreist schon in ihren nächtlichen Phantasien ums Haus des Bundespräsidenten?"* (T5,8 f.; BEGRÜNDUNG für RATSCHLAG).

3.32.14 Konditionale Verknüpfungen (nach lat. *conditio* ‚Bedingung, Möglichkeit, Vorschlag, Vertrag'):

Typ A: Aus einem als ‚möglich' VORAUSGESETZTEN, als HYPOTHESE GESETZTEN bzw. als REGEL GEWUSSTEN Sachverhalt P1, der als BEDINGUNG$_R$ gekennzeichnet wird, einen von P1 BEDINGTEN Sachverhalt P2 VORAUSSAGEN, auf ihn HINWEISEN usw.

Mit R-Obersatz bzw. Relationsverb: *Wenn P1, dann hat dies zur Folge$_R$/ folgt$_R$ daraus/wird es geschehen$_R$, daß P2; P1 bedingt$_R$/impliziert$_R$/zieht nach sich$_R$/bringt$_R$ uns P2; P1 führt$_R$ zu P2, ...*

Typ B: Jemandem einen Sachverhalt P1 ZUR BEDINGUNG SETZEN$_R$ für die Gültigkeit einer eigenen Handlung P2 (AUF-FORDERN, VERBIETEN, ANKÜNDIGEN, VERSPRECHEN, bzw. ANDROHEN usw.). Hier ist die konditionale Verknüpfung notwendiger Teil bedingter Sprecherhandlungen/Illokutionen, s. 2.21).

Mit R-Obersatz: *Für den Fall, daß P1, soll gelten$_R$, daß ich P2.* – Für beide Typen A und B: R-Konjunktionen im P1-Nebensatz: *wenn, falls, sofern, insofern, bevor* ... *nicht;* VERALLGEMEINERND: *immer wenn, wenn immer;* möglicher Platzhalter im P2-Hauptsatz: *dann, so;* NOTWENDIGE BEDINGUNG: *nur dann* ..., *wenn;* NOTWENDIGE und HINREI-CHENDE BEDINGUNG: *genau dann und nur dann* ..., *wenn...;* UNZU-REICHENDE BEDINGUNG: *selbst dann nicht* ..., *wenn* ... – Spitzenstel-lung des finiten Verbs im vorangehenden konjunktionslosen P1-Nebensatz: *Ist das Wetter schlecht, geht es nicht; Solltest du krank sein, werde ich dich vertreten.* – Vorangehender P1-Imperativsatz: *Sag noch ein Wort, und* ... – Konjunktiv I im vorangehenden P1-Satz (bei wissenschaftlichen HYPO-THESEN): *x sei P1, y ist dann P2.* – Vorangehende P1-Partizipgruppe: *gegeben$_R$/vorausgesetzt$_R$ P1, dann/so P2.* – R+P1-Adverbien als Zusätze: *bestenfalls, „gegebenenfalls"* (T3,4), *allenfalls, eventuell.* – R-Präpositio-nen in P1-Nominalgruppen als Zusätze: *bei, mit, ohne* (verneint). – Bei WISSEN, daß das GEGENTEIL von P1 und P2 DER FALL IST, steht der Konjunktiv II (Irrealis, kontrafaktisch): *Hätte ich ihn gekannt, wäre ich vorsichtiger gewesen.*

Der nicht direkt partnerbezogene Typ A liegt in folgenden Fällen aus den Beispieltexten vor:

„*... wenn man in Darmstadt ... von ihm eine ‚Selbstdarstellung' verlangt, kann er überrascht sein ... und versucht sein ...*" (T10,3). Hier tut der Redner so, als handle es sich nicht um die BEGRÜNDUNG seiner eigenen Reaktion auf die faktische Aufforderung der Akademie an ihn, sonst hätte er gesagt: *Da man von mir ... verlangt hat, bin ich überrascht von ... und bin versucht ...* In einer recht akademisch stilisierten satzsemantischen Verfremdung stellt er es vielmehr so dar, als erginge es jedem in gleicher Lage ebenso. Dazu hat er die ganze Aussagen-Verknüpfung in die konditio-nale ‚wenn ... dann'-Form VERALLGEMEINERT, die hier als HINWEIS auf die GEWUSSTE und als allgemein BEKANNT aufgefaßte Regel wirkt. Vorbereitet wurde diese verallgemeinernde Konditionalisierung einer fak-tisch kausalen Beziehung durch das semantisch ähnlich strukturierte voran-gegangene Satzgefüge:

„*Wer in eine Akademie gewählt wird, soll Pflichten erwarten.*" (T10,2).

Der scheinbare *Wer*-Subjektsatz (vgl. 3.14) ist satzsemantisch eigentlich ein KENNZEICHNENDER Attributsatz (vgl. 3.25.2): *Jeder, der in* ... *gewählt wird, soll* ..., aber kontextsemantisch wirkt er genauso wie eine zur Konditional-Aussage *(Wenn man in* ... *gewählt wird, soll man* ...*)* VERALLGEMEINERTE Kausal-Aussage: *Da ich in* ... *gewählt worden bin, soll ich* ...

Ähnlich ist der *Wer*-Satz bei Habermas zu erklären: „*Wer dem Auflösungsprozeß der Erkenntnistheorie* ... *nachgeht, steigt über verlassene Stufen der Reflexion.*" (T7,2). Der Autor will hier das selbsterfahrene Forschungsergebnis zu einer konditionalen Regel VERALLGEMEINERN, die er seinen Lesern in diesem Buch nahebringen will und die sie bei der Lektüre nachvollziehen sollen.

„... *hätten wir einen Faßbinder* ..., *wenn wir die Filmförderung* ... *nicht hätten?*" (T4,5). Mit dieser RHETORISCHEN FRAGE wird indirekt BEHAUPTET: ‚Wenn wir die Filmförderung ... nicht hätten, hätten wir auch keinen Faßbinder ...'. Dabei ist eine gemeinte Kausalbeziehung ‚da wir die F. haben, haben wir auch ...' in eine konditionale Beziehung als irreales HYPOTHESE-SETZEN umformuliert und damit für die Text-Absicht, die Vorzüge der „*Filmförderung*" nachzuweisen, wirkungsvoller gemacht.

Zum mehr pragmatischen Typ B (BEDINGUNGSETZEN) gehört folgender Fall: „*Falls Sie inzwischen den angeforderten Betrag entrichtet haben sollten, betrachten Sie bitte diese Mahnung als gegenstandslos.*" (T3,5). Die AUFFORDERUNG „*betrachten Sie*" wird hier an die BEDINGUNG „*Falls* ... *sollten*" geknüpft, sie soll nur gelten, wenn die BEDINGUNG erfüllt ist.

Eine ähnliche Verknüpfungsstruktur haben die sehr komprimiert ausgedrückten konditionalen Zusätze „*g[e]g[ebenen]f[alls]*" in 1 und „*gegen sein Gewissen*" in 2:

1:     „*Sie werden daher gebeten, – diesen Betrag und ggf. die weiter verwirkten Säumniszuschläge –* ... *zu überweisen.*" (T3,4)

1a: ... *diesen Betrag und, wenn der Fall gegeben sein sollte, die* ...

2:     „*Niemand darf gegen sein Gewissen zum Kriegsdienst mit der Waffe gezwungen werden.*" (T2, Art. 4,3)

2a: *Falls jemand dies mit seinem Gewissen nicht vereinbaren kann, ist es nicht erlaubt, ihn zum Kriegsdienst mit der Waffe zu zwingen.*

3.32.15. Metakommunikative Verknüpfungen: Eine Aussage P1 ERKLÄREN$_R$ durch eine Aussage P2, mit der man etwas über die Bedeutung oder Ausdrucksweise von P1 aussagt; eng verwandt mit explikativen und restriktiven Verknüpfungen (3.32.5/6).

Mit R-Obersatz: *P1 ist zu definieren*R/*verstehen*R/*aufzufassen*R *als/im Sinne*R *von P2; Statt P1 sage ich lieber*R *P2.* – Mit R-Konjunktionaladverbien im P2-Folgesatz: *Darunter ist zu verstehen, bessergesagt, vielmehr, das heißt/d. h., mit anderen Worten, nämlich, und zwar.* – Mit R-Relativpronomen im folgenden P2-Nebensatz (weiterführender Nebensatz, s. 3.26); *was/worunter zu verstehen ist ...*

3.32.16. Oberklassen

Die ersten drei semantischen Klassen (kopulativ, disjunktiv, adversativ) werden in den Grammatiken und in der Forschungsliteratur als syntaktisch nur k o o r d i n a t i v e Verknüpfungsart abgesondert, da es für sie keine subordinativen Konjunktionen gibt (allenfalls das adversative *während*, s. 3.32.3); in der traditionellen Behandlung der Aussagen-Verknüpfungen nur als Nebensatzarten haben sie also keinen Platz. Sie werden außerdem satzsemantisch als „nicht weiter spezifizierte, allgemeinste" Verknüpfungsarten erklärt und den „ausgezeichneten Relationen" (alle übrigen Verknüpfungsarten) gegenübergestellt (Heidolph u. a. 780), weil nur für die letztgenannten die verknüpfende Relation R mit speziellen Obersätzen oder abstrakten Prädikatsausdrücken angegeben werden könnte. Dem muß widersprochen werden: Auch für die koordinativen Verknüpfungen gibt es so etwas (s. 3.32.1). Die koordinativen Verknüpfungen sind nicht einfach mechanische, inhaltsleere Abfolgen/Sequenzen in der Lautkette bzw. Schriftzeile, sondern sind Resultate von Sprecherhandlungen wie HINZUFÜGEN, ERGÄNZEN, SUMMIEREN, usw., genauso wie eine mathematische Addition mit Recht in der Normalsprache oder Unterrichtssprache mit Verben wie *dazuzählen, zusammenzählen, summieren* o. ä. als Handlungstyp (eine Rechen-Operation) ausgedrückt wird. Da auch von der dritten koordinativen Verknüpfungsart (adversativ) eine enge semantische Beziehung zu den konzessiven Verknüpfungen führt, haben wir alle Verknüpfungsarten als eine nicht weiter untergliederte Liste dargestellt.

Unter der groben Oberklasse „ M o d a l v e r h ä l t n i s s e "/„Modalsätze" werden meist die explikativen, restriktiven, komparativen, komitativen und instrumentalen Verknüpfungen zusammengefaßt, weil es sich dabei um eine „nähere Charakterisierung

(Erläuterung, Spezifizierung) des einen Sachverhalts, bestimmter Modalitäten oder des Geltungsgrades dieses Sachverhaltes aus dem anderen Sachverhalt" handelt (Heidolph u. a. 810). Dagegen spricht, daß auch mit finalen, konsekutiven oder kausalen Verknüpfungen die Aussage P1 durch die Aussage P2 näher ERKLÄRT werden kann. Diese textbildenden Handlungstypen muß man annehmen, wenn man sich bei der satzsemantischen Textanalyse nicht mit abstrakten Beschreibungsweisen wie „Hier liegt eine kausale Relation vor" begnügen will.

Als ,,Konditionalverhältnisse'' (im weiteren Sinne) kann man alle Verknüpfungen zusammenfassen, die eine „Bedingung-Bedingtes-Relation" enthalten (Heidolph u. a. 794), nämlich die konzessiven, finalen, konsekutiven, kausalen und konditionalen. Man könnte das Gemeinsame dieser fünf Klassen auch in einer kausalen Beziehung zwischen P1 und P2 sehen, aber kausal (in diesem abstrakten Sinne) ist auch das Verhältnis zwischen Basis-Handlung und ANWEND-Handlung bei den instrumentalen Verknüpfungen, und bei den konzessiven Verknüpfungen wird ja der erwarteten Bedingtheit oder Verursachtheit von P2 durch P1 gerade widersprochen.

Eine neue, sprachpragmatische Oberklasse bilden die für das Argumentieren wichtigen Verknüpfungsarten, nämlich diejenigen, wo man in sprachlichen Interaktionen seinem Partner WIDERSPRICHT (adversativ), etwas EINSCHRÄNKT (restriktiv), etwas ZUGESTEHT (konzessiv), einen ZWECK ANGIBT (final), etwas FOLGERT (konsekutiv), etwas BEGRÜNDET (kausal), eine BEDINGUNG SETZT (konditional) u. a.

3.33. Verknüpfungen und Sprecherhandlungen

Entsprechend zur Zuordnung der Zusätze zu bestimmten Teilen des Satzinhalts (s. 3.21) gibt es auch bei den Verknüpfungen Probleme des Skopus/Bereichs. Was genau wird verknüpft? Nur bloße Aussagen oder ganze Satzinhalte samt pragmatischem Gehalt (s. 1.5)? Es gibt Verknüpfungsstrukturen, die gar nichts mit dem pragmatischen Gehalt zu tun haben, z. B. wenn in Textstellen mit REDEERWÄHNUNG der Textverfasser die Begründung von jemandem aus dessen Rede nur MITTEILT, z. B. wenn der Nachrichtenredakteur von T9b von Grossers „*Bedenken*" BERICHTET und dabei die Begründungen Grossers mehr oder weniger explizit kausal wiedergibt, ohne daß diese Kausalbeziehung etwas mit den Sprecherhandlungen des Redakteurs zu tun hat (s. 3.32.13).

Textanalytisch wichtig sind Verknüpfungen als Sprecherhandlungen des Sprechers/Verfassers: sein SUMMIEREN, sein ENTGEGENSETZEN, sein ZUGESTEHEN, sein ERKLÄREN, sein BEGRÜNDEN, sein HYPOTHESE- oder BEDINGUNGSETZEN usw. Dabei gibt es nun auch Fälle, in denen die verknüpften Aussagen selbst mit je einer Sprecherhandlung verbunden sind, sodaß die Verknüpfung aus drei Sprecherhandlungen besteht: einer verknüpfenden und zwei verknüpften. Am deutlichsten wird dies bei den Kausalverknüpfungen: Man BEGRÜNDET nicht einfach eine Aussage mit einer Aussage, sondern z. B. eine BEHAUPTUNG mit einer BEHAUPTUNG, oder eine EINSTELLUNGSÄUSSERUNG mit einem HINWEIS oder eine VERPFLICHTUNG mit einer STRAFDROHUNG (s. die Beispiele 1–3 in 3.32.13).

Inwieweit es solche dreigliedrigen Hierarchien von Sprecherhandlungen auch bei allen anderen semantischen Klassen von Verknüpfungen gibt, und welche Arten von Sprecherhandlungen als mit P1 und P2 verbundene Unter-Handlungen bei dem jeweiligen semantischen Verknüpfungstyp R vorkommen bzw. zugelassen sind, darüber gibt es aus den Grammatiken und aus der Forschungsliteratur noch keine Übersicht. Sicher wird man solche Regularitäten nach Textsortenstilen und Kommunikationstypen differenziert beschreiben müssen. So ist es kaum vorstellbar, daß es eine BEGRÜNDUNG einer VERPFLICHTUNG mit einer STRAFDROHUNG, wie sie uns in den „10 Geboten" (T1 5,7) begegnet (wenn überhaupt Luthers „*denn*" schon kausal zu verstehen ist), auch in den „Grundrechten" geben könnte. Und in einem argumentativen Dialog im Rahmen liberaler bürgerlicher Wissenschaft dürfte so etwas auch nicht vorkommen. Es wäre lohnend, Regeln aufzustellen über diejenigen Typen von Sprecherhandlungen, die in rational-argumentativer Rede oder in argumentativen Abhandlungen für BEGRÜNDUNGEN zugelassen sind, und diejenigen, die man in der Argumentationskritik als Fehler, Übertretungen oder Vergehen bewerten muß. Die Vielfalt der Sprecherhandlungstypen, die für das BEGRÜNDETE (P1) beim ARGUMENTIEREN zulässig sind, ist weitaus größer (wenn nicht unbegrenzt) als die für das BEGRÜNDENDE (P2) (s. Fig. 29).

Fig. 29:

$$BEGRÜNDEN_R$$

$$BEGRÜNDETES_{P1} \qquad BEGRÜNDENDES_{P2}$$

BEHAUPTUNG	BEHAUPTUNG
ENTSCHEIDUNG	FESTSTELLUNG
FRAGE	VERMUTUNG
AUFFORDERUNG	HINWEIS
DROHUNG	BEWERTUNG
ANGEBOT	usw.
GRUSS	aber nicht: FRAGE, AUFFORDE-
ENTSCHULDIGUNG	RUNG, DROHUNG, GRUSS, ENT-
DANK	SCHULDIGUNG, DANK
usw.	usw.

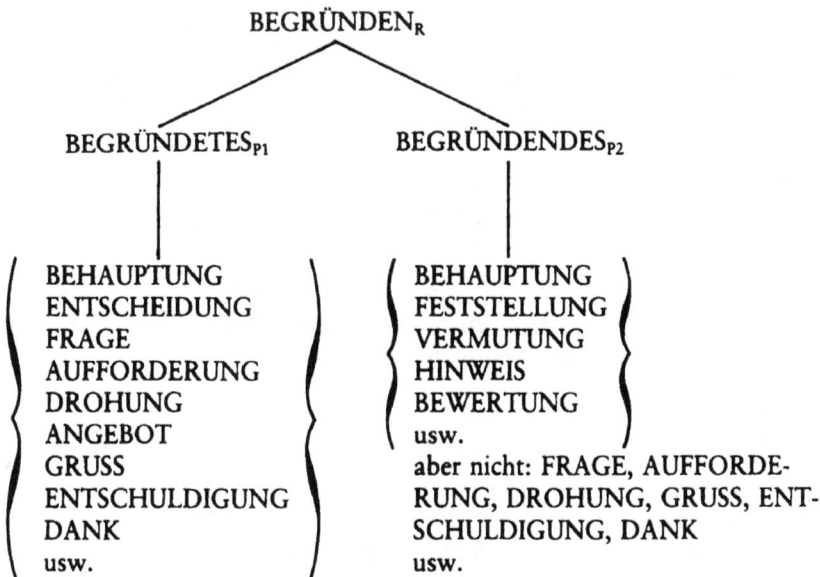

Für die sprachkritische Textanalyse sind im Bereich der Verknüpfungen folgende drei methodischen Prinzipien wichtig:
– Semantische Verknüpfungen sollten nicht nur bei den traditionellen Nebensatzarten und Konjunktionen gesucht werden.
– Über die expliziten syntaktischen Ausdrucksformen hinaus sollte man auch die impliziten, nur kontextsemantisch zu erschließenden Verknüpfungen zwischen Sätzen berücksichtigen.
– Man sollte sich nicht mit abstrakten Ausdrucksweisen wie „Dies ist eine konditionale Beziehung" begnügen, sondern danach fragen, welche Sprecherhandlungen der Sprecher/Verfasser bei Aussagen-Verknüpfungen tut, und zwar in allen drei Konstituenten der Verknüpfung: R, P1 und P2.

3.4. Reihenfolgen und Gewichtungen

3.41. Drei Ebenen der Fokusbildung

In der Beschreibung von Aussagestrukturen haben wir bisher kaum Rücksicht auf Reihenfolgebeziehungen und Gewichtungen von Aussage-Teilen genommen. Wir gingen üblicherweise aus von einer als theoretischer Grundstruktur angenommenen Abfolge Prädikat + 1. Bezugsstelle + 2. Bezugsstelle + 3. Bezugsstelle: P(x,y,z). Die erste Bezugsstelle x war bei HANDLUNGS-Prädikaten immer das AGENS, bei VORGANGS-, ZUSTANDS- und EIGENSCHAFTS-Prädikaten immer ein absolutes OBJEKT, über das ein Prädikat ausgesagt wird, während die zweiten und dritten Bezugsstellen y und z AFFIZIERTE oder EFFIZIERTE OBJEKTE (auch Personen), ORT, RAUM, ZEIT usw. darstellen (s. 2.14.3). Diese Reihenfolge hatte noch nichts zu tun mit einer semantischen Gewichtung oder Priorität einzelner Teile und nichts mit tatsächlichen Reihenfolgen im Satzausdruck.

Dieser abstrakten satzsemantischen Grundstruktur entspricht in der deutschen Syntax üblicherweise eine Grund-Abfolge Subjekt + Prädikat + Objekt(e) + Adverbiale, oder nach der Valenz-/Dependenzgrammatik etwas abstrakter die Abfolge: Prädikatsausdruck + Ergänzung(en) + freie Angabe(n). Auch damit ist noch keine semantische Gewichtung oder Priorität verbunden. In welcher Satzgliedfolge die einzelnen Satzglieder in Texten wirklich vorkommen, muß jeweils auf einer zweiten und dritten Ebene semantisch und pragmatisch erklärt werden. Auf der e r s t e n Ebene ging es zunächst nur darum, welche Bestandteile des Satzinhalts bzw. Satzes überhaupt konstitutiv bzw. eingebettet, hinzugefügt oder verknüpft sind.

Mit einer z w e i t e n Ebene hatten wir es in einigen Fällen schon zu tun, wo wir gezwungen waren, selbst in den satzsemantischen Formelnotierungen Umstellungen in der Reihenfolge der Bezugsstellen x,y,z (oder zwischen eingebetteten bzw. verknüpften Prädikationen P1, P2, P3) vorzusehen, z. B. beim Passiv-Satz (vgl. 2.15.1):

1a: „*Niemand*$_y$ *darf [von jemandem*$_x$] *wegen ... benachteiligt oder be-*
vorzugt werden$_p$" (T2 Art. 3,3)   P(y,x)
Im zugehörigen Aktiv-Satz erscheint die passivische Konverse der Bezugsstellen auf die Grund-Reihenfolge zurückgeführt:
1b: *Niemand*$_x$ *darf jemanden*$_y$ *wegen ... benachteiligen oder bevorzu-*
gen$_p$.   P(x,y).

Diese Umkehrung (die grundsätzlich nicht mit der Satzglieder-
Abfolge nach der 3. Ebene identisch ist) dient der Änderung des
F o k u s /Brennpunktes der Aussage, d. h. der G e w i c h t u n g in
Bezug auf das primäre Interesse. In der Form des Aktiv-Satzes mit
der unmarkierten Grund-Abfolge Subjekt + Prädikat + Objekt
geht man vom AGENS aus (Subjekt) und sagt dann etwas über das
OBJEKT aus. Im Passiv-Satz geht man dagegen vom OBJEKT aus.
Wenn dabei das AGENS unbezeichnet bleibt (wie im Originaltext
von 1a), ist auch das Prädikat mehr in den Brennpunkt gerückt
(fokussiert). Dies ist eine Verschiebung der Gewichtung noch
unterhalb der Thema-Rhema-Struktur der 3. Ebene und darum
noch vor der Realisierung einer bestimmten Satzgliedfolge. Auf die
gleiche Fokus-Ebene gehören andere Konversen (2.15.1) und der
Subjektschub (2.15.2). In all diesen Fällen ist die satzsemantische
Gewichtungs-Verschiebung durch syntaktische Konstruktionsän-
derungen oder Änderung der Wortwahl ausgedrückt. Satzsemantische Grundstrukturen der ersten Ebene wie P(x,y) sind auf der
zweiten Ebene abgewandelt zu teilweise veränderten Prädikationsstrukturen, z. B. P(y,x). Diese Art von Gewichtung betrifft nur den
inneren Bereich des Satzinhalts, nämlich die Struktur einer einzelnen Aussage; dabei wird nur die semantische Art der Bezugsstellen
und ihre Gewichtung und die semantische Art der Prädikate geregelt. Wir können diese zweite Ebene der Satzsemantik i n n e r e
Gewichtung nennen.

Eine d r i t t e Ebene der Reihenfolge und Gewichtung hatten wir
schon beim Verhältnis zwischen konsekutiven (3.32.12) und kausalen Aussagen-Verknüpfungen und bei den verschiedenen Typen
der kausalen Verknüpfungen (3.32.13) kennengelernt. Auch bei
den meisten anderen Verknüpfungs-Klassen gab es in der syntaktischen Reihenfolge die Wahl zwischen P1 + P2 oder P2 + P1, z. B.
ob der final markierte Nebensatz vor oder nach dem Hauptsatz
steht. Diese Wahl ist vom Kontextablauf abhängig, der pragma-

tisch-semantisch geregelt ist. Auf diese dritte Ebene gehört auch ein Teil der Regeln für die deutsche S a t z g l i e d s t e l l u n g. Damit ist nicht gemeint die Spitzenstellung des finiten Verbs im Frage-, Aufforderungs- und Wunschsatz und in nichteingeleiteten voranstehenden Nebensätzen (s. 3.32.14), nicht die Endstellung des Verbgefüges im Nebensatz. Gemeint ist hier die Stellung der sonstigen Satzglieder vor oder nach dem finiten Verb im Aussagesatz bzw. Hauptsatz, vor allem die Abweichung von der (als unmarkierte Normalform geltenden) Abfolge Subjekt + Verb + Objekt. Die deutsche Sprache ist hierin, im Vergleich mit Englisch und Französisch, etwas freier.

So haben beispielsweise von den 11 Sätzen bzw. Satzgefügen des Beispieltextes T4 – Fragesätze ausgenommen – 4 Satzanfänge nicht das Subjekt an erster Stelle, sondern ein Konjunktionaladverb („*Dazu gehört* ...“ T4,3), eine freie Angabe („*Auf den ersten Blick wird* ...“ T4,4) oder Modalpartikel („*Gewiß findet* ...“ T4,5, „*Nur ist* ...“ T4,10), wobei das Subjekt auf die Stelle nach dem finiten Verb verschoben ist.

Die relative ‚Freiheit‘ der deutschen Satzgliedfolge, vor allem in der Satzanfangsposition vor dem finiten Verb, ist aber semantisch nicht völlig beliebig, sondern steht im Dienst einer kontextsemantischen Funktion auf der dritten Gewichtungsebene: der Thema-Rhema-Abfolge.

3.42. Das Thema-Rhema-Prinzip

Sowohl die primären Aussagestrukturen der 1. Ebene als auch die inneren satzsemantischen Umgewichtungen der 2. Ebene unterliegen auf der dritten Ebene einer zusätzlichen k o n t e x t s e m a n t i - s c h e n Gewichtung, die sich vor allem in der Besetzung der ersten Satzgliedstelle vor dem finiten Verb zeigt. So können wir den auf der zweiten Ebene durch Konverse umgewichteten Beispielsatz 1a durch Permutation/Satzgliedumstellung kontextsemantisch neu gewichten:

1c: *Jemanden$_y$ bevorzugen oder benachteiligen darf man$_x$ nicht.*
1d: *Niemanden$_y$ darf man$_x$ bevorzugen oder benachteiligen.*
1e: *Bevorzugen oder benachteiligen darf man$_x$ niemanden$_y$.*

Diese Umgewichtungen durch einfache Satzgliedumstellungen haben ihre semantische Funktion nicht mehr innerhalb der Aussagenstruktur der 1. oder 2. Ebene; sie sind auf den Kontextablauf bezogen. Beispielsweise wird man die Voranstellung des Prädikatsausdrucks vor das finite Verb in 1c und 1e sinnvoll dann benutzen, wenn vorher im Kontext die Möglichkeit dieser Handlungsweise überhaupt geäußert oder mitgemeint war, während die Voranstellung des Objekts *Niemanden* in 1d dann sinnvoll wäre, wenn vorher im Kontext die Bevorzugung oder Benachteiligung von Einzelpersonen wenigstens als Möglichkeit irgendeine Rolle spielte.

Diese kontextsemantische Regularität der deutschen Satzglied-folge-Freiheit haben die deutschen Grammatiker Drach und Boost und einige Prager Linguisten (Mathesius, Beneš 1967, 1973b, Firbas, Sgall) für das Deutsche und (in modifizierter Form) für das Englische untersucht unter dem Stichwort ,,Funktionale Satzperspektive'' oder „Thema-Rhema-Gliederung". Das Thema (nach griech. *théma* ,das Aufgestellte, Gesetzte') ist das, wovon man bei der Konstituierung und Formulierung eines Satzinhalts ausgeht, das Rhema (nach griech. *réma* ,Aussage') das, was man als neue Information über das Thema aussagt. Da es sich hier nicht mehr um die erste Ebene der Aussagenstruktur handelt (Referenz/Bezug und Prädikat/Aussagekern, s. 2.1), kann die Funktionale Satzperspektive nicht als ,Gegenstände' und ,darüber Ausgesagtes' verstanden werden – so ist sie vor der Entwicklung prädikatenlogischer Satzsemantik manchmal mißverstanden worden –, sondern nur auf der dritten Ebene, also kontextsemantisch: Das Thema ist das, wovon man im Textverlauf herkommt, was man als BEKANNT, als bereits thematisiert oder problematisiert VORAUSSETZT; das Rhema ist das, was man als NEUES hinzufügt. In der englischsprachigen Linguistik sagt man dafür nach M. A. K. Halliday: „given and new", nach Ch. Hockett und N. Chomsky „topic and comment". Das Rhema/comment ist dabei der gewichtete/fokussierte Teil der Aussage, insofern als es gegenüber dem Thema/topic mehr Informationswert enthält.

In der pragmatischen Satzsemantik müssen semantische Eigenschaften wie BEKANNT (given) und NEU an den miteinander kommunizierenden Personen orientiert werden: Thema/topic ist danach das, wovon der Sprecher/Verfasser ANNIMMT, daß es dem Hörer/Leser bereits BEKANNT, genauer: im Augenblick der Konstituierung eines neuen Satzinhalts gerade BEWUSST ist; Rhema/comment ist das, was der Sprecher/Verfasser dem Hörer/

Leser MITTEILEN will und wovon er glaubt, daß es für diesen
NEU ist bzw. in der betreffenden Kommunikationssituation einen
größeren Informationswert hat. Dieses Gewichtungsverhältnis hat
also mit den pragmatischen Präsuppositionen/Vorannahmen über
das Vorwissen des Hörers/Lesers zu tun (s. 4.4). Da dieses Prinzip
ein Sich-Einstellen auf den Adressaten bedeutet, eine Taktik zu
dem Zweck, daß der Hörer/Leser Schritt für Schritt die Aussagen-
Abfolge des Sprechers/Verfassers möglichst erfolgreich nachvoll-
zieht, findet sich die Abfolge Thema → Rhema grundsätzlich nur
in Textsorten, in denen genau diese Taktik beabsichtigt ist: z. B. in
Lehrtexten, in Kommentaren, in Argumentationen mit dem Ziel
des ÜBERZEUGENS, weniger oder gar nicht dagegen in stark
emotionalen Texten, in denen es mehr um den Ausdruck von
Gefühlen und Einstellungen des Sprechers/Verfassers und um
ÜBERREDEN und MANIPULIEREN geht, z. B. in lyrischen Ge-
dichten, Schimpftiraden, Wahlreden usw.

Die Thema-Rhema-Gewichtung erscheint am deutlichsten gekennzeichnet,
wenn ein Satzglied, das nicht grammatikalisches Subjekt ist, dem finiten
Verb im Aussagesatz bzw. Hauptsatz vorangestellt ist. Auch die Voranstellung des Subjekts als unmarkierte Normalstellung kann mit der Themati-
sierung/Topikalisierung des Subjekts zusammenhängen, muß es aber nicht.
Fragesätze und Imperativsätze fallen für die Gewichtung aus, da ihre
Spitzenstellung des finiten Verbs andere Aufgaben hat (Ausdruck einer
Sprecherhandlung, s. 2.21.1). Auch wenn die erste Satzgliedstelle vor dem
finiten Verb durch ein Satzverknüpfungselement wie *allerdings, zunächst,
gleichwohl, dazu* besetzt ist, besteht keine Gelegenheit für eine Thema-
anzeigende Voranstellung einer Ergänzung oder Angabe des Satzes. Man
kann also nicht in jedem Satz erwarten, daß die Thema-Rhema-Abfolge
irgendwie syntaktisch gekennzeichnet ist. Dies ist nur in bestimmten Sätzen, Textstellen und Textsorten möglich.

Ein eindrucksvolles Beispiel dafür ist der Luthersche Text der 10
Gebote. Dieser sonst so autoritäre Text, der aneinandergereihte
VERPFLICHTUNGEN (mit Subjekt in erster Satzgliedstelle) enthält, hat einen Mittelteil, in dem das Thema „*Sabbattag*" schritt-
weise SPEZIFIZIERT wird mit Sätzen, die zeitliche Angaben als
erste Satzglieder vor dem finiten Verb haben:

„*Sechs Tage sollst du ..., aber am siebenten Tage ist der Sabbat ..., da
sollst du ... Denn in sechs Tagen hat der Herr ...*" (T1,9–11). Am Ende
wird das Thema abgeschlossen: „*Darum segnete der Herr den Sabbattag*

und heiligte ihn". Auf diese Weise werden die rhematischen Teile sprech-
sprachlich wirkungsvoll gewichtet: „*. . . sollst du arbeiten, . . . sollst du kein
Werk tun noch dein Sohn noch . . . noch . . . noch . . . noch dein Fremdling,
der in deinen Toren ist. . . . hat der Herr Himmel und Erde gemacht und das
Meer und . . .*".

Es gehört eine bestimmte, auf den Hörer/Leser gerichtete Sprecher-
haltung und eine rational planende Fähigkeit dazu, einen Text
durchlaufend mit Thema-Rhema-Abfolge zu gliedern. Der erste
Abschnitt des Grosser-Interviews ist fast ganz nach diesem Prinzip
aufgebaut; alle Sätze beginnen mit einer thematischen Anknüpfung
an das Vorangegangene, ganz gleich ob es sich in der ersten
Satzgliedstellung um ein grammatikalisches Subjekt handelt oder
nicht:

„*Das Thema hat zwei Seiten . . . Die von außen ist . . . Für sie ist es . . .
Allerdings gehört dazu . . .*" (T9a,3–6). Aber im letzten Satz wird rein
formal von diesem Prinzip abgewichen mit einer bildungssprachlichen
Voranstellung eines inhaltsleeren Pronomens: „*Es ist dies für mich ein
Grund . . .* (T9a,7). Die regelhafte Thema-Rhema-Abfolge wäre: *Dies ist
für mich ein Grund . . .* Mit dem „*Es*", das eine thematische Null-Funktion
hat, wird hier ein formal-rhetorischer Neuansatz gemacht, der die abschlie-
ßende Einstellungs-Äußerung besonders hervorheben soll dadurch, daß mit
Hilfe dieses Vorsubjekt-*es* der gesamte Satzinhalt formal ins Rhema verschoben wird. (Das „*dies*" nach dem finiten Verb bleibt natürlich semantisch immer noch Thema dieses Satzes).

Der rhematische, also fokussierte/gewichtete Teil des Satzinhalts
kann manchmal auch durch die Verwendung des unbestimmten
Artikels gekennzeichnet werden, der damit für die Quantifizierung
(s. 2.13) unwirksam wird. Alte Erzählungen beginnen im Textanfang mit der rhematischen Einführung einer Person mit unbestimmtem Artikel *(Es war einmal ein König . . .)*, auf die dann im
weiteren Verlauf, weil sie fast nur noch thematisch verwendet
wird, mit bestimmtem Artikel bezuggenommen wird. Dieses Prinzip findet sich auch in Habermas' Vorwort:

„*Ich unternehme den . . . Versuch einer Rekonstruktion der Vorgeschichte
des . . . in der systematischen Absicht einer Analyse des Zusammenhangs
von Erkenntnis und Interesse . . . aus einer auf den Ausgangspunkt zurückgewendeten Perspektive . . .*" (T7,1–3). Mit dem unbestimmten Artikel *ein*
führt der Verfasser hier seine Arbeitsmethoden und -ziele rhematisch neu

ein. Aber schon im übernächsten Satz verweist er auf bereits Eingeführtes mit bestimmtem Artikel, weil es jetzt neues Thema ist: *„Die Analyse des Zusammenhangs von Erkenntnis und Interesse soll ...* (T7,5).

Die Thema-Rhema-Abfolge ist aber durchaus nicht das einzige und überall verbindliche Gewichtungsprinzip. Genau die umgekehrte Gewichtungstaktik hat der Redakteur im Nachrichtenartikel über das Grosser-Interview angewandt (T9b,1–4). Die Schlagzeile beginnt mit dem Rhema und stellt das bei den Lesern als bekannt vorauszusetzende Thema ans Ende: *„Bedenken gegen Verlängerung der Verjährungsfrist"* (T9b,1). Schlagzeilen sollen als LESE-ANREIZ das Neue und Erregende in den Vordergrund stellen. Der eigentliche Textanfang ist ebenso aufgebaut: *„Bedenken gegen ... haben ... geäußert"* (T9b,3). Rein formal ist dies zwar eine thematische Anknüpfung an das bereits in der Schlagzeile Geäußerte, entspricht aber einer nur textinternen Auffassung von Thema-Rhema-Abfolge. Als Textanfang sinnvoller wäre die textexterne Anknüpfung an das Vorwissen der Leser: *Gegen ... haben ... Bedenken geäußert.*

Im zweiten Text-Satz wird das Thema-Rhema-Prinzip ebenfalls verletzt durch die Voranstellung einer Nebenbei-Information:: *„In einem Interview mit der ... Monatszeitschrift ... weist Grosser auf ..."* (T9b,4). Thematisch sinnvoller wäre hier gewesen: *Grosser weist in einem Interview ...*

Nachrichtentexte sind von ihren Textsorten-Erfordernissen her für eine konsequente Thema-Rhema-Gliederung schlecht geeignet, da die Redakteure zu viele Neben- und Hintergrund-Informationen als freie Angaben in die Sätze hineinpacken müssen. Satzsemantisch mehrschichtige Texte sind nicht eindimensional nach der Abfolge BEKANNT → NEU aufzubauen. Dies gilt auch für wissenschaftliche Texte, wenn in ihnen der fortlaufende Argumentationsgang ständig mit Nebeninformationen, Rückverweisen, Relativierungen, vorsorglichen Absicherungen, Exemplifizierungen, Erläuterungen usw. überladen wird (wie weithin auch in diesem Buch).

Die syntaktischen Ausdrucksformen der Gewichtung sind bei schriftlich konzipierter Sprache teilweise anders geregelt als bei mündlicher. Im Schreibtext fehlt die Möglichkeit des markierten, d. h. vom Normalfall abweichenden S a t z a k z e n t s. Emphatischer/nachdrücklicher Satzakzent kann die schreibsprachliche Thema-Rhema-Wirkung der Satzgliedfolge aufheben. In emphatisch gesprochener Sprache kann ohne Änderung der Satzgliedstellung eine umgekehrte Gewichtungsabfolge (Rhema → Thema) dadurch angezeigt werden, daß man den Satzanfang durch höheren und stärkeren Satzakzent hervorhebt. So gäbe es für das behutsam akademisch-schreibsprachlich stilisierte Grosser-Interview eine Alternative mit Rhema-Thema-Abfolge etwa in folgender Weise, wobei die Satzanfänge emphatisch betont gelesen werden müßten: *Zwei Seiten hat das Thema. Scharf trennen muß man sie. Teilweise echt empfunden ist die von außen . . .* (vgl. T9a,3f.)

Für emphatische Rhema-Thema-Abfolge gibt es auch das Mittel der syntaktischen H e r a u s s t e l l u n g /Extraposition, das auch in der geschriebenen Sprache wirksam ist: *Es gibt zwei Seiten, die man bei dem Thema scharf trennen muß.* Oder: *Es ist der Versuch einer Rekonstruktion . . ., den ich . . . unternehme* (vgl. T7,1). Bei der Herausstellung wird das Rhema durch Linksversetzung und Einbettungs-Anhebung als Hypersatz/Obersatz vorangestellt, das Thema durch Rechtsversetzung in einen eingebetteten Attributsatz hinuntergedrückt. – Im übrigen gibt es noch eine ganze Reihe weiterer Mittel der Thema-Rhema-Gewichtung, vor allem auch im Mittelbereich des Satzes (s. Heidolph u. a. 726 ff.).

4. Hintergründige Satzinhalte

> *»... man kann Sprache nur verste-*
> *hen, wenn man mehr als Sprache ver-*
> *steht.«*
>
> (Hörmann 210)

4.1. Bedeutetes und Gemeintes

Für die Beschreibungssprache der Satzsemantik ist es ein wesentlicher und folgenreicher Unterschied zwischen der englischen und
der deutschen Sprache, daß es im Englischen nur das eine Verb *to
mean* gibt, wofür wir im Deutschen die Wahl haben zwischen den
zwei Verben *bedeuten* und *meinen*, deren Valenz- und Tiefenka-
susbedingungen (s. 2.11.1, 2.14.3) klar differenziert sind:

1:    *Ein Ausdruck$_{x1}$ bedeutet$_{P1}$ etwas$_{y1}$.*
     P1(x1,y1)

2:    *Jemand$_z$ meint$_{P2}$ mit einem Ausdruck$_{x2}$ etwas$_{y2}$.*
     P2(z$_{AG}$,x2$_{IN}$,y2)

Bei *bedeuten* haben wir es mit einer EIGENSCHAFT abstrakter Dinge
(Wörter, Sätze, Zeichen) zu tun, genauer: einer Beziehung zwischen einem
Zeichen und einem Inhalt, bei *meinen* dagegen mit einer kognitiven bzw.
kommunikativen HANDLUNG von Sprechern/Verfassern (AGENS). Bei
bedeuten ist *Ausdruck* ein neutrales Subjekt (kein spezieller Tiefenkasus),
bei *meinen* ist *Ausdruck* INSTRUMENT. Es ist deshalb nur ein uneigentlicher, durch Subjektschub (s. 2.15.2) zustandegekommener sekundärer
Gebrauch unserer Bildungssprache, wenn das HANDLUNGS-Verb *meinen*
so verwendet wird wie das EIGENSCHAFTS-Verb *bedeuten*, nämlich mit
einem Abstraktum im grammatikalischen Subjekt (3), wobei aber die
EIGENSCHAFTS-Bedeutung (3a) mit der HANDLUNGS-Bedeutung (3b)
vermischt ist:

3.   *„... unseres Filmförderungsgesetzes ... daß es de jure Wirtschaftsförderung, de facto aber (auch) Kunstförderung meint".* (T4,12)

3a: *... daß es [seine Bestimmungen] ... bedeutet.*

3b: *... daß der Gesetzgeber mit ihm ... gemeint hat.*

Diese Vermischung im Gebrauch von *bedeuten* und *meinen* stammt aus
dem (Subjektschübe fördernden) Philosophen- und Germanistenjargon,
kann aber auch von der Doppelbedeutung des englischen *to mean* beeinflußt sein.

Die Vermischung von semantischer EIGENSCHAFT eines Ausdrucks und semantischer HANDLUNG eines Sprechers/Verfassers
ist in der sprachwissenschaftlichen Beschreibungssprache streng zu
vermeiden. Der Unterschied zwischen Bedeutung und Meinung ist
in der Praktischen Semantik (s. Heringer 1974, 124 ff.) wichtig
geworden. Es ist ein grundsätzlicher Unterschied zwischen dem,
was Wörter und andere Ausdrucksformen bedeuten (lexikalische/
usuelle Bedeutung), und dem, was jemand bei ihrer Verwendung
im Sprachverkehr mit ihnen MEINT (aktuelle/okkasionelle Bedeutung). Dies gilt nicht nur für den Extremfall des ironischen Sprechens (s. 4.43). Der Inhalt sprachlicher Äußerungen besteht nicht
nur aus dem, was die sprachlichen Ausdrucksformen von Wortschatz und Grammatik her als ihre Bedeutungen ,mitbringen',
konkreter: Was Sprecher/Verfasser bzw. Hörer/Leser in ihrem
Sprachwissen als Bedeutungen gespeichert haben und (mehr oder
weniger sorgfältig) anwenden. Der Äußerungs-Inhalt konstituiert
sich zum wesentlichen Teil auch aus dem, was Sprecher/Verfasser
jeweils ausdrücken wollen und können, aufgrund ihrer Absichten/
Intentionen, ihres Vorwissens, ihrer Bildung, ihrer Einstellungen,
ihres Bewußtseins von der jeweiligen Kommunikationssituation
und ihrem bisherigen Ablauf usw. Von dem, was man mit seiner
Äußerung MEINT, sind die Bedeutungen der Ausdrücke nur ein
Teil, ein Mittel, um das Gemeinte annähernd zu signalisieren.
Bedeutetes und Gemeintes sind grundsätzlich nicht miteinander
identisch, denn jeder Kommunikationsakt ist ein Neuvollzug von
Sprache, der vor allem semantisch nie dem bereits früher Gesagten
völlig gleichen kann (außer in festen Sprachritualen wie Gebet,
Litanei, Sprechchor), zumal jede Situation mindestens teilweise
Neues enthält.

Entsprechend zweischichtig ist der Äußerungs-Inhalt auf der Seite
der Hörer/Leser. Was man Verstehen oder Rezeption einer
Äußerung nennt, ist nicht ein bloßer ,Empfang' fertiger transpor-
tierter Informationseinheiten – wie man es in technischen Kommu-
nikationsmodellen (mit „Sender" und „Empfänger") darstellt –
sondern Ergebnis eines kombinierten HANDELNS des Rezipieren-
den, nämlich eine Kombination aus einerseits ANWENDEN von
Sprachwissen (WIEDERERKENNEN von Ausdrucksformen und

Bedeutungen) und andererseits ANNAHMEN MACHEN über
das, was der Sprecher/Verfasser mit seinen Äußerungen GE-
MEINT hat oder haben könnte. Außer der Wortschatzkenntnis
und Grammatikbeherrschung braucht man zum VERSTEHEN
von Gesagtem eine Kenntnis der Person, ihrer Einstellungen und
Gewohnheiten, Kenntnis und Einschätzung der Situation und des
Kommunikationsablaufs, Wissen von der Welt, in der man lebt
und auf bestimmte Weisen nach Regeln miteinander kommuniziert. Wenn man Glück hat, kann man mit seinen ANNAHMEN
das vom Sprecher/Verfasser Gemeinte wenigstens annähernd treffen; oft aber ist das Verstandene nur eine ungenaue, unvollständige
oder überinterpretierende Rekonstruktion des Gemeinten; und
verschiedene Hörer/Leser kommen dabei meist zu teilweise verschiedenen Ergebnissen.

Der Unterschied zwischen Bedeutetem und Gemeintem spielt auch eine
entscheidende Rolle in Hans Hörmanns psychologischer Semantik: Verstehbar wird Sprache erst durch „Sinnhaftsein" (Hörmann 193); „Sinnvol-
les, Verstehbares konstituiert sich nicht ... etwa durch Übersetzen von
Zeichen nach einem Code –, sondern es ist als Intendiertes immer schon da,
bevor wir es durch eine semiotische Analyse zu konkretisieren beginnen"
(196). Nach der philosophisch-psychologischen Tradition von Brentano bis
Meinong und Husserl sei „grundlegend die Intentionalität des Bewußtseins: die gerichtete (nicht bloß assoziative) Relation eines Aktes meines Ich
auf ein Objekt, das dadurch bedeutungshaltig, d. h. als empfangender
Partner dieses Akts strukturiert wird" (196). Zur Bedeutung der gewählten
Zeichen kommt also durch das intentionale MEINEN des Sprechers/
Verfassers der „Sinn" hinzu, der „einen (den informationstheoretischen
Vorgang der Wahl des Zeichens überdauernden) a l l g e m e i n e n Hinter-
grund darstellt" (202).

Hörmann führt den „funktionalistisch-psychologischen" Begriff der „Sinnkonstanz" ein, „der das Verstehen eines Satzes garantiere" (204): „Etwas
Verstehen heißt ... eine Mitteilung dadurch erfolgreich verarbeiten zu
können, daß man die in ihr enthaltene Information in einer Weise auf einen
Horizont des Allgemein-Sinnvollen bezieht, die dem Meinen des Sprechers
entspricht" (206); „Verstehen ist nicht das Codieren (oder Umcodieren)
des sprachlichen Input, sondern ein Vorgang, in welchem und für welchen
aus Anlaß des sprachlichen Input aus ins Bewußtsein tretenden schon
vorhandenen Wissensbeständen und aus der einlaufenden „sprachlichen
Information" eine einheitliche, aber differenzierte semantische Beschreibung dessen aufgebaut wird, was sich uns als verstandener Text darstellt

(und was m e h r ist als das, was im Sinne des „linguistischen Inputs" Text genannt wird)" (Hörmann 479 f.).

Das Verhältnis zwischen Bedeutetem und Gemeintem sei an einem Beispiel verdeutlicht:

4: *„Jeder hat das Recht auf Leben und körperliche Unversehrtheit."* (T2 Art. 2,2)

Es gehört zur B e d e u t u n g der maskulin flektierten Pronominalform *jeder*, daß man sich damit entweder auf ‚alle Menschen' ohne Unterschiede beziehen kann (z. B. in *Jeder hat seine Schwächen*) oder (kontextbedingt) auf ‚männliche Personen' (z. B. *Nicht jeder rasiert sich*). Über diese vom Sprachsystem her festgelegte Bedeutung hinaus gehören aber zum Versuch, diese Textstelle zu VERSTEHEN, noch allerhand ANNAHMEN über all das, was die Textverfasser (der Parlamentarische Rat von 1949) und weiterhin die kompetenten bzw. autorisierten Gesetzeshüter(innen) seitdem mit dieser Formulierung GEMEINT (oder NICHT GEMEINT) haben oder haben könnten: In diesem Falle gehört es zum G e - m e i n t e n dazu, daß in *„Jeder"* hier ‚alle Menschen' ohne Unterschied GEMEINT sind. Aber problematisch sind weitere ANNAHMEN über das Gemeinte: Auch ‚Ungeborene im Mutterleib?' Auch bewußtlose ‚Patienten, die klinisch bereits tot sind und keine natürliche Lebenschance mehr haben'? Auch vereidigte Wehrpflichtige im Kugelhagel?

Die Unterscheidung zwischen Bedeutetem und Gemeintem ist unerläßlich zur Kritik an der weitverbreiteten traditionellen Semantik-Ideologie, nach der die Wörter einer Sprache immer eine und dieselbe bestimmte Bedeutung ‚an sich' oder ‚in sich haben' und nach der man jede Verwendung eines Wortes, die sich mit der eigenen nicht deckt, als „falsch", „Sprachmißbrauch", „Sprachmanipulation", „Sprachverfall", „Sprachspaltung" o. ä. auffaßt. Vor allem bei politischen Schlagwörtern ist die Bedeutung meist nicht viel mehr als eine „Leerformel" (vgl. 4.46). VERSTEHEN kann man sie nur aufgrund von ANNAHMEN über das vom jeweiligen Sprecher/Verfasser in der jeweiligen Situation G e - m e i n t e und über das, was man als Hörer/Leser im eigenen Interesse aus dem Geäußerten als situationsangemessen z u V e r - s t e h e n d e s darüber hinaus entnehmen kann/darf/sollte/muß.

4.2. Mitbedeutetes, Mitgemeintes, Mitzuverstehendes

Zum Bedeuteten und Gemeinten kommt in vielen Fällen noch
Mitbedeutetes und Mitgemeintes hinzu, nämlich Satzinhalte bzw.
Satzinhalts-Teile, die nicht ‚auf den ersten Blick‘ zu erkennende
Inhalte der tatsächlich geäußerten Wörter und Satzkonstruktionen
sind, Inhalte, die im sprachlichen Ausdruck unberücksichtigt sind,
aber zu ihm hinzugedacht werden müssen. Zum Bedeuteten der
geäußerten Sprachzeichen kommt das M i t b e d e u t e t e hinzu,
das Hörer/Leser aufgrund ihres Sprachwissens MITVERSTEHEN
können m ü s s e n. Dazu gehören vor allem die konventionalisier-
ten/sprachüblichen Konnotationen/Gefühlswerte von Wörtern (s.
2.23.3) und alles, was man beim sprachökonomisch verkürzenden
Ausdruck (Ellipsen/Weglassungen und komprimierter Ausdruck, s.
1.11) ohne Zweifel regelhaft ergänzen kann. Es ist in dem, was
Sprecher mit den benutzten Ausdrücken MEINEN, impliziert. Das
Mitbedeutete wird in der Regel, bei ehrlichem, offenem, sorgfälti-
gem Formulieren, auch MITGEMEINT. Darüber hinaus gibt es
aber auch anderes M i t g e m e i n t e s, das nicht zugleich Mitbedeutetes ist, nämlich diejenigen Satzinhalts-Teile, die man über die
Bedeutungen und Mitbedeutungen des Geäußerten hinaus zusätzlich MITMEINT und von denen man erwartet, daß Hörer/Leser sie
über das Sprachwissen hinaus MITVERSTEHEN k ö n n e n, und
zwar durch ANNAHMEN aufgrund ihrer Kenntnis und Einschätzung von Kommunikationsprinzipien, Kontext, Person des Spre-
chers/Verfassers, Situation und Welt (s. 4.4).

Auf der Seite der Hörer/Leser entspricht dem Mitbedeuteten und
Mitgemeinten das M i t z u v e r s t e h e n d e. Da aber die in *zu* und
-ende ausgedrückte modale Bedeutung dieser Formulierung poly-
sem/mehrdeutig ist (‚was man mitverstehen kann/darf/sollte/muß/
will‘), setzt sich das Mitzuverstehende aus mehreren Komponenten
zusammen: einerseits aus dem mittels Sprachkenntnis notwendig
WIEDERERKANNTEN Mitbedeuteten, andererseits aus dem,
was man vom sonst noch Mitgemeinten des Sprechers/Verfassers
MITVERSTEHEN muß, und schließlich aus dem, was man durch
weitere ANNAHMEN aufgrund des Handlungskontextes MIT-
VERSTEHEN darf/sollte/kann oder gar aufgrund eigener Vorein-

stellungen und Interessen MITVERSTEHEN will. Manche Teile des Mitzuverstehenden sind mit dem vom Sprecher/Verfasser Mitgemeinten nicht oder nur teilweise kongruent, nicht nur infolge von Interessenunterschieden oder Mißverständnissen, sondern schon allein, weil es Sprechern/Verfassern in vielen Fällen nicht möglich ist, sich so genau und ‚vorsichtig‘ auszudrücken, daß sich alles Mitzuverstehende mit dem Mitgemeinten deckt. Mitzuverstehendes, das mit dem Gemeinten und Mitgemeinten des Sprechers/Verfassers von vornherein nicht kongruent ist, sind vor allem die sog. S p r a c h s y m p t o m e (Dialektmerkmale, soziale Gruppensymptome, Symptome für unbewußte Motive, Einstellungen, Stimmungen usw.), über die man gar nicht intentional verfügt, die man deshalb meist gar nicht vermeiden könnte und die man manchmal sogar leugnen würde bzw. müßte. Das VERSTEHEN sprachlicher Äußerungen setzt sich also mindestens aus den in Fig. 30 dargestellten Komponenten zusammen.

Den „eher konstruktiven als analytischen Charakter des Verstehens" (477) betont sprachpsychologisch auch Hans Hörmann: „Das Ausgesprochene spricht etwas an, was sich mit ihm für das Behalten zu etwas Einheitlichem integriert – aber diese Integration

Fig. 30:

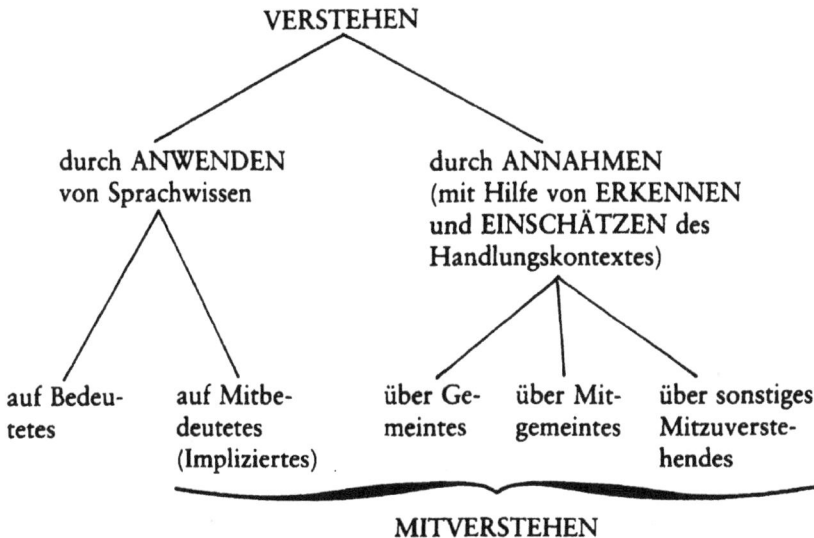

VERSTEHEN

durch ANWENDEN von Sprachwissen

durch ANNAHMEN (mit Hilfe von ERKENNEN und EINSCHÄTZEN des Handlungskontextes)

auf Bedeutetes — auf Mitbedeutetes (Impliziertes) — über Gemeintes — über Mitgemeintes — über sonstiges Mitzuverstehendes

MITVERSTEHEN

vollzieht sich nicht automatisch, sondern sie stellt eine zielgerich-
tete Konstruktion eines im Duktus einer bestimmten Aufgabe
stehenden Hörers dar" (468). Sprachpsychologisch ist das Benutzen von Sprachwissen mit einer „Unterbestimmtheit" verbunden:
„Man ist gezwungen, das im Lexikon Aufbewahrte unbestimmter
zu konzipieren, um so Spielraum für die nicht zu ignorierende
Determination durch Kontext, Situation und Aufgabe zu schaffen"
(499).

Eine solche „finalistische" (499) Erklärung von Meinen und Verstehen führt auch notwendig zur möglichen Inkongruenz von (Mit-)
gemeintem und (Mit-)zuverstehendem: „Da der Hörer auf der
Basis des von ihm Wahrgenommenen handeln muß und dies nur
tun kann, wenn er das Wahrgenommene (z. B. die gehörte Äußerung) sinnvoll in die ihn umgebende Welt einordnen kann, muß
das G e f ü h l des Verstandenhabens auch autonom, ohne Zustimmung des Senders der Äußerung, zustandekommen können. Was
durch die Sinnkonstanz konstantgehalten wird, ist also nicht das
durch den Sender der Äußerung bestätigte Verstandenhaben dieser
Äußerung, sondern das mit dem Gefühl des Verstehens einherge-
hende Sinnvollsein einer Äußerung, das nicht mehr identisch zu
sein braucht mit dem vom Sprecher Gemeinten." (Hörmann 208).

Dazu noch einmal unser letztes Beispiel: *„Jeder hat das Recht auf
Leben und körperliche Unversehrtheit."* (T2 Art. 2,2). Zum (von
der Sprache her) B e d e u t e t e n gehört es beispielsweise, daß
„Jeder" ,alle Menschen', daß *„körperliche Unversehrtheit"* ,Zu-
stand, in dem der Körper unversehrt ist' bedeuten kann usw. Das
(ebenfalls sprachlich vorgegebene) M i t b e d e u t e t e (Implizierte)
besteht dann in dem, was im komprimierten Ausdruck dieses
Satzes ganz selbstverständlich ergänzt werden kann, z. B. daß die
in *„Leben"* und *„körperliche Unversehrtheit"* enthaltenen, nominalisiert eingebetteten Prädikationen vollständiger als ,jemandes
Leben', ,jemandes Körper', ,jemandes Unversehrtheit' zu verstehen
sind, daß ,jemand' in allen drei Fällen mit dem Satz-Subjekt
„Jeder" bezugsidentisch ist und daß das in *„Unversehrtheit"* enthaltene Prädikat ,versehrt werden' im Sinne des gebräuchlicheren
Synonyms *verletzt werden* zu verstehen ist und nach seiner Valenz-
und Tiefenkasusstruktur zu ergänzen ist durch ,jemand' in der 1.

Bezugsstelle und ‚durch jemand' oder ‚durch etwas' in der 2. Bezugsstelle, wobei nur das erstgenannte ‚jemand' mit dem Satz-Subjekt *„jeder"* bezugsidentisch ist.

Über dieses rein sprachlich Geregelte hinaus gehört es nun zu dem von den Textverfassern G e m e i n t e n auch noch, daß mit *„Jeder"* hier besonders auch Jugendliche und Kinder gemeint sind (nicht jeder Gebrauch von *jeder* ist so gemeint!). Zum M i t g e m e i n t e n gehört es hier, daß in der zweiten Bezugsstelle von ‚verletzt werden' (‚durch wen oder was'?) Naturereignisse wie Unfälle, Krankheit, Wespenstiche, Unwetter, Erdbeben usw. ausgeschlossen werden, also nur körperliche Verletzungen durch Schuld anderer Menschen gemeint sind (zu denen allerdings in der Regel auch Hundebisse gehören, für die man den Hundehalter verklagen kann, sofern man ihn ausfindig machen kann).

Was über diese primäre VERSTEHENS-Basis (aus Sprachbedeutung und offensichtlicher unzweifelhafter Sprecher-Absicht) hinaus die Verfasser alles noch MITGEMEINT haben oder nicht, läßt sich grundsätzlich nur von Lesern und Anwendern des Textes durch ANNAHMEN als M i t z u v e r s t e h e n d e s annähernd erschließen, also ohne Garantie für eine Kongruenz des Mitzuverstehenden mit dem Mitgemeinten. Zum Beispielsatz 4 besteht aus der Sicht eines nicht juristisch Vorgebildeten Anlaß zur ANNAHME etwa folgender mitzuverstehender Satzinhalte:

4a: ‚Satz 4 ist so beschlossen worden, weil es erfahrungsgemäß häufig vorkommt, daß Leben und körperliche Unversehrtheit von Menschen durch Schuld anderer Menschen bedroht, gefährdet, beeinträchtigt, beendet usw. werden, und weil auch im Geltungsbereich des „Grundgesetzes" diese Gefahr besteht'.

4b: ‚Niemand hat das Recht, jemandes Leben und körperliche Unversehrtheit zu bedrohen, zu gefährden' usw. (s. 4a!)

4c: ‚Jeder hat Anspruch darauf, daß die Gerichte der Bundesrepublik Deutschland jeden Verstoß gegen 4b auf seine oder eines anderen Klage hin strafrechtlich verfolgen' usw.

4d: ‚Jeder hat das Recht, sich notfalls gegen Angriffe auf sein Leben und seine körperliche Unversehrtheit zu wehren'.

4e: ‚Da Ungeborene das Recht 4d nicht selbst wahrnehmen können, hat jeder die Pflicht, Ungeborene im Mutterleib vor Angriffen auf ihr Leben und ihre körperliche Unversehrtheit zu schützen'. (?)

4f: ‚Es ist hier nicht die Rede von seelischer, moralischer, geistiger usw. Unversehrtheit'.

Diese und vielleicht noch andere mitzuverstehende Satzinhalte sind sicher nicht alle mit dem Mitgemeinten der Gesetzgeber und der jeweiligen autorisierten Gesetzeshüter(innen) identisch oder verträglich, aber wohl immerhin diskutabel und verteidigenswert. Man wird Grundgesetzkommentare, Gerichtsurteile und andere juristische Literatur sowie Parteiprogramme, Regierungserklärungen, philosophische und religiöse Schriften heranziehen müssen, um eine gültige Aussage über die Verträglichkeit des problematischen Mitzuverstehenden mit dem (Mit)gemeinten machen zu können.

Die ANNAHMEN 4a bis 4f sind nicht aus der Luft gegriffen. Es bestehen inner- und außertextliche Anlässe für solche Mitverständnis-Versuche: 4a beruht nach dem Relevanzprinzip (s. 4.41, 4.44) auf der Regel, daß, immer wenn jemandem ein selbstverständliches Recht auf etwas explizit ZUGESICHERT wird, es einen Anlaß dafür geben muß. Anlaß ist hier das Wissen von vorgekommenen und bestehenden Gefährdungen. 4b beruht auf der Regel, daß es zu einer Aussage $P(x,y)$ mit zwei persönlichen Bezugsobjekten immer eine Konverse/Umkehrung $P(y,x)$ geben muß (vgl. 2.15.1): Wenn ‚niemand$_x$ von jemandem$_y$ verletzt werden darf', dann impliziert dies, daß ‚niemand$_y$ jemanden$_x$ verletzen darf'; dieses triviale Mitzuverstehende gehört als semantische Teilregel des Passiv-Satzes noch zum Implizierten/ Mitbedeuteten. 4c gilt für jede ZUERKENNUNG von „*Rechten*" in einem Gesetzestext: Das ZUERKENNEN hätte keinen Sinn, wenn damit nicht auch die Einklagbarkeit als Text-Perlokution/Bewirkungsversuch (s. 2.22) MITGEMEINT wäre. 4d ist naheliegend aus natürlicher Einstellung zum eigenen Leben und aus ERINNERUNG an erzählte Kriminal-Ereignisse in Massenmedien oder privat. 4e kann nur dann ANGENOMMEN werden, wenn man davon ausgeht, daß unter „*Jeder*" auch Ungeborene MITVERSTANDEN werden müssen und daß 4b und 4d gelten. 4f hat zum sprachlichen Anlaß, daß mit dem kennzeichnenden Attribut „*körperlich*" (‚diejenige Unversehrtheit, die den Körper betrifft', s. 3.25.2) die komplementären Gegensatzbegriffe AUSGESCHLOSSEN werden. In einem solchen, strikte Gültigkeit beanspruchenden Text erwartet man, daß es einen Grund hat, wenn aus einer Reihe in Betracht kommender Möglichkeiten gerade eine bestimmte genannt wird, so daß man versucht ist, mit einem Argument des Fehlens (argumentum ex silentio) die anderen Möglichkeiten als ausgeschlossen MITZUVERSTEHEN (vgl. 4.42).

Diese mehr oder weniger naheliegenden, teilweise vielleicht überinterpretierenden mitzuverstehenden Satzinhalte sollten hier nur dies zeigen: Bei komprimierten Formulierungen in Textsorten, in denen die sprachstilistische Lückenhaftigkeit und Komprimiertheit und damit die semantische Offenheit von vornherein und zu berechtigten Zwecken die Regel ist, kann man sich nicht darauf verlassen, daß allein anhand der geäußerten Sprachmittel (und deren Bedeutungen und Mitbedeutungen) das Gemeinte, Mitgemeinte und Mitzuverstehende eindeutig und vollständig festzustellen ist. Solche Texte müssen interpretiert und diskutiert, müssen ‚durchschaut' und ‚zwischen den Zeilen gelesen' werden.

4.3. Aus dem Sprachwissen Mitzuverstehendes

(Semantische Präsuppositionen und Implikationen)

Im Zusammenhang mit der Einführung sprachpragmatischer Fragestellungen und Methoden in die Sprachwissenschaft übernahm man aus der Analytischen Sprachphilosophie (Frege, Russel, Strawson u. a.) für bestimmte Arten mitzuverstehender Satzinhalte den Begriff und Terminus P r ä s u p p o s i t i o n, nach neulat. *praesupponere* ‚zugrundeliegen, vorher unterlegen, unterstellen, unterschieben' und engl. *presuppose* ‚voraussetzen, im voraus annehmen, zur Voraussetzung haben'. Obwohl das lateinische und das englische Verb teils als HANDLUNGS-Verb (für eine kognitive Handlung des Sprechers/Verfassers, ähnlich wie *meinen* in Beispiel 2, s. 4.1), teils als EIGENSCHAFTS-Verb (‚zur Voraussetzung haben', ähnlich wie *bedeuten* in Beispiel 1, s. 4.1) gebraucht wird, bevorzugen Sprachphilosophen und Linguisten die letztere, die nichtpragmatische Verwendung: Ein Satz p präsupponiert einen Satz q / enthält eine Präsupposition q. Wenn man in der sprachpragmatischen Semantik dafür eine HANDLUNGS-Formulierung finden will, ist es nicht in jedem Falle angemessen zu sagen: Mit dem Äußern von p VORAUSSETZT der Sprecher/Verfasser q, denn meist handelt es sich nur um etwas Mitbedeutetes, das von den lexikalischen oder grammatikalischen Eigenschaften der verwendeten Ausdrucksformen her mitgegeben ist, also vom Hörer/Leser MITVERSTANDEN wird, ohne daß der Sprecher/Verfasser eine spezielle, zusätzliche VORAUSSETZUNG gemacht hat. Die Grenze zwischen automatisch mit der Wahl einer Ausdrucksform übernommener Voraussetzung und bewußtem, über die Sprach- konventionen hinausgehendem VORAUSSETZEN ist allerdings fließend.

Zur Definition des Begriffes Präsupposition ist vor allem das Negationskriterium benutzt worden: Eine Präsupposition ist eine nichtgeäußerte, aber mitgemeinte Nebenprädikation, deren WAHR-Sein nicht BEHAUPTET wird, sondern mit dem Äußern der Haupt-Aussage als selbstverständlich nur VORAUSGESETZT ist (oder wird). Da die Präsupposition nicht explizit geäußert wird, kann ihr auch nur dann WIDERSPROCHEN werden, wenn sie durch Heraustreten aus dem normalen Kommunikationsablauf, also nur metakommunikativ, ausformuliert wird. Das Negations- kriterium besagt nun, daß die Präsupposition (im Unterschied zu anderen Implikationen) auch dann als WAHR VORAUSGE- SETZT ist/wird, wenn die Haupt-Aussage VERNEINT ist. Als Teil einer Neben-Aussage unterliegt die Präsupposition nicht dem Gel- tungsbereich (s. 2.23.2) der Verneinung der Haupt-Aussage (Satz- verneinung). Dazu ein Beispiel:

5:     „Du sollst keine anderen Götter neben mir haben." (T1,3).
       Präsupposition: ‚Es gibt andere Götter‘

Die Verneinung ist hier (trotz des scheinbaren Bezugs auf die Nominal- gruppe) eine Aussagen-Verneinung (Satzverneinung), denn man kann in gleicher Bedeutung hierfür auch sagen:

5a: Andere Götter sollst du nicht neben mir haben.

Die Präsupposition gilt in der gleichen Weise, wie wenn nicht verneint wäre, da die Verneinung der Haupt-Aussage keinen Einfluß auf die (als kennzeichnendes Attribut eingebettete) Neben-Aussage „andere" hat und da die Prädikation ‚x hat y‘ (etwa im Unterschied zu ‚x erfindet y‘) nur von zwei Bezugsobjekten x,y ausgesagt werden kann, deren Existenz man VORAUSSETZT. Wegen dieser Existenz-Präsupposition müßten streng monotheistische Theologen heute in ihrer Exegese dieses Mosaischen Ge- bots Formulierungen wählen, in denen diese VORAUSSETZUNG nicht impliziert ist, etwa so:

5b: Du sollst nicht das, was andere Religionsgemeinschaften für Götter
       halten, neben mir haben. (‚halten für p‘ enthält einen ZWEIFEL am
       WAHR-Sein von p)

Das Negationskriterium ist jedoch ein über Präsuppositionen weit hinausreichendes Prinzip. Mit ihm sondert man nur diejenigen Implikationen, die nicht zur Haupt-Aussage gehören, von den übrigen Implikationen ab. Es gilt aber auch für Neben-Aussagen, die gar keine Implikationen sind, sondern zum tatsächlich Geäußerten gehören, z. B. für Attribute zu Substantiven:

6:    *Sie wählten den Schriftsteller Uwe Johnson zum neuen Mitglied.*

Da *Schriftsteller* als attributiv untergeordnetes Prädikat hier sprachlich ausgedrückt ist, wenn auch in komprimierter Weise (man muß das Nominalverb ‚sein' hinzudenken), handelt es sich bei dem mit „*Schriftsteller*" Gemeinten gar nicht um eine echte Präsupposition (wie es von manchen Linguisten wegen des Negationskriteriums dargestellt wird), sondern um eine sprachlich geäußerte VORAUSSETZUNG, die also nicht zum Mitbedeuteten, Mitgemeinten und Mitzuverstehenden zu rechnen ist, sondern zum Bedeuteten (s. 4.1).

Unter denjenigen Implikationen, die nicht Präsuppositionen sind (da sie gegen die Satznegation nicht immun sind), gibt es vom Sprachwissen her M i t b e d e u t e t e s , vor allem bei bestimmten syntaktischen Konstruktionen. Ein Passiv-Satz (z. B. *x wird von y gesehen*) impliziert den entsprechenden Aktivsatz (‚y sieht x'). Ein Komparativsatz (z. B. *x ist größer als y*) impliziert seine Konverse (‚y ist kleiner als x'). Ein Temporalverhältnis wie *x vor y* impliziert die Konverse ‚y nach x' usw. Neben solchen grammatikalischen Implikationen gibt es lexikalische, z. B. die sog. semantischen Relationen zwischen Wörtern/Lexemen, die für die systematische Darstellung von Wortfeldern im Wortschatz einer Sprache unerläßlich sind. Textanalytisch sind sie nicht immer interessant, z. B. daß „*Rekonstruktion*" (T7,1) impliziert: ‚Wiederherstellung' (Synonym/Gleichbedeutendes), daß „*Politologe*" (T9b,5) impliziert: ‚Wissenschaftler' (Hypernym/Oberbegriffswort), daß „*sensationell*" (T4,2) impliziert: ‚nicht langweilig', ‚nicht alltäglich' (Antonyme/Gegensatzwörter). Für die Textanalyse werden solche lexikalischen Implikationen immer dann wichtig, wenn sie unerwartet oder umstritten sind.

So bedarf es einer juristischen Interpretation, ob in den „Grundrechten" (T2 Art. 3,2) beim Gleichberechtigungs-Gebot mit „*Männer und Frauen*" auch ‚Jugendliche und Kinder männlichen bzw. weiblichen Geschlechts' mitzuverstehen sind (Hyponyme/Unterbegriffswörter) wie *Jüngling, Junge,*

Mädchen); dies wird sprachlich fraglich, wenn man danebenhält, daß es in anderen Kontexten heißen kann: *Männer, Frauen und Jugendliche demonstrierten für* …

4.4. Aus dem Handlungskontext Mitzuverstehendes (Pragmatische Präsuppositionen und stille Folgerungen)

4.41. Kommunikationsprinzipien, die man nicht befolgt (Konversationsmaximen und -implikaturen)

Wie die bisher behandelten Arten von MITZUVERSTEHENDEM an grammatikalische und lexikalische Sprachkonventionen gebunden sind, so gibt es auch außerhalb dieses eigentlich sprachlichen Bereichs, im Handlungskontext, gewisse Prinzipien, durch die weitere Arten von mitzuverstehenden Satzinhalten wirksam werden. Aber im Unterschied zu den sprachlichen Konventionen wirken die außersprachlichen Kommunikationsprinzipien oft umgekehrt: Nicht ihre korrekte Befolgung ruft Mitzuverstehendes hervor, sondern ihre Verletzung. Diese Erkenntnis verdanken wir der Theorie des Sprachphilosophen H. Paul Grice von den „conversational maxims" und „conversational implicatures".

Statt der schlecht übersetzten Linguistenformulierungen „Konversationsmaximen", „konversationelle Implikaturen" sagen wir besser Gesprächsprinzipien und stille Folgerungen, denn es handelt sich dabei um allgemeine Grundsätze jeder Art von Gespräch, nicht um etwas Elitär-Intellektuelles wie das, was man im Deutschen unter *Konversation* und *Maxime* versteht; und bei den „implicatures" handelt es sich um FOLGERUNGEN, die Hörer/Leser aus Verletzungen solcher Prinzipien durch Sprecher/Verfasser in Form von ANNAHMEN über Mitzuverstehendes ziehen können. Außerdem gelten solche Prinzipien zum großen Teil über Gespräche hinaus als allgemeine Kommunikationsprinzipien.

Die Gesprächsprinzipien von Grice gelten für diejenige Art von Kommunikation, deren oberstes Prinzip das Bemühen um K o - o p e r a t i o n aller Beteiligten ist. Für andere Kommunikationsarten (z. B. konkurrierend, antagonistisch) müßten teilweise andere Prinzipien aufgestellt werden. Zu unserer Übersetzung der Griceschen Gesprächsprinzipien fügen wir, wo nötig, die originalen englischen Formulierungen in Klammern hinzu:

Quantitätsprinzipien:
- Mache deinen Gesprächsbeitrag so informativ wie es (für die jeweiligen Zwecke des Redewechsels) erforderlich ist!
- Mache deinen Beitrag nicht informativer als erforderlich!

Qualitätsprinzipien:
- Versuche deinen Beitrag wahrheitsgemäß zu machen! („one that is true", „supermaxim")
- Sage nichts, wovon du glaubst, es sei unwahr! („false")
- Sage nichts, wofür du keinen angemessenen Nachweis hast! („lack adequate evidence")

Relevanzprinzip („of relation"):
- Bleib beim Wesentlichen! („be relevant")

Ausdrucksprinzipien („of manner"):
- Rede klar und deutlich! („be perspicuous", „supermaxim")
- Vermeide verhüllende Ausdrucksweisen! („obscurity")
- Vermeide Mehrdeutigkeit! („ambiguity")
- Fasse dich kurz! Vermeide unnötige Weitschweifigkeit! („prolixity")
- Rede wohlgeordnet, planvoll, konsequent, ...! („be orderly!")

Die Liste der Gesprächsprinzipien ist auch nach Grice selbst noch ergänzungsbedürftig. Vor allem sollte man sie auch durch partnerbezogene Prinzipien ergänzen; z. B.:

- Mache es deinem Partner möglich, dein Gemeintes so genau wie möglich und ohne Zeitdruck zu verstehen!
- Laß deinen Partner ausreden!
- Gib ihm alle Redechancen, die du dir selbst leistest/gönnst/die jedem zustehen!
- Versuche ihn so genau wie möglich zu verstehen (notfalls mit Rückfragen), ehe du reagierst!
- Nimm Rücksicht auf die soziale Selbsteinschätzung deines Partners! (Unversehrtheit des Partner-Image)

Die Gesprächsprinzipien sind teilweise auch für monologische und für schriftliche Kommunikation gültig, müßten aber für die jeweilige Kommunikationsart reduziert und ergänzt werden. Bei längeren monologischen Texten (z. B. Vorträgen, Abhandlungen) wären z. B. das Quantitätsprinzip „nicht informativer als erforderlich" und das Ausdrucksprinzip „Fasse dich kurz!" weniger stark gültig, da Wiederholungen und Variationen des Gleichen und Rückverweise als informativer Überfluß (Redundanz) den Hörern/Lesern hilfreich sind, also dem übergeordneten Kooperationsprinzip durchaus entsprechen.

Die Wirksamkeit von Kommunikationsprinzipien ist nach Grice vor allem an ihre offensichtliche Nichtbefolgung gebunden. Wenn es bemerkt wird, daß jemand eines der Prinzipien nicht befolgt und man dies als seine Absicht UNTERSTELLT, wird nach Grice eine „conversational implicature" hervorgerufen, d. h. konkreter: Man zieht aus der offensichtlichen Verletzung eines Prinzips eine FOLGERUNG auf Mitzuverstehendes, etwa nach der Regel: Wer als kooperativer Gesprächspartner gilt, aber etwas anderes sagt, als was man von ihm in einer bestimmten Situation nach den Gesprächsprinzipien erwartet, der muß einen Grund dazu haben, also meint er eigentlich noch etwas anderes, als was er sagt. Den Begriff ‚Verletzung eines Prinzips' muß man nicht so streng nehmen, daß nur das genau gegenteilige Sprachverhalten Anlaß zu einer FOLGERUNG auf Mitgemeintes gibt. Oft genügt es schon, wenn nur ‚auf den ersten Blick' bzw. nach einem ersten ‚wörtlichen' Verständnis von Ausdrücken bzw. aufgrund der ERWARTUNG eines sonst üblichen Ausdrucks Anlaß gegeben ist, die Ausdrucksweise an den Prinzipien zu messen. Auf diese Weise können die verschiedenen Arten des uneigentlichen Ausdrucks als abweichende oder nur besondere Anwendung von Kommunikationsprinzipien erklärt werden.

Die Sinnhaftigkeit offensichtlicher Abweichungen erklärt Hans Hörmann aus der an den Hörer/Leser gestellten Aufgabe der „Sinnkonstanz" (208) und der „Freiheit des Sprachbenutzers über sein Werkzeug", die ihm bei Anomalie ein „intellektuelles Rearrangement" ermöglicht (182). In seiner Kritik an der „Automatie der Selektionsbeschränkungen" in der Generativen Transformationsgrammatik erklärt Hörmann diesen Begriff recht drastisch:

„Im kompetenten und ein Katz-Fodorsches Lexikon besitzenden Sprecher/ Hörer muß das Auftreten einer verbotenen Kombination die Alarmklingel „Semantische Anomalie" ertönen und das Verstehen des betreffenden Satzes zusammenbrechen lassen. Demgegenüber haben wir die Auffassung vertreten, daß der Kontakt zweier nicht völlig kommensurabler Bedeutungsmatrizen nicht eine das Satzverständnis abbrechende Alarmklingel ertönen, sondern eventuell ein Licht aufgehen läßt" (181). „Die Entscheidung, ob zwei Bedeutungsmatrizen miteinander vereinbar sind oder nicht, wird ganz offenbar nicht nach einem diesen Matrizen inhärenten und deshalb festliegenden Kriterium automatisch getroffen, sondern sie wird von einem Sprecher/Hörer getroffen, der in einer bestimmten Situation

steht, von ihr etwas weiß, etwas erwartet, und die Tendenz hat, gehörte
Sätze auch dann zu verstehen, wenn sie vielleicht nicht die üblichen
Wortkombinationen enthalten... Das Kriterium für das, was zulässig bzw.
normal ist, verlagert sich also aus der Sprache-an-sich in den Menschen, der
Sprache-für-mich benutzt" (182 f.).

Mit dieser Erklärung des Anomalie-Problems knüpft Hörmann an linguistische Erklärungen der Metapher an: „Ein semantisch anomaler Satz könne
sich „auf einer höheren Ebene als richtig erweisen und dann (z. B. als
Metapher) verstanden werden" (Hörmann 194, nach Ernst Leisi, in:
Wirkendes Wort 12, 1962, 140 ff.); Metaphern wirken beim Hörer/Leser
durch einen „Sog der Erwartung der Sinnvollheit" (Hörmann 208 f. nach
Werner Abraham, unveröffl. 1973).

4.42. Mitzuverstehendes nach Quantitätsprinzipien

In der mündlichen Kommunikationspraxis sind wir gewohnt, unsere stillen FOLGERUNGEN zu ziehen, wenn jemand ,zuviel
redet' oder uns etwas sagt, wovon er wissen müßte, daß es uns
längst bekannt ist. Solche Folgerungen wirken sich meist als Einschätzung der Person des Sprechers, seiner Eigenschaften, Einstellungen und Absichten aus, z. B. er sei eitel oder naiv oder er wolle
RENOMMIEREN, oder uns EINSCHÜCHTERN, BLOSSTEL-
LEN, SICH ANBIEDERN oder uns von etwas ABLENKEN usw.
Wenn jemand weniger als erwartet oder notwendig sagt, ziehen
wir ebenfalls FOLGERUNGEN wie z. B. daß er sich von uns
DISTANZIEREN oder etwas VERBERGEN will usw.

In Textsorten, wo das Prinzip der Vollständigkeit besonders ernstgenommen wird, kann ein Fehlen bestimmter erwarteter Information zum Anlaß für eine FOLGERUNG aus dem Nicht-Geäußert-
Sein (argumentum ex silentio) genommen werden, die allerdings
nicht immer berechtigt, wenn auch diskutabel ist. Dies gilt z. B. für
Gesetzestexte wie die „10 Gebote" oder die „Grundrechte", besonders an Stellen, wo etwas AUFGEZÄHLT wird:

1:    *„Niemand darf wegen seines Geschlechts, seiner Abstammung, seiner*
    Rasse, seiner Sprache, seiner Heimat und Herkunft, seines Glaubens,
    seiner religiösen oder politischen Anschauungen benachteiligt oder
    bevorzugt werden." (T2 Art. 3.3); mitzuverstehen: ,Wegen seiner
    Physiognomie oder Körpergestalt darf man benachteiligt oder bevor-
    zugt werden' (?)

2:    „*Kunst und Wissenschaft, Forschung und Lehre sind frei. Die Freiheit der Lehre entbindet nicht von der Treue zur Verfassung.*" (T2, Art. 5,3); mitzuverstehen: ‚Die Freiheit der Kunst, der Wissenschaft und der Forschung entbindet von der Treue zur Verfassung' (?)

Diesen FOLGERUNGEN aus dem Fehlenden sind verwandt FOLGERUNGEN, die sich als AUSSCHLUSS von gegensätzlichen Begriffen auswirken:

3:    „*Niemand darf ... zum Kriegsdienst mit der Waffe gezwungen werden.*" (T2 Art. 4,3); mitzuverstehen: ‚Zum Kriegsdienst ohne Waffe darf man gezwungen werden' (?)

4:    „*... das Recht, ... sich aus allgemein zugänglichen Quellen ungehindert zu unterrichten*" (T2 Art. 5,1); mitzuverstehen: ‚kein Recht, sich aus nicht allgemein zugänglichen Quellen ungehindert zu unterrichten'

5:    „*... in der systematischen Absicht einer Analyse ...*" (T7,1); mitzuverstehen: ‚nicht aus zufälligen, kursorischen, gelegentlichen Motiven'

6:    „*die wirklich Schuldigen*" (T9a,10); mitzuverstehen: ‚nicht die nur scheinbar, angeblich oder nur geringfügig Schuldigen'

4.43. Mitzuverstehendes nach Qualitätsprinzipien (Ironie, Hyperbeln)

Abweichungen von erwartetem FÜR-WAHR-HALTEN brauchen nur in Ausnahmefällen als TÄUSCHUNGSVERSUCH genommen zu werden. Wenn jemand in seiner sprachlichen Ausdrucksweise von der erwarteten üblichen Benennung der Dinge ganz offensichtlich abweicht, kann er sich meist (zumindest bei mit ihm vertrauten Hörern/Lesern) darauf verlassen, daß man dies für u n e i g e n t l i c h e n Ausdruck nimmt, d. h. für regelhafte Abweichungen vom eigentlich üblichen Ausdruck. Unsere Reaktion darauf ist dann nicht etwa: *Du lügst, das stimmt nicht, das ist übertrieben*, sondern man zieht daraus STILLE FOLGERUNGEN auf hintergründig Mitzuverstehendes. Die systematischste Art uneigentlichen Redens (in Bezug auf FÜR-WAHR-HALTEN, s. 2.23.1) ist die I r o n i e. Damit ist hier weder das verletzende zynische noch das hinterhältige doppelzüngige Reden gemeint (was beides oft auch „ironisch" genannt wird), sondern IRONIE im engeren Sinne der traditionellen rhetorischen Stilfigur: Das Gegenteil von dem sagen, was man meint, genauer: das Gegenteil von dem meinen, was die benutzten Ausdrücke eigentlich bedeuten. Wenn jemand bei strömendem Regen sagt: *„Feines Wetter heute, so hatte ich's mir gerade gewünscht"*, und er meint genau das Gegenteil davon, so bedarf es für die so Angesprochenen gar keines Ironiesignals, um zu VERSTEHEN, daß diese Äußerung IRONISCH gemeint war. IRONIE ist verstehbar, wenn man in einer bestimmten Situation die Person des Sprechers, seine Gewohnheiten, seine Absichten, Einstellungen und seinen emotionalen Redestil so genau kennt, daß man – so wie es der IRONISCHE Sprecher will – merkt, daß er das Prinzip „Sage nichts, wovon du glaubst, es sei unwahr!" offensichtlich verletzt. Man zieht dann daraus die STILLE FOLGERUNG, daß er einen Grund haben muß, warum er das Gemeinte nicht auf eigentliche Weise, sondern IRONISCH ausdrückt, einen Grund, der im indirekten Andeuten von etwas Mitgemeintem besteht. Bei unserem kontextlos konstruierten Beispiel wären mögliche Gründe z. B. daß er seinen ÄRGER VERDRÄNGEN, seine UNERSCHÜTTERLICHKEIT BEWEISEN, sich selbst vor den anderen ALS WITZIG ZEIGEN, die anderen ERHEITERN oder PROVOZIEREN will usw.

In schreibsprachlichen Texten ist IRONIE schwerer verstehbar, da hier der direkte Partnerkontakt zum VERSTEHEN von IRONIE meist sehr eingeschränkt ist. Damit sind weniger die (eigentlich unnötigen) Ironiesignale gemeint (Augenzwinkern, abweichende Satzintonation, Gänsefüßchen usw.), sondern die Möglichkeit zur genauen Kenntnis und Einschätzung des Sprechers in Bezug auf sein Gemeintes und Mitgemeintes. In privaten Briefen ist deshalb IRONIE eher möglich als in Texten, die sich an nichtspezifische Adressaten richten. Mehr als in allgemeinen Tageszeitungen kann man sich in einer sehr publikumsspezifischen Wochenzeitung humorvolle IRONISCHE Formulierungen leisten wie die folgende:

„Er nahm die Regenrinne, umging die Taubengitter – andere Abschreckung war nicht gegeben – stieg in den ersten Stock ein ..." (T5,5). Hier kann man den Einschubsatz mit *„Abschreckung"* nicht ‚wörtlich nehmen'. Man weiß, daß der Buckingham-Palast mit einem übermannshohen Zaun umgeben und von Wächtern verschiedener Art bewacht ist und daß *„Regenrinne"* und *„Taubengitter"* eigentlich nicht zu den Mitteln der *„Abschreckung"* von Menschen vor dem Eindringen in ein Gebäude gehören.

Hier ist also offensichtlich das Ernsthaftigkeits-Prinzip verletzt. Wenn diese IRONISCHE Stelle mehr sein soll als witzelnde Leser-BELUSTIGUNG, muß sie noch zu einer STILLEN FOLGERUNG auf etwas Mitzuverstehendes Anlaß geben. Diese kann man hier nur aus dem Wissen über die spezielle Kommunikations-Vorgeschichte ableiten: In dem Satz „*Andere Abschreckung war nicht gegeben*" war damals für Leser dieser Wochenzeitungs-Glosse eine ANSPIELUNG mitzuverstehen auf etwas, was in den Tagen zuvor in Nachrichtenartikeln berichtet worden war: Die Palastwächter der Königin sollen zur Zeit von Fagans Einstieg mit eigenen erotischen Abenteuern beschäftigt gewesen sein. Außerdem liegt hier – im Blick auf die ganze tolerante Darstellung des Ereignisses in dieser Glosse – die FOLGERUNG nahe: ‚Wenn dies alles war, was Fagan vom Eindringen in den Palast *abschrecken* sollte, dann konnte er ja gar nicht so recht wissen, wie verboten sein Vorhaben war'.

Eine andere IRONISCHE Stelle im gleichen Text: „*Und Mike Fagan mißbrauchte die Situation nicht einmal im Sinne des altfränkischen Dichters. Er wollte plaudern und rauchen. Solche Gefährdungen kann sich jede Staatsform nur wünschen.*" (T5,10–12). Auch ohne Anführungsstriche bei „*Gefährdungen*" (als Ironiesignal) kann dieses Wort hier nur IRONISCH verstanden werden. Der Verfasser meinte das Gegenteil von dem, was er schrieb. Da er das Gemeinte nicht direkt, in eigentlicher Ausdrucksweise formulierte (etwa: *So etwas ist doch keine Gefährdung*), sondern auf uneigentliche Art, muß man aus diesem Verstoß gegen das Ernsthaftigkeits-Prinzip FOLGERN, daß er noch etwas MITMEINTE. Nach der Tendenz dieses Textes und nach der Kenntnis der Behandlung dieses Falles in anderen, weniger intellektuellen Massenmedien in den Tagen und Wochen davor, kann dieses Mitgemeinte hier nur eine witzig-polemische Spitze gegen diejenigen Journalisten und britischen Regierungsstellen sein, die über den Fall allzu ernst berichtet und ihn zu einer Art Attentat hochgespielt hatten; mitzuverstehen ist also: ‚Was gewisse Leute für eine Gefährdung halten'.

Mit der IRONIE verwandt ist die rhetorische Stilfigur der ÜBERTREIBUNG (Hyperbel). Dabei wird von der Wahrheit nach einer anderen Richtung hin abgewichen: nicht ins Gegenteil, sondern in ein Zu-Viel, das ebenfalls auf den ersten Blick UNWAHR wirkt:

„*Wann hat man schon Gelegenheit, auf Seite 1 der ZEIT unser mittelhochdeutsches Lyrikgut, die Carmina burana zu zitieren. Nur unser englischer Vetter Michael Fagan macht's möglich.*" (T5 3,4). Hier sind zwei ÜBERTREIBUNGEN sehr wirksam miteinander kombiniert. Einmal der Subjektschub (s. 2.15.2): Nicht eigentlich Fagan hat das Zitieren möglich gemacht

(‚verursacht, bewirkt, zustandegebracht‘), sondern der Verfasser der Glosse hat Fagans Tat zum Anlaß genommen, die Stelle aus den Carmina burana zu zitieren. Zum anderen die übertreibende EINSCHRÄNKUNG mit „*nur*". Dazu kommen die zwei sprachgeschichtlichen ANSPIELUNGEN „*unser englischer Vetter*" (Redensart der Wilhelminischen Zeit aus Reden des mit dem englischen Königshaus verwandten letzten Kaisers) und „*macht's möglich*" (beliebter Werbe-Slogan des Versandhauses Neckermann). Der ganze Satz ist voll von uneigentlichen, hintergründigen Ausdrucksweisen, muß also als starker Gefühlsausbruch genommen werden, der mehr Inhalt hat als bloßes Witzeln. Mitgemeint ist hier die intellektuelle Freude über den glücklichen Einfall, das ohnehin schon journalistisch vergnügliche Ereignis mit der entlegenen, aber thematisch erstaunlich passenden Stelle aus der altdeutschen Literaturgeschichte sehr sinnvoll zu verknüpfen; dazu das Glücksgefühl, in der journalistischen Arbeit endlich einmal seine germanistischen Kenntnisse anwenden und denjenigen Lesern als Bildungsvergnügen präsentieren zu können, die über entsprechende sprach- und literaturgeschichtliche Kenntnisse verfügen (intellektuelles Gruppen-Image, s. 2.24).

„*... von ihm eine „Selbstdarstellung" verlangt, kann er überrascht sein von der Härte, ja Grausamkeit der Aufgabe ...*" (T10,3). Für literarisch gebildete Leser ist die Vorstellung, daß es für einen Schriftsteller *hart, ja grausam* sei, von ihm eine „*Selbstdarstellung*" zu verlangen, gar nicht so paradox, denn man weiß, wie sehr es gerade ‚moderne‘ Autoren verabscheuen, sich auf ein biographistisches Literaturverständnis sehr traditioneller germanistischer Art herabdrücken zu lassen. Außerdem wissen sie, daß es zu den alten rhetorischen Regeln für den Beginn einer akademischen Ansprache – besonders in einer solchen Dankbarkeits- und Neulings-Situation – gehört, die eigene Person möglichst zurückzustellen (Bescheidenheits-Topos). Diesem Sprachritual war mit dem Selbstbezug in dritter Person („*wer ... ihm ... er*") noch nicht Genüge getan. Der Redner entledigte sich dieser schwierigen Aufgabe der Imagearbeit mit jener ÜBERTREIBUNG, die die Zuhörer sehr wirksam dazu bringen mußte, im Mitzuverstehenden selbst darauf zu kommen, daß ein Schriftsteller die Aufgabe der Akademie als intellektuelle Selbstentblößung nur mit größter Überwindung hinter sich bringen kann. Es mag vielleicht andere gegeben haben, die bei dieser stilistischen Pirouette des Redners sprachsymptomatisch einen Ausdruck von Eitelkeit mitverstanden haben. Bei uneigentlichen Ausdrucksweisen kann man sich nie so ganz sicher sein, in welche Richtung bei Hörern/Lesern das Mitverstehen gehen mag, da es stark von Voreinstellungen abhängig ist.

4.44. Mitzuverstehendes nach dem Relevanzprinzip

Es ist eine der fruchtbarsten metakommunikativen Methoden des Zwischen-den-Zeilen-Lesens, wenn man, sooft sich ein entsprechender Zweifel einstellt, fragt: Ist dies hier wesentlich? Was soll das in diesem Zusammenhang? Was hat dies mit dem Thema zu tun? Diese Fragen können natürlich nur bei solchen Texten für das Mitverstehen fruchtbar werden, von denen man erwarten kann, daß der Sprecher/Verfasser sich auch wirklich um planvolle, aufs Wesentliche beschränkte Behandlung des Themas bemüht und auch dazu in der Lage ist. So ist es im Grosser-Interview auf den ersten Blick noch nicht recht einzusehen, warum Grosser sein *„Zögern"* in Bezug auf die *„Frage der Verjährung von NS-Verbrechen"* unter anderem mit dem HINWEIS auf das Alter der Beschuldigten BEGRÜNDET: *„... und weil die wirklich Schuldigen, die noch nicht zur Rechenschaft gezogen sind, 1945 mindestens dreißig Jahre alt waren, 1980 demnach also keine Jünglinge mehr sein werden."* (T9a,10). Über das hintergründige eigentliche Argument, nämlich was das Alter der *„Schuldigen"* mit dem *„Zögern"* zu tun haben soll, muß man hier nachdenken:

Das fehlende, mitzuverstehende Glied in der Argumentationskette muß etwa lauten: ‚Man sollte alte Männer nicht unbedingt noch für das bestrafen wollen, was sie in ihrer Jugend, nicht als Individuen, sondern als Teile von Gruppen und Institutionen, tun zu müssen glaubten'. Als Leser dieses Interviews mußte man an dieser Stelle an zwei damals aktuelle verwandte Themen denken, die im weiteren Verlauf des Interviews auch tatsächlich behandelt wurden: Die öffentlichen Polemiken im „Fall Filbinger" (Darf ein ehemaliger Marinerichter, der am Kriegsende Todesurteile gegen deutsche Soldaten unterschrieben haben soll, heute noch Ministerpräsident sein?) und im Fall des sog. „Radikalen-Erlasses" (Darf jemand, der im Rahmen der deutschen Studentenbewegung sich radikal verhalten hat, beamteter Lehrer oder Lokomotivführer werden?). Es geht Grosser hier um die Fragwürdigkeit verspäteter Bestrafungen.

Im Nachrichtenartikel über das Grosser-Interview hat der Redakteur an zwei Stellen Eigenes HINZUGEFÜGT: die Quellenangabe *„In einem Interview mit ..."* (T9b,4), deren Relevanz im Rahmen der Nachricht von vornherein außer Frage steht, und die biographische Angabe *„Der Politologe, der in der Zeit des Nationalsozialismus mit seiner jüdischen Familie nach Frankreich floh."* (T9b,5).

Der biographische Zusatz hat seine Bedeutung über das bloße ‚Who is who'-Wissen hinaus; wer darüber nachdenkt, warum der Redakteur diese Angaben hier hinzugefügt hat, muß zu FOLGE-RUNGEN auf Mitzuverstehendes kommen:

‚Als Wissenschaftler mit dem Fach Politologie ist Grosser für das Problem „Verjährungsfrist" in hohem Maße kompetent', und: ‚Als Jude und Mit-Opfer von NS-Verbrechen ist er in Bezug auf ein Plädoyer für Beibehaltung der Verjährungsfrist nicht verdächtig, ein Sympathisant der „wirklich Schuldigen" zu sein, da Opfer von NS-Verbrechen und alttestamentlich orientierte Juden gewöhnlich eher für als gegen „Rache" sein müßten'.

In der Glosse „Fensterln" hat man in ähnlicher Weise zu fragen, was eine Altersangabe mit dem Thema zu tun hat: „Welche 31jährige Deutsche kreist schon in ihren nächtlichen Phantasien ums Haus des Bundespräsidenten?" (T5,9). Aus der kontrastiven Analogie zwischen „Bundespräsident" und „Ihrer Majestät"/ „chuenegin von engellant" muß man zunächst FOLGERN: ‚so alt ist nämlich Michael Fagan'. Aber damit ist das Relevanz-Bedürfnis der Leser noch nicht gestillt. Das Alter muß etwas mit Fagans Tatmotiven zu tun haben, also ist MITZUVERSTEHEN: Er ist im ‚besten Mannesalter', also in einem Lebensalter, für das höchste erotische Aktivität und Kühnheit typisch (und vielleicht verzeih-lich) ist.

Ferner ist zu fragen: Was haben überhaupt der „Bundespräsident" und eine „31jährige Deutsche" mit dem Ereignis im Buckingham-Palast zu tun? Wenn diese Kontrastierung im Textzusammenhang relevant sein sollte, mußte bei dieser ABSCHWEIFUNG noch etwas MITVERSTANDEN wer-den, etwa dies: ‚Der jetzige Bundespräsident [es war damals nicht mehr Scheel!] hat eine eher geringe erotische Ausstrahlungskraft, und die Deut-schen haben überhaupt kein erotisches Verhältnis zu ihrem Staatsober-haupt und Staat'. Dieses Mitverständnis wird durch vorangehendes „man sollte neidisch sein" und am Ende nachfolgendes „... jede Staatsform nur wünschen" NAHEGELEGT.

Vom Abschnitts-Thema her überraschend, aber eben darum vielsa-gend, sind Uwe Johnsons politisch-historische Angaben über seine Jugend in Pommern. Nachdem er zunächst das traditionelle preu-ßische Vorurteil über Pommern ERWÄHNT und seine eigene Herkunft mit der EINSCHRÄNKUNG auf Vorpommern davon

DISTANZIERT hat, macht er detaillierte ANGABEN zur Landesgeschichte: „... *1648 schwedisch und 1720 preußisch geworden,*
was einem 1934 Geborenen als Obrigkeit den Preußischen Mini-
sterpräsidenten Hermann Göring einträgt. Für die ersten zehn
Jahre aufgewachsen im Vorpommern eines Reichskanzlers Hitler,
bin ich zu wenig ausgewiesen als ein Pommer, wie er in den
Büchern steht." (T10 5,6).

Man muß sich fragen: was haben die Schweden, die Preußen, Göring und
Hitler mit der Jugend des Schriftstellers Johnson zu tun? Und warum
werden Göring und Hitler, die doch viel eher als *Reichsmarschall, Führer*
und *Diktator* in historischer Erinnerung sind, hier „*Preußischer Minister-*
präsident", „*Obrigkeit"* und „*Reichskanzler"* genannt? Diese überraschen-
den Details sind nur zu verstehen als Teil der ABWEHR des „*Bücher"*-
Stereotyps ‚Pommer': Im Zusammenhang seiner Schriftsteller-Biographie
ist das nur mitzuverstehen als KORREKTUR gewisser „*Ansichten, die ihn*
bisher beschreiben sollten" (T10,3): ‚Ich bin nicht geprägt von so altmodischen irrealen Landschafts-Stereotypen, sondern von den politischen „*Ob-*
rigkeiten", die sich die Deutschen in einst demokratische Staatsämter selbst
gewählt haben'.

4.45. Mitzuverstehendes nach Ausdrucksprinzipien (Metaphern, Periphrasen und Verwandtes)

Wer in alltäglicher Rede Fachtermini oder lateinische Floskeln
verwendet (ohne sie zu erklären), obwohl er weiß, daß die betreffenden Gesprächspartner sie nicht oder nicht genau verstehen,
verstößt gegen die Kommunikationsprinzipien „Rede klar und
deutlich!" und „Vermeide verhüllende Ausdrucksweisen!", muß
also damit rechnen, daß die Gesprächspartner ihre STILLEN FOL-
GERUNGEN daraus ziehen, sei es in positiver Einschätzung: ‚Er
ist sehr klug/gebildet/Fachmann', sei es in negativer: ‚Er will nur
angeben / uns für dumm verkaufen / uns einschüchtern' usw. Der
Übergang von Fachsprache zu Jargon ist sehr fließend und unmerklich. Die gleichen Sprachmittel, die in bestimmten Kommuni-
kationssituationen der sachbezogenen Verständigung zwischen
Fachleuten dienen, können in anderen Situationen bzw. anderen
Hörern/Lesern gegenüber als Symptome für Gruppenzugehörigkeit
und soziale Beziehungen wirken (vgl. v. Polenz 1981).

Schwerverständlich können auch ü b e r t r a g e n e (metaphorische) Ausdrücke wirken, vor allem systematisch und gehäuft auftretende, besonders im Gruppenjargon und in esoterischer Dichtung. Es gibt leichtverständliche Metaphern, über die man nicht viel nachdenken muß, z. B. „*nach langer Durststrecke*" (T4,4), „*auf einem Umweg*" (T10,3), wo Räumliches auf Psychisches übertragen ist, nur um den im abstrakten Bereich gemeinten Begriff etwas anschaulicher auszudrücken. Gelungene Metaphern, die mehr als nur Ausdruck des Gemeinten mit anderen Worten sein sollen, enthalten auch hintergründig Gemeintes, das vor allem dadurch wirksam wird, daß man sie mit einer gewissen Verwunderung oder Überraschung als uneigentlichen Ausdruck erfaßt und wegen dieser leichten Fremdheit über das Mitgemeinte nachdenkt. Metaphern enthalten eine semantische Spannung, schon weil sie verkürzte Vergleiche sind. Sie sind nicht mehr als VERGLEICHE gekennzeichnet (*x ist wie ein y*, vgl. 3.32.7), sondern werden wie ein eigentliches Prädikat verwendet (*x ist ein y, das y-e x*). Eine semantisch gelungene, noch als solche wirksame Metapher wirkt immer dann nicht verhüllend, wenn das gemeinsame semantische Merkmal oder die gemeinsamen Merkmale von gemeintem und übertragenem Begriff (tertium comparationis) leicht erkennbar und überzeugend sind, z. B. bei „*Durststrecke*" (T4,4) die Merkmale ‚dringendes Bedürfnis' und ‚unerfüllt' und ‚Zeitraum' sowohl im gemeinten Bereich der Filmbewertung als auch beim Übertragungsbereich des Reisens und Wanderns. Eine mehr kontextsemantische Wirkung bei der Konstitution eines Satz- und Textinhalts entfaltet eine Metapher aber erst dann, wenn ihre semantische Spannung zwischen den beiden Bereichen so stark ist, daß sie über bloßes Anderssagen und bloß ästhetischen Genuß hinaus durch eine gewisse Überraschungswirkung Anlaß zu einer STILLEN FOLGERUNG auf etwas Mitzuverstehendes gibt. Viel von solcher Metaphorik wirkt in der sehr feuilletonistisch geschriebenen Wochenzeitungs-Glosse T5 (vgl. 5.1):

Die Überschrift „*Fensterln*" hat – im Unterschied zu möglichen Alternativen (*Einstieg im Palast, Was hat Fagan eigentlich getan?*) – kaum einen Informationswert im Hinblick auf den Text, sondern wirkt zunächst als aufreizender, weil beziehungsloser Ausdruck,

nicht nur wegen ihrer Kürze, vielmehr auch wegen ihres metaphorischen Charakters. Statt einer Vorinformation über das glossierte
Ereignis wird hier den Lesern ein umgangssprachliches Scherzwort
aus bajuwarischer Folklore scheinbar unkooperativ vorgesetzt, das
wegen seiner Unerwartetheit auf Seite 1 der Wochenzeitung zunächst nur NEUGIER und eine Voreinstellung auf Erotisches und
Witziges auslösen soll.

Erst durch weitere Lektüre des Textes kann die Überschrift nachträglich als
metaphorischer/übertragener Ausdruck wirken, sozusagen als spätzünden-
der Witz. Übertragen ist der Ausdruck vom Bereich ‚privates Vergnügen‘
auf den Bereich ‚öffentliches Ärgernis‘. Die gemeinsamen Merkmale sind
‚verbotener Einstieg in ein Gebäude durch ein Fenster‘ und ‚erotische
Absicht des Täters‘. Es bleibt aber ein vielsagendes Spannungsverhältnis
zwischen der ‚Unerwünschtheit‘ des Ereignisses in der besprochenen Bezugswelt einerseits und ‚möglicher Erwünschtheit‘ der Handlung *Fensterln*
in der privatvergnüglichen folkloristischen Vergleichs-Welt andererseits.
Diese semantische Spannung wirkt bei der weiteren Lektüre dieses stark
mit Hintergründig-Gemeintem angereicherten Kleintextes weiter, und zwar
bei *„Traum vieler befragter Landsleute“*, *„der Krone ... nahe sein“*,
„neidisch sein statt zu lachen“ und *„nur wünschen“*.

So ergibt sich am Ende für diejenigen Leser, die zum Schluß den
tieferen Sinn der aufreizenden Metapher noch einmal richtig zu
genießen in der Lage sind, die mitzuverstehende BEWERTUNG:
‚Das war keine *„Gefährdung“*, sondern ein harmloser polit-eroti-
scher Zwischenfall‘. In diesem Beispieltext wird die Voreinstellung
der Leser stark gelenkt durch mehrmaliges Heranziehen ereignis-
fremder Wissensbereiche (provinzielle Folklore, mittelhochdeutsche Lyrik, Wilhelminische Redensart). So auch mit der Augen-
blicks-Zusammensetzung „Märchenfrosch“: „. . . *und setzte sich
ans Bett Ihrer Majestät wie der Märchenfrosch zu Füßen der
Prinzessin“*. Formal ist dies zwar keine Metapher, sondern ein
explizit durch *„wie“* ausgedrückter VERGLEICH. Trotzdem wirkt
die Stilfigur als Übertragung aus einem fernliegenden Bereich hier
in ähnlicher Weise, wie wenn es formal-metaphorisch heißen
würde *„als Märchenfrosch ...“*. Das plötzliche Ausschweifen in
einen folkloristisch-literarischen Bereich gibt dem Leser Anlaß,
nach dem Sinn dieses VERGLEICHS zu fragen. Kenner des
Grimmschen Märchens „Der Froschkönig“ müssen dabei auf Mitzuverstehendes wie das folgende kommen:

‚So wie der Frosch im Märchen von der Prinzessin aus böser Verhexung „erlöst" sein wollte, durch „liebhaben", „dein Geselle und Spielkamerad sein", usw., und so wie der Frosch nach widerwilliger Gewährung in einen schönen Prinzen verwandelt, also tatsächlich „erlöst und glücklich" wurde, so hätte es doch sein können, daß auch „*Mike Fagan*" nichts Böses wollte, sondern nur diese ‚Erlösung' von seinem ‚Verhexungs'-Schicksal als „*Sozialprodukt*" (T5,6), nämlich als ‚Opfer der kollektiven Polit-Erotik der konservativen Boulevard- und Regenbogen-Presse'.

In diese Richtung führt auch die ironische Augenblicks-Metapher „*Sozialprodukt*" im gleichen Text: „*das heimlose, unbeschäftigte „Sozialprodukt" verwirklichte einen heimlichen, unerfüllten Traum vieler befragter Landsleute.*" (T5,6). Hier wirken die Anführungsstriche bei „*Sozialprodukt*" als Signal für uneigentlichen Ausdruck.

Das wirtschaftswissenschaftliche Fachwort hat nach dem Großen Brockhaus die Bedeutung: „die wirtschaftliche Leistung eines Landes, d. h. die Summe aller von Inländern in einer bestimmten Periode ... erzeugten Güter und Dienstleistungen". Die Übertragung auf den Fall Fagan läuft hier über die wortspielerische Auflösung der stark terminologisierten Zusammensetzung in ihre Bestandteile, also über ein fachsprachwidriges ‚Wörtlichnehmen' der Wort-Teile im Sinne von ‚Produkt dieser Gesellschaft'. Diese starke Verletzung der Ausdrucksprinzipien legt hier sprachliche VERWUNDERUNG (Wieso denn „*Sozialprodukt*"?) und die FOLGERUNG auf Mitgemeintes nahe, aufgrund des Kontextes etwa in der Weise: ‚Fagan ist ja nur ein Produkt dieser (Massenmedien-)Gesellschaft, ist symbolischer Träger der „*heimlichen, unerfüllten Träume vieler Landsleute*", also konnte er gar nichts dafür, daß er bei der Königin „*fensterln*" ging'.

Eine hintergründige Metapher ist auch das Verb „*einholen*" in der Eröffnung des Grosser-Interviews: „*Herr Prof. Grosser, die deutsche Vergangenheit holt uns immer wieder ein. Wo sehen Sie als Franzose die Ursachen für diese erneuten Anwürfe?*" (T9a 1,2). Eine erste Abweichung von erwarteter Ausdrucks-Klarheit ist die Umkehrung der Thema-Rhema-Abfolge (s. 3.42): Der Interviewer nennt das Thema „*erneute Anwürfe*" erst am Ende und beginnt mit einer semantisch stark komprimierten Formulierung der EINSCHÄTZUNG und ERKLÄRUNG der „*Anwürfe*". Diese Rhema-Thema-Struktur hat zunächst nur eine aufmerksamkeitserregende Wirkung. Mitzuverstehendes steckt dann in dem übertragenen Ausdruck „*holt uns ein*": *Eingeholt* wird man unfreiwillig beim

Davonlaufen; man will nicht *eingeholt* werden. Mitgemeint ist hier also: Die Deutschen sind ‚auf der Flucht‘ vor ihrer *Vergangenheit*; sie wollen *vergessen* und *sich nicht erinnern* (wie es später im Grosser-Interview heißt).

Auch manche P e r i p h r a s e n/Umschreibungen wirken, als Verletzung des Deutlichkeitsprinzips, hintergründig. Uwe Johnson umschreibt vor der Akademie die Beziehung zwischen sich selbst und seinen Adressaten (der versammelten Akademie) nur sehr indirekt: *„Wer in eine Akademie gewählt wird ... man in Darmstadt ... Ihr neues Mitglied"* (T10 2,3,4). Diese Indirektheit entspricht einem sehr traditionellen akademisch-rhetorischen Ritual: Sich selbst und die Angeredeten nicht direkt nennen (vgl. auch *meine Wenigkeit*, Passiv-Sätze, Anrede in 3. Person). Die übliche Erklärung solcher Rituale mit Schlagwörtern wie Höflichkeit, Bescheidenheit, Rücksichtnahme läßt sich sprachpragmatisch präzisieren als Verletzung des Klarheitsprinzips zu dem Zweck, eine STILLE FOLGERUNG NAHEZULEGEN, die in solchen Fällen im Bereich Kontakt und Beziehung (s. 2.24) liegt: Der Redner wollte sein erforderliches Image als neues Akademiemitglied wenigstens auf indirekte Weise ausdrücken, da ein direkter Ausdruck von DANKBARKEIT und ANPASSUNG sich mit seinem unverhohlenen WIDERSTREBEN nicht recht vertragen hätte.

Weitere Umschreibungen (z. T. euphemistisch): *„von polnischer Seite"* (T9a,10; mitzuverstehen: ‚von der Regierung der Volksrepublik Polen‘), *„keine Jünglinge mehr"* (T9a,10; mitzuverstehen: ‚alte Männer‘, vgl. *„das hohe Alter"* T9b,4), *„jede Staatsform"* (T5,12; mitzuverstehen: ‚auch eine Republik wie die Bundesrepublik Deutschland‘), *„singe nicht"* (T10,5; mitzuverstehen: ‚bringe keine Dichter hervor‘).

Zu den Stilfiguren des u n e i g e n t l i c h e n, d. h. regelhaft und sinnvoll verfremdenden Ausdrucks gehören außer Metapher und Periphrase noch andere von den sog. T r o p e n der alten Rhetorik:

– die L i t o t e s (eine Art Untertreibung): Ausdruck des Gemeinten durch Verneinung des Gegenteils, z. B. *Das ist nicht uninteressant* für ‚das ist interessant‘
– der E u p h e m i s m u s/Beschönigung, z. B. *„Fensterln"* (T5,1), *„keine Jünglinge mehr"* (T9a,10)
– der A r c h a i s m u s/altertümliche Ausdruck, z. B. *Kerker* für ‚Gefängnis‘

– die M e t o n y m i e/Bezeichnungsverschiebung. Ausdruck des Gemeinten durch Benennung eines sachlich nahestehenden Gegenstandes, z. B. ,Gebäude' statt darin residierender ,Institution': *das Weiße Haus* für ,die US-Regierung'. Hierhin gehören auch die syntaktische Metonymie des Subjektschubs (2.15.2) und die indirekten Sprecherhandlungen (s. 2.21.3).
– die S y n e k d o c h e: Ausdruck des Gemeinten durch Benennung eines engeren oder weiteren Begriffs, z. B. *Titel* für ,Buch'
– die A n t o n o m a s i e: Ausdruck des Gemeinten durch eine Kennzeichnung statt des Eigennamens, z. B. *die heimliche Hauptstadt der Bundesrepublik Deutschland* für ,München'
– das O x y m o r o n: Ausdruck des Gemeinten durch Kombination semantisch inkompatibler/unverträglicher Begriffe, z. B. *beredtes Schweigen*

Immer wenn solche semantischen Stilfiguren nicht schon als längst übliche sinnentleerte Redensarten, sondern noch mit einem empfundenen semantischen Spannungsverhältnis zwischen eigentlichem und uneigentlichem Ausdruck, eigentlicher und uneigentlicher Bedeutung auftreten, sollte man sich bei der Textanalyse fragen, ob solche Ausdruckskünste über einen ästhetischen oder unbestimmt emotionalen Stilwert hinaus noch Anlaß zum Zwischen-den-Zeilen-Lesen geben.

4.46. Polysemie/Mehrdeutigkeit und Vagheit/Unbestimmtheit

Die in 4.42–45 beschriebenen Arten fruchtbarer Hintergründigkeit von Satzinhalten dürfen nicht verwechselt werden mit der Vagheit von Ausdrücken, die trotz Kontext weder auf eine bestimmte Bedeutung hin monosemiert/vereindeutigt werden können noch Anlaß zu Griceschen Implikaturen (stillen Folgerungen) geben. Unter vagen/unbestimmten Ausdrücken versteht man nicht solche gelegentlich aus Versehen passierten Inkorrektheiten wie z. B. die im Kontext unvollständig gebliebene Einteilung „*zwei Seiten ... die von außen*" im Grosser-Interview (T9a3,4), auch nicht doppeldeutige Personenbezüge wie bei „*wer*" und „*wir*" in Habermas' Vorwort (T7, s. 2.12.7), auch nicht sehr abstrakte Attribute, die erst durch weitere Lektüre des Buches verstehbar werden wie z. B. „*historisch gerichteter Versuch*", „*systematische Absicht*", „*verlassene Stufen*", „*vergessene Erfahrung*" (T7). Vage Ausdrucksweisen sind solche, die absichtlich so unbestimmt formuliert sind,

daß bei ihrer Rezeption als L e e r f o r m e l n jeder Interessent oder
jede Interessengruppe sich den jeweils genehmen Sinn in sie hinein-
denken kann. Dazu gehören vor allem moralisch und politisch
wichtige Stellen in Gesetzestexten, so auch in den „10 Geboten"
und in den „Grundrechten":

„Gedenke des Sabbattags, daß du ihn heiligest" (T1,8), *„... deinen Vater
und deine Mutter ehren"* (T1,12), *„Die Würde des Menschen ist unantastbar"* (T2, Art. 1,1), *„freie Entfaltung seiner Persönlichkeit"* (T2, Art. 2,1),
„... gegen ... das Sittengesetz verstößt" (T2, Art. 2,1), *„... gegen sein
Gewissen"* (T2, Art. 4,3), *„... Recht der persönlichen Ehre"* (T2, Art. 5,2),
„Freiheit der Lehre ... Treue zur Verfassung" (T2, Art. 5,3)

Es wäre aber verfehlt, hier von einem ‚Mißbrauch der Sprache' zu
sprechen. Leerformeln sind im politischen Handeln unentbehrlich,
da sie in Entscheidungssituationen die Möglichkeit bieten, zur
Beendigung von rational-argumentativ unlösbaren Kontroversen
eine Gruppe oder Institution durch ÜBERREDEN (statt ÜBER-
ZEUGEN) zu kollektivem bzw. solidarischem Handeln zu bringen.
Bei solcher Sprachverwendung sind die Grenzen satzsemantischer
Analyse überschritten. Solange man noch mit alternativen Para-
phrasen/Umformulierungen zu sinnvollen Ergebnissen kommt,
liegt nur Ambiguität/Zweideutigkeit (1ab) oder Polysemie/Mehr-
deutigkeit (2abc) vor:

1:   *„... weil ich mich ... für Erinnerungen interessiert habe."* (T9a,9)
1a: *... dafür interessiert habe, daß sich jemand an etwas erinnert*
1b: *... dafür interessiert habe, daß jemand jemanden an etwas erinnert*
2:   *„... Sie haben leider versäumt, den nebenstehenden Betrag fristge-
     recht zu entrichten."* (T3,3); satzsemantisch mehrdeutig ist das Mo-
     daladverb *„leider"*:
2a: *Sie haben versäumt ..., und wir bedauern, daß Ihnen dies passiert ist.*
2b: *Sie haben versäumt ..., und wir bedauern, daß wir Sie nun mahnen
     müssen.*
2c: *Sie haben versäumt ..., und wir bedauern, daß dem Staat auf diese
     Weise Einnahmen verlorengegangen sind.*

Daß diese Zwei- bzw. Mehrdeutigkeit kontextsemantisch offen-
bleibt, muß in beiden Fällen keineswegs ein aus Versehen passierter
Unglücksfall sein. Im Kontext von 1 war sicher beides gemeint,
und im Kontext von 2 kam es auf den genauen Geltungsbereich
(3.21) von *„leider"* gar nicht an, da dieses Modaladverb hier nur

die Funktion einer Höflichkeitsfloskel im Rahmen des Adressaten-Image (2.24) haben sollte. Dies ist noch nicht Vagheit, sondern offenbleibende Zwei- oder Mehrdeutigkeit. Bei politischen oder juristischen Leerformeln dagegen ist die Vagheit so stark, daß auch Alternativformulierungen nicht mehr helfen und man mit satzsemantischer Paraphrasen-Analyse zu so komplizierten und wohl nie hinreichenden Ausformulierungen kommt wie bei *Freiheit von Forschung und Lehre* usw. (s. 3.17, Nr. 24abc). Die wichtigsten, unser gesellschaftliches Leben entscheidend bestimmenden Leerformeln sind in derartig starkem Maße semantisch komprimierte Sprachzeichen, daß man über ihr Bedeutetes, Gemeintes, Mitbedeutetes, Mitgemeintes und Mitzuverstehendes nicht mehr nur Paraphrasen machen, sondern ganze Bücher schreiben muß, Bücher über Religionen, Ideologien und Politiken.

5. Zur Anwendung

5.1. Exemplarische Textanalyse (T5)

Die im folgenden vorgeführte Analysemethode ist in germanistischen Lehrveranstaltungen entwickelt und bei der Lösung von
textanalytischen Prüfungsaufgaben vielfach erprobt worden. Sie
besteht aus mehreren Verfahrensschritten (ähnlich wie in v. Polenz
1980b). Da Satzinhalte zum großen Teil aus Annahmen bestehen,
die man als Hörer/Leser aus dem weiteren Kontext (einschließlich
der konkreten Situation des Textes) ableiten muß, sind – bevor
man den Textverlauf im einzelnen (als Mikrostruktur/Textver-
laufsstruktur) analysieren kann – einige allgemeine Fragen der
Makrostruktur/Großstruktur/Außenstruktur des Textes zu klären:

– Handlungsbeteiligte: Wer hat hier mit wem zu tun, und wer sonst
  noch könnte vom Inhalt des Textes betroffen sein? (Handelnde als
  primäre und Betroffene als sekundäre Handlungsbeteiligte)

– Vorgeschichte und Vorwissen: Was haben die Handlungsbeteiligten in der Kommunikationskette von der Nachrichtenquelle bis zu den
  Lesern in Bezug auf diesen Text miteinander zu tun gehabt und was
  erwarten sie voneinander? (Voraussetzungen und Vorwissen)

– Wesentliche Texthandlung(en): Was tut der Textverfasser mit
  diesem Text insgesamt gegenüber den Textadressaten und Textbetroffe-
  nen und was versucht er damit zu bewirken? (in der Textlinguistik auch
  „Textfunktionen", „Textillokutionen", „Textperlokutionen" genannt)

Weiterhin ist vor der Verlaufsanalyse eine Vorübung in traditio-
nell-philologischer Art nützlich: Worterklärungen. Dabei
sind komprimierte und uneigentliche Ausdrucksweisen (s.
Kap. 1.11, 2.15.2, 4.2–4) zum besseren Verständnis auf explizitere
bzw. eigentliche Ausdrucksweisen zurückzuführen sowie seltene,
nicht allzu geläufige und mit Konnotationen/Mitbedeutungen und
Stilwerten (s. Kap. 2.23, 2.24, 4.2–4) ‚beladene' Wörter zu erklären.

Bei der Textverlaufsanalyse schließlich gilt das Prinzip der
sprachpragmatischen Textlinguistik, daß Textstrukturen Handlungsstrukturen sind (s. J. Schmidt, Kap. 4; Sandig, Kap. 5 u. 6;

Plett, Kap. 3.2). Die Handlungsgehalte der meisten Satzinhalte sind allerdings kaum oder gar nicht sprachlich ausgedrückt, können also nur durch mitverstehende Hörer/Leser-Annahmen erschlossen werden. Gerade deshalb sollte aber jeder noch so unscheinbare Indikator für den Handlungsgehalt in der Analyse berücksichtigt werden, vor allem Vollzugsverben, Modalverben, Modaladverbien, Modalpartikel, Wortkonnotationen, Satzzeichen, ja sogar typographische Auszeichnungen und Anführungsstriche (s. Kap. 2.2). In der Verlaufsanalyse empfiehlt es sich – schon von den normalsprachlichen Möglichkeiten des Ausdrucks von Satzverknüpfungen her – folgende Arten von Textkohärenz/Textzusammenhang (s. 2.12.7) zu unterscheiden:

– Haupt-Handlungen: im Text realisierte lineare Abfolgen von Handlungsschritten, die als durch ‚und dann' miteinander verknüpft aufzufassen sind. Sie werden in der Analyse mit Großbuchstaben von A bis F bezeichnet. Eine vergleichbare Handlungssequenz/Handlungskette wäre etwa beim Autofahren: Sich zum Linksabbiegen entschließen, den entgegenkommenden Verkehr abschätzen, den nachfolgenden Verkehr abschätzen, die Abbiege-Absicht anzeigen, nochmals den Verkehr in beiden Richtungen abschätzen, die Fahrt verlangsamen, abbiegen. Im Text muß nicht jeder Haupthandlung ein Satz entsprechen; oft sind zwei oder mehrere Sätze Ausdruck einer einzigen Haupthandlung, manchmal sind zwei oder mehrere Haupthandlungen in einem Satz ausgedrückt.

– Unter-Handlungen: mit einer Haupthandlung durch ‚indem' (instrumental, s. 3.32.10) verknüpfte Handlungen, in der Analyse mit Reihenfolge-Zahlen nach den Buchstaben der Haupthandlung eingeordnet. Die ‚indem'-Verknüpfung ist zu verstehen als: Sprecher/Verfasser tut die Haupthandlung A, indem er die Unter-Handlung A1 als Mittel zur Realisierung von A tut. Vergleichbar beim Autofahren: Den nachfolgenden Verkehr prüfen, indem man ihn im Rückspiegel beobachtet, oder: Die Fahrtrichtung anzeigen, indem man den Fahrtrichtungsanzeiger betätigt, oder: Die Fahrt verlangsamen, indem man den Druck aufs Gaspedal verringert und/oder bremst.

– N e b e n - H a n d l u n g e n: mit einer Haupt- bzw. Unter-Handlung durch ‚wobei' (komitativ, s. 3.32.9) verknüpfte Handlung, in der Analyse mit Reihenfolgezahlen eingeordnet. Die ‚wobei'-Verknüpfung ist zu verstehen als: Sprecher/Verfasser tut die Haupthandlung A bzw. Unter-Handlung A1, wobei er auch noch die Nebenhandlung A1 bzw. A1.1 tut, also er tut die Nebenhandlung zugleich mit und im Zusammenhang mit der Haupt- bzw. Unter-Handlung, und zwar als Beitrag zur Haupt- bzw. Unter-Handlung oder zu einer über- oder nebengeordneten Kommunikationsabsicht (z. B. zu einer Wesentlichen Texthandlung). Vergleichbar beim Autofahren: Den Verkehr beobachten und dabei Annahmen über die PS-Stärke der Kraftfahrzeugtypen machen (als Beitrag zu einer defensiven Fahrweise), oder: Das Fahrzeug lenken und zugleich rauchen und Musik hören (als angeblicher Beitrag zur Müdigkeitsbekämpfung).

– B e z u g s i d e n t i t ä t e n: Gleiche außertextliche Bezugsobjekte, z. B. Personen (s. 2.12.7) werden durch gleiche tiefgestellte Zahlen (Referenzindices) gekennzeichnet.

– W i e d e r b e z u g: Rückverweis (s. 2.12.7) auf vorangegangene Handlungsschritte durch Angabe der Reihenfolge-Buchstaben und -Zahlen der Analyseschritte.

Die bei der Analyse angenommenen Sprecherhandlungen und Sprechereinstellungen werden in VERSALIEN geschrieben, die bei der Analyse zitierten Teile des Originaltextes *kursiv* mit doppelten Anführungsstrichen. Alternativlösungen werden innerhalb von geschweiften Klammern mit a, b, c ... gekennzeichnet. Es wären darüber hinaus auch an vielen anderen Stellen alternative Analysemöglichkeiten denkbar; sie würden jedoch den ohnehin übermäßig lang geratenen Analysetext um mindestens das doppelte ausdehnen. Daß mit Alternativen gerechnet werden muß, ist keine Schwäche der Analysemethode, sondern betrifft diejenigen Eigenschaften unserer schwierigen Sprachkultur, die durch dieses Buch besonders offengelegt werden sollen: Komprimierter, uneigentlicher und vager Ausdruck.

Als Versuchsobjekt für die exemplarische Textanalyse eignet sich am besten unser Beispieltext T5, da er für eine große Vielfalt satzsemantischer Aspekte Analyse-Anlässe bietet, stark hintergründig, also nach den Merkmalen der journalistischen Textsorte ‚Glosse' sehr gekonnt geschrieben ist, und da sein heiter-witziger,

fast poetischer Inhalt die Trockenheit der langatmigen Analysemethode wohl leichter ertragen läßt als ein stereotyper ernster Text
aus journalistischer Alltagsroutine.

Fensterln

Were diu werlt alle min / von deme mere unze an den rin / des wolt ih mih darben / daz diu chuenegin von engellant / lege an minen armen. Wann hat man schon Gelegenheit, auf Seite 1 der ZEIT unser mittelhochdeutsches Lyrikgut, die Carmina burana zu zitieren. Nur unser englischer Vetter Michael Fagan macht's möglich. Er nahm die Regenrinne, umging die Taubengitter – andere Abschreckung war nicht gegeben –, stieg in den ersten Stock ein, ging den Flur entlang und setzte sich ans Bett Ihrer Majestät wie der Märchenfrosch zu Füßen der Prinzessin.

Das heimlose, unbeschäftigte „Sozialprodukt" verwirklichte einen heimlichen, unerfüllten Traum vieler befragter Landsleute: Man möchte der Krone, insonderheit ihrer Trägerin nahe sein. Man sollte neidisch sein statt zu lachen: Welche 31jährige Deutsche kreist schon in ihren nächtlichen Phantasien ums Haus des Bundespräsidenten? Und Mike Fagan mißbrauchte die Situation nicht einmal im Sinn des altfränkischen Dichters. Er wollte plaudern und rauchen. Solche Gefährdungen kann sich jede Staatsform nur wünschen.

K. H. W.

(aus: DIE ZEIT, 18. Juli 1982, S. 1)

5.11. Handlungsbeteiligte

H_1: „*K.H.W.*", Verfasser des Textes T5 (hier abgekürzt: Vf)
H_2: (ungenannte) Nachrichtenquelle(n) für T5
H_3: Politische Redaktion der Wochenzeitung „DIE ZEIT"
H_4: Adressaten: diejenigen potentiellen Leser von T5, für die T5 geschrieben ist

Von T5 primär Betroffene:

H_5: „*Michael Fagan*" (hier abgekürzt: F), Täter bei dem in T5 kommentierten Ereignis
H_6: Königin Elisabeth II., Beteiligte beim Ereignis

Von T5 sekundär Betroffene:

H_7: Meinungsgegner: Personen und Institutionen, die auf F's Tat negativ wertend reagiert (sich empört, sich mokiert usw.) haben oder reagieren wollen
H_8: Die Briten, „*Landsleute*" von F
H_9: Der damalige „*Bundespräsident*" der Bundesrepublik Deutschland
H_{10}: Die Bürger der Bundesrepublik Deutschland

Die tiefgestellten Bezugszahlen werden in der Textanalyse in 5.13 und 5.14 gelegentlich wiederverwendet.

5.12. Vorgeschichte und Vorwissen:

V1: Vf hat $\left\{ \begin{array}{l} \text{a) aus eigener Initiative} \\ \text{b) im Auftrag der Redaktion} \end{array} \right\}$ aufgrund von Vorlagen aus Nachrichtenquellen über das Ereignis eine Glosse geschrieben und der Politischen Redaktion der „ZEIT" $\left\{ \begin{array}{l} \text{a) angeboten} \\ \text{b) geliefert} \end{array} \right\}$

V2: Vf hat sich beim Schreiben der Glosse nach der allgemeinen politischen und leserspezifischen Grundrichtung der „ZEIT" gerichtet (liberal, tolerant, intellektuell, ...), ferner nach den Stilmerkmalen der journalistischen Textsorte ‚Glosse' (s. 5.13).

V3: Die Redaktion hat, nach redaktioneller Bearbeitung (Wahl der Überschrift im Rahmen von Seite 1), die Glosse des Vf auf Seite 1 der ZEIT-Ausgabe vom 18. 7. 1982 in der rechten Spalte unten veröffentlicht und damit den Lesern zugänglich gemacht.

V4: In der rechten Spalte der Seite 1 der „ZEIT" werden stets 3 bis 4 emotional (polemisch und/oder witzig) geschriebene Glossen über (für die ZEIT-LESER interessante) Randereignisse der Politik veröffentlicht.

V5: Sehr große Initialen und Überschrift-Typen sind auf Seite 1 der „ZEIT" am Anfang aller Artikel üblich.

V6: Über das Ereignis ist in anderen Massenmedien mehrere Tage vor dem 18. 7. 1982 berichtet worden.

V7: Vf und Redaktion RECHNEN DAMIT, daß den meisten Lesern von T5 die Voraussetzungen V2, V4, V5, V6 bekannt sind.

V8: Vf und Redaktion RECHNEN DAMIT, daß viele Leser von T5 soviel historisch-literarische Bildung haben, daß sie das mittelhochdeutsche Zitat am Anfang von T5 (s. 5.15: B1) und die beiden Anspielungen im zweiten Satz (s. 5.15: B3.2, B4.1) ungefähr verstehen und kulturgeschichtlich einordnen können, über räumliche und gesellschaftliche Lebensweisen und persönliches Image der damaligen britischen Königin (s. 5.15: B5.2, C3) und des damaligen deutschen Bundespräsidenten (s. 5.15: D3.1) hinreichend Bescheid wissen und das Grimmsche Märchen „Der Froschkönig" kennen (s. 5.15: C1).

5.13. Wesentliche Texthandlungen (vgl. Kap. 2.21.2)

TH1: Vf_1 KOMMENTIERT das Ereignis im Sinne von V2,

TH1a: indem er_1 die MEINUNG der $Leser_4$ zu BEEINFLUSSEN versucht, und zwar in dem Sinne, daß sie_4 F's Tat humorvoll und tolerant beurteilen (primäre Text-Bewirkung, vgl. 2.22)

TH1b: indem er_1 die Äußerungen der $Meinungsgegner_7$ KRITISIERT

TH1c: indem er_1 die MEINUNG der $Bundesbürger_{10}$ zu BEEINFLUSSEN versucht, und zwar in dem Sinne, daß sie_{10} ihr emotionales Verhältnis zu ihrem Staat und Staatsoberhaupt verbessern (sekundäre Text-Bewirkung)

TH2: Vf_1 versucht die $Leser_4$ durch T5 WITZIG zu UNTERHALTEN (drittrangige Text-Bewirkung).

Als grundsätzliche Merkmale der journalistischen Textsorte ‚Glosse' (deren Kenntnis die Annahmen über die Wesentlichen Texthandlungen beeinflußt) werden in Handbüchern genannt:

— „knappe Meinungsäußerung, Kurzkommentar kritischer, zugleich oft feuilletonistischer Art" (Der Große Brockhaus 4, 1978, 572).

— „knapper (polemischer) Kommentar ... zu aktuellen Ereignissen oder Problemen" (DGW 3, 1055).

– „Charakter des Mündlichen, der Bemerkung ... satirische Kurzform der Publizistik ... gewollte Zuspitzung und Ironie ... die sog. große Politik entlarven ... emotionale Einschätzung von Ereignissen oder Erscheinungen ... betont subjektiv" (Brendel/Grobe, Journalistisches Grundwissen, München 1976, S. 55 f.).

– „epigrammatische Schlagkraft ... bei leichter Eleganz der Form schlagende Argumente versetzt ... Mit elastischer Sprachkraft wirft sie ihre Gedanken. Sie muß ins Schwarze treffen." (Dovifat/Wilke, Zeitungslehre I, 6. Aufl. Berlin 1976, 179).

5.14. Worterklärungen:

„*Fensterln*": Allgemein bekanntes Wort aus dem südöstlichen deutschen Sprachgebiet für einen nach ländlicher Sitte üblichen Vorgang, bei dem ein Mann mit erotischen Absichten sich bei Dunkelheit zum Schlafraum einer Frau dadurch Zugang verschafft, daß er (meist mit Hilfe einer Leiter) zum Fenster einsteigt; mit der scherzhaft-toleranten Konnotation ‚eigentlich nicht erlaubt, aber üblich und oft erwünscht'.

„*unze*" (mhd.): ‚bis'

„*mich darben*" (mhd.): ‚entbehren'

„*chuenegin*" (mhd.): ‚Königin'

„*an minen armen*" (mhd.): ‚in meinen Armen'

„*Lyrikgut*": Lyrische Gedichte, die zum wertvollen Kulturgut gerechnet werden (bildungssprachliches Kollektivsuffix -*gut*, vgl. *Liedgut, Gedankengut, Ideengut*, s. Kap. 2.14.2)

„*Carmina burana*" (lat.): Sammlung lateinischer (und mittelhochdeutscher) Vagantenlieder aus dem Mittelalter, u. a. mit satirisch-erotischem Inhalt.

„*unser englischer Vetter*": euphemistisch-metonymische (s. 4.45) Redensart aus der Wilhelminischen Zeit für ‚Briten', ursprünglich aus dem Munde des (mit dem englischen Königshaus verwandten) Kaisers Wilhelm II. bekannt.

„*macht's möglich*": Hier dreideutiger Ausdruck im Sinne von:

$$
\left\{
\begin{array}{l}
\text{a) 'F verursacht/bewirkt,} \\
\text{b) 'F ist Ursache dafür,} \\
\text{c) 'F wird vom Vf zum Anlaß} \\
\quad\text{genommen dafür,}
\end{array}
\right\}
\left.
\begin{array}{l}
\text{daß etwas möglich wird, was nor-} \\
\text{malerweise als nicht möglich gilt'} \\
\text{(kausativer Prädikatsausdruck, s.} \\
\text{Kap. 3.13)}
\end{array}
\right\}
$$

zugleich Anspielung auf einen populären Werbeslogan des Versandhauses Neckermann: „*Neckermann macht's möglich*" (s. 4.43)

„*nahm*": Metaphorischer Ausdruck, übertragen aus dem Sport-Wortschatz im Sinne von ‚überwand ein Hindernis'

„*Taubengitter*": ‚gitterförmige Vorrichtung an Gebäudeteilen zu dem

Zweck, Tauben von ihnen fernzuhalten, um Verschmutzung zu verhindern'
„*Abschreckung*": ,Vorrichtung, die jemand angebracht hat, um Personen
davon abzuschrecken, daß sie irgendwohin eindringen', Metonymie (s.
Kap. 4.45): Bezeichnung der ,Vorrichtung' durch Bezeichnung der
,Zweck'-Handlung
„*Ihrer Majestät*": umschreibender, konservativ-traditioneller Ausdruck für
,der Königin'
„*Märchenfrosch*": ,im Märchen „Der Froschkönig" vorkommende Gestalt, die sich einer Prinzessin als unwillkommener Freier nähert und sich
dabei aus einem Frosch in einen schönen Prinzen verwandelt'
„*heimlos*": euphemistischer Ausdruck für ,obdachlos'
„*unbeschäftigt*": euphemistischer Ausdruck für ,arbeitslos'
„*Sozialprodukt*": Fachwort der Wirtschaftswissenschaft (s. Kap. 4.45),
hier metaphorisch-wortspielerisch übertragen auf den Täter F, durch Wört-
lich-Nehmen der Bestandteile der Zusammensetzung im Sinne von ,Person,
die in Bezug auf ihre Verhaltensweise nur das *Produkt* der herrschenden
Gesellschaftskultur ist'
„*Traum vieler befragter Landsleute*": euphemistisch-umschreibender komprimierter Ausdruck für ,Wunsch, den ein bestimmter Prozentsatz von
Briten bei einer demoskopischen Meinungsbefragung (über die Motive von
F's Tat?) angegeben hat'
„*Krone*": konservativ-traditionelle euphemistische Umschreibung für ,In-
stitution des Staatsoberhaupts einer Monarchie', hier aber durch „*insonderheit ihrer Trägerin*" nachträglich ironisch wörtlichgenommen
„*insonderheit*": veraltetes, übertrieben gehoben und literarisch wirkendes
Wort für ,vor allem, besonders'
„*kreist in ihren nächtlichen Phantasien ums Haus ...*": poetisch wirkende
euphemistische Umschreibung für ,hat Sehnsucht, ins Haus einzudringen'
„*Mike*": vertraulich emotionalisierende Kurzform (Koseform) des Namens
Michael, heute auch in Deutschland beliebt
„*mißbrauchte die Situation*": euphemistische Umschreibung für ,eine uner-
laubte erotische Handlung begehen', deutbar durch die mit „*altfränkisch*"
gemachte Anspielung auf „*lege an minen armen*" im mittelhochdeutschen
Zitat am Textanfang.
„*altfränkisch*": veraltetes bildungssprachliches Wort für ,veraltet, unmo-
dern, altväterisch' mit der Konnotation ,mit noch derben Sitten'
„*plaudern*": umgangssprachliches Wort für „sich gemütlich und zwanglos
unterhalten" (DGW 5, 2008), mit der Konnotation ,harmlos, gesellig,
gutwillig'
„*jede Staatsform*": metonymischer (s. Kap. 4.45) Ausdruck für ,Bürger von
Staaten unabhängig von ihrer Staatsform', hier mit der stillen Folgerung:
,also auch von Republiken wie der BRD'

5.15. Textverlaufsanalyse

(mit TH wird auf 5.13 verwiesen)

A: Vf$_1$ (oder der Headliner der Redaktion$_3$?) versucht mit der Überschrift „Fensterln" die Aufmerksamkeit der Leser auf T5 zu lenken (LESEANREIZ),

A1:   indem er$_{1/3}$ sie größer und fett setzen läßt.

A2:   indem er$_{1/3}$ mit der Wahl des Wortes „fensterln" (s. 5.14) einen erotischen Inhalt und die Unterhaltungsfunktion TH2 im Voraus ANDEUTET.

A3:   indem er$_{1/3}$ durch OFFENLASSEN des BEZUGS („wer fensterlt wo bei wem?) bei den Lesern NEUGIER und SPANNUNG zu WECKEN versucht, die erst später im Text (spätestens bei „stieg ... ein") dadurch gelöst wird, daß der metaphorische Gebrauch des Wortes deutlich wird (vgl. Kap. 2.24, 4.45).

B: Vf$_1$ FÜHRT in das Thema EIN,

B1:   indem er$_1$ mittelhochdeutsche Verse ZITIERT: „Were diu werlt ... an minen armen",

B1.1: wobei er$_1$ mit „chuenegin von engellant lege an minen armen" auf das bei den Lesern als bekannt vorausgesetzte Ereignis (s 5.12: V6) noch sehr undeutlich ANSPIELT.

B1.2: wobei er$_1$ durch unübersetzten Originaltext, Kursivdruck und Virgeln/Schrägstriche den historisch-literarischen Charakter des Zitats ANDEUTET (Beitrag zum bildungssprachlichen Adressaten-Image als LESERSELEKTION, s. Kap. 2.24)

B2:   indem er$_1$ FREUDE ÄUSSERT (s. Kap. 4.43) darüber, daß er$_1$ einmalig („Wann .... schon") die „Gelegenheit hat ... zu zitieren", indem er$_1$ dies in einer RHETORISCHEN FRAGE formuliert: „Wann ...?",

B2.1: wobei er$_1$ eine QUELLENANGABE macht: „Carmina burana".

B2.2: wobei er$_1$ eine literaturgeschichtliche ORIENTIERUNG gibt: „mittelhochdeutsches Lyrikgut".

B2.3: wobei er$_1$ durch SOLIDARISIERENDES „unser" (s. Kap. 3.25.3) und die euphemistische Wortwahl „Lyrikgut" zum bildungssprachlichen Adressaten-Image beiträgt (vgl. Kap. 2.24, 4.43, 5.12: V8).

B3:   indem er_1 IRONISCH BEHAUPTET, F habe ihm_1 das „*möglich gemacht*", wonach er in B2 fragte,

B3.1: wobei er_1 mit der Dreifachbedeutung von „*macht's möglich*" (s. 5.14) ein SPRACHSPIEL macht und damit zu TH2 beiträgt.

B3.2: wobei er_1 auf einen populären (und durch apostrophiertes Pronomen umgangssprachlich wirkenden) Werbeslogan (s. 5.14) ANSPIELT und damit zu TH2 beiträgt (vertrauliches Erzähler-Image), s. Kap. 4.43.

B4:   indem er_1 F NENNT: „*Michael Fagan*",

B4.1: wobei er_1 mit der Kennzeichnung „*unser englischer Vetter*" auf eine euphemistische, übertreibende Redensart der Wilhelminischen Zeit (s. 5.14) ANSPIELT (bildungssprachliches Adressaten-Image, s. Kap. 3.25.3, 4.43 (Beitrag zu TH2)

B4.2: wobei er_1 durch den SOLIDARISIERENDEN Zusatz „*unser*" etwas für TH1a tut (s. Kap. 4.43).

B4.3: wobei er_1 mit „*englischer*" eine metaphorische BEZUGS-Verbindung zwischen „*chuenegin von engellant*" (s. B1.1) und F ANDEUTET und damit das volle Verständnis der übertragenen Bedeutung der Überschrift „*Fensterln*" nachträglich ermöglicht.

B5:   indem er_1 Einzelheiten aus dem Verlauf des Ereignisses ERZÄHLT: „*Er nahm die Regenrinne ... ans Bett Ihrer Majestät*",

B5.1: wobei er_1 durch die Sport-Metapher „*nahm*" F's Tat positiv BEWERTET (Beitrag zu TH1a).

B5.2: wobei er_1 mit dem Einschubsatz „*andere Abschreckung war nicht gegeben*" IRONISCH MITMEINT: ‚Da die angestellten Wächter der Königin ihre dienstlichen Pflichten vernachlässigt haben (vgl. Kap. 4.43), konnte F_5 ja nicht wissen, daß er_5 in den Palast nicht eindringen durfte' (Beitrag zu TH1a).

B5.3: wobei er_1 mit der traditionell-konservativen Umschreibung „*Ihrer Majestät*" (statt *der Königin*)

a) eine förmliche außenpolitische RESPEKTSBEZEUGUNG macht (Beitrag zum journalistischen Autor-Image)

b) für die Redaktion außenpolitischen Unannehmlichkeiten VORBEUGEN will (s. 5.12: V2).

c) in der Wortwahl etwas zum bildungssprachlichen Adressaten-Image beitragen will.

C: Vf_1 versucht im Sinne von TH1ac die Motive und Ursachen von F's Tat zu ERKLÄREN und zu RECHTFERTIGEN,

C1:   indem er$_1$ F's Tat mit dem Märchen „Der Froschkönig"
VERGLEICHT: *„wie der Märchenfrosch zu Füßen der
Prinzessin"*,

C1.1: wobei er$_1$ übertreibend IRONISCH MITMEINT: ‚Viel-
leicht war F's Tat gar nicht so verwerflich und unerwünscht'
(Beitrag zur poetischen Überhöhung im Sinne von TH1ac und
TH2, vgl. Kap. 3.25.1, 4.45).

C2:   indem er$_1$ F CHARAKTERISIERT als *„heimloses, unbe-
schäftigtes „Sozialprodukt" "*,

C2.1: wobei er$_1$ die gemeinten offiziellen Begriffe ‚obdachlos' und
‚arbeitslos' EUPHEMISTISCH ausdrückt (Beitrag zu TH1a).

C2.2: wobei er$_1$ durch die metakommunikativen (s. Kap. 3.25.3)
Anführungsstriche bei *„Sozialprodukt"* ANDEUTET, entweder

a) daß dieses Fachwort hier im wortspielerisch übertragenen
   Sinne von ‚Produkt der herrschenden Gesellschaftskultur'
   zu verstehen ist, oder

b) daß dieses Fachwort in Kommentaren von Meinungsgegnern (H$_7$) für F metaphorisch verwendet worden ist (ZI-
   TAT und/oder DISTANZIERUNG) (Beitrag zu TH1b)

C2.3: wobei er$_1$ MITMEINT: ‚F ist für seine Tat nicht voll
bzw. nicht allein verantwortlich zu machen' (Beitrag zu
TH1a, vgl. Kap. 4.45)

C3:   indem er$_1$ BEHAUPTET: *„… verwirklichte einen heimlichen, unerfüllten Traum vieler befragter Landsleute"* und
dies SPEZIFIZIERT: *„Man möchte der Krone, insonderheit ihrer Trägerin nahesein"*,

C3.1: wobei er$_1$ die Behauptung C3 damit STÜTZT, daß er$_1$ mit
„befragter" BERICHTET, daß dies aus dem Ergebnis einer Mei-
nungsumfrage bei Briten hervorgeht.

C3.2: wobei er$_1$ MITMEINT: ‚Es ist also verständlich und verzeihlich, daß F sich nur einen Wunsch erfüllte, den viele Briten
haben (Beitrag zu TH1ab).

C3.3: wobei er$_1$ mit altertümlichem umschreibendem Wortgebrauch (*„Krone"*, *„insonderheit"*) das bildungssprachliche Adressaten-Image anspricht und zu TH2 beiträgt.

C3.4: wobei er$_1$ mit der euphemistischen Umschreibung *„nahe
sein"* (statt: *in ihr Schlafzimmer eindringen und sich an ihr Bett
setzen*) F's Tatmotiv HERUNTERSPIELT, EROTISIERT und
POETISIERT (Beitrag zu TH1ac und TH2).

D: Vf$_1$ versucht, Lesern$_4$ und Bundesbürgern$_{10}$ eine positive tolerante BEWERTUNG von F und seiner Tat im Sinne von TH1ac NAHEZULEGEN,

D1: indem er$_1$ ihnen$_{4+10}$ EMPFIEHLT: „*Man sollte neidisch sein*",

D1.1: wobei er$_1$ OFFENLÄSST, ob MITZUVERSTEHEN ist:
$$\left.\begin{array}{l} \text{a) ‚neidisch auf F'.} \\ \text{b) ‚neidisch auf die Königin'.} \\ \text{c) ‚neidisch auf die Briten'.} \end{array}\right\}$$

D2: indem er$_1$ die Haltung von Andersdenkenden und Meinungsgegnern ABLEHNEND GEGENÜBERSTELLT: „*anstatt zu lachen*" (vgl. Kap. 2.23.2) (Beitrag zu TH1b).

D3: indem er$_1$ seine Empfehlung D1 BEGRÜNDET,

D3.1: indem er$_1$ die RHETORISCHE FRAGE stellt: „*Welche ... kreist schon ... ums Haus des Bundespräsidenten?*" (Beitrag zu TH1c),

3.1.1: wobei er$_1$ durch die Modalpartikel „*schon*" ANDEUTET, daß er BEHAUPTET: ‚keine ... kreist ...' (vgl. Kap. 2.21.3).

D3.1.2: wobei er$_1$ mit der euphemistischen Umschreibung „*kreist in ihren nächtlichen Phantasien ums Haus des ...*" MITMEINT: ‚hat Wünsche, die denen der Briten (C3) entsprechen'.

D3.1.3: wobei er$_1$ mit der weiblichen Personenbezeichnung „*Deutsche*" in Bezug auf „*des Bundespräsidenten*" ANDEUTET, daß es sich um erotische Wünsche im Sinne von A, B1 und C1 handelt (Beitrag zu TH2).

D3.1.4: wobei er$_1$ mit „*31jährige*" MITMEINT: ‚F ist 31 Jahre alt, in einem Alter, in dem Wünsche im Sinne von D3.1.3 normal, also verzeihlich sind' (Beitrag zu TH1a und TH2) (s. Kap. 4.44).

D3.1.5: wobei er$_1$ mit der ANSPIELUNG auf den „*Bundespräsidenten*" MITMEINT: ‚der jetzige Bundespräsident eignet sich als Objekt einer emotionalen Beziehung im Sinne von C3 und D3.1.3 nicht so sehr wie die englische Königin' (Beitrag zu TH2), und: ‚die Deutschen haben kein solches emotionales Verhältnis zu ihrem Staat und Staatsoberhaupt wie die Briten im Sinne von C3' (s. Kap. 4.44).

D3.1.6: wobei er$_1$ mit der umgangssprachlichen Schreibweise „*ums*" (statt *um das*) eine vertraulich-scherzhafte Erzählerhaltung zu den Lesern ANDEUTET (Beitrag zu TH2).

D4: indem er$_1$ F's Tat HERUNTERSPIELT,

D4.1: indem er$_1$ eine Unterstellung der Meinungsgegner$_7$ ZU-

RÜCKWEIST: „*Und Mike Fagan mißbrauchte die Situation nicht einmal im Sinne des altfränkischen Dichters*" (Beitrag zu TH1b),

D4.1.1: wobei er$_1$ mit der Modalpartikel „*einmal*" ANDEUTET: ‚F$_5$ hat weniger getan als das, was sie$_7$ ihm$_5$ als Absicht unterstellen'.

D4.1.2: wobei er$_1$ mit „*im Sinne des altfränkischen Dichters*" sich auf das mittelhochdeutsche Zitat (B1) WIEDERBEZIEHT und damit die F unterstellte Absicht als erotische ANDEUTET (Beitrag zu TH2).

D4.1.3: wobei er$_1$ mit der Koseform „*Mike Fagan*" zur positiven BEWERTUNG F's beiträgt (TH1a) und eine vertraulich-scherzhafte Erzählerhaltung ANDEUTET (Beitrag zu TH2).

D4.1.4: wobei er$_1$ mit dem altmodisch-literarischen Wort „*altfränkisch*" den Gedanken an ‚derb-altmodische Erotik' NAHELEGT (Beitrag zu TH2 und zum bildungssprachlichen Adressaten-Image).

D4.2:   indem er$_1$ ein weiteres Detail des Ereignisses ERZÄHLT: „*Er wollte plaudern und rauchen*",

D4.2.1: wobei er$_1$ mit „*plaudern*" F harmlose, gesellige Absichten UNTERSTELLT.

E: Vf$_1$ FASST seine Kommentierung des Ereignisses im Sinne von TH1abc ZUSAMMEN, indem er$_1$ (mit „*kann nur*", s. 2.21) EMPFIEHLT: „*Solche Gefährdungen kann sich jede Staatsform nur wünschen*",

E1: wobei er$_1$ mit „*Solche Gefährdungen*" IRONISCH MITMEINT: ‚F's Tat war keine Gefährdung eines Staates und Staatsoberhaupts; nur meine Meinungsgegner (H$_7$) haben sie dazu hochgespielt' (s. Kap. 2.12.4, 4.43, 4.45).

E2: wobei er$_1$ mit der Umschreibung „*jede Staatsform*", als ANSPIELUNG auf „*chuenegin*" (B1), „*Majestät*" (B5.3), „*Krone*" (C3) und „*Bundespräsidenten*" (D3.1), MITMEINT: ‚auch die Bürger der Bundesrepublik Deutschland', die er$_1$ somit als Adressaten der Empfehlung E ANDEUTET (s. Kap. 4.3).

E3: wobei er$_1$ mit der Modalpartikel „*nur*" MITMEINT: ‚nicht fürchten, ablehnen, bestrafen usw.' (s. Kap. 3.24).

F: Vf$_1$ ÜBERNIMMT gegenüber allen Handlungsbeteiligten VERANTWORTUNG für den Inhalt von T5 und dessen mögliche Folgen, indem er$_1$ in abgekürzter Form seinen Namen NENNT: „*K.H.W.*".

Aus 26 Zeilen Originaltext haben sich also 200 Zeilen Textanalyse ergeben, ein unproportionales Verhältnis, das nur zeigt, wie klein sozusagen die aus dem Wasser ragende Eisberg-Spitze des sprachlich Ausgedrückten ist und wie groß und vielfältig die unter der Wasserlinie verborgene Fülle des nur ‚zwischen den Zeilen' erschließbaren Teils des Textinhalts. Es kommen für einen Text wie diesen natürlich auch ganz andere Analyseformen in Betracht, vor allem gefälligere, weniger aufwendige, nicht so durchsystematisierte. Diese Analyse ist gewissermaßen der durchexerzierte Laborversuch einer Röntgenaufnahme vom Inhaltsgerüst einer stark verdichteten Textstruktur. Solche akribischen Methoden lohnen sich mehr für andere Arten von Texten, solche, wo die Komprimiertheit und Hintergründigkeit ernsthaftere Folgen für die Textadressaten haben kann, z. B. Werbetexte, Interviews, Parteiprogramme, Wahlreden, Kommuniqués, Resolutionen, Verordnungen, usw.

5.2. Zusammenfassung

Thesen und Hinweise für den sprachkritischen
Umgang mit Sätzen in Texten

Dieses Buch verbindet zwei Aufgaben miteinander: Es ist einerseits
ein Ansatz zu einer systematischen Inhaltsgrammatik der deutschen Sprache, andererseits eine Anregung zu sprachkritischem
Zwischen-den-Zeilen-Lesen. So sind die sprachkritischen Erörterungen in vielen Kapiteln von inhaltsgrammatischen Material-
Zusammenstellungen etwas in den Hintergrund gedrängt worden.
Deshalb sollen in dieser Zusammenfassung nicht Ergebnisse zur
Theorie und Methodik der systematischen Satzsemantik formuliert
werden, sondern Hinweise für ihre sprachkritische Anwendung.
Wir ordnen sie unter drei allgemeinen Thesen. Hie und da werden
hoffentlich auch Möglichkeiten deutlich, wie man diese textanalytisch konzipierte Satzsemantik in praktische Regeln für das ange-
messene Textformulieren umsetzen könnte.

1. Die grammatikalischen Satzstrukturen sind nicht immer verläß-
liche Widerspiegelungen des Satzinhalts; zwischen Inhalt und Ausdruck besteht weitgehende Inkongruenz:
- Kurze und einfache (parataktische) Sätze sind nicht immer
  leichter verständlich als lange Sätze und vielfältig untergliederte
  (hypotaktische) Satzgefüge. Verkürzung und Vereinfachung im
  Ausdruck ist zwar für Sprecher/Verfasser ökonomisch, nicht
  aber in jedem Fall auch für Hörer/Leser, da die sprachökonomische Ausdrucksweise als Komprimierung von möglichst
  viel Inhalt auf möglichst wenig Ausdruck (besonders durch
  Nominalisierung und Wortbildung) damit erkauft wird, daß
  wichtige Inhaltsteile nicht mehr ausgedrückt werden oder vage
  bleiben (1.11, 1.13, 3.1).
- Die sinnorganisierenden Zentren des Satzinhalts, die Prädikate werden nicht nur durch Verben ausgedrückt, sondern
  auch mit Adjektiven und Substantiven, auch an sehr untergeord-
  neten Stellen des Satzbaus (2.11, 2.12.4).
- Die moderne Klasse der Relationsverben hat im Kontext
  eine so abstrakte Bedeutung, daß diese Verben als Mittel der
  Aussagen-Verknüpfung (3.3) zu verstehen sind (3.17, 3.32).
- Es ist nicht immer aus der Satzformulierung zu erkennen, auf

welchen Teil des Satzinhalts sich ein Z u s a t z (Adverb, Verneinung, Partikel, Attribut) nach seinem inhaltlichen G e l t u n g s -
b e r e i c h (Skopus) bezieht. (2.23.2, 3.21, 3.22). Viele Relativsätze sind inhaltlich unecht (keine Attributsätze), da sie weiterführende Textschritte darstellen, die nur einer traditionellen
bildungssprachlichen Stiltendenz zuliebe als Nebensätze (hypotaktisch) angeschlossen werden (3.26).

– Das syntaktische Verhältnis zwischen einem Substantiv und
   seinem A t t r i b u t entspricht manchmal einem umgekehrten
   inhaltlichen Verhältnis (3.21). Ob ein Attribut oder Attributsatz begrifflich notwendig (restriktiv/kennzeichnend) ist oder
   nur eine zusätzliche Prädikation darstellt, ist im deutschen Satzbau meist nur in mündlicher Rede (durch Intonation) zu erkennen (3.25.2).

– A r t i k e l w ö r t e r und die S i n g u l a r / P l u r a l-Unterschei-
   dung sind oft sehr ungenaue Ausdrucksmittel für Mengenbe-
   griffe (Quantifizierung), besonders bei Gruppen-Vorurteilen
   (Stereotypen) und anderen Typisierungen und Pauschalisierun-
   gen (2.13.3).

– P e r s o n e n b e z e i c h n u n g e n haben, wenn sie sich auf Berufe
   und soziale Rollen beziehen, heute eine sehr ungenaue, oft
   irreführende bzw. mißverstandene Bedeutung in Bezug auf das
   n a t ü r l i c h e Geschlecht. Ob mit einem grammatikalisch maskulinen Wort auch Frauen mitgemeint oder mitzuverstehen sind,
   ist stark abhängig von Erwartungshaltungen nach Gruppenideo-
   logien, Situations- und Textsortenstilen (2.13.4).

– Bei M o d a l v e r b e n (und anderen Hilfsverben, wenn sie modal
   verwendet werden) ist nur aus dem Kontext zu erkennen, ob mit
   ihnen Handlungen oder Einstellungen des Sprechers/Verfassers
   ausgedrückt werden (2.21, 2.22, 3.23).

2. Manche sehr u n s c h e i n b a r e n Ausdrucksmittel enthalten
wichtige Komponenten des Satzinhalts, sollten also beim Textver-
stehen und Textformulieren sorgfältig berücksichtigt werden:

– M o d a l p a r t i k e l sind immer Ausdruck von Sprecherhandlungen oder Sprechereinstellungen, sind aber nicht so eindeutig wie
   die meisten Modaladverbien, müssen also aus dem Kontext
   interpretiert werden (2.21, 2.23, 3.22, 3.23).

– S a t z v e r k n ü p f e n d e K l e i n w ö r t e r (Konjunktionen, Pronominaladverbien usw.) bezeichnen nicht nur rein ‚logische'
  Beziehungen (Relationen) zwischen Aussagen (kausal, konditional, usw.); sie sind oft zugleich Ausdrücke textgliedernder Sprecherhandlungen: Begründen, Zugestehen, Gegenüberstellen
  usw. Bei Nominalisierungen wird ihre Rolle meist von Präpositionen übernommen (3.3, bes. 3.33).
– Die W o r t w a h l trägt viel zum unterschwelligen Ausdruck von
  Prädikations-Nuancen (2.12.7), von Bewertungen (2.23.3) oder
  Kontakt und Beziehung (2.24) bei; vor jeder Textanalyse sollte
  man sich Wörter mit solchen Mitbedeutungen (Konnotationen,
  4.2) besonders ansehen und mit Ausdrucksalternativen konfron-
  tieren. Dazu gehört auch die sog. Wortvariation (2.12.7, 5.14).
– P r o n o m e n mit unklarem Bezug (*wir, unser, man*) dienen in
  persuasiver/überredender Absicht im Sinne von Solidarisierung,
  Majorisierung, Gruppenzwang usw. der Kontakt-und-Bezie-
  hungsfunktion (2.12.7, 2.24).
– A n f ü h r u n g s s t r i c h e sind Beiträge zum Handlungsgehalt, je
  nach Kontext für Zitieren, Distanzieren, Ironisieren usw.
  (2.23.1, 3.25.3, 4.43).
– Die T h e m a - R h e m a - Gewichtung (Funktionale Satzperspektive) ist kein absolutes satzsemantisches Gesetz, sondern textsor-
  tenspezifisches Symptom für eine verständnissteuernde Taktik
  des Sprechers/Verfassers (3.42).
– Die s t i l i s t i s c h e n Eigenschaften eines Textes sind nicht nur
  ästhetische Zutaten; sie sind regelhafte Symptome für Kontakt
  und Beziehung zwischen den Kommunikationspartnern (2.24),
  und zur Regelhaftigkeit gehören auch systematische Regelverlet-
  zungen (4.4).

3. Zu Satzinhalten gehören auch v e r b o r g e n e Inhaltsteile, die
sprachlich nicht ausgedrückt, aber aus Kontext und Vorwissen
mitzuverstehen bzw. zu hinterfragen sind:

– Einen Satz im Text verstehen bedeutet über das Bedeutungs-
  Wissen hinaus auch Annahmen-Machen über das, was der
  Sprecher/Verfasser jeweils m e i n t und m i t m e i n t und was
  außerdem noch m i t z u v e r s t e h e n ist (4.1, 4.2); dies gilt

besonders für Texte mit stark komprimierendem und uneigentlichem Ausdruck (1.11, 1.13).

- Es gibt über die im Satz ausgedrückten Verb-Ergänzungen hinaus auch hintergründige Bezugsobjekte, die man aus dem Vorwissen oder dem kontextuellen Bezugsrahmen mitversteht, vor allem bei Nominalisierungen (2.12.6, 2.14.1, 3.17), bei unpersönlichen Passivsätzen und Subjektschüben (2.15). Fragen wie Wer? Wen? Durch wen? usw. gehören zu den wichtigsten Mitteln des Zwischen-den-Zeilen-Lesens.
- Von den Sprecherhandlungen (Illokutionen), die zu jedem Satzinhalt grundsätzlich dazugehören, sind die wichtigsten meist nicht ausgedrückt, weil sie nach Textsorte, Situationstyp und Kontext-Routine als selbstverständlich mitzuverstehen sind oder weil sie durch psychische oder soziale Empfindlichkeiten verdrängt werden (2.21.2/3).
- Die mit jeder Sprecherhandlung verbundenen Bewirkungsversuche (Perlokutionen) bleiben fast immer unausgesprochen, sind aber zum Verständnis wichtig (2.22).
- Wenn der Wahrheitswert einer Aussage ausdrücklich angegeben oder sie verneint wird, muß irgendein Anlaß und/oder Motiv dazu vorliegen, den/das man zum richtigen Verständnis berücksichtigen sollte (2.23.1, 2.23.2).
- Der Wahrheits-Status von Nebensatz-Aussagen ist oft regelhaft, aber stillschweigend durch die Wahl des Hauptsatz-Verbs festgelegt; dies ist für das Erkennen von Unterstellungen wichtig (3.15).
- Sätze, die keine Verknüpfungswörter (Konjunktionen, Pronominaladverbien) enthalten, sind dennoch auf irgendeine Weise inhaltlich miteinander verknüpft; dies muß aus dem Kontext erschlossen werden, da erst so aus einer Aneinanderreihung von Sätzen ein sinnvoller Text werden kann (3.31, 3.33).
- Abweichungen von regelhaften und erwarteten Ausdrucksweisen enthalten meist etwas hintergründig Mitzuverstehendes; so sind auch Stilfiguren des uneigentlichen Ausdrucks (Metapher, Metonymie, Hyperbel, Periphrase, Euphemismus, Ironie usw.) über die ästhetische Wirkung hinaus oft sinnhaltige Anlässe für stille Folgerungen (Implikaturen) (4.40 ff.).

Die meisten der hier sprachkritisch bemängelten Ausdrucksweisen sind leider auch im Text dieses Buches anzutreffen. Es ist trotz besseren Wissens manchmal schwer, das Altgewohnte zu vermeiden, eben weil es so bequem ist.

Literaturhinweise

Die Titel sind thematisch und chronologisch angeordnet. Über das Literaturregister (am Ende) sind sie alphabetisch zugänglich. In vielen Abschnitten sind einführende und Handbuchdarstellungen an den Anfang gestellt. Die Abkürzungen für Zeitschriften sind auf S. 74 erklärt. Stand: 1984.

zu 1.11. komprimierte Sprache:

Karlheinz D a n i e l s, Substantivierungstendenzen in der deutschen Gegenwartssprache. Düsseldorf 1963. Hanna P o p a d i c, Untersuchungen zur Frage der Nominalisierungen des Verbalausdrucks im heutigen Zeitungsdeutsch. (IdS-Forschungsberichte 9). Mannheim 1971. Peter S c h ä u b l i n, Probleme des adnominalen Attributs in der deutschen Sprache der Gegenwart. Berlin 1972. Eduard B e n e š 1973a, Die sprachliche Kondensation im heutigen deutschen Fachstil. In: Linguistische Studien III (Festgabe für Paul Grebe), Teil 1, Düsseldorf 1973, 40–50. Veronika U l l m e r - E h r i c h, Zur Syntax und Semantik von Substantivierungen im Deutschen. Kronberg 1977. Helmut Günter D r o o p, Das präpositionale Attribut. Tübingen 1977. v. P o l e n z 1980b. E r b e n 1984, 69 ff., 75 ff., 99 ff.

v. P o l e n z (1980a), Wortbildung, in: LGL 169–180. Wolfgang F l e i s c h e r, Wortbildung der deutschen Gegenwartssprache. 3. Aufl. Leipzig 1974. Johannes E r b e n, Einführung in die deutsche Wortbildungslehre. Berlin 1975.

zu 1.12. Historischer Textvergleich:

Kommentar zum Bonner Grundgesetz, bearb. v. H. J. Abraham u. a., Präambel und Grundrechte. Hamburg 1950 ff.

zu 1.13. Sprachgeschichtliche Befunde und Hintergründe:

Hans E g g e r s, Deutsche Sprachgeschichte. Bd. III. IV. Reinbek 1969. 1977. Fritz T s c h i r c h, Geschichte der deutschen Sprache. Bd. 2. 2. Aufl. Berlin 1971. Lutz M a c k e n s e n, Die deutsche Sprache unserer Zeit. 2. Aufl. Heidelberg 1971. Hans E g g e r s, Deutsche Sprache im 20. Jahrhundert. München 1973. Peter v. P o l e n z, Geschichte der deutschen Sprache. 9. Aufl. Berlin 1978. Peter B r a u n, Tendenzen in der deutschen Gegenwartssprache. Stuttgart 1979. Günther D r o s d o w s k i/Helmut H e n n e, Tendenzen der deutschen Gegenwartssprache. In: LGL 611–632. Siegfried G r o s s e (Hrsg.), Schriftsprachlichkeit. Düsseldorf 1983. Wladimir G. A d m o n i, Die Entwicklungstendenzen des deutschen Satzbaus von heute. München 1973. Kurt M ö s l e i n, Entwicklungstendenzen

in der Syntax der wissenschaftlich-technischen Literatur seit dem Ende des
18. Jahrhunderts. In: Beiträge z. Gesch. d. dt. Sprache u. Literatur (Halle)
94, 1974, 156–198. Gerhard Kettmann/Joachim Schildt (Hrsg.), Zur
Ausbildung der Norm der deutschen Literatursprache auf der syntaktischen Ebene (1470–1730). Berlin (DDR) 1976. Robert Peter Ebert,
Historische Syntax des Deutschen. Stuttgart 1978. Vladimir G. Admoni,
Zur Ausbildung der Norm der deutschen Literatursprache im Bereich des
neuhochdeutschen Satzgefüges. (1470–1730). Berlin (DDR) 1980. Hans
Eggers, Wandlungen im deutschen Satzbau. In: Muttersprache 93, 1983,
131–141. Erben 1984, 87 ff., bes. 99 ff. Heinrich Weber, Das erweiterte Adjektiv- und Partizipialattribut im Deutschen. München 1971. Wladimir G. Admoni, Syntax des Neuhochdeutschen seit dem 17. Jahrhundert.
In: W. Besch u. a. (Hrsg.), Sprachgeschichte. Berlin/New York 1985,
1538–1556.

Joachim Kühn, Gescheiterte Sprachkritik. Fritz Mauthners Leben und
Werk. Berlin 1975. Theo Bungarten (Hrsg.), Wissenschaftssprache.
München 1981. Hans Jürgen Heringer (Hrsg.), Holzfeuer im hölzernen
Ofen. Aufsätze zur politischen Sprachkritik. Tübingen 1982. Peter v. Polenz (1983a), Sozialgeschichtliche Aspekte der neueren deutschen Sprachgeschichte. In: Thomas Cramer (Hrsg.), Literatur und Sprache im historischen Prozeß, Bd. 2, Tübingen 1983, 3–21. Dieter Cherubim, Sprach-
entwicklung und Sprachkritik im 19. Jahrhundert. ebda 170–188. Peter
v. Polenz (1983b), Die Sprachkrise der Jahrhundertwende und das bür-
gerliche Bildungsdeutsch. In: Sprache und Literatur in Wissenschaft und
Unterricht 52/1983, 3–13.

zu 1.2. Wissenschaftsgeschichte:

John Lyons, Einführung in die moderne Linguistik (Übers. a. d. Engl.).
München 1971, Kap. 1. Hans Arens, Geschichte der Linguistik. In: LGL
97–107.
Hans Arens, Sprachwissenschaft. Der Gang ihrer Entwicklung von der
Antike bis zur Gegenwart. 2 Bde. München 1969. Gerhard Helbig
1971a, Geschichte der neueren Sprachwissenschaft. München 1971. Ro-
bert H. Robins, Ideen- und Problemgeschichte der Sprachwissenschaft.
Frankfurt 1973.

zu 1.21. Umkehrung der Syntax zur Satzsemantik:

Hermann Paul, Deutsche Grammatik. Bd. III. IV: Syntax. München
1919. Otto Behaghel, Deutsche Syntax. Eine geschichtliche Darstellung.
4 Bde. Heidelberg 1923 ff.

Herbert E. Wiegand/Werner Wolski, Lexikalische Semantik, in: LGL 199–211. Oskar Reichmann, Germanistische Lexikologie. Stuttgart 1976. Herbert E. Wiegand, Onomasiologie und Semasiologie (= Germanistische Linguistik 3, 1970). 2. Aufl. Hildesheim 1978. Lothar Schmidt (Hrsg.), Wortfeldforschung. Darmstadt 1973. Thea Schippan, Lexikologie der deutschen Gegenwartssprache. Leipzig 1984. Zur Wortbildung: Erben 1975, v. Polenz 1980a; s. zu 1.11.

zu 1.22. Alte und neue Zweiteilungen:

Hans Glinz, Geschichte und Kritik der Lehre von den Satzgliedern. Zürich 1947. Hermann Paul, Prinzipien der Sprachgeschichte. Halle 1880. Manfred Sandmann, Subject and predicate. A contribution to the theory of syntax. 2nd. ed. Heidelberg 1979. Edda Weigand, Zum Zusammenhang von Thema/Rhema und Subjekt/Prädikat. In: ZGL 7, 1979, 167–189. Lyons 1983, 61.

zu 1.23. Valenztheorie und Dependenzgrammatik:

Lucien Tesnière, Eléments de syntaxe structurale. Paris 1959. Dt. Übers. v. Ulrich Engel. Stuttgart 1980. Hennig Brinkmann, Die deutsche Sprache. Gestalt und Leistung. Düsseldorf 1962. 2. Aufl. 1971. Wladimir G. Admoni, Der deutsche Sprachbau. 3. Aufl. München 1970. 4. Aufl. 1982. Hans-Jürgen Heringer, Theorie der deutschen Syntax. München 1970. 2. Aufl. 1971. Gerhard Helbig 1971b, (Hrsg.), Beiträge zur Valenztheorie. The Hague – Paris 1971. Johannes Erben, Deutsche Grammatik. 11. Aufl. München 1972. DudenGr = Duden. Grammatik der deutschen Gegenwartssprache. bearb. v. Paul Grebe. 3. Aufl. Mannheim 1973. 4. Aufl. 1984 (bearb. v. Günther Drosdowski u. a.). Ulrich Engel, Syntax der deutschen Gegenwartssprache. Berlin 1977. Stefan R. Fink, Aspects of a pedagogical grammar based on case grammar and valence theory. Tübingen 1977. Richard Baum, Dependenzgrammatik. Tesnières Modell in wissenschaftsgeschichtlicher und kritischer Sicht. Tübingen 1976. Gernot Seyfert, Zur Theorie der Verbgrammatik. Tübingen 1976. Helmut Schumacher (Hrsg.), Untersuchungen zur Verbvalenz. Tübingen 1976. Jarmo Korhonen, Studien zu Dependenz, Valenz und Satzmodell. Bern 1977. Werner Abraham (ed.), Valence, Semantic Case and Grammatical Relations. Amsterdam 1978. Kalevi Tarvainen, Dependentielle Satzgliedsyntax des Deutschen. Oulu 1979. Kalevi Tarvainen, Einführung in die Dependenzgrammatik. Tübingen 1981. P. Koch, Verb, Valenz, Verbfügung. Heidelberg 1981. Hans Werner Eroms, Valenz, Kasus und Präpositionen. Heidelberg 1981. Albrecht

G r e u l e (Hrsg.), Valenztheorie und historische Sprachwissenschaft. Tübingen 1982.
S. auch zu 1.4. Valenzwörterbücher: s. zu 2.11.

zu 1.24. Inhaltbezogene Grammatik:

Leo W e i s g e r b e r, Von den Kräften der deutschen Sprache. 4 Bde. Düsseldorf 1949 ff. Hans G l i n z, Die innere Form des Deutschen. Eine neue deutsche Grammatik. Bern 1952. 6. Aufl. 1972. Hans G l i n z, Der deutsche Satz. Wortarten und Satzglieder, wissenschaftlich gefaßt und dichterisch gedeutet. Düsseldorf 1957. Leo W e i s g e r b e r. Die vier Stufen in der Erforschung der Sprachen. Düsseldorf 1963. Helmut G i p p e r, Bausteine zur Sprachinhaltsforschung. Düsseldorf 1963. Hans G l i n z, Grundbegriffe und Methoden inhaltbezogener Text- und Sprachanalyse. Düsseldorf 1965. Hennig B r i n k m a n n: s. unter 1.23.
Leo W e i s g e r b e r, Die ganzheitliche Behandlung eines Satzbauplanes. (Beihefte zum „Wirkenden Wort" 1). Düsseldorf 1962. Andreas J e c k l i n, Untersuchungen zu den Satzbauplänen der gesprochenen Sprache. Bern 1973. Bernhard E n g e l e n, Untersuchungen zu Satzbauplan und Wortfeld in der geschriebenen deutschen Sprache der Gegenwart. München 1975. – Vgl. auch zu 2.14.4.

zu 1.25. Generative Transformationsgrammatik:

Franz H u n d s n u r s c h e r, Syntax. In: LGL 211-242. L y o n s 1983, 21 ff. Werner W e l t e, Moderne Linguistik: Terminologie/Bibliographie. 2. Bde. München 1974. Christoph G u t k n e c h t/Klaus-Uwe P a n t h e r, Generative Linguistik. Ergebnisse moderner Sprachforschung. Stuttgart 1973. (Urban-Taschenbücher 1973). Manfred I m m l e r, Generative Syntax – Generative Semantik. München 1974. (UTB 207). Heinrich W e b e r, Kleine generative Syntax des Deutschen. Tübingen 1977. (Germ. Arbeitshefte 11). Jerold A. E d m o n d s o n, Einführung in die Transformationssyntax des Deutschen. Tübingen 1981. Andrew R a d f o r d, Transformational syntax. A student's guide to Chomsky's Extended Standard Theory. Cambridge 1981. Franz H u n d s n u r s c h e r, Neuere Methoden der Semantik. Tübingen 1970. (Germ. Arbeitshefte 2).
Noam C h o m s k y, Syntactic Structures. The Hague 1957. Manfred B i e r w i s c h, Grammatik des deutschen Verbs. Berlin (DDR) 1963. Wolfgang M o t s c h, Syntax des deutschen Adjektivs. Berlin (DDR) 1964. Wolfdietrich H a r t u n g, Die zusammengesetzten Sätze des Deutschen. Berlin (DDR) 1964. Noam C h o m s k y, Aspects of the theory of syntax. Cambridge, Mass. 1965. Dt. Übers. Frankfurt 1969. Renate S t e i n i t z, Adverbial-Syntax. Berlin (DDR) 1969. Uriel W e i n r e i c h, Erkundungen

zur Theorie der Semantik (Übers. a. d. Engl.). Tübingen 1970. Johannes
B e c h e r t u. a., Einführung in die generative Transformationsgrammatik.
München 1970. Dieter W u n d e r l i c h (Hrsg.), Probleme und Fortschritte
der Transformationsgrammatik. München 1971. Noam C h o m s k y , Stu-
dies on semantics in generative grammar. The Hague 1972. Dt. Übers.
Frankfurt 1978. Angelika K r a t z e r u. a., Einführung in Theorie und
Anwendung der generativen Syntax. 2 Bde. Frankfurt 1973/74. Walter
H u b e r/Werner K u m m e r , Transformationelle Syntax des Deutschen.
München 1974. Danièle C l e m e n t/Wolf T h ü m m e l , Grundzüge einer
Syntax der deutschen Standardsprache. Frankfurt 1975.

zu 1.26. Logikfundierte Satzsemantiken:

Albert M e n n e , Einführung in die Logik. 2. Aufl. München 1966, 2. Aufl.
1973. (UTB 34). Wilhelm K a m l a h/Paul L o r e n z e n , Logische Propädeutik, Vorschule des vernünftigen Redens. Mannheim 1967. Franz
v. K u t s c h e r a/Alfred B r e i t k o p f , Einführung in die moderne Logik.
Freiburg–München 1971. Robert W a l l , Einführung in die Logik und
Mathematik für Linguisten. Bd. 1: Logik und Mengenlehre. (Übers. a. d.
Engl.). Kronberg 1973. Peter H i n s t , Logische Propädeutik. Eine Einführung in die deduktive Methode und logische Sprachanalyse. München
1974. Georges K a l i n o w s k i , Einführung in die Normenlogik. (Übers.
a. d. Französ.). Frankfurt 1972. Georg H. v. W r i g h t , Handlung, Norm
und Intention. Untersuchungen zur deontischen Logik. (Übers. a. d. Engl.).
Berlin 1977. George E. H u g h e s/Max J. C r e s s w e l l , Einführung in die
Modallogik. (Übers. a. d. Engl.) Berlin 1978.
Franz S c h m i d t , Logik der Syntax. Berlin 1957. Neubearbeitung: Symbo-
lische Syntax. München 1970. Rudolf C a r n a p , Logische Syntax der
Sprache. Wien 1968. Wallace L. C h a f e , Meaning and the structure of
language. Chicago 1970. Dt. Übers. München 1976. George L a k o f f ,
Linguistik und natürliche Logik. (Übers. a. d. Engl.). Frankfurt 1971.
Charles J. F i l l m o r e/T. D. L a n g e n d o e n (eds.), Studies in linguistic
semantics. New York 1971. Ferenc K i e f e r (Hrsg.), Semantik und genera-
tive Grammatik. Frankfurt 1972. Werner A b r a h a m/Robert I. B i n -
n i c k , Generative Semantik. Frankfurt 1972. Renate B a r t s c h/Theo
V e n n e m a n n , Semantic Structures. A study in the relation between
semantics and syntax. Frankfurt 1972. Richard M o n t a g u e/Helmut
S c h n e l l e , Universale Grammatik. Braunschweig 1972. Volker B e e h ,
Ansätze zu einer wahrheitswertfunktionalen Semantik. München 1973.
Pieter A. M. S e u r e n/Chr. H a r b s m e i e r , Generative Semantik: Seman-
tische Syntax. Düsseldorf 1973. Klaus H e g e r , Monem, Wort und Satz.
Tübingen 2. Aufl. 1976. Godehard L i n k , Intensionale Semantik. Mün-

chen 1976. Johannes Engelkamp, Satz und Bedeutung. Stuttgart 1976.
Franz v. Kutschera, Einführung in die intensionale Semantik. Berlin
1976. Sebastian Löbner, Einführung in die Montague-Grammatik.
Kronberg 1976. Renate Bartsch/Jürgen Lenerz/Veronika Ullmer-
Ehrich, Einführung in die Syntax. Kronberg 1977. (Scriptor Taschenbü-
cher S 19). René Dirven/Günter Radden, Semantische Syntax des
Englischen. Wiesbaden 1977. Marga Reis, Präsuppositionen und Syntax.
Tübingen 1977. Christopher Habel/Siegfried Kanngießer, Natürliche
generative Grammatik. 1977. Heiko Gebauer, Montague-Grammatik.
Eine Einführung mit Anwendungen auf das Deutsche. Tübingen 1978
(Germ. Arbeitshefte). Ulrich Blau, Die dreiwertige Logik der Sprache.
Ihre Syntax, Semantik und Anwendung in der Sprachanalyse. Berlin 1977.
Klaus-Peter Lange, Syntax und natürliche Semantik im Deutschen. Tü-
bingen 1978. Godehard Link, Montague-Grammatik. München 1979.
John Lyons, Semantik. (Übers. a. d. Engl.). 2 Bde. München 1980. 1983.
Dieter Wunderlich, Arbeitsbuch Semantik, Königstein 1980. Karl
Erich Heidolph/Walter Flämig/Wolfgang Motsch (Autorenkollek-
tiv unter Leitung von), Grundzüge einer deutschen Grammatik. Berlin
(DDR) 1981. Rudolf Růžička/Wolfgang Motsch (Hrsg.), Untersu-
chungen zur Semantik. Berlin (DDR) 1983. Wolfgang Motsch/Dieter
Viehweger (Hrsg.), Richtungen der modernen Semantikforschung. Ber-
lin (DDR) 1983. Klaus Heger/Klaus Mudersbach, Aktantenmodelle.
Heidelberg 1984.

zu 1.27. Sprachpragmatik/Praktische Semantik

Volker Heeschen, Theorie des sprachlichen Handelns. In: LGL
259–267. Inger Rosengren, Texttheorie. In: LGL 275–286. Günther
Grewendorf, Sprechakttheorie. In: LGL 287–293. Konrad Ehlich/
Jochen Rehbein, Sprache in Institutionen. In: LGL 338–345. Utz
Maas/Dieter Wunderlich, Pragmatik und sprachliches Handeln.
Frankfurt 1972. 3. Aufl. Wiesbaden 1974. Brigitte Schlieben-Lange,
Linguistische Pragmatik. Stuttgart 1975. (Urban Taschenbücher 198).
Gisela Harras, Handlungssprache und Sprechhandlung. Berlin 1983.
(Slg. Göschen 2222). – Vgl. auch zu 2.2.
Karl Bühler, Sprachtheorie. Die Darstellungsfunktion der Sprache. Jena
1934. Neudruck Stuttgart 1982. Charles W. Morris, Foundations of the
theory of signs. Chicago 1938. Dt. Übers. München 1972. Ludwig Witt-
genstein, Philosophical Investigations. Oxford 1953. Dt. Übers. Frankfurt 1960. John L. Austin, How to do things with words. Oxford 1962,
Dt. Übers. Stuttgart 1972. Eike v. Savigny, Die Philosophie der normalen Sprache. Frankfurt 1969. John R. Searle, Speech acts. Cambridge

1969. Dt. Übers. Frankfurt 1971. Jürgen H a b e r m a s, Vorbereitende Bemerkungen zu einer Theorie der Kommunikativen Kompetenz. In: J. Habermas/N. Luhmann, Theorie der Gesellschaft oder Sozialtechnologie? Frankfurt 1971, S. 101–141. Dieter W u n d e r l i c h (Hrsg.), Linguistische Pragmatik. Frankfurt 1972. Siegfried J. S c h m i d t, Texttheorie. München 1973. (UTB 202). Hans Jürgen H e r i n g e r, Praktische Semantik. Stuttgart 1974. Helmut H e n n e, Sprachpragmatik. Tübingen 1975. Manfred B r a u n r o t h u. a., Ansätze und Aufgaben der linguistischen Pragmatik. Frankfurt 1975. Dieter W u n d e r l i c h, Studien zur Sprechakttheorie. Frankfurt 1976. Jochen R e h b e i n, Komplexes Handeln. Elemente zur Handlungstheorie der Sprache. München 1977. Günter G r e w e n d o r f (Hrsg.), Sprechakttheorie und Semantik. Frankfurt 1979. Götz B e c k, Sprechakte und Sprachfunktionen. Untersuchungen zur Handlungsstruktur der Sprache und ihren Grenzen. Tübingen 1980. Paul K u s s m a u l (Hrsg.), Sprechakttheorie, Wiesbaden 1980. John R. S e a r l e/Ferenc K i e f e r/ Manfred B i e r w i s c h (eds.), Speech act theory and pragmatics. Doordrecht 1980. Georg L e i p o l d, Bedeutung. Sprachkritische Untersuchung zu Grundlagenproblemen der Pragmatischen Linguistik. Erlangen 1982. Simon C. D i k, Functional Grammar. Amsterdam 1978. 3. Aufl. Doordrecht 1981. – Vgl. auch zu 2.2.
Stephen E. T o u l m i n, The uses of argument. Cambridge 1958. Dt. Übers. Kronberg 1975. Michael S c h e c k e r, Theorie der Argumentation. Tübingen 1977. Karl-Heinz G ö t t e r t, Argumentation. Grundzüge ihrer Theorie im Bereich des theoretischen Wissens und praktischen Handelns. Tübingen 1978. (Germ. Arbeitshefte 23). Josef K o p p e r s c h m i d t, Sprache und Vernunft. Teil 2: Argumentation. Stuttgart 1979. (Urban-Taschenb. 290). Paul L. V ö l z i n g, Begründen, Erklären, Argumentieren. Heidelberg 1979. (UTB 886). Günter Ö h l s c h l ä g e r, Linguistische Überlegungen zu einer Theorie der Argumentation. Tübingen 1979.
Dell H y m e s (ed.), Language in culture and society. New York 1964. Paul W a t z l a w i c k/J. H. B e a v i n/D. D. J a c k s o n, Pragmatics of human communication. A study of interactional patterns, pathologies and paradoxes. New York 1967. Dt. Übers. Bern 1969. Dell H y m e s, On Communicative Competence. Philadelphia 1971. Erving G o f f m a n, Interaktionsrituale. Über Verhalten in direkter Kommunikation. (Übers. a. d. Engl.) Frankfurt 1971. Aaron V. C i c o u r e l, Cognitive Sociology. Language and Meaning in Social Interaction. Harmondsworth 1973. Dt. Übers. München 1975. A r b e i t s g r u p p e Bielefelder Soziologen (Hrsg.), Alltagswissen. Interaktion und gesellschaftliche Wirklichkeit. 2 Bde. Reinbek 1973. Heinrich W. S c h m i t z, Ethnographie der Kommunikation. Hamburg 1975. Elmar W e i n g a r t e n/Fritz S a c k/Jim S c h e n k e i n (Hrsg.), Ethnomethodologie. Beiträge zu einer Soziologie des Alltagshandelns. Frankfurt 1976.

Harold Garfinkel/Harvey Sacks (eds.), Contributions in ethnometho-
dology. Bloomington 1976. Hans Hörmann, Meinen und Verstehen.
Grundzüge einer psychologischen Semantik. Frankfurt 1978. – Vgl. auch
zu 2.24.
Gerd Schank/Johannes Schwitalla, Gesprochene Sprache und Gesprächsanalyse. In: LGL 313–322. Gerd Schank/Gisela Schoenthal,
Gesprochene Sprache. Eine Einführung in Forschungsansätze und Analyse-
methoden. Tübingen 1976. (Germ. Arbeitshefte 18). Helmut Henne/
Helmut Rehbock, Einführung in die Gesprächsanalyse. Berlin 1979.
2. Aufl. 1982. (Slg. Göschen 2212). Rainer Rath, Kommunikationspraxis. Analysen zur Textbildung und Textgliederung im gesprochenen
Deutsch. Göttingen 1979. (Kl. Vandenhoeck-Reihe 1452). Peter Schrö-
der/Hugo Steger (Hrsg.), Dialogforschung. Düsseldorf 1980. Weiteres s.
zu 2.24.
Detlev C. Kochan/W. Wallrabenstein (Hrsg.), Ansichten eines
kommunikationsbezogenen Deutschunterrichts. Kronberg 1974. Arbeitsgruppe Kommunikativer Unterricht (AKU): Michael Caillieux
u. a., Probleme des Kommunikativen Sprachunterrichts. Stuttgart 1974.
Ernst Nündel, Zur Grundlegung einer Didaktik des sprachlichen Handelns. Kronberg 1976. Arbeitsgruppe Kommunikativer Unterricht,
Handbuch zum Kommunikativen Sprachunterricht. Weinheim 1978. Ger-
hart Wolff, Sprechen und Handeln. Pragmatik im Deutschunterricht.
Königstein 1981.

zu 1.3. Zur Darstellungsweise:

Funkkolleg Sprache. Eine Einführung in die moderne Linguistik.
Wiss. Leitung: Klaus Baumgärtner, Hugo Steger. 2 Bde. Frankfurt
1973. (Fischer-Taschenbücher 6111/12). Werner Abraham, Terminologie zur neueren Linguistik. Tübingen 1974. Theodor Lewandowski,
Linguistisches Wörterbuch. 3 Bde. 3. Aufl. Heidelberg 1979 ff. LGL =
Lexikon der germanistischen Linguistik, hrsg. v. Hans Peter Althaus,
Helmut Henne, Herbert E. Wiegand. 2. Aufl. Tübingen 1980. Hadu-
mod Bußmann, Lexikon der Sprachwissenschaft. Stuttgart 1983. Erben:
s. zu 1.11., 1.23, 1.4. Heidolph u. a.: s. zu 1.26.
Hans R. Fluck, Fachsprachen. Einführung und Bibliographie. München
1976. (UTB 483). Wolfgang Mentrup (Hrsg.), Fachsprachen und Ge-
meinsprache. Jahrbuch 1978 des Instituts für deutsche Sprache. Düsseldorf
1979. Walter v. Hahn, Fachkommunikation. Entwicklung. Linguistische
Konzepte, Betriebliche Beispiele. Berlin 1983. (Sammlung Göschen 2223).
Peter v. Polenz (1980c), Wie man über Sprache spricht. Über das Verhältnis zwischen wissenschaftlicher und natürlicher Beschreibungssprache

in Sprachwissenschaft und Sprachlehre. Mannheim 1980. (Duden-Beiträge 45). Peter v. P o l e n z (1981), Über die Jargonisierung von Wissenschaftssprache. In: Th. Bungarten (s. zu 1.13), 85–110. DGW = D u d e n. Das große Wörterbuch der deutschen Sprache in sechs Bänden. Hrsg. u. Ltg. v. Günter Drosdowski. Mannheim 1976–1981.

zu 1.4. Woraus bestehen Sätze?:

Hans-Jürgen H e r i n g e r, Deutsche Syntax. Berlin 1970. 2. Aufl. 1972. (Sammlung Göschen 5246). Hans-Jürgen H e r i n g e r, Wort für Wort. Interpretationen und Grammatik. Stuttgart 1978. Hans Jürgen H e r i n ge r/Bruno S t r e c k e r/Rainer W i m m e r, Syntax, Fragen – Lösungen – Alternativen. Heidelberg 1980. Gerhard H e l b i g/Joachim B u s c h a, Deutsche Grammatik. Ein Handbuch für den Ausländerunterricht. Leipzig 1972. 4. Aufl. 1977. Walter J u n g, Grammatik der deutschen Sprache. Neuausgabe v. Günter Starke. Leipzig 1982. D u d e n G r. (s. zu 1.23). Johannes E r b e n, Deutsche Syntax. Eine Einführung. Bern 1984. Zu Nominalprädikate s. H o l l y unter 2.11.4.

zu 1.5. Woraus bestehen Satzinhalte?:

s. zu Kap. 2–4.

zu 2.11.2. Prädikatsausdruck durch Verben:

Gerhard H e l b i g/Wolfgang S c h e n k e l, Wörterbuch zur Valenz und Distribution deutscher Verben. Leipzig 1969. 6. Aufl. Tübingen 1983. Ulrich E n g e l/Helmut S c h u m a c h e r, Kleines Valenzlexikon deutscher Verben. Tübingen 1976. Knut H e u e r, Untersuchung zur Abgrenzung der obligatorischen und fakultativen Valenz des Verbs. Frankfurt 1977.

zu 2.11.3. Prädikatsausdruck durch Adjektive:

Wolfgang M o t s c h, Syntax des deutschen Adjektivs. Berlin (DDR) 1964. Karl E. S o m m e r f e l d t/Herbert S c h r e i b e r, Wörterbuch zur Valenz und Distribution deutscher Adjektive. Leipzig 1974. 3. Aufl. Tübingen 1983. Peter E i s e n b e r g, Oberflächenstruktur und logische Struktur. Untersuchungen zur Syntax und Semantik des deutschen Prädikatadjektivs. Tübingen 1976. Gerhard B i c k e s, Das Adjektiv im Deutschen. Untersuchungen zur Syntax und Semantik einer Wortart. Frankfurt 1984.

zu 2.11.4. Prädikatsausdruck durch Substantive:

Karl E. S o m m e r f e l d t/Herbert S c h r e i b e r, Wörterbuch zur Valenz und Distribution deutscher Substantive. Leipzig 1977. Wolfgang T e ub e r t , Valenz des Substantivs. Attributive Ergänzungen und Angaben. Düsseldorf 1979. Werner H o l l y , Substantivvalenz und satzsemantische Struktur, in: Akten des 14. Linguistischen Kolloquiums Bochum 1979. hrsg. v. Edda Weigand und Gerhard Tschauder, Bd. 1, Tübingen 1980, 133–144. Bengt S a n d b e r g , Zur Repräsentation, Besetzung und Funktion einiger zentraler Leerstellen bei Substantiven. Göteborg 1979. Karlheinz D a n i e l s , Substantivierungstendenzen (s. zu 1.11). Peter v. P o l e n z , Funktionsverben im heutigen Deutsch. Sprache in der rationalisierten Welt. (= Wirkendes Wort, Beiheft 5). Düsseldorf 1963. Veronika S c h m i d t , Die Streckformen des deutschen Verbums. Substantivisch-verbale Wortverbindungen. Halle 1968. Hans Jürgen H e r i n g e r , Die Opposition von „kommen" und „bringen" als Funktionsverben. Düsseldorf 1968. Wolfgang H e r r l i t z , Funktionsverbgefüge vom Typ „in Erfahrung bringen". Tübingen 1973. Ingemar P e r s s o n , Das System der kausativen Funktionsverbgefüge. Lund 1975. Gerhard H e l b i g , Probleme der Beschreibung von Funktionsverbgefügen im Deutschen, in: DaF 16, 1979, 273–285. Ingrid G o m b e r t , Untersuchungen zu den Verbindungen von Substantiv und Verb. Göteborg 1983.

zu 2.12. Referenzstellen

W i m m e r , in: Heringer u. a. (1977), 106–125. M a a s - W u n d e r l i c h 92–116. W u n d e r l i c h , in: Funkkolleg Sprache 2, 102–112. Herbert E. W i e g a n d /Werner W o l s k i , Lexikalische Semantik, in: LGL 199–211.
Dieter W u n d e r l i c h , Grundlagen der Linguistik. Reinbek 1974. Kap. 9.1. Fred G. J o h n s o n , Referenz und Intersubjektivität. Ein Beitrag zur philosophischen Sprachpragmatik. Frankfurt 1976. Kurt B r a u n m ü l l e r , Referenz und Pronominalisierung. Zu den Deiktika und Proformen des Deutschen. Tübingen 1977. Rainer W i m m e r , Referenzsemantik. Untersuchungen zur Festlegung von Bezeichnungsfunktionen sprachlicher Ausdrücke am Beispiel des Deutschen. Tübingen 1979. Torben T h r a n e , Referential-semantic analysis. Aspects of a theory of reference. Cambridge 1980.

zu 2.12.3. Wissensabhängiges Bezugnehmen:

Friedhelm D e b u s , Onomastik, in: LGL 187–198. Saul A. K r i p k e , Name und Notwendigkeit. Frankfurt 1981. David S c h w a r z , Naming and Referring. The semantics and pragmatics of singular terms. Berlin 1979. Hartwig K a l v e r k ä m p e r , Textlinguistik der Eigennamen. Stuttgart 1978. Edeltraud D o b n i g - J ü l c h , Pragmatik und Eigennamen. Un-

tersuchungen zu Theorie und Praxis der Kommunikation mit Eigennamen besonders von Zuchttieren. Tübingen 1977. Rainer Wimmer, Der Eigenname im Deutschen. Ein Beitrag zu seiner linguistischen Beschreibung. Tübingen 1973.
Ingelore Oomen, Determination (s. zu 2.13).

zu 2.12.5. Referenzlose Pronomen:

Georg Stötzel, Ausdrucksseite und Inhaltsseite der Sprache. Methodenkritische Studien am Beispiel der deutschen Reflexivverben. München 1970. Herbert Pütz, Über die Syntax der Pronominalform „es" im modernen Deutsch. Tübingen 1975. Fritz Wagner, Untersuchungen zu Reflexivkonstruktionen im Deutschen. Frankfurt 1977. Ahti Jäntti, Zum Reflexiv und Passiv im heutigen Deutsch. Helsinki 1978. Hans Altmann, Formen der „Herausstellung" im Deutschen. Tübingen 1981. Gerhard Helbig, Probleme der Reflexiva im Deutschen, in: DaF 21,1984, 78–89. Janine Marx-Moyse, Untersuchungen zur deutschen Satzsyntax. „Es" als vorausweisendes Element eines Subjektsatzes. Stuttgart 1983.

zu 2.12.7. Wiederbezüge im Text:

Roland Harweg, Pronomina und Textkonstitution. München 1968. Werner Kallmeyer u. a., Lektürekolleg zur Textlinguistik. 2 Bde. Frankfurt 1974, Kap. 6 u. 7. Martin Rüttenauer, Vorkommen und Verwendung der adverbialen Proformen im Deutschen. Hamburg 1978. Robert-A. de Beaugrande/Wolfgang U. Dressler, Einführung in die Textlinguistik. Tübingen 1981, Kap. IV, V. Gerd Fritz, Kohärenz. Grundfragen der linguistischen Kommunikationsanalyse. Tübingen 1982.

zu 2.13. Quantifizierungen

Wall (s. zu 1.26) 90–99. Menne (s. zu 1.26) 59–62.
Heinz Vater, Das System der Artikelformen im gegenwärtigen Deutsch. Tübingen 1963. 2. Aufl. 1979. Hans-Jürgen Grimm, Der Artikel. Leipzig 1974. Ingelore Oomen, Determination bei generischen, definiten und indefiniten Beschreibungen des Deutschen. Tübingen 1977. Johan van der Auwera (ed.), The semantics of determiners. London 1980. Kung-Zeng Hu, Der Gebrauch des Artikels in der deutschen Gegenwartssprache. Freiburg (Schweiz) 1980. Thérèse Flückiger-Studer, Quantifikation in natürlichen Sprachen. Zur Semantik und Syntax französischer und deutscher Beschreibungen. Tübingen 1983. Heinz Vater, Zur Pragmatik der Determinantien. In: Gerhard Stickel (Hrsg.), Pragmatik in der Gram-

matik. Düsseldorf 1984, 206–223. Heinz Vater, Determinanten und Quantoren im Deutschen. In: ZSpW 3, 1984, 19–42.

zu 2.13.3. Typisierungen und Pauschalisierungen

Uta Quasthoff, Soziales Vorurteil und Kommunikation. Eine sprachwissenschaftliche Analyse des Stereotyps. Frankfurt 1973. Egon Barres, Das Vorurteil in Theorie und Wirklichkeit. Ein didaktischer Leitfaden für Sozialkundeunterricht und Bildungsarbeit. Opladen 1974. Angelika Wenzel, Stereotype in gesprochener Sprache. München 1978.

zu 2.13.4. Männerorientierte Vagheit:

Ingrid Guentherodt, Behördliche Sprachregelungen gegen und für eine sprachliche Gleichbehandlung von Frauen und Männern. In: LB 69/1980, 22–36. Ingrid Guentherodt, Androzentrische Sprache in deutschen Gesetzestexten. In: Muttersprache 94, 1983/84, 271–289. Engl. Fassung in: Journal of Pragmatics 8, 1984, 241–260. Senta Trömel-Plötz, Frauensprache: Sprache der Veränderung. Frankfurt 1982. Luise F. Pusch, Das Deutsche als Männersprache. Aufsätze und Glossen zur feministischen Linguistik. Frankfurt 1984.

zu 2.14.1. Umkehrung der Valenztheorie:

Charles Fillmore, Scenes-and-frames-semantics, in: A. Zampoli (ed.), Linguistic Structures Processing. Amsterdam 1977, 55–81. Werner Abraham (ed.), Valence, Semantic Case and Grammatical Relations. Amsterdam 1978. Gerhard Helbig, Valenz, Satzglieder, semantische Kasus, Satzmodelle. Leipzig 1982. Hans Jürgen Heringer, Neues von der Verbszene. In: Gerhard Stickel (Hrsg.), Pragmatik in der Grammatik. (Jahrbuch 1983 des IdS). Düsseldorf 1984, 34–64.

zu 2.14.2. Prädikatsklassen

Ernst Leisi, Der Wortinhalt, seine Struktur im Deutschen und Englischen. 5. Aufl. Heidelberg 1975, Kap. 2. Chafe (s. zu 1.26), Kap. 9. Emilio Manzotti/Luise Pusch/Christoph Schwarze, Sorten von Prädikaten und Wohlgeformtheitsbedingungen für eine Semantiksprache. In: ZGL 3, 1975, 15–39. Gerhard Helbig, Valenz und Lexikographie. In: DaF 20, 1983, 137–143.
Cathrine Fabricius-Hansen, Transformative, intransformative und kursive Verben. Tübingen 1975. Jürgen Krause, Untersuchungen über das Verb „geschehen". Eine Vorstudie zu den Verben des Geschehens.

Tübingen 1977. Martin G e r l i n g/Norbert O r t h e n, Zur Semantik deutscher Zustands- und Bewegungsverben. Tübingen 1978. Stanislaw S z l e k,
Logisch-semantische Untersuchungen zu ausgewählten Handlungsverben
im Deutschen. Göppingen 1980. Günter S a i l e, Sprache und Handlung.
Eine sprachwissenschaftliche Analyse von Plazierungsverben, Orts- und
Richtungsadverbien am Beispiel von Gebrauchsanweisungen. Wiesbaden
1980. Thomas B a l l m e r, Struktur des deutschen Verbwortschatzes, Heidelberg 1980. Alfred H o p p e, Grundzüge der Kommunikativen Grammatik. Bd. II, Teil 1: Die semantische Syntax der Geschehen-Komplexe. Bonn
1981.

zu 2.14.3. Tiefenkasus/semantische Rollen:

Charles F i l l m o r e, The Case for Case reopened. In: P. Cole/J. L. Morgan
(eds.), Grammatical Relations. New York 1977, 59–82. Werner A b r a -
h a m (Hrsg.) Kasustheorie. Frankfurt 1971. Peter F i n k e. Theoretische
Probleme der Kasusgrammatik. Kronberg 1974. Christian R u b a t t e l,
Eine Bibliographie zur Kasusgrammatik. In: LB 51/1977, 88–106. Klaus
H e g e r/Janos S. P e t ö f i (Hrsg.), Kasustheorie, Klassifikation, semantische Interpretation. Hamburg 1977. Christoph S c h w a r z e (Hrsg.), Kasusgrammatik und Sprachvergleich Italienisch-Deutsch. Tübingen 1978.
Gerd W o t j a k, Bibliographie zur Kasusgrammatik. In: DaF 16, 1979,
184–191. Jochen P l e i n e s (Hrsg.), Beiträge zum Stand der Kasustheorie.
Tübingen 1981. Wolfgang K o c h, Kasus – Kognition – Kausalität. Zur
semantischen Analyse der instrumentalen „mit"-Phrase. Lund 1978. Dieter
K r o h n, Dativ und Pertinenzrelation. Syntaktisch-semantische Studien
unter bes. Ber. der Lexeme mit dem Merkmal [Kleidungsstück]. Göteborg
1980.

zu 2.14.4. Aussagerahmen und Satzbaupläne:

Satzbaupläne: s. zu 1.24. – Dolf S t e r n b e r g e r/Gerhard S t o r z/Wilhelm
E. S ü s k i n d, Aus dem Wörterbuch des Unmenschen. Neue erweiterte
Ausgabe mit den Zeugnissen des Streits über die Sprachkritik. Hamburg-
-Düsseldorf 1968. Karl K o r n, Sprache in der verwalteten Welt. Olten-
-Freiburg 1959. Leo W e i s g e r b e r, Verschiebungen in der sprachlichen
Einschätzung von Menschen und Sachen. Köln–Opladen 1958. Herbert
K o l b, Der „inhumane" Akkusativ. In: Zeitschrift für deutsche Wortfor-
schung 16, 1960, 168–177. Hans-Werner E r o m s, Be-Verb und Präposi-
tionalphase. Heidelberg 1980.

zu 2.15.1. Passivsätze:

Klaus B r i n k e r, Das Passiv im heutigen Deutsch. Form und Funktion. Düsseldorf 1971. Gisela S c h o e n t h a l, Das Passiv in der deutschen Standardsprache. München 1976. Tilman N. H ö h l e, Lexikalistische Syntax. Die Aktiv-Passiv-Relation und andere Infinit-Konstruktionen im Deutschen. Tübingen 1978. Ahti J ä n t t i, Zum Reflexiv und Passiv im heutigen Deutsch. Helsinki 1978. Sabine M ü l l e r - P a p e, Textfunktionen des Passivs. Tübingen 1980.

zu 2.15.2. Subjektschübe mit Agensschwund:

Frans P l a n k (ed.), Ergativity. Towards a theory of grammatical relations. London 1979.
Wolfgang Fritz H a u g, Die Sprache des hilflosen Antifaschismus. In: Heringer, Holzfeuer ... (s. zu 1.13), 150–160. Peter v. P o l e n z, Über die Jargonisierung von Wissenschaftssprache und wider die Deagentivierung. In: Theo Bungarten (Hrsg.), Wissenschaftssprache, München 1981, 85–110. Wolfgang S t e i n i g, Psychologische Fachsprache und Alltagskommunikation. In: Th. Bungarten (a.a.O.), 422–453. Els O k s a a r, Zur Subjekts- und Objektsvertauschung, in: Festschrift S. Grosse. Göppingen 1984, 175–182.

zu 2.2. Handlungsgehalt:

s. zu 1.27. – Hans-Jürgen H e r i n g e r/Günther Ö h l s c h l ä g e r/Bruno S t r e c k e r/Rainer W i m m e r, Einführung in die Praktische Semantik. Heidelberg 1977. (UTB 716). Götz H i n d e l a n g, Einführung in die Sprechakttheorie. Tübingen 1983. (Germ. Arbeitshefte 27).
Norbert H o p s t e r, Sachtext – Text – Kommunikation. In: LuD 16/1973, 249–264.

zu 2.21. Illokutionen/Sprecherhandlungen:

Markus H. W ö r n e r, Performative und sprachliches Handeln. Hamburg 1978. Jef V e r s c h u e r e n, On speech act verbs. Amsterdam 1980.
Paul Georg M e y e r, Sprachliches Handeln ohne Sprechsituation. Studien zur theoretischen und empirischen Konstitution von illokutiven Funktionen in ‚situationslosen' Texten. Tübingen 1983.
Werner S ö k e l a n d, Indirektheit von Sprechhandlungen. Tübingen 1980.
Klaus-Uwe P a n t h e r, Einige typische indirekte sprachliche Handlungen im wissenschaftlichen Diskurs. In: Theo Bungarten (Hrsg.), Wissenschaftssprache. München 1981, 281–260.

A u s t i n (s. zu 1.27). John R. S e a r l e , Eine Klassifikation der Illokutions-
akte. In: R. Kussmaul (Hrsg.), Sprechakttheorie, 1980, 82–108. Dieter
W u n d e r l i c h , Studien zur Sprechakttheorie, 1976, 77 ff. Thomas B a l l -
m e r/Waltraut B r e n n e n s t u h l , Speech act classification. Berlin 1981.
Hartwig F r a n k e n b e r g , Vorwerfen und Rechtfertigen als verbale Teil-
strategien der innerfamilialen Interaktion. Düsseldorf 1976. Heinz Günter
H a n g , Die Fragesignale der gesprochenen deutschen Standardsprache.
Göppingen 1976. Bruno S t r e c k e r , Beweisen. Eine praktisch-semanti-
sche Untersuchung. Tübingen 1976. M. B ö t t n e r , Semantische Eigenschaften und Relationen bei Frage und Antwort. Hamburg 1977. R. C o n -
r a d , Studien zur Syntax und Semantik von Frage und Antwort. Berlin
1978. Götz H i n d e l a n g , Auffordern. Die Untertypen des Auffordens
und ihre sprachlichen Ralisierungsformen. Göppingen 1978. Paul L. V ö l -
z i n g , Begründen, Erklären, Argumentieren. Heidelberg 1979. (UTB 886).
Klaus H ö l k e r , Zur semantischen und pragmatischen Analyse von Inter-
rogativen. Hamburg 1981. Wilhelm F r a n k e , Insistieren. Eine linguistische Analyse. Göppingen 1982. Gaston van der E l s t , Verbsemantik – Zur
Theorie und Praxis ... am Beispiel der Aufforderungsverben des Deutschen. Wiesbaden 1982. Werner Z i l l i g , Bewerten. Sprechakttypen der
bewertenden Rede. Tübingen 1982. Eckard R o l f , Sprachliche Informa-
tionshandlungen. Göppingen 1983. E. Z a e f f e r e r , Frageausdrücke und
Fragen im Deutschen. Zu ihrer Syntax, Semantik und Pragmatik. München
1983.

zu 2.22. Perlokutionen/Bewirkungsversuche:

Brigitte S c h l i e b e n - L a n g e , Perlokution und Konvention. In: K. Gloy/
G. Presch (Hrsg.), Sprachnormen, Bd. 3, Stuttgart 1976, 58–66. Werner
H o l l y 1979b, Zum Begriff der Perlokution. In: DS 1/1979, 1–27. Günter
Ö h l s c h l ä g e r , Fragen und Antworten. In: H. J. Heringer u. a. (1977),
126–145. Hans-Jürgen H e r i n g e r , Handlungsfolgen und Kohärenz von
Kommunikationen. ebenda 146–166.
Helmut R e h b o c k , Rhetorik. In: LGL 293–303. Erich S t r a ß n e r ,
Sprache in Massenmedien. In: LGL 328–337. Josef K o p p e r s c h m i d t ,
Allgemeine Rhetorik. Einführung in die Theorie der Persuasiven Kommuni-
kation. Stuttgart 1973. Wolfgang B r a n d t , Zur Erforschung der Werbe-
sprache. In: ZGL 7, 1979, 66–82. Walter D i e c k m a n n , Sprache in der
Politik. Heidelberg 1969. Walter D i e c k m a n n , Politische Sprache, poli-
tische Kommunikation. Heidelberg 1981.

zu 2.23. Sprechereinstellungen:

Wolfram B u b l i t z, Ausdrucksweisen der Sprechereinstellung im Deut-
schen und Englischen. (Modalpartikeln). Tübingen 1978. – Über Modus,
Modalität, Modalpartikeln s. zu 3.2.
Gerhard K a u f m a n n, Die indirekte Rede und mit ihr konkurrierende
Formen der Redeerwähnung. München 1976.
Gerhard S t i c k e l, Untersuchungen zur Negation im heutigen Deutsch.
Braunschweig 1970. Gerhard H e l b i g/Helga R i c k e n, Die Negation.
Leipzig 1975. Harald W e i n r i c h, Positionen der Negativität. München
1975. Joachim J a c o b s, Syntax und Semantik der Negation im Deut-
schen. München 1982. Wolfgang H e i n e m a n n, Negation und Negie-
rung. Leipzig 1983.
Sven F. S a g e r, Sind Bewertungen Handlungen? In: ZGL 10, 1982,
38–57. Werner H o l l y, Sind Bewertungen ansteckend? ebenda 58–62.
Werner Z i l l i g, Bewerten (s. zu 2.21.4). Alfred F. M ü l l e r, Die Pejora-
tion von Personenbezeichnungen durch Suffixe im Neuhochdeutschen.
Altdorf 1953. Hans R o s s i p a l, Funktionale Textanalyse. Denotation
und Konnotation als Textwirkungsmittel. Stockholm 1978. Els A n -
d r i g a, Text, Assoziation, Konnotation. Königstein 1979. Gerda R ö s s -
l e r, Konnotationen. Untersuchungen zum Problem der Mit- und Nebenbe-
deutung. Wiesbaden 1979. Elisabeth L e i n f e l l n e r, Der Euphemismus in
der politischen Sprache. Berlin 1971. Els O k s a a r, Berufsbezeichnungen
im heutigen Deutsch. Soziosemantische Untersuchungen. Düsseldorf 1976.

zu 2.24. Kontakt und Beziehung:

Bronislaw M a l i n o w s k i, The Problem of meaning in primitive langua-
ges. In: C. K. Ogden/I. A. Richards, The meaning of meaning. London
1923, dt. Übers. Frankfurt 1974. Watzlawick u. a., Hymes, Goffman,
Cicourel, usw.: s. zu 1.27.
Klaus B a y e r, Sprechen und Situation. Aspekte einer Theorie sprachlicher
Interaktion. Tübingen 1977. Werner H o l l y 1979a, Imagearbeit in Ge-
sprächen. Zur linguistischen Beschreibung des Beziehungsaspekts. Tübingen 1979. Hans H a n n a p p e l/Hartmut M e l e n k, Alltagssprache. Semantische Grundbegriffe und Analysebeispiele. München 1979. (UTB
800). Sven Frederik S a g e r, Sprache und Beziehung. Linguistische Untersuchungen zum Zusammenhang von sprachlicher Kommunikation und
zwischenmenschlicher Beziehung. Tübingen 1981. Jürgen D i t t m a n n
(Hrsg.), Arbeiten zur Konversationsanalyse. Tübingen 1979. Johannes
S c h w i t a l l a, Dialogsteuerung in Interviews. München 1979. Florian
C o u l m a s (ed.), Conversational Routine. Explorations in standardized
communication situations and prepatterned speech. The Hague 1981. Peter

Winkler (Hrsg.), Methoden der Analyse von Face-to-face-Situationen. Stuttgart 1981. Ivar Ljungerud, Der deutsche Anredestil. Geschichten und Geschichtliches. Saltsjö-Duvnäs 1975. Florian Coulmas, Routine im Gespräch. Zur pragmatischen Fundierung der Idiomatik. Wiesbaden 1981. – Weiteres s. zu 1.27.
Ulrich Püschel, Linguistische Stilistik. In: LGL 304–312. Wolfgang Fleischer/Georg Michel, Stilistik der deutschen Gegenwartssprache. Leipzig 2. Aufl. 1977. Bernhard Sowinski, Deutsche Stilistik. Frankfurt 1978. (Fischer Taschenbuch 6147). Barbara Sandig, Stilistik. Pragmatische Grundlegung der Stilbeschreibung. Berlin 1978. Ulrich Püschel, Die Bedeutung von Textsortenstilen. In: ZGL 10, 1982, 28–37.

zu 3. Zusammengesetzte Satzinhalte:

Wolfdietrich Hartung, Die zusammengesetzten Sätze im Deutschen. Berlin (DDR) 1964. (Studia Grammatica IV). Wolfgang Boettcher/Horst Sitta. Deutsche Grammatik III: Zusammengesetzter Satz und äquivalente Strukturen. Frankfurt 1972.

zu 3.1. Einbettungen:

Horst Sitta, Semanteme und Relationen. Zur Systematik der Inhaltssatzgefüge im Deutschen. Frankfurt 1971. Gerhard Kaufmann, Die indirekte Rede und mit ihr konkurrierende Formen der Redeerwähnung. München 1976. Ingeborg Zint-Dyhr, Ergänzungssätze im heutigen Deutsch. Untersuchungen zum komplexen Satz. Tübingen 1981.
Ingemar Persson, Das System der kausativen Funktionsverbgefüge. Lund 1975. Wladimir Nedjalkov, Kausativkonstruktionen, übers. a. d. Russ. Tübingen 1976. Joachim Ballweg, Semantische Grundlagen einer Theorie der deutschen kausativen Verben. Tübingen 1977. Ursula Wallin, Die semantisch-syntaktische Struktur eines lexikalischen Paradigmas: Veränderungen der *haben*-Relation. Lund 1978. Günther Storch, Semantische Untersuchungen zu den inchoativen Verben im Deutschen. Braunschweig 1978.
Inger Holmlander, Zur Distribution und Leistung des Pronominaladverbs als Bezugselement eines das Verb ergänzenden Nebensatzes/Infinitivs. Uppsala 1979.
Lauri Karttunen, Die Logik der Prädikatskomplementkonstruktionen. In: W. Abraham/R. I. Binnick (Hrsg.), Generative Semantik. Frankfurt 1972, 243–278. Neal R. Norrick, Factive adjectives and the theory of factivity. Tübingen 1978.

zu 3.22./23. Zusätze zu Satzinhalten und Prädikationen:

Konrad Ehlich, Interjektionen. Tübingen 1981.
Leslie Siegrist, Bibliographie zu Studien über das deutsche und englische Adverbial. Tübingen 1977 (Forschungsberichte des Instituts f. dt. Sprache 33).
Renate Steinitz, Adverbialsyntax. Berlin (DDR) 1969. Renate Bartsch (1972b), Adverbialsemantik. Frankfurt 1972. Thomas Meier-Fohrbeck, Kommentierende Adverbien. Hamburg 1978. Werner Bahner u. a. (Hrsg.), Untersuchungen zu Funktionswörtern (Adverbien, Konjunktionen, Partikeln). Berlin (DDR) 1983.
Harald Weydt (Hrsg.), Aspekte der Modalpartikeln. Tübingen 1977. Alexej Krivonosov, Die modalen Partikeln in der deutschen Gegenwartssprache. Göppingen 1977. Jutta Lütten, Untersuchungen zur Leistung der Partikeln in der gesprochenen deutschen Sprache. Göppingen 1977. Wolfram Bublitz, Ausdrucksweisen der Sprechereinstellung im Deutschen und Englischen (Modalpartikeln). Tübingen 1978. Harald Weydt (Hrsg.), Die Partikeln der deutschen Sprache. Berlin 1979. Harald Weydt (Hrsg.), Partikeln und Deutschunterricht. Heidelberg 1981. Gerhard Helbig/Werner Kötz, Die Partikeln. Leipzig 1981. Harald Weydt (Hrsg.), Partikeln und Interaktion. Tübingen 1983. Harald Weydt u. a., Kleine deutsche Partikellehre. Stuttgart 1983.
Hans Altmann, Die Gradpartikeln im Deutschen. Tübingen 1978. Hans Altmann, Gradpartikel-Probleme. Tübingen 1978. Joachim Jacobs, Fokus und Skalen. Zur Syntax und Semantik der Gradpartikeln im Deutschen. Tübingen 1983.
Harald Weinrich, Tempus. Besprochene und erzählte Welt. Stuttgart 1964. 3. Aufl. 1977. Hans Glinz, Deutsche Grammatik I: Satz – Verb – Modus – Tempus. Bad Homburg 1970. Dieter Wunderlich, Tempus und Zeitreferenz im Deutschen. München 1970. Hermann Gelhaus/Sigbert Latzel, Studien zum Tempusgebrauch im Deutschen. Tübingen 1974. Hans Kroeger, Zeitbewußtsein und Tempusgebrauch im Deutschen. Frankfurt 1977. Anita Steube, Temporale Bedeutung im Deutschen. Berlin 1980. Werner Bartsch, Tempus – Modus – Aspekt. Frankfurt 1981.
Ulrike Hauser-Suida/Gabriele Hoppe-Beugel, Die Vergangenheitstempora in der deutschen geschriebenen Sprache der Gegenwart. München 1972. Manfred Markus, Tempus und Aspekt. Zur Funktion von Präsens, Präteritum und Perfekt im Englischen und Deutschen. München 1977. Harro Gross, Der Ausdruck des Verbalaspekts in der deutschen Gegenwartssprache. Hamburg 1974. Sigbert Latzel, Die deutschen Tempora Perfekt und Präteritum. München 1977.

Hermann G e l h a u s, Das Futur in ausgewählten Texten der geschriebenen deutschen Sprache der Gegenwart. München 1975. Jürgen D i t tm a n n, Sprachhandlungstheorie und Tempusgrammatik: Futurformen und Zukunftsbezug in der gesprochenen deutschen Standardsprache. München 1978. Ruth B r o n s - A l b e r t, Die Bezeichnung von Zukünftigem im Deutschen. Tübingen 1982.
Joseph P. C a l b e r t/Heinz V a t e r, Aspekte der Modalität. Tübingen 1975. Alfred G e r s t e n k o r n, Das ,Modal'-System im heutigen Deutsch. München 1976. Sigurd W i c h t e r, Zur Problematik des Modusbegriffs im Deutschen. Tübingen 1978.
Siegfried J ä g e r, Der Konjunktiv in der deutschen Sprache der Gegenwart. Düsseldorf 1971. Rainer G r a f, Der Konjunktiv in gesprochener Sprache. Tübingen 1977. Karl-Heinz B a u s c h, Zu Modalität und Konjunktivgebrauch in der gesprochenen deutschen Standardsprache. München 1979.
Joachim R e i n w e i n, Modalverb-Syntax. Tübingen 1977. Armin v. S t ec h o w, Modalverben in einer Montague-Grammatik. Konstanz 1979. – Zu Funktionsverben s. zu 2.11.4.
Reinhard K l o c k o w, Zur Linguistik der Gänsefüßchen. Frankfurt 1980.

zu 3.25. Zusätze zu Referenzstellen:

Hansjakob S e i l e r, Relativsatz, Attribut und Apposition. Wiesbaden 1960. Christian L e h m a n n, Der Relativsatz. Köln 1979.
Peter S c h ä u b l i n, Probleme des adnominalen Attributs in der deutschen Sprache der Gegenwart. Berlin 1972. Helmut Günter D r o o p, Das präpositionale Attribut. Tübingen 1977. Hans-Werner E r o m s, Valenz, Kasus und Präpositionen. Heidelberg 1981.
Wolfgang M o t s c h, Syntax des deutschen Adjektivs. Berlin (DDR) 1964. Heinrich W e b e r, Das erweiterte Adjektiv- und Partizipialattribut im Deutschen. München 1971. Wolfgang S c h e n k e l, Zur erweiterten Attribuierung im Deutschen. Halle 1972. Theo B u n g a r t e n, Präsentische Partizipialkonstruktionen in der deutschen Gegenwartssprache. Düsseldorf 1976.

zu 3.3. Verknüpfungen:

Paul Georg M e y e r, Satzverknüpfungsrelationen. Tübingen 1975. Peter Aage H e n r i k s e n, Conjunctions in German. Kopenhagen 1978. Wolfgang T h ü m m e l, Vorüberlegungen zu einer Grammatik der Satzverknüpfung. Koordination und Subordination in der generativen Transformationsgrammatik. Frankfurt 1979.
István B a t o r i u. a. (Hrsg.), Syntaktische und semantische Studien zur Koordination. Tübingen 1975. Ewald L a n g, Semantik der koordinativen

Verknüpfung. Berlin (DDR) 1977. Gunter B r e t t s c h n e i d e r, Koordination und syntaktische Komplexität. München 1978. Claus O e t k e, Para-
phrasenbeziehungen zwischen disjunktiven und konjunktiven Sätzen. Tü-
bingen 1981.
René M e t r i c h, Zur Syntax und Semantik von „obwohl" und „wenn
auch". Paris 1980.
Ingrid N e u m a n n, Temporale Subjunktionen im heutigen Deutsch. Tü-
bingen 1972. Sdrawka M e t s c h k o w a - A t a n a s s o w a, Temporale und
konditionale „wenn"-Sätze. Düsseldorf 1983.
Wolfgang K o c h, Kasus – Kognition – Kausalität? Zur semantischen
Analyse der instrumentalen „mit"-Phrase. Lund 1978.
Walter F l ä m i g, Untersuchungen zum Finalsatz im Deutschen. Berlin
(DDR) 1964.
Ruth K n e i p, Der Konsekutivsatz. Folge oder Folgerung? Lund 1978.
Jochen P l e i n e s, Handlung, Kausalität, Intention. Probleme der Beschrei-
bung semantischer Relationen. Tübingen 1976. Käthe H e n s c h e l m a n n,
Kausalität im Satz und Text. Semantisch-vergleichende Studien zum Fran-
zösischen und Deutschen. Heidelberg 1977. Lars H e r m o d s s o n, Seman-
tische Strukturen der Satzgefüge im kausalen und konditionalen Bereich.
Uppsala 1978.
Wolfgang S e t t e k o r n, Semantische Struktur der Konditionalsätze. Kronberg 1974. Gerhard K a u f m a n n, Das konjunktivische Bedingungsgefüge
im heutigen Deutsch. 2. Aufl. München 1975. Angelika K r a t z e r, Semantik der Rede. Kontexttheorie – Modalwörter – Konditionalsätze. Kronberg
1978. Günter P o s c h, Zur Semantik der kontrafaktischen Konditionale.
Tübingen 1980. Bernd-Jürgen F i s c h e r, Satzstruktur und Satzbedeutung
... am Beispiel der Bedingungssätze des Deutschen. Tübingen 1981.

zu 3.4. Reihenfolgen und Gewichtungen

Erich D r a c h, Grundgedanken der deutschen Satzlehre. 1937. 4. Aufl.
Darmstadt 1963. Karl B o o s t, Neue Untersuchungen zum Wesen und zur
Struktur des deutschen Satzes. 1955. 2. Aufl. Berlin 1964. Eduard B e n e š,
Die funktionale Satzperspektive (Thema-Rhema-Gliederung) im Deut-
schen. In: Deutsch als Fremdsprache 1, 1967. Eduard B e n e š 1973b,
Thema-Rhema-Gliederung und Textlinguistik. In: H. Sitta/K. Brinker
(Hrsg.), Studien zur Texttheorie und zur deutschen Grammatik. Düsseldorf
1973, 42–62. Petr S g a l l u. a., Topic, focus and generative semantics.
Kronberg 1973. František D a n e š/Jan F i r b a s (eds.), Papers on functional sentence perspective. The Hague 1974. Östen D a h l (ed.), Topic and
comment, contextual boundness and focus. Hamburg 1974. Jürgen L e -
n e r z, Zur Abfolge nominaler Satzglieder im Deutschen. Tübingen 1977.

Luise L u t z, Zum Thema „Thema". Einführung in die Thema-Rhema-Theorie. Hamburg 1981. Hans A l t m a n n, Formen der Herausstellung im Deutschen. Rechtsversetzung, Linksversetzung. Tübingen 1981. Klaus O l s z o k/Edith W e n s t e r, Zur Wortstellungsproblematik im Deutschen. Tübingen 1983. Andreas L ö t s c h e r, Satzakzent und Funktionale Satzperspektive im Deutschen. Tübingen 1983.

zu 4. Hintergründige Satzinhalte:

Wilhelm S c h m i d t, Lexikalische und aktuelle Bedeutung. Berlin (DDR) 1963. Hans Jürgen H e r i n g e r, Bedingungen und Annahmen. In: Heringer u. a. (1977), 86–105. Hans H ö r m a n n, Meinen und Verstehen. Grundzüge einer psychologischen Semantik. Frankfurt 1978. Wolfram B u b l i t z/Peter K ü h n, Aufmerksamkeitssteuerung: Zur Verstehenssicherung des Gemeinten und des Mitgemeinten. In: Zeitschrift für germanistische Linguistik 9, 1981, 55–76.
Janos S. P e t ö f i/Dorothea F r a n c k, Präsuppositionen in Philosophie und Linguistik. Frankfurt 1973. Rudi K e l l e r, Wahrheit und kollektives Wissen. Zum Begriff der Präsupposition. Düsseldorf 1975. Thomas K o t s c h i, Negation und Implikation. Bemerkungen zum Begriff der Präsupposition in semantischer und pragmatischer Sicht. In: Deutsche Sprache 4, 1976, 97–119. Marga R e i s, Präsuppositionen und Syntax. Tübingen 1977.

zu 4.3. Aus dem Sprachwissen Mitzuverstehendes:

Erhard A g r i c o l a, Semantische Relationen im Text und im System. Halle 1969. Hans-Martin G a u g e r, Zum Problem der Synonyme. Tübingen 1972. Herbert E. W i e g a n d, Synonymie und ihre Bedeutung in der einsprachigen Lexikologie und Lexikographie. Düsseldorf 1976. Hans Jürgen B i c k m a n n, Synonymie und Sprachverwendung. Tübingen 1978. Christiane A g r i c o l a/Erhard A g r i c o l a, Wörter und Gegenwörter. Antonyme der deutschen Sprache. Leipzig 1977. – S. auch zu 1.21.

zu 4.4. Aus dem Handlungskontext Mitzuverstehendes:

H. Paul G r i c e, Logic and Conversation. In: Peter Cole/J. L. Morgan (eds.), Syntax and Semantics, 3, New York 1975, 41–58. Gerald G a z d a r, Implicature, presupposition and logical form. Sussex 1977. Bruno S t r e c k e r, Kooperationsprinzipien und der Aufbau von Kommunikation. In: Hans Jürgen Heringer u. a. (1977), 170–181.
Wolfgang B e r g, Uneigentliches Sprechen. Zur Pragmatik und Semantik von Metapher, Metonymie, Ironie, Litotes und rhetorischer Frage. Tübingen 1978.

Harald Weinrich, Linguistik der Lüge. Heidelberg 1966. Gabriel Fal-
kenberg, Lügen. Grundzüge einer Theorie sprachlicher Täuschung. Tübingen 1980. Heinrich Löffler, Die sprachliche Ironie, ein Problem der
pragmatischen Textanalyse. In: Deutsche Sprache 2, 1975, 128–130. Ulrike Giessmann, Ironie in sprachwissenschaftlicher Sicht. In: Sprachwissenschaft 2, 1977, 411–421. Ursula Oomen, Ironische Äußerungen:
Syntax – Semantik – Pragmatik. In: Zeitschrift für germanistische Linguistik 11, 1983, 22–38.
Jürgen Nieraad (Hrsg.), Linguistik der Metapher. München 1973. Wilhelm Köller, Semiotik und Metapher. Stuttgart 1975. Gerhard Kurz/
Theodor Pelster, Metapher, Theorie und Unterricht. Düsseldorf 1976.
Hartmut Kubczak, Die Metapher. Heidelberg 1978. Otmar Käge,
Motivation: Probleme des persuasiven Sprachgebrauchs, der Metapher und
des Wortspiels. Darmstadt 1980. Friedrich Keller-Bauer, Metaphori-
sches Verstehen. Eine linguistische Rekonstruktion metaphorischer Kom-
munikation. Tübingen 1984.
Norbert Fries, Ambiguität und Vagheit. Tübingen 1980. Werner
Wolski, Schlechtbestimmtheit und Vagheit. Tübingen 1980. Hans-Jür-
gen Heringer, Unbestimmtheit und Mehrdeutigkeit. In: H. J. Heringer
u. a., Einführung in die praktische Semantik. Tübingen 1977, 296 ff. Ernst
Topitsch, Über Leerformeln. In: E. Topitsch (Hrsg.), Probleme der
Wissenschaftstheorie. 1960. Michael Schmid, Leerformeln und Ideolo-
giekritik. Tübingen 1972. Thomas Ballmer/Manfred Pinkal (ed.),
Approaching vagueness. New York 1983.

zu 5.1. Exemplarische Textanalyse:

Barbara Sandig, Stilistik. Pragmatische Grundlegung der Stilbeschreibung. Berlin 1978. Elisabeth Gülich/Klaus Heger/Wolfgang Raible,
Linguistische Textanalyse. Überlegungen zur Gliederung von Texten.
2. Aufl. Hamburg 1979. Heinrich F. Plett, Textwissenschaft und Textanalyse. Heidelberg 1979. Peter v. Polenz (1980b), Möglichkeiten satzsemantischer Textanalyse. In: ZGL 8, 1980, 133–153.

Literaturregister

Die Abschnittszahlen beziehen sich auf die Abschnitte der „Literaturhinweise"

Latzel 3.23
Lehmann 3.25
Leinfellner 2.23.3
Leipold 1.27
Leisi 2.14.2
Lenerz 1.26 3.4
Lewandowski 1.3
LGL 1.3
Link 1.26
Ljungerud 2.24
Löbner 1.26
Löffler 4.4
Lötscher 3.4
Lorenzen 1.26
Lütten 3.23
Lutz 3.4
Lyons 1971: 1.2 1980/83: 1.26

Maas/Wunderlich 1.27
Mackensen 1.13
Malinowski 2.24
Manzotti 2.14.2
Markus 3.23
Marx-Moyse 2.12.5
Meier-Fohrbeck 3.23
Melenk 2.24
Menne 1.26
Mentrup 1.3
Metrich 3.3
Metschkowa-Atanassowa 3.3
Meyer 1975: 3.3 1983: 2.21.2
Möslein 1.13
Montague 1.26
Morris 1.27
Motsch 1964: 1.25 1981: 1.26
    1983: 1.26
Mudersbach 1.26
Müller 2.23.3
Müller-Pape 2.15.1

Nedjalkov 3.13
Neumann 3.3

Nieraad 4.4
Norrick 3.15
Nündel 1.27

Öhlschläger 1977: 2.2 2.22 1979:
    1.27
Oetke 3.3
Oksaar 2.15.2 2.23.3
Olszok 3.4
Oomen, Ingelore 2.13
Oomen, Ursula 4.4
Orthen 2.14.2

Panther 1973: 1.25 1981: 2.21.3
Paul 1880: 1.22 1919: 1.21
Persson 2.11.4
Petöfi 1973: 4 1977: 2.14.3
Pinkal 4.4
Plank 2.15.2
Pleines 1976: 3.3 1981: 2.14.3
Plett 5.1
v. Polenz 1963: 2.11.4 1978: 1.13
    1980a: 1.11 1980b: 5.1 1980c:
    1.3 1981: 2.15.2 1983a: 1.13
    1983b: 1.13
Popadic 1.11
Posch 3.3
Püschel 2.24
Pütz 2.12.5
Pusch 1975: 2.14.2 1984: 2.13.4

Quasthoff 2.13.3

Radden 1.26
Radford 1.25
Raible 5.1
Rath 1.27
Rehbein 1.27
Rehbock 1979/1982: 1.27 1980:
    2.22
Reichmann 1.21

Sachregister
Der Zusatz E bedeutet: mit Erklärung